改訂版　工場換気

公益社団法人　空気調和・衛生工学会

序　文

作業環境の改善に資する目的で1982年に空気調和・衛生工学会から“工場換気”が刊行され，年月の推移とともに，その流れは1995年の“工場換気の理論と実践”，さらに2009年の“新版 工場換気”へと引き継がれ今日に至った．この間，40年間にわたり多くの読者に邂逅（かいこう）でき，換気についての本質的考え方をお伝えできたことを執筆者の一員としてうれしく思っている．

さて，“新版 工場換気”は版を重ねてきたが，初版からすでに10年以上が経過し，その間，工場換気を巡る環境もかなり変化した．大きな流れとしてはSDGsに象徴される持続的発展を目指す思想が大きく育ってきたことが挙げられる．また，化学物質を取り扱う事業場で重大災害が発生したことを契機として，化学物質に対する国の姿勢，とりわけ労働基準行政に関連する法令の改正，事業場に対する監督指導の強化などがあり，最近では，産業界に広く存在する溶接作業で発生するアーク溶接ヒュームが特定化学物質障害予防規則の適用に加えられたことなどもある．さらには，新型コロナウイルス感染症の世界的蔓（まん）延を背景に，世間の“換気”への関心が高まったこともある．

そこで，今回“新版 工場換気”を改訂することとした．改訂にあたっては，よりわかりやすい記述に努め，より実務に役立つことを目指した．なお，亡くなられた旧版の執筆者が担当されていた章は，内容の主旨を引き継ぎつつ書き改めた．第13章“工場換気の設計例”は“工場換気の理論と実践”の設計例に4事例を加えた．

今回の改訂にあたって，引き続きご協力いただいた多くの方々にお礼を申し上げる．

2022年6月

出版委員会新版工場換気改訂小委員会
金原清之
福原　驍

〔出版委員会新版工場換気改訂小委員会〕
主査　金原清之（金原安全衛生コンサルタント事務所）
委員　福原　驍（元大阪府立大学）

〔執　筆　者〕
金原清之（前出）　第1章，第2章，第6章～第12章，第13章（追加分）
福原　驍（前出）　第3章～第5章

〔査読者（五十音順）〕
近藤靖史（東京都市大学）　庄司　研（大成建設（株））　竹内仁哉（秋田県立大学）
福森幹太（三機工業（株））　三橋　太（高砂熱学工業（株））　山中俊夫（大阪大学）

旧 版 序 文

“工場換気の理論と実践”が刊行されてから十数年が経過して，この間に労働衛生法規の改正や工場換気に関する新しい手法，技術，知見が発表された．この度，学会事務局から改訂の相談を受けたので，全面的な書き換えをすることにした．故林太郎先生を中心に執筆された“工場換気”が空気調和・衛生工学会から出版されたのが1982年であった．“工場換気”は学会誌・空気調和・衛生工学第51巻第1号から第7号に連載されたものをまとめたものであり，プッシュプル型換気装置に関する研究成果など世界的にも注目されたものであった．その改訂版である“工場換気の理論と実践”は“工場換気”の主旨を継承していたので，本書も基本的には同様に考えているが，今日の工場換気では，製品の品質・生産性を向上させる目的から，有害物質や汚染物質の発生源対策を含む作業者の健康管理・労働環境衛生管理が優先され，より快適な作業環境を創造する方向に変わっている．また，今世紀は“環境の世紀”になるであろうといわれているので，持続可能な資源循環型に対応した環境配慮型の工場換気を導入することも緊急課題である．

近年，厚生労働省令で労働衛生四則と呼ばれる有機溶剤中毒予防規則，粉じん障害防止規則，特定化学物質障害予防規則，鉛中毒予防規則の一部改正のほか，2005年に新しく制定された石綿障害予防規則においてもプッシュプル型換気装置が局所排気装置と同様に有効な換気装置として認められた．したがって，プッシュプル型換気装置は今後ますますさまざまな作業環境で用いられるものと思われる．顧みるとプッシュプル型換気装置が我が国において知られるようになったのは，通達“プッシュプル型換気装置の性能および構造上の要件などについて”が出された1979年であったので隔世の感がある．

ところで，石綿を長期間にわたって吸い込むと中皮腫や肺がんなどが引き起こされるおそれがある．中でも中皮腫は潜伏期間が20〜50年と長いので，石綿が多用された1970〜80年代の被害が最近になって表面化してきたといえる．中皮腫による死者は1995年の500人から2005年の911人，2006年には1 050人と急増している．今後40年間に10万人の死者が出るという予測もある．中皮腫の患者は石綿関連工場の労働者だけではなく，工場周辺の住民にも健康被害を及ぼしているという因果関係が高くなっている．石綿を取り扱う工場において発生源対策として，局所排気装置などが設置されていなかった，あるいは設置されていてもそれらが十分に機能していなかったことが労働者などに健康障害を及ぼすことになった一因といえないだろうか．我々はこれを教訓として，有害物に対する局所排気装置などの適正な設計，設置および管理に一層心がけなければならない．

なお，“工場換気の理論と実践”については2000年に大韓民国の出版社“図書出版東和技術”から韓国語翻訳出版の要請があり，海外にも読者が増えることは著者らの本望であるので快諾した．

本書は，工場換気に関する空気流れについての基礎知識から局所排気装置・プッシュプル型換気装置および全体換気装置などの計画設計・点検検査の実戦的な知識までをまとめた実務書として企画した．そこで，“局所排気装置およびプッシュプル型換気装置の設計例”，“検査および点検”および“設置届の書き方”の章を新たに書き加えた．なお，本文“工場換気の設計例”は“工場換気の理論と実践”での設計例を転載した．改めて数多くの貴重な資料をご提供いただいた方々にお礼を申し上げる次第である．

最後に出版にあたってお世話になった学会出版事業部の方々に厚くお礼を申し上げる.

2009 年 9 月 9 日

出版委員会新版工場換気改訂小委員会
主査　福原　驍

〔出版委員会新版工場換気改訂小委員会〕
主査　福 原　　驍(大阪府立大学)
委員　金 原 清 之(金原安全衛生コンサルタント事務所)
委員　桜 井　　寛(桜井労働衛生コンサルタント事務所)
委員　辻　　克 彦(元大阪府立大学)

〔執　筆　者〕
福 原　　驍(前出)　第 3 章, 第 4 章, 第 5 章
金 原 清 之(前出)　第 6 章, 第 7 章, 第 8 章, 第 9 章, 第 10 章, 第 12 章
桜 井　　寛(前出)　第 11 章, 第 13 章
辻　　克 彦(前出)　第 1 章, 第 2 章

目　　次

第1章　工場換気の目標

第2章　空気とその流れ

第3章　局所排気装置

第4章　ダ　　ク　　ト

第5章　有害物処理装置

第6章　ファン(送風機，排風機)

第7章　プッシュプル型換気装置

第 8 章　全 体 換 気 装 置

第 9 章　局所排気装置およびプッシュプル型換気装置の設計例

第 10 章　検査および点検

第 11 章　工場換気に関する法令

第12章　設置届の書き方

第13章　工場換気の設計例

コラム

第1章 工場換気の目標

1.1 換気とは

“気”には心の働きに関することをはじめ，さまざまな意味があるが，“換気”という用語として用いる場合は空気のことである．通気，排気，送気，脱気，大気，気圧などおなじみの言葉として使われている．

“換気”は，単純には“室内の空気を入れ換えること”であるが，そこには，空気質を改善するという重要な目的が含まれる．

1.2 工場換気

人類が換気ということを認識し始めたころ，おそらく換気すべき動機は煙，臭気，熱気を室外に排出すること，あるいは新鮮外気を居住域に導入したいということにあっただろう．

人類の進化とともに人々はいっそうの快適性を求めて温湿度の調整を試みるようになった．さらに，生産活動が盛んとなるに従って，生産現場で有害物質が発生し，または有害物質を取り扱う場面が出現するに及んで，これら有害物質から人間を守る必要が生じるようになった．

“工場換気”は，このように生産現場たる工場において発生・取り扱う有害物質から作業者を保護するための換気を念頭に置いているが，近年，文化の進歩により，工場内の状況は変化し，工場換気の目的も生産環境重視から労働環境重視へと軸足を移すようになった．一方，日常生活空間・居住域における有害物質も問題とされるようになってきた．ここにおいて，環境管理という側面からとらえる換気は，工場と非工場を区別する必要性が従来ほどではなくなってきたというべきであろう．

以上のような状況であるから，本書は“工場換気”と題簽(せん)を付し工場における有害物質に対処するための換気を主題としてはいるが，事務所など，広く工場以外の場面も想定している．

なお，本書は換気に関する技術書として工学的視点から記述しているが，工学は理学と異なり，効率を重視するところに特徴がある．効率的であることは省エネルギーに通じ，ひいては地球環境の保護・維持にも貢献するもので軽視してはならない．

1.3 空気質と換気

人に害を与える可能性のある要因はさまざまあり，まとめると**表1·1**のようになる．

このうち，換気で対処が可能なのは，表中に下線を引いたものである．これらは，“健康な室内空気の権利(The Right to Healthy Indoor Air)”を獲得する上で注意すべき重要な要素であり，これらを制御することが換気の目的でもある．ここで，健康とは，“完全な肉体的，精神的及び社会的福祉の状態であり，単に疾病又は病弱の存在しないことではない(WHO 憲章)”．

表1·1 人に害を与える可能性のある要因

物理的要因	温度，湿度，騒音，振動，光線，放射線，気圧，酸欠など
化学的要因	化学物質(ガス・蒸気，粉じん，放射性物質)，臭気など
生物的要因	細菌，ウイルス，黴(かび)，食物，アレルゲン，昆虫など
社会的要因	ストレッサー(経済環境，社会活動，人間関係)など

なお，空気質を向上させることは，社会的要因の一つであるストレスを軽減することにつながり，その結果，作業効率の向上にもつながるものであることを確認しておきたい．

1.4 労働環境中の有害物質

労働環境中に存在する有害物質はさまざまであり，工場換気の実施にあたってはこれら物質ごとの物理的・化学的・生物的性状を知るとともに，特に物理的には，空気中での挙動を十分に理解しておくことが大切である．

空気中の有害物質は，**表1･2**[1]に示すように，大きく気体物質と粒子状物質に分けることができる．労働安全衛生法規上，これらは“ガス，蒸気または粉じん”という一括りの語で用いられることが多い．

気体物質はさらにガスと蒸気に分類できる．ガスは常温・常圧ですでに気体であるものを指す．そもそも粒子状物質に対する気体物質は広義にガスを指すが，そのうち常温・常圧ですでに気体のものを狭義のガスと分類しているのである．これに対し，常温・常圧で液体のものが蒸発し，あるいは固体のものが昇華して(液体を経ずに)気体となっているものが蒸気である．空気中に存在する水分，防虫剤やパラニトロクロロベンゼンなどが昇華したものがこれにあたる．ガスと蒸気は換気を考える上では特に分類する必要性は小さいと思われる．一般的にも有機溶剤蒸気と呼ばれるべきものに対して使用されるマスクが法令上“有機ガス用防毒マスク”と定義されたりしている．

気体の有害物質は人の呼吸によって肺胞まで

表1･2 空気中における特定化学物質などの性状，分類[1]

分類		状態	性状	例
気体物質	ガス	気体	常温・常圧で気体のもの．	塩化ビニル，塩素，シアン化水素，臭化メチル，フッ化水素，ホルムアルデヒド，硫化水素，アンモニア，一酸化炭素，塩化水素，二酸化硫黄，ホスゲン
	蒸気		常温・常圧で液体または固体の物質が蒸気圧に応じて揮発または昇華して気体となっているもの．	塩素化ビフェニル，ベンゾトリクロリド，アクリロニトリル，アルキル水銀，エチルベンゼン，エチレンイミン，オルト-トルイジン，クロロホルム．クロロメチルメチルエーテル，コールタール，酸化プロピレン，四塩化炭素，1,4-ジオキサン，1,2-ジクロロエタン，1,2-ジクロロプロパン，ジクロロメタン，ジメチル-2,2-ジクロロビニルホスフェート，1,1-ジメチルヒドラジン，水銀，スチレン，1,1,2,2-テトラクロロエタン，テトラクロロエチレン，トリクロロエチレン，トリレンジイソシアネート，ナフタレン，ニッケルカルボニル，ニトログリコール，ベーター-プロピオラクトン，ベンゼン，メチルイソブチルケトン，ヨウ化メチル，硫酸ジメチル，フェノール，四アルキル鉛
粒子状物質	粉じん(ダスト)	固体	固体物質に研磨，切削，粉砕などの機械的な作用を加えて発生した固体微粒子が空気中に浮遊しているもの(粒径1～150 μm程度)．	ジクロロベンジジン，オルトトリジン，フッ化ベリリウム，アクリルアミド，インジウム，硫化カドミウム，無水クロム酸，五酸化バナジウム，コバルト，三酸化二アンチモン，硫化ニッケル，ヒ素，二酸化マンガン，リフラクトリーセラミックファイバー
	ヒューム		気体(例えば金属の蒸気)が空気中で凝固，化学変化を起こし，固体の微粒子となって空気中に浮遊しているもの(粒径0.1～1 μm程度)．	溶融金属の表面から発生する酸化物，例えば酸化鉛，酸化ベリリウム，酸化カドミウム，五酸化バナジウム，酸化コバルト，コールタール，三酸化二アンチモン，溶接ヒューム，塩基性酸化マンガン
	ミスト	液体	液体の微細な粒子が空気中に浮遊しているもの(粒径5～100 μm程度)．	塩素化ビフェニル，クロム酸，コールタール，シアン化物，硫酸ジメチル，硝酸，硫酸

達し，あるいは皮膚から侵入して体内に吸収・蓄積されることによって健康障害が発生する．有害物質そのもののほか，その体内代謝産物にも留意する必要がある．

一方，粒子状物質は粉じんあるいはエアロゾルとも呼ばれ，これはミスト，粉じんおよびヒュームに分類される．ただし労働安全衛生法規上用いられる“ガス，蒸気又は粉じん”の用語における“粉じん”は粒子状物質の意味で使われている．

ミストは水でいえば霧や靄（もや），また，機械工場の油煙のような微細な液体の浮遊物を指す．その実態から形は球状で，粒径は比較的大きい．粉じんはダストと呼ばれることもあり，これはもともと固体であるものが物理的・機械的な力を受けて破砕された結果生じ，空気中に浮遊しているものである．意図的に破砕・粉砕されたものもあれば，固体の加工工程で副次的に生じたものもある．その成り立ちから形状はさまざまで，球状のものもあれば繊維状のものもある．また，粒径も大小であるが，大きいものほど早く自然落下し，比較的小さいものほど長く浮遊する．なお，ここでいう粒径は，空気力学的粒径を指し，例えば細長い形のものは，空気中で同じ挙動をする同一密度の球状粒径を意味している．また，ヒュームは，一般に溶融された金属が蒸発し，空気中で冷却されて凝固または空気中の酸素と化合して酸化物として存在するものである．亜鉛，鉛などの金属ヒュームや鉄・マンガン化合物を含む溶接ヒュームなどがある．金属ヒューム以外にはコールタールヒュームなどもある．

粒子状物質を小分類して考えることは，その発生抑制，拡散防止，除じん装置の選定などについて考慮する上で意味がある．

1.5　粒子状物質の空気中での挙動

物質は重力の加速度を得て落下していくが，このとき空気の粘性に基づく抵抗を受ける．大きい質量を持った物質は空気の抵抗を無視できるが微細な粒子は空気による抵抗を無視できない．この抵抗は粒径が小さく速度も小さい（Re 数<1.0：第2章**2.2.2**参照）ときには粒子の速度に比例した大きさとなり，ストークス（Stokes）の抵抗と呼ばれている．空気中に置かれた微粒子は重力による落下速度の増加に伴って空気の抵抗を増し，重力と抵抗がつりあった状態に至った後は一定の速度で落下を続けることになる．このときの落下速度を終末沈降速度（終末速度または終速度とも）といい，次式で表される．

$$v = \frac{\rho g d^2}{18\mu} \tag{1.1}$$

ここに，v：終末沈降速度[m/s]

ρ：粒子の密度[kg/m^3]

g：重力の加速度[m/s^2]

d：粒径[m]

μ：空気の粘性係数[Pa·s]

例えば，水滴にあてはめると，径 0.1 mm では約 0.3 m/s となる．v は粒径の2乗に比例するから 0.01 mm では 0.003 m/s となる．10 μm の水滴は毎秒 3 mm の落下ということである．また，v は粒子の密度に比例するから，密度が5倍の 10 μm 鉱物粉じんであれば 1.5 cm/s，密度が約8倍の 10 μm 鉄粉は 2.4 cm/s となる．

次に，発じん源からある初速度で空気中に放出された粒子状物質の場合はどうであろうか．初速度 v_0 で放出された粒子がストークスの抵抗だけを受け，粒子の速度が終末速度に等しくなるまでの飛散距離を求めてみると，**図1·1**のようになる．図は横軸に初速度，縦軸に飛散距離，パラメータに粒子の密度と粒径をとったものである．これによれば，初速度 10 m/s で放出された密度 3（3 000 kg/m^3），粒径 10 μm（0.01 mm）の飛散距離は，9×10^{-3} m（9 mm）と知れる．

さて，粉じんの人体に対する有害性としてじん肺の発生がある．じん肺とは，鉱物性の粉じんが肺に蓄積することによって肺の組織が変化し，肺機能が低下する病気である．呼吸により吸入された空気は鼻腔→喉頭→気管→気管支→

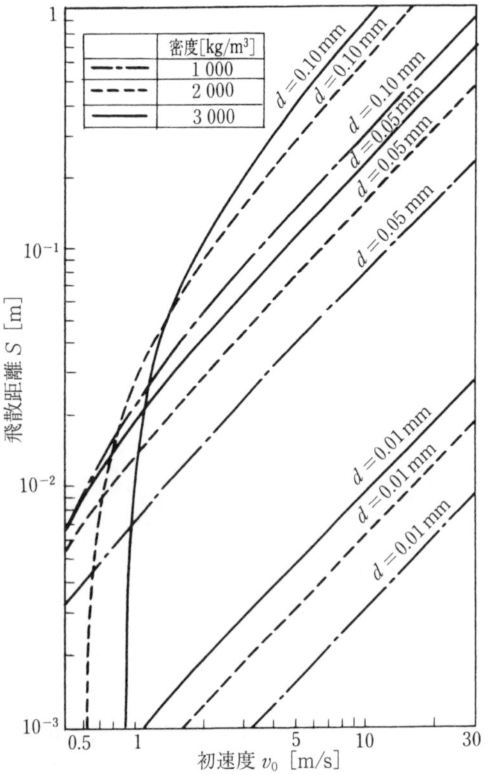

図1·1　粒子状物質の飛散距離

肺胞へと進むが，ほとんどの粉じん，特に粒径10 μm以上の粉じんは鼻腔～気管支で取り除かれる．気管支を越えた微細な粉じんは粒径が小さいほど逆に排出される率も多く，肺の疾患に関連の深い肺組織への沈着率を見ると，2 μm付近にそのピークが見られる[2]．一般に肺に有害な粉じんの粒径は0.5～5 μmといわれている．作業環境測定の対象が5 μm以下の粉じんとされているのもそのためである．ただし，じん肺とは別の問題として，本来化学物質としての有害性を有するものについては，粉じんの粒径にかかわらず化学物質に対する適切な対策を講ずべきことはいうまでもない．

以上のように，粒子状物質の空気中での挙動は空気の抵抗に制約され，自らの力で動くことはほとんどできない．そこでは空気の流れがその挙動を大きく左右し，それゆえ，粒子状物質の制御は気流に乗せて行うこと，すなわち換気が重要な役割を果たすことになる．また，じん肺対策として粉じんの抑制を目的とする換気においては，5 μm以下の粉じんの制御が重要であることを認識しておかなければならない．

1.6　有害物質対策

有害物質対策は作業環境管理，作業管理および健康管理のいわゆる3管理の面から行うということが大方のコンセンサスを得ている．換気関係対策は，このうち作業環境管理に含まれる．

図1·2は有害物質が発散(空気中に出ること)・拡散(発散源からさらに空気中に広がること)し，人の体内に取り込まれて障害を起こす機序を示したものである．障害を未然に防止するための手段は，図の左方から，すなわち有害物質に近いところから優先的に講じるのが効果的である．したがって，有害物質対策のうち最

コラム　“粉塵(じん)”という漢字

細かい粒子を我々は“粉じん”といっているが，その漢字の意味を見てみると，まず，“粉”は米をどんどん分割していくと粉になるから，これはわかりやすい．

“塵”の字は，古くは“塵の鹿の横と上にも鹿”と書かれたそうである．何でも漢字を3つ重ねると“多い”ということを表し，木が多いと森，車が多いと轟(とどろき)，囁(ささや)くは耳を集める，晶は光り輝く意味のごとくである．古い塵「麤」はたくさんの鹿が走り回って土ぼこりを立てることから由来するそうである．

小さく分割する単位に割，分，厘，毛，糸…と続くが，“塵”は10^{-9}をも意味する単位でもある．最近よく話題に上がる“ナノ”の単位である．ちなみに，沙漠の“沙”は10^{-8}である．

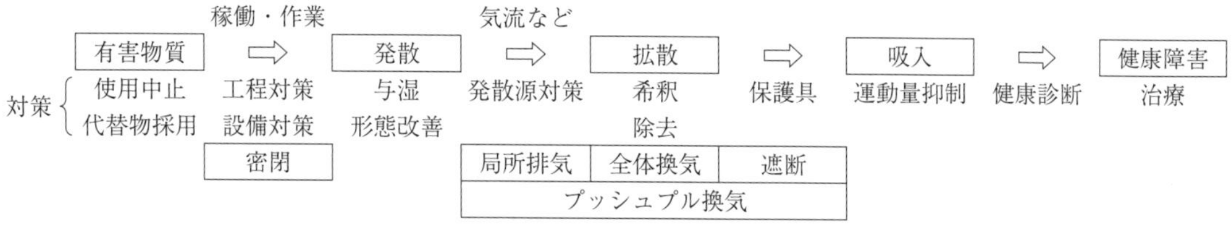

図 1･2　有害物質による健康障害の発生機序

も優先的に取り上げるべきことは，有害物質をつくらない，使わないということである．自社での製造・取扱いを中止し，他社に委ねることもその一つといえるが，その場合は，委託先で当該有害物質の管理が完全に安全に行われることが大前提である．さもなければ，“有害作業の下請け化”として指弾されるであろう．

有害物質の使用中止がかなわない場合，次はより有害性の低い代替品の使用を検討することになるが，この場合は代替品の有害性をきちんと精査して導入することが極めて重要である．留意すべき点の一つは，法規の規制対象として挙げられていないものが必ずしも有害性がないとか低いというものではないということである．現行の法規は，過去に大きな災害を発生したとか，大きな社会問題を引き起こしたとか，広くどこでも使用されているなど，その時々に応じて当面規制が必要と認められたものに限って規制しているにすぎないのであって，規制対象物質より格段に有害性の高いものが規制されていない例はいくらでもある．したがって法規の対象となっているか否かをもって有害性の判断とすることはできない．

2つめは，現在有害性が低いと判断されていても，将来新たな知見により有害性が再評価されることが十分あるということである．ベンゼンゴムのりが製造禁止になってノルマルヘキサンに代替されたころ，ノルマルヘキサンの許容濃度は 500 ppm（ACGIH）であったが，その後 100 から 50 となり，現在は 40 ppm とされている．トルエンも有機溶剤中毒予防規則が制定されたころは 100 ppm であったが，現在の管理濃度は 20 ppm である．

代替品もなく現在の物質の使用を続けざるを得ない場合，次に検討すべきは，有害物質の発散を止めることである．そのためには取扱い設備を密閉化することが必要である．

密閉化ができない場合は，有害物質の発散を許してしまうことになるが，次の対策として，発散した有害物質の拡散を抑制することを考えることになる．その一つとして，有害物質の物理的性状を変化させることがある．物質が粒子状物質の場合，粒径の小さい粉状で取り扱うことからできるだけ粒径の大きい粒状または塊状の形で取り扱うことで，発散ひいては拡散をより少なくすることが可能である．また，水または油を加えてペースト状にして取り扱うことも大きな効果がある．同じ粉体について乾燥したものを盛ったものとその表面付着水分を 2〜3% に与湿したものとを併置し，ここに風を当ててみると，水分を加えた山からの飛散量は乾燥した山からの飛散量の 1/10〜1/50 であったとの報告もある[3]．

有害物質対策は以上のほか換気による対策もあり，それらを含めてできるだけ多くの手段を取り込んで実施することが望ましい．換気対策に関しては，**図 1･2** に従えば，密閉に次ぐ対策は局所排気装置またはプッシュプル型換気装置の採用である．これらは発散した有害物質が拡散する前に周囲の空気とともにこれを吸い込み，最終的に屋外に排出する装置すなわち発散源対策として有効である．

有害物質が発散源において捕捉できず周囲の空気中に拡散してしまった場合は，新鮮な空気で有害物質の濃度を希釈する方法があり，これを一般に全体換気と呼んでいる．また，新鮮空気を作業者の周りに吹き出し，作業者を気中有害物質から積極的に保護する局所給気法も考えられる．

1.7　工場換気の方法

換気の対象とする空間および換気に用いる気流によって，工場換気はおおむね**表1·3**のように区分できる．これらについて以下に述べるが，いずれの場合であっても，室内空気の排気と室内への給気に伴う室内圧力のバランスを考慮することが必要である．

1.7.1　局所換気と全体換気

工場換気は，換気の対象とする空間によって，全体換気と局所換気に分けることができる．一般に，断りなく“全体換気”といえば，気中有害物質の濃度を新鮮空気によって希釈する“希釈換気”を指すが，ここでは文字通り“室空間全体”を換気する意味である．ただ，現実に採用されている全体換気のほとんどは希釈換気であるのも事実である．一方，“局所換気”は，有害物質の発散源近くの限定的空間を換気することである．もう少し範囲を拡大したときのイメージとして使われる“局部換気”は，これから述べる局所換気と全体換気の利点と欠点を有している中間的な換気と考えていいだろう．

換気に必要な動力は動かす空気量と使用するファンの圧力の積に比例する．空気量の点では対象空間の小さい局所換気が有利である．しかし，温度差や風力を利用した自然力による全体換気では動力を必要としないから，その場合は全体換気が有利である．動力を用いて換気する場合の使用するファンについて見ると，局所換気は圧力の高いファンが要求されるのに対し，希釈換気を行う場合の全体換気に用いられるファンは換気扇などの圧力の低いものを用いるから，空気量と圧力の積である動力はどちらが有利ともいえない．

全体換気には希釈換気のほかに，室内の汚染空気を新鮮な空気で置き換えようとする“置換換気”がある．これはあたかも筒の中の空気をピストンで押し出すような形をとるので，ピストン換気とも押出し換気とも呼ばれる．希釈換気の場合はあくまでも有害物質は室内に残留する上，換気むらが生じて濃度の濃い部分と薄い部分が生じやすい．その目指すべき濃度は有害でない程度であり，人がいる箇所すべてをその濃度以下にするためには相当の換気量を確保しなければならない．置換換気の場合，理論上換気むらの発生はなく，少なくとも空気流れの上流は新鮮な空間を確保することができる．理想的な置換換気は，プッシュプル換気によって達成できる．置換換気はその性質上，設備費・運転費とも高額となり，採用に躊躇(ちゅうちょ)する場面も多いと思われるが，理想的な流れでなくてもこれに近い流れを室内に形成することはそれほど困難ではない．

一方，局所換気は換気の対象となる空間が室内の一部分である．この中には**図1·3**に示すように局所排気，局所給気およびプッシュプル換気がある．局所排気は**図1·3**(a)に示すように発散源から発散する有害物質が，広く拡散してしまわないうちに，その近くに設けた空気の吸込み口(吸込みフード)で周りの空気とともにでき

表1·3　換気対象空間と用いる気流による換気の分類

			用いる気流		
			吹出し気流	吸込み気流	吹出しおよび吸込み気流
対象空間	局所		局所給気	局所排気	(開放式)プッシュプル換気
	室全体	置換換気	置換換気	(密閉式)プッシュプル換気	
		希釈換気	第2種換気	第3種換気	第1種換気
	空間の遮断		吹出しエアカーテン	—	プッシュプル・エア・シャッタ

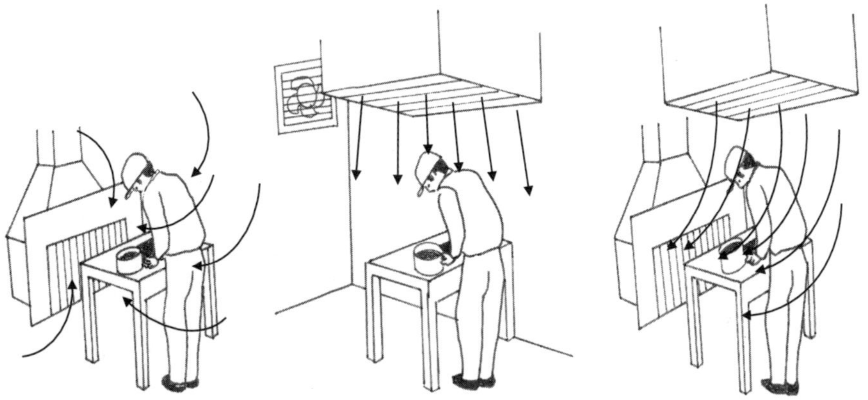

図1・3 局所換気の利用気流による分類

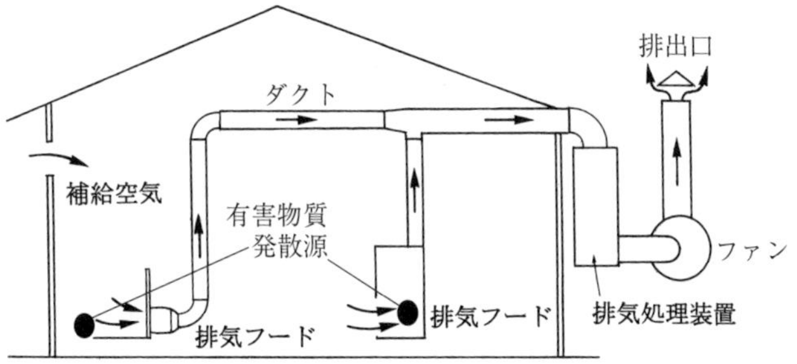

図1・4 局所排気装置

るだけ高い濃度で吸い込み，室外に排出しようとするものである．吸込み気流の弱点は，吸込み口から離れると急速にフードに吸い込まれなくなるということである．したがって，フードはできるだけ発散源に近づけることが要点である．

局所給気は，**図1・3**(b)に示すように必要なところに必要な量の清浄空気を供給するものである．発散する有害物質を除去することはできないが，局所的に清浄な領域を形成することができ，作業者の呼吸域が清浄域に包まれるようにすれば，周りの空気が汚染されていても作業者は保護されることになる．室内での適用は限定的であるかもしれないが，例えば屋外でのはつり作業などには効果的に応用できる．

プッシュプル換気は吹出し気流と吸込み気流を併用したもので，**図1・3**(c)の場合は新鮮吹出し空気が作業者の頭部を保護し，有害物質は拡散することなく排出される仕組みである．局所排気装置で用いられる吸込み気流の効果が吸込み開口から離れるに従って急速に低下するのに対し，プッシュプル換気は遠方まで届く吹出し気流を活用するところに特徴がある．発散する有害物質を吹出し気流で吸込みフードの近くまで運び，これを吸込みフードで吸引する機能を生かすような，吹出し・吸込み間距離が比較的大きい装置も開発されている．

1.7.2 局所排気

有害物質が発散する作業環境において局所排気は古くから数多く利用されてきており，その装置を局所排気装置という．**図1・4**はその例で，発散する有害物質を周囲の空気とともに吸込みフードに吸引し，それをダクトと呼ばれる

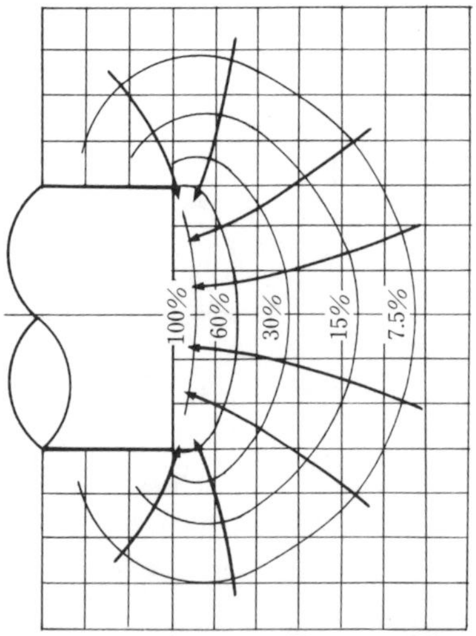

図1･5 円形開口周りの吸込み流れ[4)]

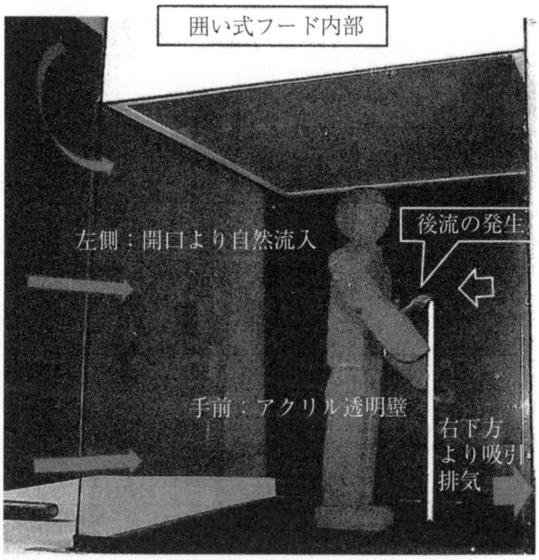

図1･7 後流(ウェーク)の発生

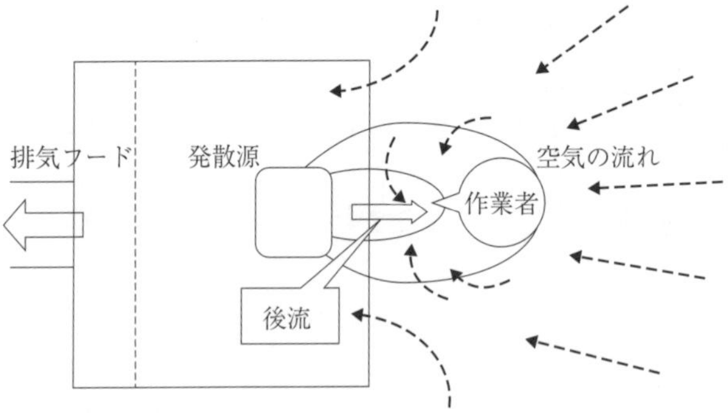

図1･6 後流(ウェーク)の発生

管を通して運び，有害物質を処理して最終的に排出口から屋外に排出するものである．空気を動かすためにファン(排風機，もちろんモータで駆動される)も不可欠である．有害物質の処理装置は必ずしも設けられない場合がある．

先にも述べたように，この換気法の欠点は，吸込みフードから離れるほどフードに向かう気流の速度が急激に低下することである．**図1･5**に円形開口周りの吸込み気流速度が低下する状況の例を示す．

局所排気フードに流入する気流の中に作業者が位置する場合，流れの速度が大きいと**図1･6**に示すように流れは作業者の周りからはく離し，渦が形成される．このような流れの中に有害物質が巻き込まれて，作業者の呼吸域が汚染されてしまうおそれが出てくる(**図1･7**参照)．このような現象を後流，逆流またはウェークといい[5)]，最近，労働衛生上の大きな課題となっている．後流による作業者への汚染影響は意外に大きいものがあり，これを防止するためには作業者の頭上から新鮮な空気を低速度で吹き降ろすか，作業者と発散源の間を遮断する空気流れ(後述の**1.7.6**参照)をつくる方法がある．

局所排気および局所排気装置については，章を改めて詳しく述べる(第3章)．

1.7.3 局所給気

作業環境中に清浄な空気を局所的に供給する

ことによって，発生する有害物質を制御・搬送することが可能である[6]．

開口面積が比較的大きい，切り口が円形または平面開口から吹き出される噴流は，噴出されたのち，気流周辺部が周囲の空気と混合拡散しながら前進し，方向性を保ったまま遠くまで到達する．しかし，このような流れは有害物質の広がりを制御することが困難であることから，これを直ちに局所給気として利用するには一般的ではない．

ただし，大きな吹出し口から清浄な空気を遅い速度で吹き出す吹出し口(低運動量吹出しともいう[7])は，局所給気として有効に用いることができる．要点は，吹出し気流の周辺空気とまだ交わらないコア部で作業者の呼吸域をカバーすることで，そのためには吹出し開口は十分広く，かつ作業者に近づけることが必要である．

1.7.4 プッシュプル換気

局所排気装置は，利用する吸込み気流の欠点ゆえ，フードは発散源近くに設ける必要があり，近づけられない場合や発散面積が広い場合には有害物質をすべて捕捉・吸引することが困難である．そのために吸込み気流と異なる性質を持つ吹出し気流を併用するのがプッシュプル換気である．吹出し気流は，吸込み開口から離れたところで発散する有害物質を吸込み開口近くまで運び，それを吸込み開口から吸引するものである．このために用いる設備をプッシュプル型換気装置と呼ぶ．吹出し開口および吸込み開口はそれぞれ吹出しフード，吸込みフード，両者を合わせてプッシュプル型フードと呼ぶ．周囲の空気とともに吸い込まれた有害物質がダクト内に運ばれ，最終的に屋外に排出されるのは局所排気装置と同じである．

プッシュプル流れが用いられた換気装置の代表的なものは，**図1·8**に示す開放槽上のプッシュプル型換気装置である．これらは噴流理論[8]をもとにして古くから利用されているが，吸込み流れとの連携を図った流量比法[9]による設計[10]も確立されている．噴流理論に基づくものは狭いスロットまたは多孔管から吹出し気流に周囲の空気や有害物質が巻き込まれ，吸込み開口に到達したときにその流量を吸い込み開口で吸い込む考え方となっている．もともと米国で push-pull type ventilation といえばこのタイプである．これに対し，流量比法ではプッシュプル流れの形状により最適な吸込み風量を算出しようとするもので，吹出し開口は噴流理論によるものより厚くとられ，吹出し速度も小さい．これはスーパーマーケットの冷凍・冷蔵用商品ケースによく利用されている．

図1·9はプッシュプル流れの中に有害物質の発散源を置き，有害物質をそのまま吸込み開口まで搬送し排出する装置である．プッシュプル流れは一般に乱流であり，乱れによって有害物質は拡散するものの，吹出し開口からの流れの乱れを小さく制御することによって有害物質の

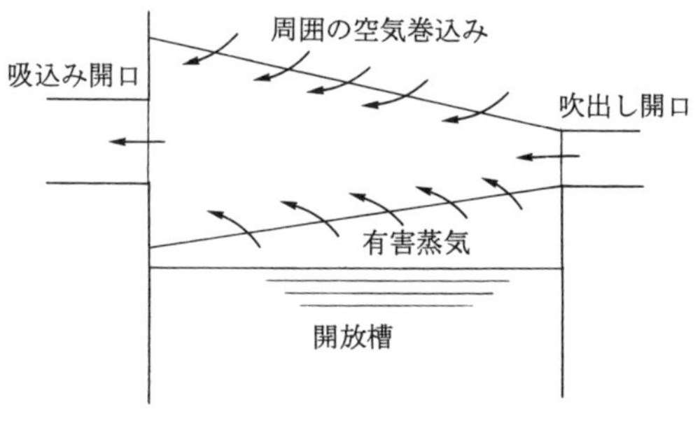

図1·8 プッシュプル型局所換気装置

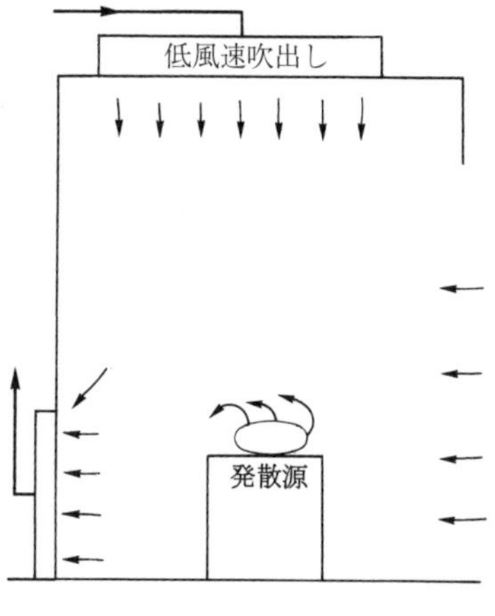

図1·9 プッシュプル型一様流換気装置

拡散範囲を狭くすることは可能である．図のように発散源の周りが固定壁で囲まれ吹出し・吸込み開口間距離が短い装置は，有害物質の拡散範囲が狭く，有害物質を含む汚染空気以外の不必要な空気の吸込み量の少ない望ましい装置といえる．

プッシュプル型換気装置については章を改めて述べる(第7章)．

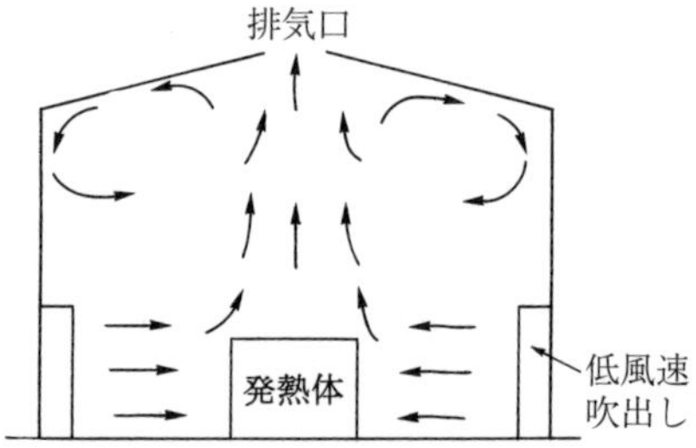

図1･10　置換換気の例

1.7.5　希釈換気と置換換気

作業環境中で発生する有害物質の濃度を，清浄な空気を室内に供給することにより所定の濃度以下に希釈しようとするのが希釈換気で，人の居住を目的とした空間で行われている換気と同じである．希釈換気は，室内における有害物質発生量，換気量および換気方式から理論的に算出される室内有害物質平均濃度の算出式に基づく設計が行われる．しかし，実際には室の形状，室内の設備の存在，換気設備の種類，室内に出入りする外気などにより換気むらが生じることが避けられず，そのため理論計算以上の換気量を要することになる．

希釈換気は有害物質の新鮮空気による希釈であり，あくまでも有害物質は室内に存在しているということを忘れてはならない．また，ある時期に有効な希釈換気が施されていたとしても，有害物質の有害性が見直され，許容濃度の値が変更されたときには換気能力を大幅に増加しなければならない事態が生じることもある．

置換換気は，室内の汚染された空気を新鮮な空気で置き換えようとする換気法である．最も効果が高いのは，一方の壁全面から清浄な一様気流(速度と方向が一様な比較的速度の遅い空気流れ)を対面に向けて押し出すように流し，汚染空気を一掃する換気法である．室全体で有害物質が発生しているとした場合，この換気法は希釈換気の倍の効率となる．有害物質の発生源が換気気流の下流側に限られる場合はいっそう高い効率となる．

置換換気は，今日，清浄度の高いクリーンルームなどに多く適用されている．密閉式プッシュプル換気はこの一つである．

置換換気法で最近見直されているのが**図1･10**に示すように浮力を利用する方法である．熱源からのプルーム(上昇気流)に有害物質が含まれる場合，室内に速度成分をほとんど持たない(低風速の)水平方向の気流を供給し，汚染空気が少なくとも作業者の位置では清浄な空気域が保持されるよう目論んだ換気法である．この場合注意しなければならないのは，天井付近に滞留しがちな汚染空気を撹拌していたずらに下降させないことである．局所排気が難しい，一定の広さを持つ溶接作業場の全体換気には，このような換気法が効果的と思われる．

1.7.6　空間の遮断

以上のほか，空気流れを空間の分断手段として利用することが可能である．有害物質の発散

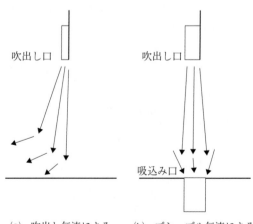

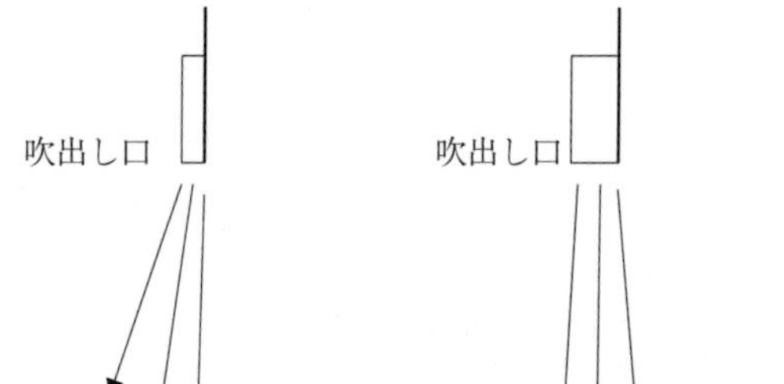

(a)　吹出し気流による遮断　　(b)　プシュプル気流による遮断

図1･11　空気による空間の遮断

源区域を他の空間と分離することによって，非発散源区域を有害物質から保護するとともに，発散源区域の換気をより少ないエネルギーで行うことができる．用いる気流は吹出し気流だけの場合とプッシュプル気流（プッシュプル流れ）を利用する場合がある．**図 1･11**(a)は吹出しだけの場合で，気流は不必要な空気の流入を防ぐ形で，比較的幅の狭い吹出し口から高速で吹き出す一般に“エアカーテン”と呼ばれるものである．**図 1･11**(b)はプッシュプル気流を用いる場合を示し，気流は比較的幅の広い吹出し口から比較的遅い速度で吹き出すのが特徴で，“エア・シャッタ”と呼ばれる．両者の定義や基準は特にない．ただ，遮断効果の大きいのはプッシュプル気流であることはいうまでもない．

参考文献

1) 中央労働災害防止協会編：特定化学物質・四アルキル鉛等作業主任者テキスト(2021)，p. 139，中央労働災害防止協会
2) 中央労働災害防止協会編：粉じんによる疾病の防止 指導者用(2013)，p. 16，中央労働災害防止協会
3) 2)に同じ，p. 67
4) ACGIH：Industrial Ventilation 26th Ed. (2007)，pp. 6～9，American Conference of Governmental Industrial Hygienists
5) 小嶋 純：換気気流中の作業者周辺に生じる逆流現象，セイフティダイジェスト，48-10 (2002)，pp. 2～4，日本保安用品協会
6) Tsuji K., Fukuhara I.：Protection of Breathing Zone by Uniform Velocity Blowing, AIHA Journal, 61-4 (July/August 2000), pp. 568～574, AIHA
7) Goodfellow H., Tahti E.：Industrial Ventilation Design Guide Book (2001), Academic Press
8) 4)に同じ
9) 空気調和・衛生工学会編：工場換気の理論と実践(1995)，pp. 81～95，空気調和・衛生工学会
10) 林 太郎，桜井 寛，金原清之ほか：プッシュプルフードとその特性に関する研究(3)，空気調和・衛生工学会論文集，6-13(1980)，pp. 129～133，空気調和・衛生工学会

第2章　空気とその流れ

2.1　空　　気

空気の組成は窒素 78.08%，酸素 20.95% が主なものであり，あとは近年 0.04% までに上昇してきた二酸化炭素のほか，アルゴンその他の希ガスである．

空気組成を概略，窒素 78%，酸素 21%，アルゴン 1% とみなせば，空気の見かけの分子量は，$28 \times 0.78 + 32 \times 0.21 + 39.9 \times 0.01 \fallingdotseq 29$ となる．

上記は水蒸気を含まない“乾き空気”の場合であるが，現実には大気には水蒸気が含まれ，これを“湿り空気”と呼ぶ．大気中の水分最大含有量は，温度に応じた水の飽和蒸気圧により定まる．すなわち，大気圧に対する飽和蒸気圧の割合相当分まで蒸気が存在可能(飽和蒸気)で，それ以上になると水滴化(結露)する．ある温度における空気中の水分の含有率を“絶対湿度”というが，それと同温における飽和絶対湿度との比が“相対湿度”と呼ばれる値である．

また，空気中には火山などからの自然発生ガスや，人間の活動に伴って生成された種々の化学物質のガスも存在する．加えて，ガスのほかにも微細な粒子も浮遊している．

これらに関する換気の役割として，次のようなことが挙げられる．

1)　生活環境中の温湿度の調整

2)　気中有害物質の発散・拡散・除去制御

3)　酸素欠乏空気への対処

このうち，1)は別として，一般に換気装置の設計・使用に際して扱う空気は，“標準空気”と呼ぶ温度 20℃，圧力 1 013 hPa，相対湿度 65% の空気として取り扱うことでほとんど問題はない．標準空気の密度は 1.205 kg/m^3 であるが，換気設計に際しては，1.2 kg/m^3 として差し支えない．

なお，空気調和設備の設計ならびに運転に関しては，1)の温湿度を考慮すべきことはいうまでもないが，集じん装置の選定・運転に関しても同様である．

2.2　空気の流れ

2.2.1　次元による空気流れの分類

空間座標を X 軸，Y 軸および Z 軸で表したとき，X 軸方向の流れが Y 軸または Z 軸方向の成分を有するかどうかにより，次の3つに分類できる．

図 2･1 により説明すると，

1)　(a)は，Y 方向および Z 方向に壁があり，Y 軸方向および Z 軸方向の流れの成分がなく，直線的な流れすなわち“一次元流れ”である．

　ダクト(管)内の流れは，マクロ的に見れば一次元流れであり，ダクトが曲がりを有していても同様にみなせる．

2)　(b)は，Z 方向に流れを挟む壁があり，Z 軸方向の成分のない流れで，XY 平面上の流れすなわち“二次元流れ”である．

　局所排気装置やプッシュプル型換気装置のフード(吸込み開口)への流れを阻害する周囲からの妨害気流を排除するため，流れの両サイドにバッフル(側風妨害板)を設けたときの流れなどはマクロ的にはこの流れであるといえる．

3)　(c)は，流れが X 軸，Y 軸および Z 軸方向の成分を含むもので，立体的な流れすなわち“三次元流れ”である．

　自由空間中に置かれたフードに流入する

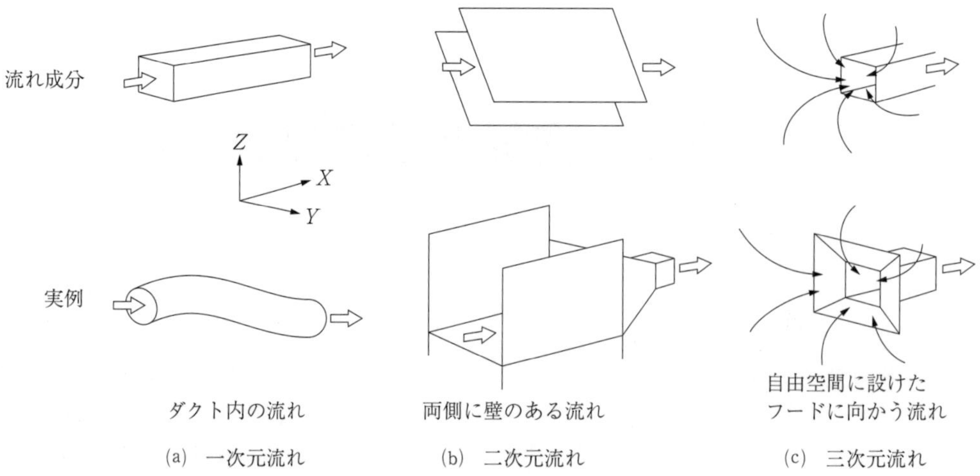

図2･1 次元による流れの分類

流れなどがこれに相当する.

以上のうち，一次元流れは次節および第4章で述べる“ダクト”に関する流れとして取り扱うことになる．二次元流れおよび三次元流れは第3章“局所排気装置”および第7章“プッシュプル型換気装置”において考慮すべき流れである.

2.2.2 空気の粘性，レイノルズ数，層流，乱流

空気中を移動する物体にはその運動を妨げようとする力が働くが，これは空気の持つ粘性に起因するものである．また，流体中を移動する物体は速度の2乗に比例する慣性抵抗を受ける．管内を流れる気体は管内壁との間に粘性が作用し，また，例えば管の急激な曲がりなどの部分に慣性抵抗を受けたりして，流れに伴ってエネルギーが失われていく．その消失状況については，次節で詳しく述べる.

粘性は流れに平行な面に沿ってせん断応力が生ずる性質と定義できる．面に平行な単位体積あたりの力は，面に垂直な方向の速度こう配に比例するが，この場合の比例定数μを粘性係数(粘度)という．μを流体の密度で除したものを動粘性係数といいνで表す．**表2･1**に空気の粘性係数と動粘性係数を示す.

動粘性係数が関与するものにレイノルズ数(Re数)があり，これは流体の性質を表す重要な無次元数(単位を持たない数値)の一つである．Re数は次式で表される(コラム参照).

$$Re=\frac{VD}{\nu} \tag{2.1}$$

ここに，Re：Re数
V：速度[m/s]
D：長さ[m]
ν：動粘性係数[m^2/s]

流体の速度がある程度以上になると，流れの様子は流れの軸に沿った層状の流れから不規則な乱れた流れに急激に変化する．前者を層流，後者を乱流というが，この変換はRe数が2000くらいのところで発生するといわれている.

局所排気装置やプッシュプル型換気装置に関する空気流れのRe数は優に2000を超えるが，特に置換換気やプッシュプル換気にはできるだけ層流に近い流れ(一様流)を形成させることがその性能確保上重要である.

2.3 ダクト内の空気流れ

2.3.1 ダクト内流れの質量保存

ダクトの一部分を示した**図2･2**で説明する．いま，ある瞬間にabfeにあった非圧縮性の流体が微小時間Δt後にcdhgまで移動したと考

表 2･1　乾燥空気の密度・粘性係数・動粘性係数

温度[℃] ＼ 圧力[kPa]	密度 ρ[kg/m^3]			
	96.0	98.7	101.3	104.0
−10	1.270 9	1.306 2	1.341 6	1.376 9
0	1.224 2	1.258 3	1.292 3	1.326 3
10	1.180 9	1.213 7	1.246 6	1.279 3
20	1.140 5	1.172 2	1.203 9	1.235 5
30	1.102 8	1.133 4	1.164 0	1.194 7
40	1.067 5	1.097 1	1.126 8	1.156 4

温度[℃] ＼ 圧力[kPa]	粘性係数 μ[Pa･s]			
	96.0	98.7	101.3	104.0
	$\times 10^{-6}$	$\times 10^{-6}$	$\times 10^{-6}$	$\times 10^{-6}$
−10	16.74	16.74	16.74	16.74
0	17.24	17.24	17.24	17.24
10	17.74	17.74	17.74	17.74
20	18.24	18.24	18.24	18.24
30	18.72	18.72	18.72	18.72
40	19.20	19.20	19.20	19.20

温度[℃] ＼ 圧力[kPa]	動粘性係数 ν[m^2/s]			
	96.0	98.7	101.3	104.0
	$\times 10^{-6}$	$\times 10^{-6}$	$\times 10^{-6}$	$\times 10^{-6}$
−10	13.17	12.82	12.48	12.16
0	14.08	13.70	13.34	13.00
10	15.02	14.62	14.23	13.87
20	15.99	15.56	15.15	14.76
30	16.97	16.52	16.08	15.67
40	17.99	17.50	17.04	16.60

える．図の断面 1 における断面積を A_1，平均流速を v_1 で表せば，ac の距離は $v_1\Delta t$，abdc の体積は $v_1\Delta tA_1$ と表すことができる．同様に，断面 2 においても efhg の体積は $v_2\Delta tA_2$ と表され，非圧縮性の流れの場合は密度が変わらないから，この両者の体積は等しくなければならない．したがって，

$$A_1v_1 = A_2v_2 \tag{2.2}$$

コラム

レイノルズ数(*Re* 数)とは

レイノルズ数(*Re* 数)は 19 世紀に英国の Reynolds が導出した無次元数である．彼は透明な実験装置を使って，管路の大きさや流速を変化させた可視化実験結果から *Re* 数が 2 300 以下の場合には，流れが乱れのない層状な流れ(層流)であるが，その値を超えると乱れた流れ(乱流)になることを発見した．*Re* 数は慣性項と粘性項の比で表せ，数式では $Re = VD/\nu$ となる．ここで，V：流速[m/s]，D：代表長さ[m](管路の内径などをとる場合が多い)，ν：流体の動粘性係数[m^2/s]．形状が相似で，*Re* 数が同じであれば同様な流れの様子を示す．ν は物性値で，空気の場合では 20℃ で 1.5×10^{-5}．例えば，ダクト径が 0.1 m，風速が 1 m/s であるような小さなダクトで低速な場合でも *Re* 数 $= 0.1\times1/1.5\times10^{-5} \fallingdotseq 6\,700$ となり，ダクト内の流れは乱流となる．したがって，実物大の空間における流れの *Re* 数は十分に大きく，層流となることは少ない．

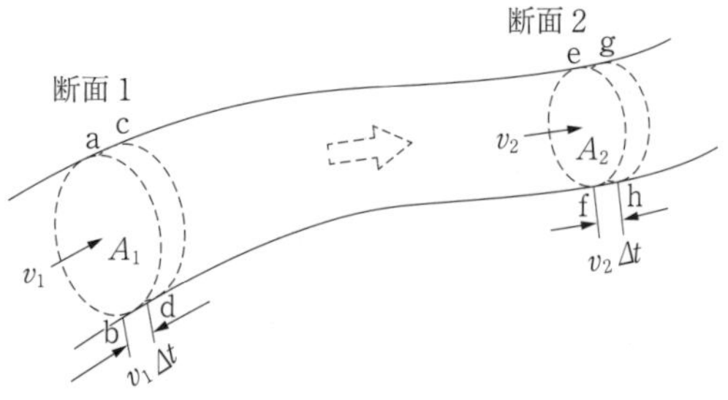

図2·2　流管

となる．この式は“質量保存の式”(質量は一定に保持されることを意味する)であり，“ダクト内流れの連続の式”と呼ぶ．この式を用いれば，ダクトの断面積が変化しても流れの量は同じということであるから，速度の変化が計算できる．

2.3.2　ダクト内流れのエネルギー保存

ここではエネルギーを圧力に置き換えて考える．ダクトを流れる流体の圧力を分析すると次の3つである．

1)　分子の熱運動による圧力(静圧)

流体の個々の分子が動き，壁に当たることによって生じる．マクロ的に見て流体が流れていなくても存在する．

2)　流体の運動エネルギーとしての圧力(動圧，速度圧とも)

(かたまりとしての)流体が動くことによって有している圧力．

3)　位置のエネルギーに相当する圧力(位置圧)

流体の位置(高さ)ゆえに有する圧力．水と違って空気の場合，局所排気装置などの換気を考える上では特別の場合を除き無視して差し支えない．

そこで，空気の持つ圧力は，静圧と動圧(速度圧)の和で，これを全圧と呼ぶ．

次式はどの場面でも成り立つ重要な式である．

$$P_T = P_S + P_V \qquad (2.3)$$

ここに，P_T：全圧

P_S：静圧

P_V：動圧(P_d と表現することも多い)

圧力の基本単位はPa(パスカル)である．1 Paは，水を約0.1 mm押し上げる能力を有する．なお，1 hPa＝100 Pa，1 kPa＝1 000 Paである．

静圧と動圧(速度圧)は相互に転換が可能である．なお，動圧 P_V は運動エネルギーに相当する圧力で，次式で表される．

$$P_V = \left(\frac{\rho}{2}\right) v^2 \qquad (2.4)$$

ここに，ρ：標準空気の質量(密度)＝1.2 kg/m^3

v：速度[m/s]

2.3.3　ダクト内流れの圧力損失

ところで，いま**図2·3**のようなダクトを考え，図の1の位置から2の位置まで空気が流れたとき，1-2間でエネルギーが減少しなければ1の位置における総エネルギーと2の位置における総エネルギーは同一である(エネルギー保存の法則)．エネルギーを圧力(全圧)で置き換えても同じことがいえる．

$$P_T = P_S + P_V = 一定 \qquad (2.5)$$

上式をベルヌーイの式と呼ぶ．

しかし，現実には下流側である2の位置における圧力(全圧)は1の位置における圧力(全圧)より小さくなる．すなわち，1-2間に圧力(全圧)の損失が見られ，この値を圧力損失と呼んでいる．

1および2の位置を添え字で表すと，これらの圧力関係式は次式のようになる．

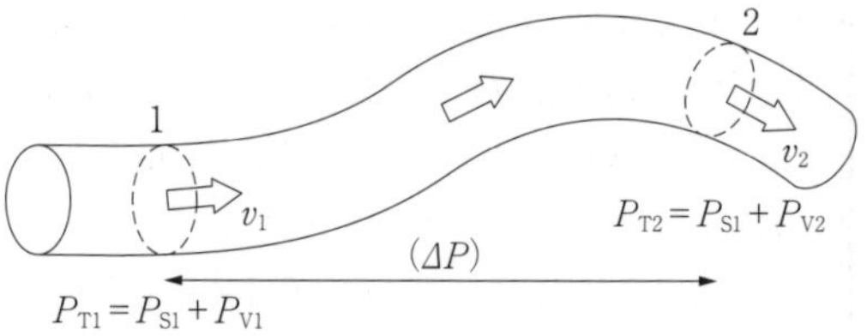

図2·3　ダクト内の圧力

$$P_{T1}-P_{T2}=\Delta P \qquad (2.6)$$

ここに，ΔP は圧力損失で P_R と表すことも多く，第9章，第12章では P_R を使用する．

式(2.6)は次式のようにも表現でき，これを修正ベルヌーイの式と呼んでいる．

$$P_{S1}+P_{V1}=P_{S2}+P_{V2}+\Delta P \qquad (2.7)$$

式(2.6)および式(2.7)も局所排気装置などの圧力計算式として重要である．

それでは，圧力損失はどのような原因で生じるのであろうか．

圧力損失には，曲がりがなく断面積が一様なダクト部分での損失(管摩擦損失)と，流れが乱れてダクトの壁からはく離したところに生じる渦による損失(局部損失)とがある．

まず，断面積が一様な直管部分では，管壁と流れる空気の粘性に起因する摩擦によって流れの持つエネルギーの一部が熱などの形で放散され，これが圧力損失として現れる．

管摩擦による圧力損失は，次式で表される．

$$\Delta P=\lambda\left(\frac{l}{d}\right)\left(\frac{\rho}{2}\right)v^2 \qquad (2.8)$$

ここに，ΔP：圧力損失[Pa]

λ　：管摩擦係数(無次元)

l　：直管部の長さ[m]

d　：ダクトの直径[m]

ρ　：空気の密度(1.2 kg/m^3)

v　：流れの速度[m/s]

管摩擦係数 λ に関しては，過去に多くの系統的な実験がなされており，これらがまとめられてムーディ線図(**図2·4**)として知られている．管内壁が荒いなどの特別の場合を除き，一般的には新品ダクトの値として，$\lambda=0.02$ が用いられる．

円形ダクト以外の場合の d は断面積/周長×4で表される水力直径であるが，実務的には同一風量が流れた場合に単位長さあたりの摩擦損失が同じとなる相当直径を用いる(第4章**4.3.1**参照)．水力直径にしろ相当直径にしろ，円形ダクトが最も管摩擦損失が小さくなることに違いはない．

式(2.8)は，圧力損失は動圧$(\rho/2)v^2$に比例することを示している．

なお，ここで述べた管摩擦損失は，直管部分が十分に長い状態のときの式であり，ダクト断面の変化や曲がりなどの近くでその要素が残っている場合にはそのまま適用すれば誤差が生じることになるが，それを評価することは容易ではなく，実務的にはそれほど問題は生じない．

次に，流れが壁からはく離することにより生じる渦を原因とする圧力損失(局部損失)は，ダ

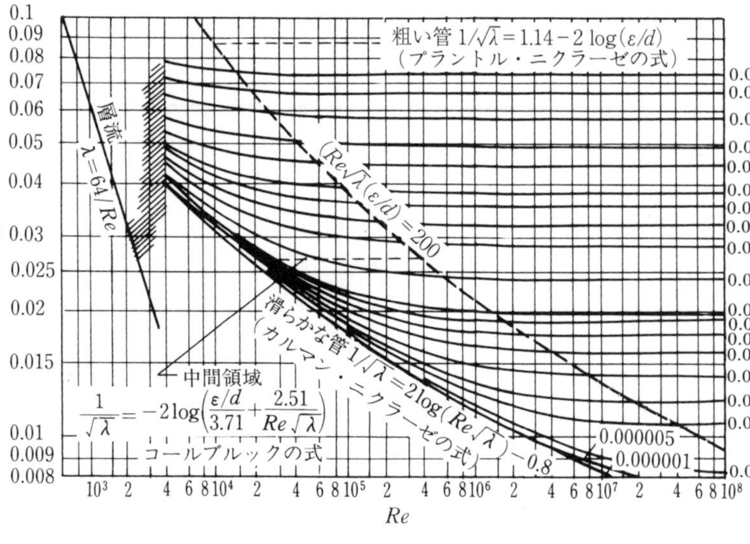

図2·4　ムーディ線図

クトの曲がり(ベンド)，拡大，縮小，合流，分岐などの構成要素部で生じる．構成要素による圧力損失は，次式で表される．

$$\Delta P=\zeta\left(\frac{\rho}{2}\right)v^2 \tag{2.9}$$

ここに，ζ：局部圧力損失係数(無次元)

局部圧力損失係数は，ダクトの構成要素部ごとにいろいろな実験値，経験値が発表されている．第4章および第9章にそれらを掲載してある．

局部損失も動圧$(\rho/2)v^2$に比例することを示している．

2.4 吹出し流れ

2.4.1 噴　　流

速度のより小さい周囲の流体中に噴出する流れを“噴流”と呼び，特に静止流体中に噴出するものを“自由噴流”[1)]という．事務室などの換気，吹出し(新鮮)空気と周囲空気の混合，室内空気の均一化，さらには気流を与える目的などで用いられることが多い．このほか，局所給気に用いられる比較的低速度の吹出しやプッシュプル型換気装置における吹出し流れも噴流の一部と考えることができる．

図2･5に円形自由噴流の構造を示す．直径dのノズルから速度u_0で均一に吹き出された流れは周囲の空気と混合しながら進行する．流れの中心部の流速がu_0に等しい部分(コア部)が次第に減少し，コア部が消滅したところで流れの助走部は終わり発達域へ移行する．噴流の助走域は6～8d程度である．発達域では中心速度は吹出し開口からの距離xに反比例して減少し，周囲の気体を巻き込みつつ直線的に広がっていく．bは，速度が中心流速の半分になる点における中心線(噴流軸)からの距離(半径)であり，速度の半値幅という．半値幅は噴流の外部の境界は乱れの影響で特定しにくいために展開の特性を表す1つの指標である．

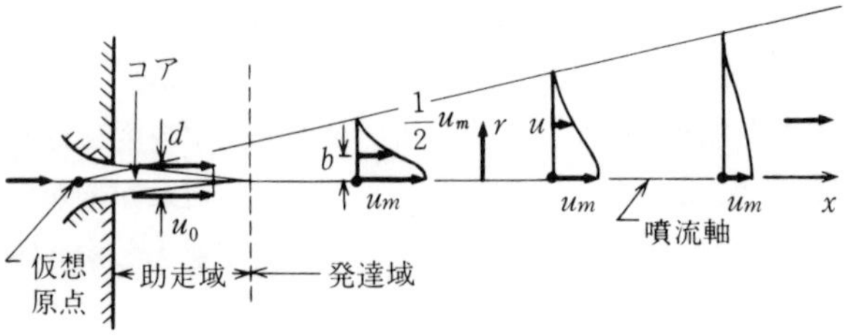

図2･5 円形自由噴流の構造

> **コラム　ピトー管**
>
> ダクト内の風速を測定する場合，ピトー管が使用される．ピトー管はL字型金具の先および横に孔が開いていて，この孔を利用して先端部と横側の圧力を測ることができるような二重構造をしている．空気の流れがまったくなく止まっているときは，先端部も横側も静圧を受けるので差はない．先端が空気流れに対向していれば，先端部では流れがせき止められることになるので全圧を受けることになる．横側の孔は先端部よりは小さいものが流れに垂直方向に開けられているので，流れの影響は受けないで静圧のみ働くことになる．全圧と静圧の差を検出できるようにすれば，ベルヌーイの式から全圧－静圧＝動圧がわかる．ピトー管で測った動圧がPであれば$P=\rho V^2/2$，すなわち，$V=\sqrt{2P/\rho}$から流速が求められる．ピトー管は飛行機やレーシングカーにも取り付けられ，気流に対する速さを測定するために用いられている．

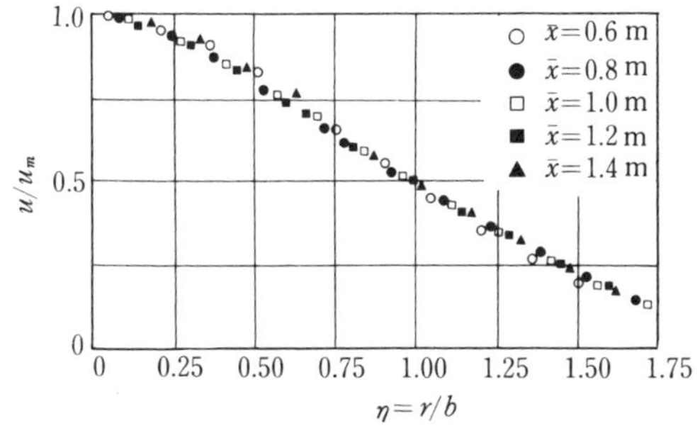

図 2･6　自由噴流の速度分布[2)]

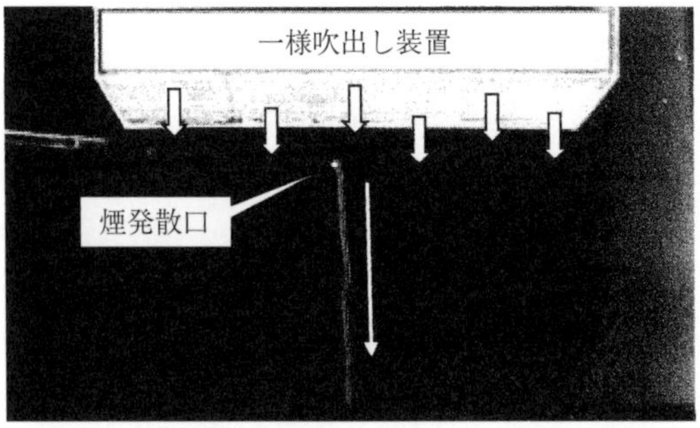

図 2･7　一様流の中，点源から発散する物質の拡散状況

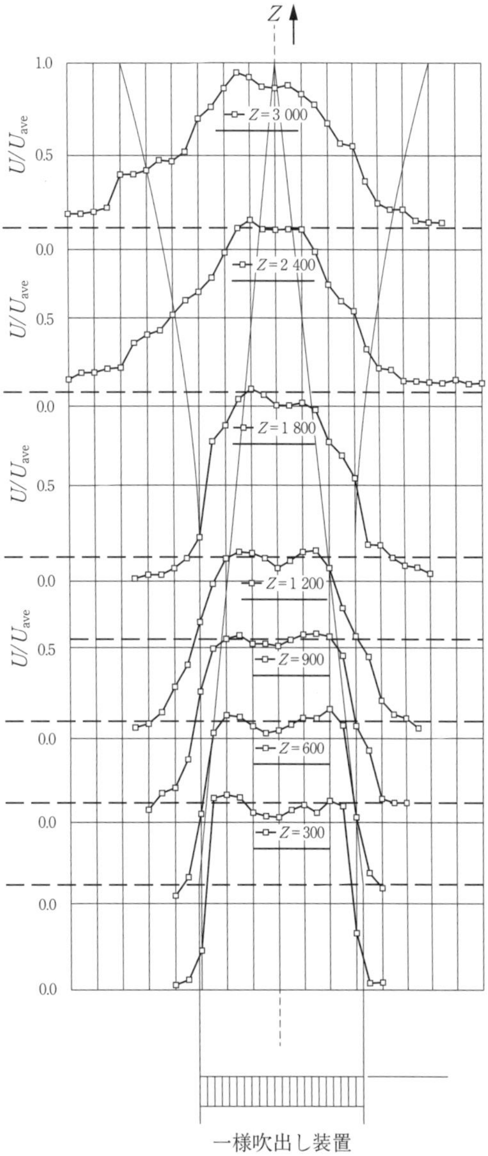

図 2･8　一様吹出し流れの速度減衰状況

図 2･6 は，各 x における中心軸上の速度に対する比を縦軸に，噴流の拡大半径に対する半値幅を横軸に無次元化したもので，$\bar{x}$ は吹出し口からの軸上距離を表す．この図から，速度分布は $\bar{x}$ の値にかかわらず相似性を有することが確認できる．このことから，噴流の発達域は相似域とも呼ばれる．

2.4.2　一様吹出し流れ

一定の大きさを有する開口部全面から比較的速度の遅い空気が均一に吹き出される流れを一様流と呼んでいる．

一様流の中に置いた発散源から発散する煙は，**図 2･7**[3)] に示すように，ほとんど拡散することなく気流とともに推移する．このような流れの中に有害物質の発散源を置けば，有害物質は拡散が抑えられたまま移動する．このことは，プッシュプル換気にとって不可欠な性質で，風速分布の均一性がプッシュプル型換気装置の性能を大きく左右することになる．

図 2･8 は一様流が吹き出された後どのように速度を減衰しながら進むかを調べた結果である．図において，流れの中心の三角形の部分は，周囲の空気と混じり合っていない部分でコア部という．吹出し空気が新鮮空気である場合は，この部分が新鮮空気流れの部分となる．すなわち，この部分に人が位置すれば，原理的にその人は周囲の空気から隔離されて安全であるといえる．

参 考 文 献

1) 空気調和・衛生工学会編：工場換気の理論と実践(1995)，pp. 18～20，空気調和・衛生工学会
2) Rajaratnam, N.：Turbulent Jets (1976)，Elsevier〔野村安正(訳)：噴流(1981)，p. 27，森北出版〕
3) 辻 克彦：建設業の斫り作業における環境改善について(その2)(1998)，pp. 1～23，大阪労働基準局

第3章　局所排気装置

有害な汚染物が発生する作業環境において，発生する汚染物を作業者の呼吸域にまで拡散させることなく吸引・排出する局所排気装置は，作業環境改善を目的とした工場換気における最も基本となる対策である．

3.1　装置の大要

局所排気装置とは，**図3･1** に示すようにフード，吸込みダクト，有害物処理装置，ファン，排気ダクトおよび排気口の各部から構成されている．

フードは発生する汚染物を捕捉・吸引するためのもので，その排風量は発生する汚染物あるいは汚染された空気を完全に捕捉・吸引するために必要な風量を満足しなければならない．

ダクトはフードで吸引された汚染物と，汚染物と同時に吸引される周囲の空気を流すための導管であり，ファンより上流側は吸込みダクト，下流側は排気ダクトと呼ばれる．

有害物処理装置はフードで吸引した汚染物を空気の流れの中から分離・除去するためのもので，粉じんなどの粒子状物質に対しては集じん装置，有害なガスや蒸気に対しては排ガス処理装置が用いられる．

ファンは必要な排風量を確保し，かつフードから流入した空気がダクト系内を流れるときに生じるエネルギーの損失(圧力損失)に見合うだけのエネルギーを空気に与えるものである．

有害物処理装置が設置されていても空気中の汚染物をすべて完全に処理することは経済的には困難であることが多いため，排気ダクトを経て排気口から屋外に排出することになる．

3.2　フードとその留意点

局所排気装置は汚染物の発生源対策として用いるものであることから，まず汚染物とその発生源の性状を十分に把握することが重要である．したがって，汚染物の発生源の形状・寸法，汚染物の発生量と空気中での挙動，周囲の空気の動き，作業性などを考慮して最適な形状・寸法のフードを設置することが必要である．

3.2.1　フードの種類

汚染物の発生源をフードで囲っているか否かによって，フードは囲い式と外付け式に区別される．**図3･2**(a)には囲い式フードの一例を示すが，この種のフードはフード開口面から汚染物

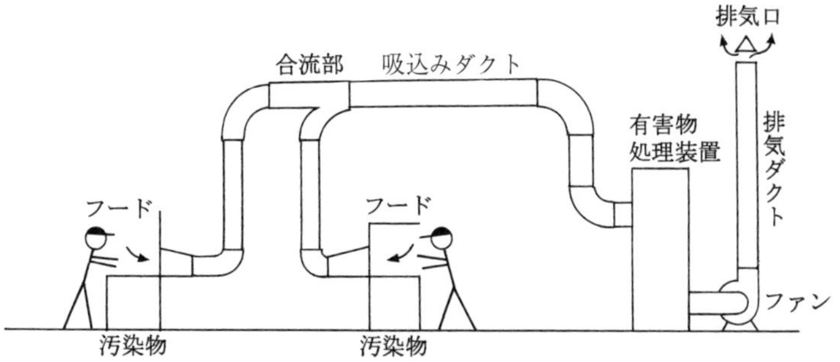

図3･1　局所排気装置の構成例

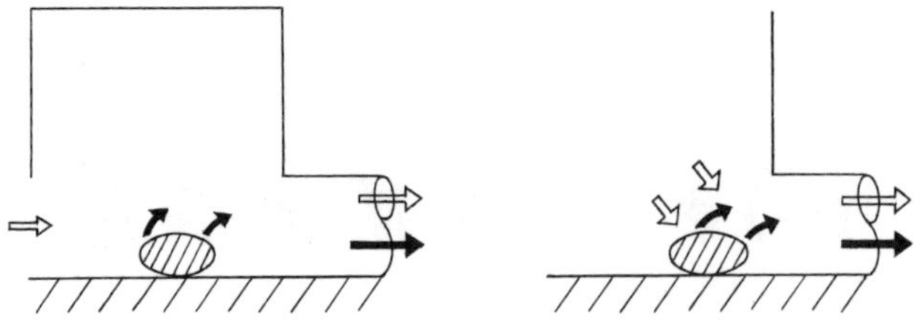

(a)　囲い式フード　(b)　外付け式フード

図3･2　囲い式フードと外付け式フード

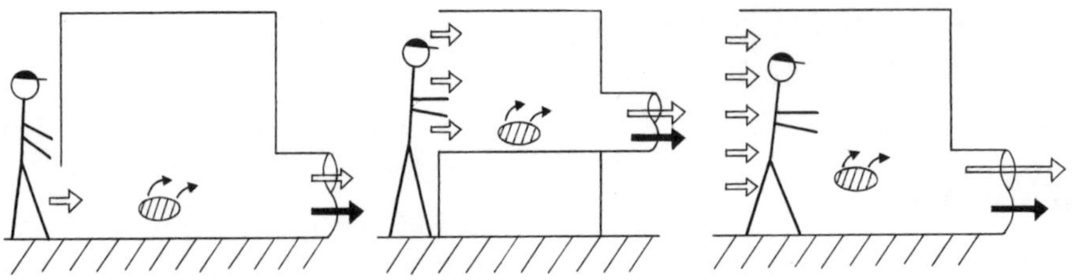

(a)　カバー型　(b)　ドラフトチャンバ型　(c)　ブース型

図3･3　囲い式フード

がフード外に漏れないように制御するものである．一方，外付け式フードは**図3･2**(b)に示すように，汚染物の発生源を囲っていないので，汚染物が拡散しないように周囲から多くの空気を吸引する必要があるが，囲い式フードに比べて作業性はよい．

囲い式フードは開口の大きさによって，**図3･3**に示すように(a)カバー型，(b)ドラフトチャンバ型および(c)ブース型と一般に呼ばれている．開口の大きさが大きいほど周囲からの空気量が増えることになるので，排風量は大きくなる．しかし，開口が大きいほど作業がしやすくなるので，作業性は向上することになる．したがって，先述の囲い式フードと外付け式フードを比較した結果と同様に，作業性がよいということは排風量を大きくすることになる．

次に，外付け式フードについて見てみよう．空気の吸引方向によって**図3･4**に示すように(a)上方吸引型，(b)側方吸引型，(c)下方吸引型と呼ばれる．上方吸引型は熱を伴う汚染物の発生源の場合に使用するが，作業の姿勢によっては呼吸域が発生する汚染物で汚染された領域になる場合があるので注意する必要がある．熱源の場合でも，図(b)のように側方吸引型にすれば，呼

コラム　フードの意味

フードは英語で“hood(フッド)”，本来“頭巾”の意味である．“ロビンフッド”は伝説的な英国の義賊で頭巾にコマドリ(ロビン)の羽を刺していたからこう呼ばれた．

有害物質の排出用に用いられた当初のフードは，おそらく熱源からのばい煙や油煙を排出したり，人間の移動の邪魔にならないように，頭上に設置されたことからこう呼ばれたのであろう．

現在では，局所排気装置の吸込み口をその位置(向き)にかかわらずフードと呼ぶことになっている．のみならず，プッシュプル型換気装置の吹出し口，吸込み口についてもプッシュプル型フード，吹出し側フード，吸込み側フードのように呼ぶようになっている．

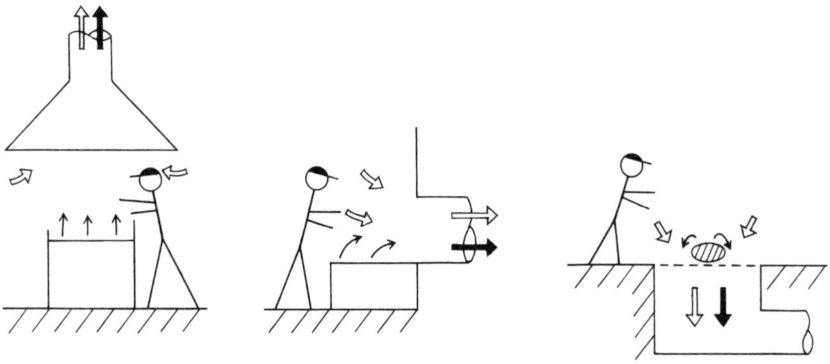

(a) 上方吸引型　　(b) 側方吸引型　　(c) 下方吸引型

図 3･4 外付け式フード

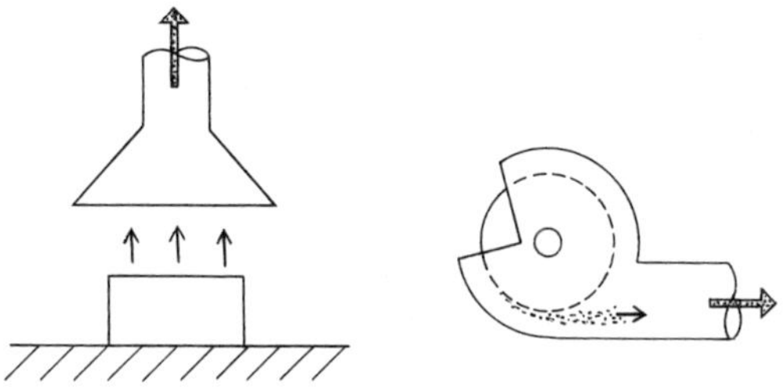

(a) 上方吸引　　(b) グラインダ研磨

図 3･5 レシーバ式フード

吸域が汚染される可能性は少なくなる．汚染物が空気より重い場合，例えば有機溶剤蒸気では側方か下方に吸引するようにすればよい．

さて，汚染源の発生形態からフードを分類すれば，汚染物の発生方向とフードの吸引方向が同じ場合をレシーバ式という．レシーバ式フードの例を**図 3･5** に示す．フード構造から見れば図(a)は外付け式であり，一方，図(b)は囲い式フードである．

3.2.2 フードの特性

フードは基本的に開口に吸い込まれる流れを利用して発生する汚染物を吸引するものであるから，開口に吸い込まれる流れの特性を十分に理解しておかなければならない．また，フードの必要排風量は汚染物を吸引するための必要最小量とするべきであって，排風量が過大となることを避けなければならない．

フードは発生する汚染物を周囲に拡散させることなく排出することが目的であるので，汚染物発生源付近で作業する作業者の呼吸域を常に清浄な状態に保つことは最も重要なことである．

例えば，**図 3･6** は囲い式フードのブース型であるが，このフードは作業性がよい囲い式フードとして従来からよく用いられているが，フード内部はすべて汚染された領域と考えなければならない．したがって，図示のようにフード内部に作業者が立ち入ることはその呼吸域を汚染された領域に持ち込む結果となる．吹出し側に送風機を用いない水平流による密閉式プッシュプル型換気装置においても，局所排気装置であるブース型フードの内部にほかならないと考えられるので，同様な問題点[1)]が指摘されている．

また，**図 3･7** は上方吸引型の外付け式フードでキャノピフードとも呼ばれるものである．このフードは周囲が開いていることから，作業性

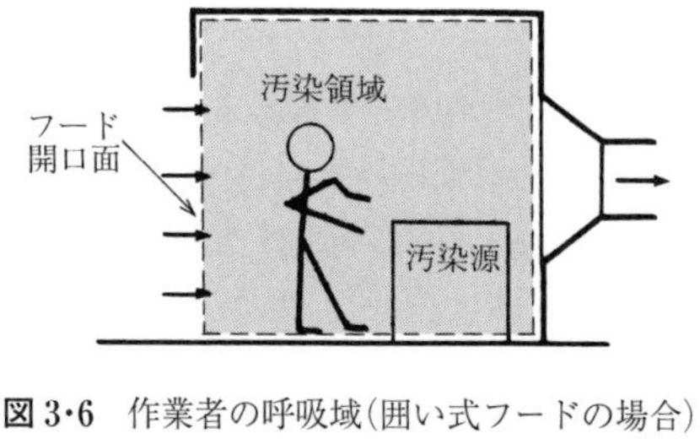

図 3･6 作業者の呼吸域(囲い式フードの場合)

図 3･7 作業者の呼吸域(キャノピフードの場合)

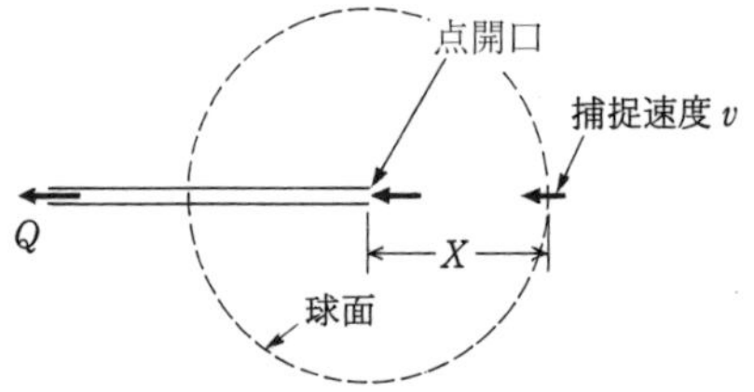

図 3･8 点開口周りの流れ

がよいと考えられ多くの作業に用いられているが，作業の姿勢によって図示のように呼吸域を発生する汚染物で汚染された領域に持ち込むことになる．

3.2.3 吸込み気流の特性

開口に吸い込まれる流れとして，**図 3･8** に示すような点開口が自由空間に設置されている場合について考えよう．吸込みの流れはほとんどその方向性を持たないことから，開口から X[m]離れた位置において開口に向かう流れの速度 v[m/s]は，半径 X の球面上で等しくなると考えられる．したがって，点開口における吸込み流量 Q[m^3/s]と開口に向かう流れの速度 v との間には，球面の面積が $4\pi X^2$[m^2]で表されることから，次式のような関係が存在することになる．

$$Q=(4\pi X^2)v$$
$$=12.57\,vX^2 \qquad (3.1)$$

コラム　外付け式フードの基本式　$Q=60\,v(10\,X^2+A)$ の誕生

米国の化学工学者 J. M. Dalla Valle は，自由空間中に設置されたフランジなし開口(フード)について，開口部から離れた点における風速の低減状況を実験的に調べた．

いま，Q ：フードの排風量[m^3/min]
A ：フードの開口面積[m^2]
X ：フード開口からの距離[m]
v_0 ：フード開口面における流入速度[m/s]
v ：フード中心線上の X の点におけるフードに向かう気流速度[m/s]

とし，気流の速度減衰状況を $Y(Y=(v/v_0)\times 100\%)$ をパラメータに使用して次式を得た．

$$\frac{Y}{100-Y}=0.082\,5\,A^{1.04}X^{-1.91}$$

上式は，0.082 5 を 0.1 に，1.04 を 1.0 にまた，1.91 を 2.0 に丸めると次式になる．

$$\frac{Y}{100-Y}=0.1\,AX^{-2}$$

ここに $Q=60\,Av_0$ を代入すると，次の基本式が得られたのである．

$$Q=60\,v(10\,X^2+A)$$

この式は，大胆に数値を丸めて得た式であること，A は与えられた値であること(風量を少なくするために A を小さくすることはあり得ないこと)，有害物質発生量が考慮されていないことに留意する必要があるが，極めて簡単な式であり，今日に至るまで広く使われている．

また，開口が長さL[m]のスロット状開口の場合には，**図3・8**を二次元流れとして考えることができ，半径X[m]の円筒面で速度が等しくなると考えられることから，点開口の場合と同様にして次式が得られる．

$$Q=(2\pi XL)v$$
$$=6.28\,vXL \qquad (3.2)$$

これらの関係は，いずれも無限に小さい開口に吸い込まれる流れの開口からXの位置における速度と流量の関係を示している．

以上の式から明らかなように，開口からX[m]離れた位置における吸込み速度v[m/s]は三次元流れの場合にはX^2に反比例し，二次元流れの場合にはXに反比例することがわかる．いずれの場合でも開口から離れるに従って，速度vが極端に小さくなることが開口に吸い込まれる流れの大きな特徴である．

いま，開口からXの位置にある汚染物を開口に吸引するために，速度vが必要である場合，この速度のことを制御風速（捕捉速度）と呼び，制御風速が決まれば式(3.1)あるいは(3.2)から必要排風量Qを求めることができる．しかし，実際のフード開口は有限の面積を持つことから，これらの式をそのまま適用することは困難である．

Dalla Valle[2]は有限の大きさを持つ吸込み開口周りの流れの等速度面を実験的に求めている．**図3・9**はその一例で，自由空間に置かれた円形開口周りの等速度面を表している．さらに，Dalla Valleは縦横比の異なる長方形開口についても多くの実験を行い，その結果，開口からX[m]離れた中心軸上の速度v[m/s]と吸込み流量Q[m^3/s]の関係を表す式として次式を与えている．

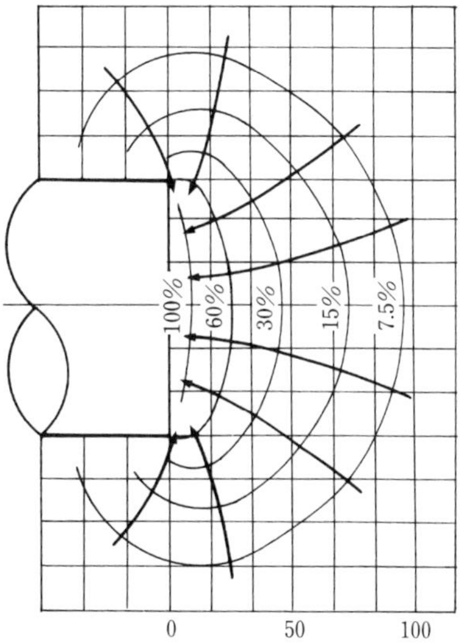

図3・9 円形開口周りの吸込み流れ[3]

$$Q=(10\,X^2+A)v \qquad (3.3)$$

ここに，A：開口面の面積[m^2]

3.2.4 囲い式フードの留意点

囲い式フードでは，開口面で汚染物を制御するための開口面上の速度を制御風速と呼ぶが，特に開口面積の大きいブース型では流入速度に分布が生じることが多い．この速度分布はブース全体の形状，排気口の大きさと位置，フード内部の発生源の状態などに関係するが，単純に考えた場合，**図3・10**に示すような速度分布になると考えられる．図(a)では開口の下部の流速が大きいため，発生する汚染物が空気より重く

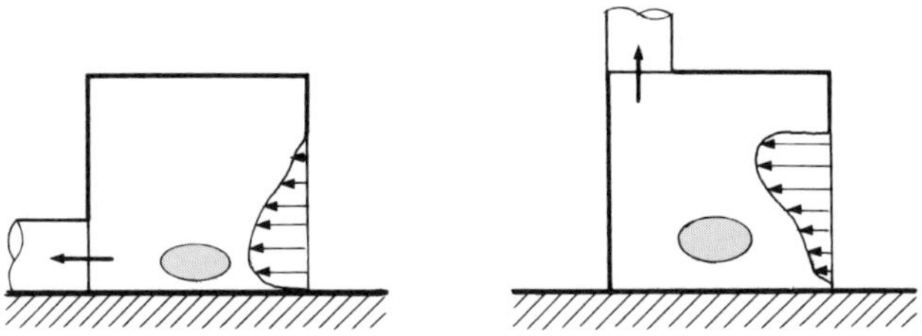

(a) 側方吸込みブース　(b) 上方吸込みブース

図3・10 ブース開口面での速度分布

フード内部に滞留しやすい汚染物に対して適している．また，図(b)に示すような速度分布の場合には浮力で上昇するような汚染物に用いるべきである．

しかし，囲い式フード(ブース)における開口面流速は一様であることが望ましく，フード設計にあたってはできる限り一様な速度になるように配慮しなければならない．

有機溶剤中毒予防規則，特定化学物質障害予防規則では，囲い式フードの制御風速は開口面で測定された最低風速と定められている．囲い式フードの排風量は開口面風速と開口面積との積として求められるが，このような制御風速の定義では，フード計画時に開口面での風速分布，平均開口面風速と最低風速の関係などが明らかになっていることが要求される．しかし，各種形状のフードについてこれらの資料は明らかになっておらず，経験によるか，あるいは模型実験や数値計算で開口面風速分布を予測した後，排風量を算出しなければならない．

次に，ブース型フード内の流れを数値計算によって求めた結果の一例を**図3･11**に示す．フード入口開口の大きさが2 000×1 800 mm，吸込み開口の奥行が2 000 mm，開口高さが1 200 mmである．作業者の大きさは300×600×1 650 mmの直方体とし，フード入口開口での風速が0.4 m/sになるように吸込み開口での風速を0.6 m/sに設定した．なお，フード入口での風速0.4 m/sは有機則に定められた値を採用している．作業者の前面と作業台との間に顕著な上昇流れが生じていることがわかる．この流れによって，作業者の呼吸域が汚染されることを示している．この結果は，第13章の**13.15**ゆうやく(釉薬)吹付け塗装工程におけるプッシュプルブースにおける吸込みのみの場合の流れ可視化写真の様子によって理解できる．したがって，流れの数値シミュレーションは流れ場を解析する有力な手段といえよう．

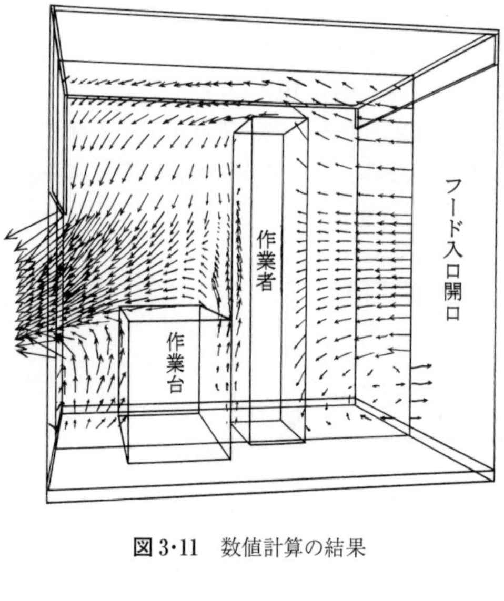

図3･11 数値計算の結果

3.2.5 外付け式フードの留意点

外付け式フードの場合，汚染物の発散源はフード開口の外側に位置するもので，開口から離れた位置で汚染物を捕捉することが必要である．このように，開口から離れた位置にある汚染物を捕捉するために必要な風速を制御風速(捕捉速度)と呼ぶが，**図3･9**に示した吸込み開口周りの流れから明らかなように，開口からの距離が大きくなるに従って，この風速は極端に小さくなる特性を持っている．したがって，外付け式フードは開口面をできる限り発生源に近づけて設置することが必要である．**図3･12**に示すように，$X \leqq 1.5D$になるようフードを設置すべきである[4]．ここで，Xは汚染物の発生源からフード開口面までの距離，Dは開口部の幅である．

外付け式フードには，開口の後部からの流れを制御するためにフランジを設けるべきである．そうすれば排風量を少なくすることと，

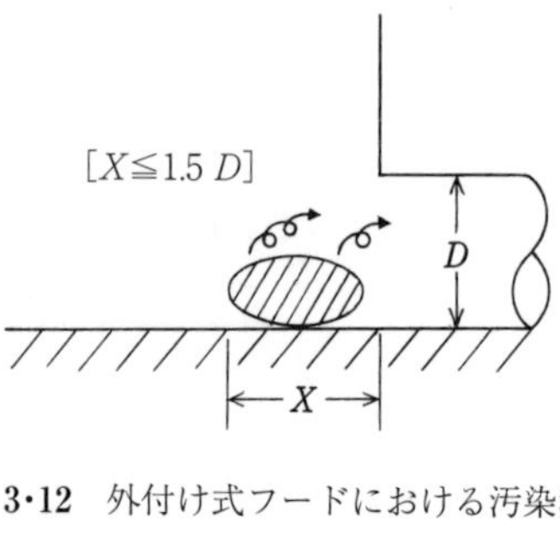

図3･12 外付け式フードにおける汚染源

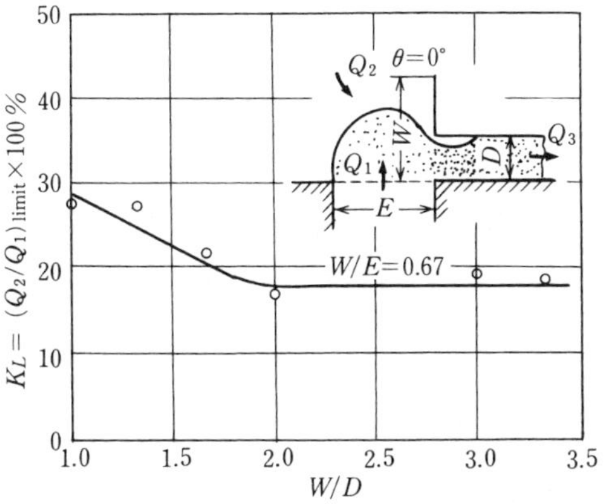

図 3・13 開口に設けるフランジの効果[5)]

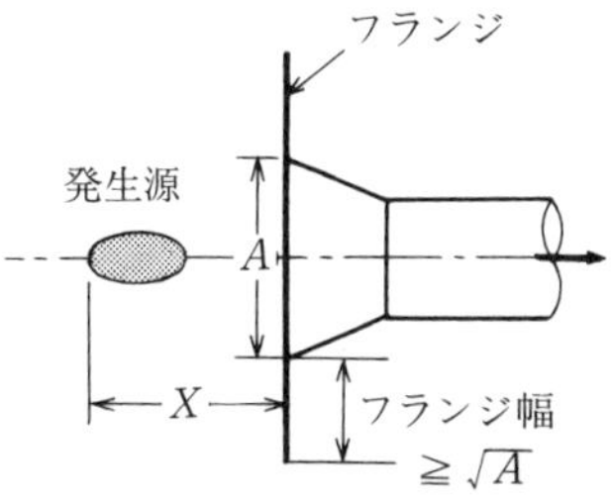

図 3・14 フランジの幅[6)]

フードの流入圧力損失を減少させることができる．

図 3・13 は開口に設けるフランジの寸法がフードの排出特性(漏れ限界流量比)に与える影響を示したものである．図示の結果からフランジの寸法は開口と同じ寸法以上必要であることがわかる．また，ACGIH(American Conference of Governmental Industrial Hygienist)のマニュアル[6)]によれば，**図 3・14** に示すようにフランジの幅はフード開口面積 A[m^2]の平方根以上であるとされている．これらのことから，外付け式フードには少なくとも開口の寸法と同じ程度の幅を持つフランジを設けるようフードを計画しなければならないといえる．

外付け式フードでは囲い式フードと異なり，周囲気流の影響を直接受けることになる．このため，制御風速の選定にあたっては周囲気流の大きさを考慮しなければならないし，流量比法によって排風量を算出する場合には，後で述べるように漏れ安全係数の選定にあたって周囲気流を考慮しなければならない．

作業場内に生じる周囲気流の原因としては窓や扉から流入する外気風，作業に伴って生じる気流，および室内の空気調和設備からの気流などが考えられるが，この中で最も影響が大きいのは外気風であろう．一般に，工場内では屋外風速の 20% 程度の気流が生じるといわれているが，作業場内で直接外気風の影響を受けるような場所にはフードを設置するのは適切でない．汚染物発生源付近に顕著な気流が見られる

コラム　外付け式局所排気装置の制御風速はどの位置の風速？

労働衛生法規，例えば有機溶剤中毒予防規則では，外付け式局所排気装置の制御風速について“外付け式フードにあっては，当該フードにより有機溶剤の蒸気を吸引しようとする範囲内における当該フードの開口面から最も離れた作業位置の風速”と定義しているが，この解釈はかなり困難といわなければならない．“当該フードにより有機溶剤の蒸気を吸引しようとする範囲”は要するに対象とする発散源からの有機溶剤蒸気を捕捉するためのフード設置であるので，この部分を省くとかなりわかりやすくなる．つまり，“フードの開口面から最も離れた作業位置における風速”の意味を考えればいいわけであるが，解釈のポイントは“作業位置”は作業者の位置ではないということである．作業位置とは“作業によって有機溶剤蒸気が発散(発生)するその位置”と解すればよく，したがって“作業点”の意味ととれるのである．発散する蒸気が無視できない程度の発散速度を有している場合は別として，通常，作業点の位置は“フードから最も離れた発散源の端よりさらに少し遠いところ”である．

ような場合には，その影響が少なくなるようにバッフル板やつい立てを用いることを考えなければならない．しかし，一般には0.15～0.5 m/s程度の気流が周囲にあると考えてフードを計画するべきである．

3.3 必要排風量の算出

局所排気では，フードの吸込み開口で発散する汚染物のすべてを吸引しなければならないが，その必要排風量は常に最適値を満足しなければならず，排風量が必要以上に多くなることはエネルギー消費の面からも避けなければならない．

フードの必要排風量の求め方として，制御風速(捕捉速度)に基づく方法と，流量比法による方法とがある．

3.3.1 制御風速(捕捉速度)に基づく方法

制御風速と捕捉速度とは同じような意味で用いられていることが多いので，囲い式フードのように開口面で汚染物を制御するような場合に制御風速，外付け式フードのように開口から離れた位置にある汚染物をフードで吸引するために必要な風速を捕捉速度と区別して呼ぶこともあるが，両者を使い分けることは煩雑であるので，これからは制御風速のみ用いることにする．一般的な制御風速の値を**表3･1**に示す．

有機溶剤中毒予防規則および特定化学物質障害予防規則では**表3･2**および**表3･3**に示すような制御風速が定められているが，これらの値は周囲の気流速度が0.3 m/sである場合を想定した値で，どのような場合においてもこの値が最適な制御風速であるとは限らない．実際の設計にあたっては，先に示した表などを参考にすればよい．なお，有機溶剤中毒予防規則で定められている制御風速において，外付け式フードにおける上方吸引型は1.0 m/sとなっているが，有機溶剤蒸気は空気より重いのであるから，制御風速を1.0 m/sにしてまで上方吸引にすべきではないと考えるべきである．

制御風速に基づいて排風量を算出する方法がよく用いられている．これは吸込み開口周りの速度分布を測定した実験結果に基づいており，開口中心軸上における吸込み流れの速度と開口での吸込み風量との関係からフードの必要排風量を求めようとするものである．制御風速に基

表3･1 汚染源に与える制御風速[7]

汚染物発生状況	捕捉速度[m/s]	作 業 の 例
空気の動きがほとんどない場所で速度を持たずに発生	0.5以下	液面から蒸発する蒸気など
空気の動きが少ない場所で遅い速度で発生	0.5～1.0	吹付け塗装，溶接作業，容器に粉末を入れる作業
空気の動きが大きい作業や，発生速度の大きい場合	1.0～2.5	高圧吹付け塗装，容器に材料を投入する作業
空気の動きが極めて大きい作業や，発生速度が極めて大きい場合	2.5～10.0	グラインダ作業，サンドブラスト，岩石研磨作業

表3･2 有機溶剤中毒予防規則で定められている制御風速

型 式		制御風速[m/s]
囲い式フード		0.4
外付け式フード	側方吸引型	0.5
	下方吸引型	0.5
	上方吸引型	1.0

表3･3 特定化学物質障害予防規則で定められている制御風速

物の状態	制御風速[m/s]
ガス状物質	0.5
粒子状物質	1.0

表 3·4 基本的フードの形式別風量およびその適用範囲(v：制御風速)

フードの形式	説明図	種類	アスペクト比 W/L	Q：排風量[m^3/min]	排風量の計算式とその適用範囲
囲い式	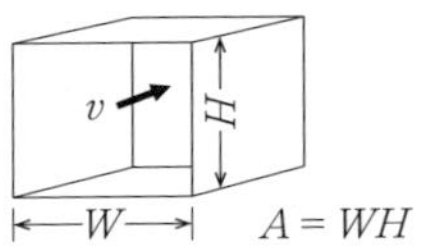	囲いまたはブース	作業の大きさに合わせる	$Q=60\,Av_0=60\,Avk$ ここに，A：開口面積[m^2] v_0：流入平均風速[m/s] v：制御風速[m/s] k：補正係数	
外付け式	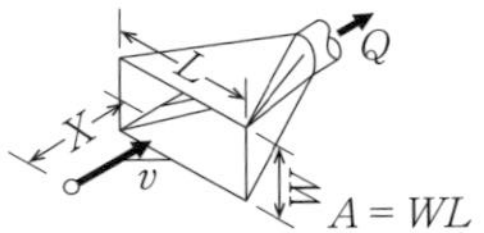	自由空間に設置されたフランジなし開口	≦0.2 および円形	$Q=60\,v(10\,X^2+A)$ ここに，X：距離[m]	$X<1.5\,D_e$ ただし， D_e：開口面の相当直径 $D_e=4\times$動水半径 $=4\times\dfrac{\text{開口面の面積}}{\text{開口面の周囲長}}$[m]
	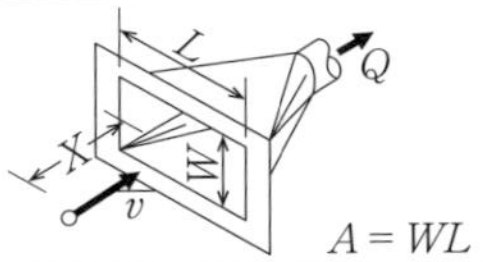	自由空間に設置のフランジ付き開口，ベンチまたは床上のフランジなし開口	≦0.2 および円形	$Q=60\times0.75\,v(10\,X^2+A)$	
	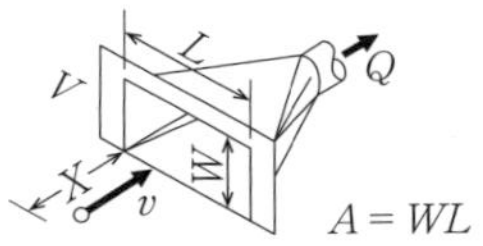	テーブル上または床上に設置されたフランジ付き開口	≦0.2	$Q=60\times0.5\,v(10\,X^2+A)$ または $Q=60\times0.75\,v(5\,X^2+A)$[8]	
	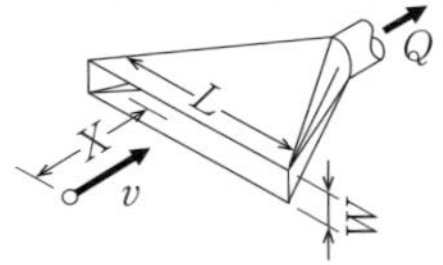	自由空間に設置されたフランジなしスロット	≧0.2	$Q=60\times3.7\,LvX$ ここに，L：長さ[m]	$X<1.0\,L$ および $X=0.5$ m：スロットを片側に設けるだけでよい 0.5 m≦X<1.2 m：できれば両側にスロットを設ける 0.9 m≦X<1.2 m：必ず両側にスロットを設ける 1.2 m≦X：いかなるスロットも不適，囲い式が適正
	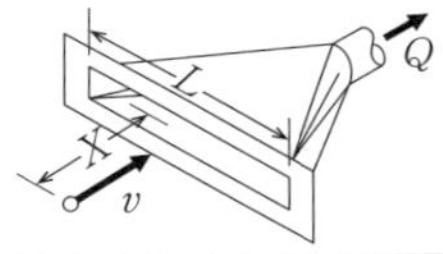	自由空間に設置のフランジ付きスロット，テーブル上のフランジなしスロット	≧0.2	$Q=60\times2.8\,LvX$	
	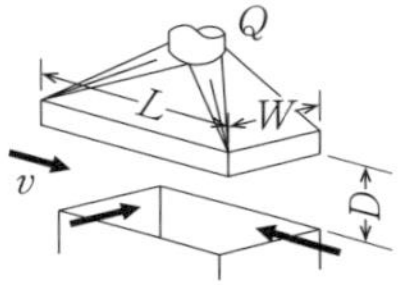	低い位置のキャノピ	発散源の大きさに合わせる	$Q=60\times1.4\,PDv$ L=発生源の長辺×0.4 D×2[m] W=発生源の短辺×0.4 D×2[m] ここに，P：発生源の周囲長[m] D：発生源からの高さ[m]	$D<0.3\,L$

づいて排風量を求める式をまとめて**表3･4**に示す.

この方法では，必要排風量は定められた制御風速に比例する形で与えられるため計算式が極めて簡単である一方，他の要素例えば，発生する汚染物の動き，周囲気流の状態などのすべてを制御風速選定時に考慮しなければならず，最適な排風量を求めるには多くの経験を要することになる．また，発生する汚染物の量はまったく考慮されていないので，汚染物の発生量が無視できないような発生源に対してこれらの式を適用することはできない.

3.3.2 局所排気装置の性能基準

労働安全衛生法による局所排気装置の性能の基準は次のいずれかで定められる.

(1) 制御風速方式

有機溶剤中毒予防規則，粉じん障害防止規則および特定化学物質障害予防規則における一定の物質に対する局所排気装置についてはこの方式を採用し，規則に定められた法定制御風速(巻末付表参照)を満たすことが求められている.

イ 囲い式フードの場合は，フード開口面における流入最低風速を法定制御風速と定めている.

ロ 外付け式フード(およびレシーバ式フード)の場合は，フードから最も離れた作業位置(＝発散源，p.27コラム参照)においてフードに向かう気流の速度を法定制御風速と定めている.

(2) 抑制濃度方式

鉛中毒予防規則，石綿障害防止規則および特定化学物質障害予防規則における一定の物質に対する局所排気装置については，フードの外側における一定の点(告示により決められている．第10章の**表10･2**中に示す図を参照)における有害物質の濃度を一定の値(抑制濃度といい，物質ごとに定められている．巻末付表参照)以下に保つよう定められている.

3.4 流量比法とこれに基づくフードの必要排風量

3.4.1 流量比法

この方法は，発生する汚染空気量のすべてをフードで吸引するためには，必ず周囲から空気を導入しなければならないという考え方に基づいている．この周囲から導入する空気量をフードの形状などの関数として見積もる方法で，排出すべき汚染空気量を基準にしている.

図3･15に示す(a)キャノピフードあるいは(b)側方吸込みフードにおいて，汚染源から発生した汚染物・有害物質は周囲の空気中に発散してこの空気を汚染する場合を考える．この汚染さ

コラム 家庭用掃除機と局所排気装置の違い

どこの家庭にもある掃除機と局所排気装置の違いはどこなのか考えてみよう．局所排気装置はフード，吸込みダクト，処理装置，ファン，排気ダクトと出口である排気口から構成されている．一方，掃除機はゴミを吸うところ，ホース，ゴミを溜めるところ(最近はサイクロン式が多くなっているが，従来からの紙パック方式もよく使われている)，そして，局所排気装置と同様にファンがあってごく短い排気部分と排気口がある．それぞれの部品は同じように揃っているが，どこが大きな違いなのだろうか．工場と家庭では当然スケールは異なる．工場のフードは普通は固定式であるが，中には可動式もある．家庭用の掃除機は簡単に移動できる．実は大きな違いは排気口の位置にある．工場では通常の場合，排気口は屋外に設け屋根よりも高くする．これは有害物処理装置が設置されていても完全には処理できないからで，排気口から希釈排出することによって二次汚染しないようにするためである.

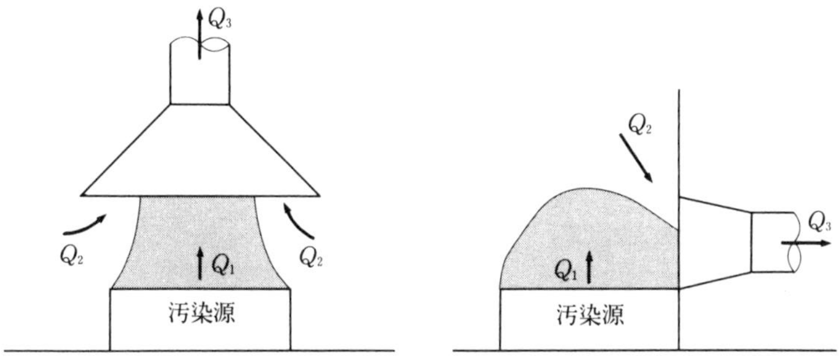

(a)　キャノピフード　　(b)　側方吸込みフード

図 3・15　流量比法による排風量

れた空気量を Q_1 とすれば，これをすべてフードで捕捉吸引するには周囲から Q_2 の量の空気を導入しなければならない．したがって，フードの必要排風量 Q_3 は次式のように表される．

$$Q_3 = Q_1 + Q_2 = Q_1\left(1 + \frac{Q_2}{Q_1}\right) \quad (3.4)$$

$$= Q_1(1 + nK_L) \quad (3.5)$$

$$= Q_1(1 + K_D) \quad (3.6)$$

ここに，K_L：漏れ限界流量比[－]

n　：周囲の気流の乱れを考慮した漏れ安全係数[－]

K_D：設計流量比[－]

すなわち，流量比法においては排出しなければならない汚染空気量をすべてフードで吸引するために，周囲から導入する空気量をいかにして見積もるかということになる．そこで，式(3.5)に示した漏れ限界流量比 K_L をフード形状の関数として実験的に求め，周囲の気流の乱れを考慮した漏れ安全係数 n とから最適な排風量を求めるものである．

3.4.2　漏れ限界流量比とその実験式

漏れ限界流量比の値は汚染物発生量 Q_1 とは無関係に，フードと汚染源との形状寸法比の関数として実験的に求められている．**図 3・16** に示すキャノピフードについての K_L の実験結果を**図 3・17〜3・22** に示す．さらに，側方吸込み型フードの場合の実験結果を**図 3・23〜3・27** に示す．

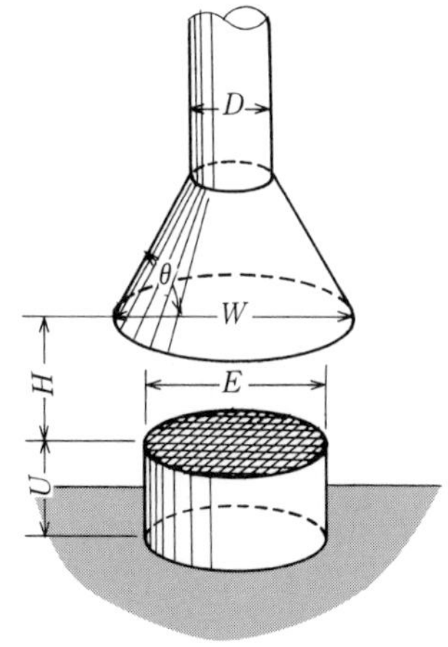

図 3・16　キャノピフード

まず，キャノピフードについて見ると，**図 3・17** はフードに接続されるダクトの寸法の影響を示したもので，図から $D/E \geqq 0.3$ となるようにすれば K_L はほぼ一定となり，その影響を考えなくてよい．

次に，**図 3・18** はキャノピフードのフランジ角度の影響を示すもので，角度 θ は K_L にはほとんど影響を及ぼさないことがわかるが，フードの流入圧力損失を考えると $\theta = 45〜60°$ とすることが望ましい．**図 3・19** はフードの設置高さの影響を示したもので，この種のフードは外付け式フードであることからも，フードはできる限り低く設置したほうがよいことが明らかである．

また，**図 3・20** は汚染物発生源の大きさに対

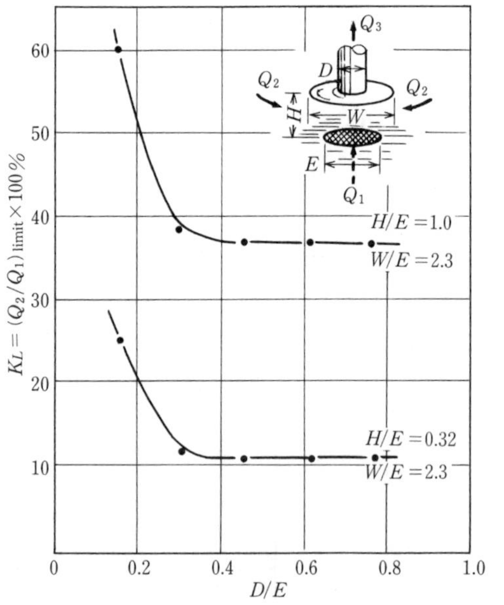

図 3・17 三次元キャノピフードの吸込み特性[9] (D/E 影響)

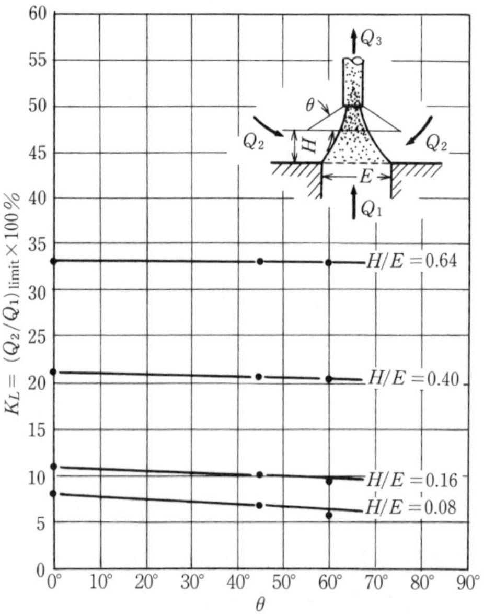

図 3・18 三次元キャノピフードの吸込み特性[9] (フランジ角度の影響)

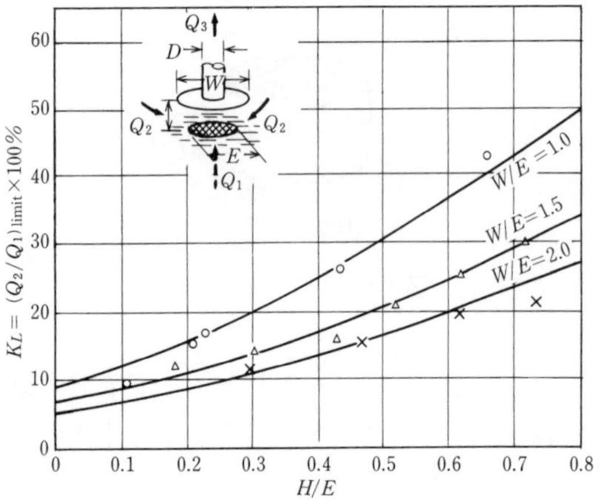

図 3・19 三次元キャノピフードの吸込み特性[9] (設置高さの影響)

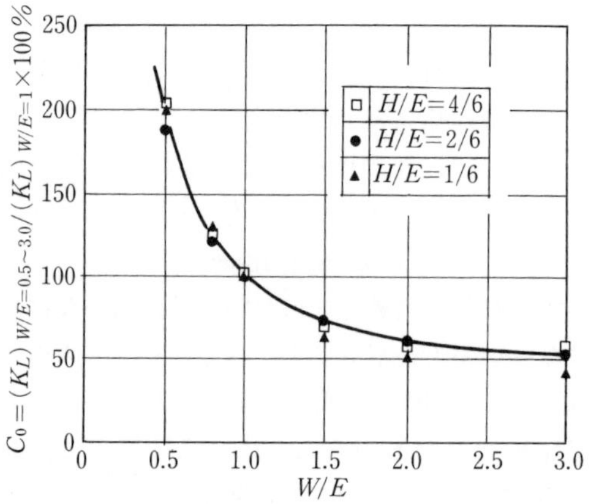

図 3・20 三次元キャノピフードの吸込み特性[9] (フードの大きさの影響)

するフードの大きさの影響を示したもので，フードは汚染物発生源よりも大きくしなければならないが，あまり大きくしても($W/E \geqq 2.0$)その効果は小さく $W/E=1.5$ 程度にすることが適当であるといえる．

さらに，**図 3・21** は汚染物発生源の形状の影響を示したものであるが，二次元形状のものが K_L が小さくなること，および発生源が長方形(正方形)の場合，その隅を丸めることによって K_L が小さくなることを示している．

キャノピフードは，熱源から上昇するプルームを排出するために用いられることが多い．このような場合には，上昇するプルームと周囲空気との間には温度差があり，この温度差が K_L に及ぼす影響を示したものが**図 3・22** である．K_L は温度差に比例して増加し，そのこう配は図の結果からほぼ 3/2 500 であることがわかる．したがって，上昇する汚染空気と周囲空気

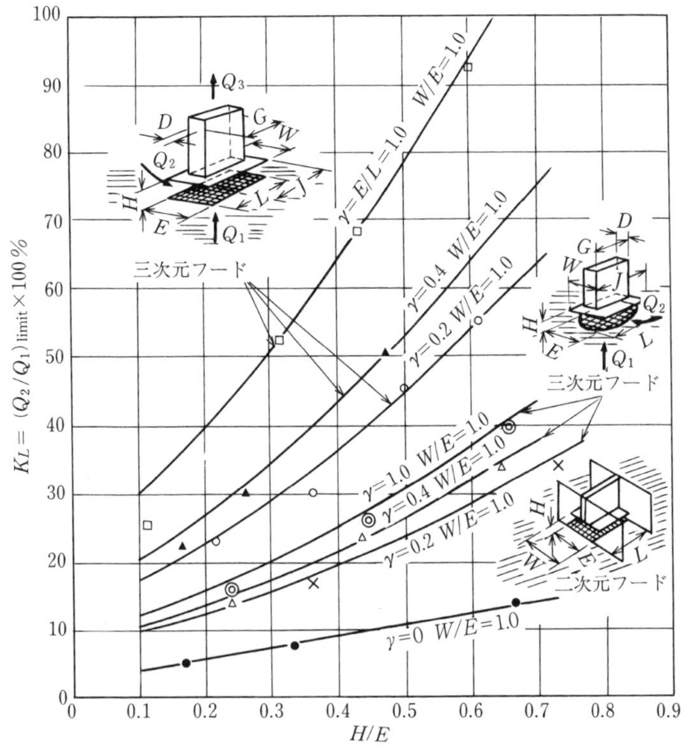

図 3・21 三次元キャノピフードの吸込み特性(汚染物発生源の形状の影響)[9]

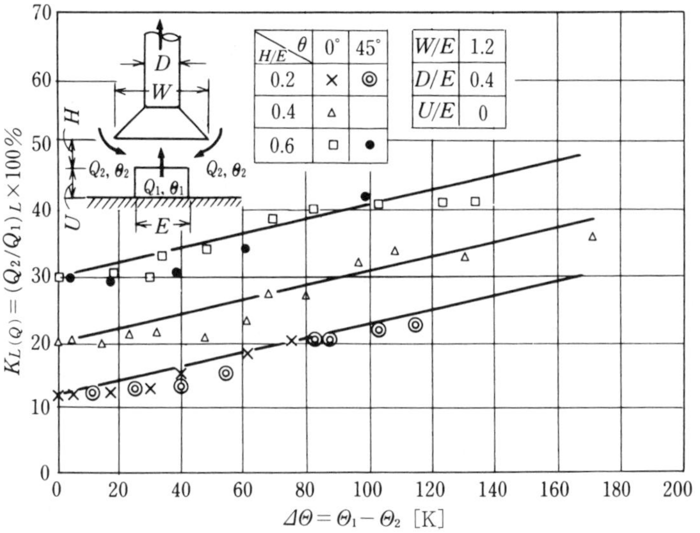

図 3・22 汚染気流と周囲空気の温度差が K_L に及ぼす影響[10]

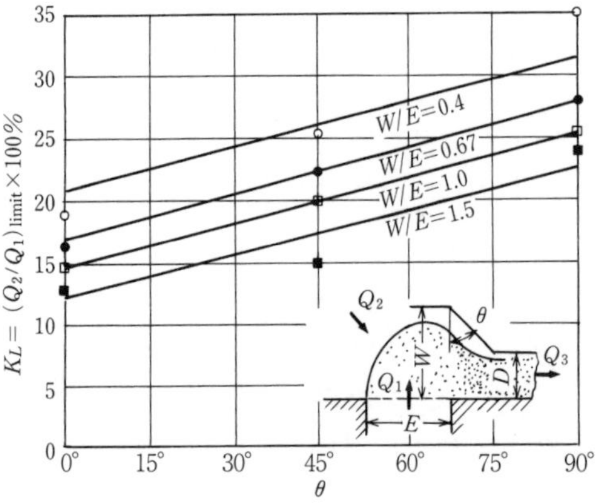

図 3·23 側方吸込みフードの特性(フランジ角度の影響)[5)]

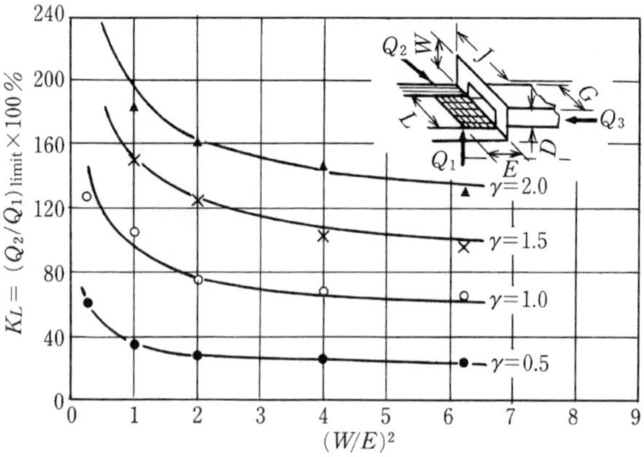

図 3·24 側方吸込みフードの特性(フードの大きさの影響)[11)]

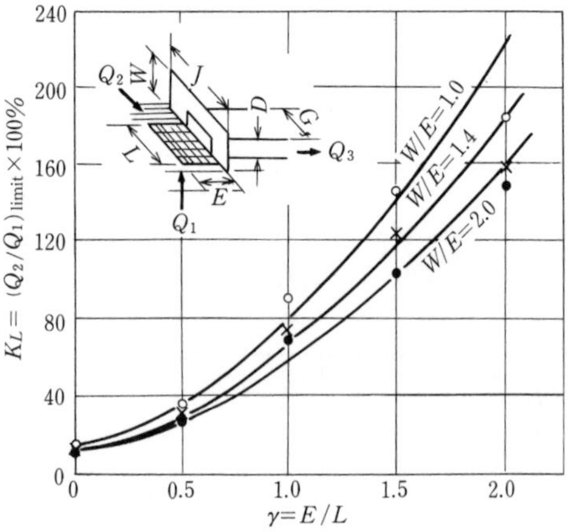

図 3·25 側方吸込みフードの特性[11)](汚染物発生源縦横比の影響)

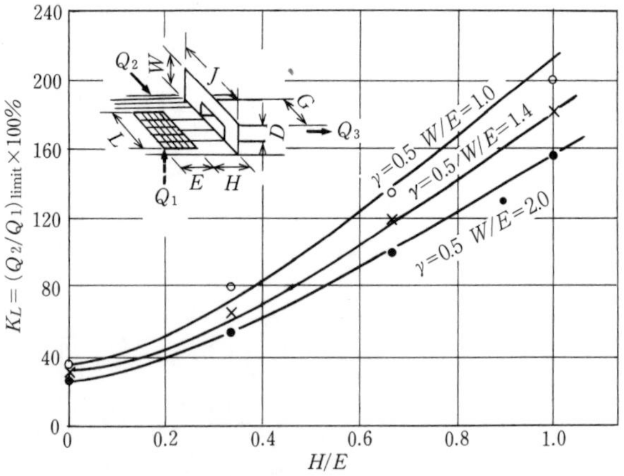

図 3·26 側方吸込みフードの特性[11)](フード設置位置の影響)

との間に温度差 $\Delta\Theta$[K]がある場合には，温度差のないときの K_L の値に(3/2 500)×$\Delta\Theta$ を加算して，温度差がある場合の K_L の値を算出すればよい．

次に，側方吸込みフードの場合には，**図 3·23** から開口に設置するフランジの角度は $\theta=0°$ が最もよいこと，**図 3·13** からフランジの幅は開口の大きさと同じだけ必要なことがわかる．

また，**図 3·24** はフードの大きさの影響を示したもので，キャノピフードの場合と同様，$W/E=1.5$ 程度が適当であることがわかる．

図 3·25 は汚染物発生源の縦横比の影響を示すもので，$E/L(=\gamma)\leqq1.0$ となる方向に吸引しなければならないことが明らかである．

さらに，**図 3·26** および **図 3·27** はフード開口が発生源から水平方向および垂直方向に離れた場合の影響について示しているが，いずれの場合にもフード開口が汚染物発生源から離れるに従って K_L は大きくなり，フードはできる限り汚染物発生源に近接して設置すべきである．

以上の実験結果から K_L を求めるための実験式を求めることができ，これをまとめて **表 3·5** に示す．実際の設計にあたっては，K_L の実験結果を参照して K_L が小さくなるようにフード形状・寸法を決定し，これらの値を **表 3·5** に示

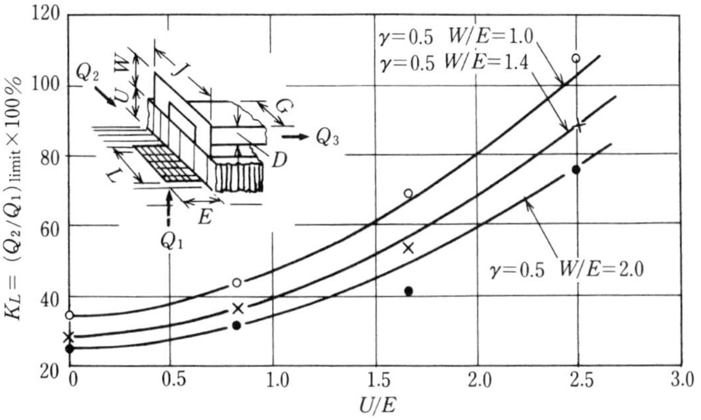

図 3·27 側方吸込みフードの特性(フード設置高さの影響)[11)]

すフード形式に相当する実験式に代入することによって，K_L の値を算出すればよい．

ところで，これらの実験式は，実験結果を忠実に再現しようとしているために指数計算を多く含み計算が極めて複雑である．そこで，これを線形近似した側方吸込みフードの簡易式[12)]を**表 3·6** に示す．

3.4.3 漏れ安全係数

式(3.5)の K_L の値として上で求めた漏れ限界流量比の値を代入し，フードの排風量を算出したのでは，周囲にわずかの気流があっても汚染物はフードから漏れる結果となる．そこで，実際の設計にあたっては，安全に汚染物を排出するため漏れ限界流量比に安全係数を考慮して，式(3.6)に示すような設計流量比を求めなければならない．この漏れ安全係数は，汚染物の発生速度に対する周囲気流の速度との比によって実験的に求められているが，実用上周囲気流の速度によって**表 3·7** から求めればよい．

3.4.4 流量比法による排風量の求め方

流量比法に基づくフードの排風量の決定はこれまで示してきたように，汚染物の発生量を考慮して排風量を求めようとするもので，式(3.6)から明らかなように，排風量は汚染物の発生量に比例する形で与えられる．発生量が無視できないような発生量の場合，あるいは汚染物がある大きさの速度をもって発生するような場合には，測定などの手段を用いてその発生量を推定することができ，式(3.6)を用いて適切な排風量を求めることができる．

しかしながら，液面から自然に蒸発するような蒸気の場合には，その量はごくわずかとなり，この値を発生量とすればこれに比例する排風量もごくわずかな値にしかならず，汚染物を安全に排出することは困難となる．作業環境中において生産活動が行われていれば，空調・換気などによる室内気流，生産機械の稼働に伴う気流，窓や扉からの外気の侵入，作業者の動きによる気流など必ずその環境中の空気は動いていると考えられる．したがって，周囲空気の速度を汚染源の発生速度とみなすことが可能となり，汚染源の面積にこの速度を乗じることにより汚染空気量を見積ることができる．フードの必要排風量はこのようにして Q_1 の値を式(3.6)に代入して計算すればよい．

表 3·5 フードの形式，漏れ限界流量比の算出式および形状比などの条件

フードの形式	漏れ限界流量比の算出式	形状比などの条件	図例
(1) 汚染空気の発生方向と吸込み方向が同じ場合 (二次元)	$K_L=0.2\left(\frac{H}{E}\right)\left\{0.6\left(\frac{W}{E}\right)^{-1.3}+0.4\right\}$	$D/E \geqq 0.2$ $H/E \leqq 0.7$ $1.0 \leqq W/E \leqq 1.5$	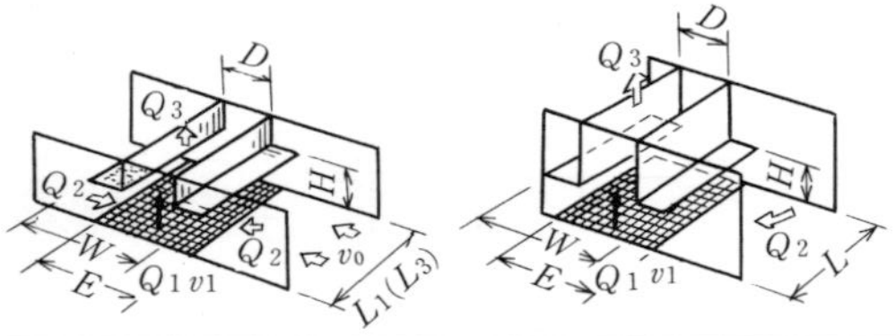
(2) 汚染空気の発生方向と吸込み方向が同じ場合 (三次元) (汚染源が長方形の場合)	$K_L=\left\{1.4\left(\frac{H}{E}\right)^{1.5}+0.3\right\}$ $\times\left\{0.4\left(\frac{W}{E}\right)^{-3.4}+0.1\right\}(\gamma+1)$	$D/E \geqq 0.3$ $H/E \leqq 0.7$ $1.0 \leqq W/E \leqq 1.5$ $0.2 \leqq \gamma = E/L \leqq 1.0$	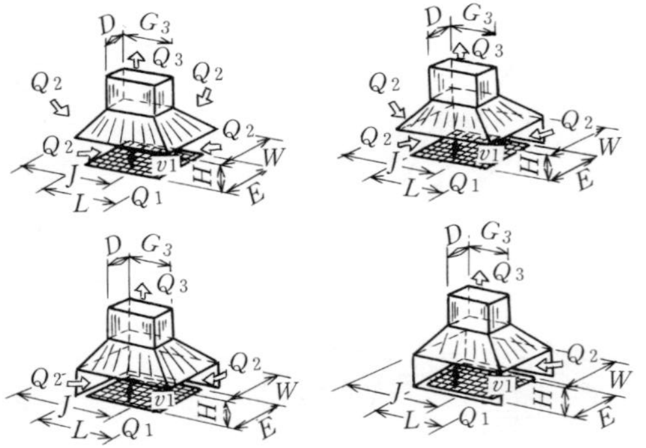
(3) 汚染空気の発生方向と吸込み方向が同じ場合 (三次元) (汚染源の隅を丸めた場合)	$K_L=0.2\left(\frac{H}{E}+1.0\right)^{2.6}\left\{\left(\frac{W}{E}\right)^{-1.4}+0.4\right\}$ $\times(\gamma^{0.06}-0.6)$	$D/E \geqq 0.3$ $H/E \leqq 0.7$ $1.0 \leqq W/E \leqq 1.5$ $0.2 \leqq \gamma = E/L \leqq 1.0$	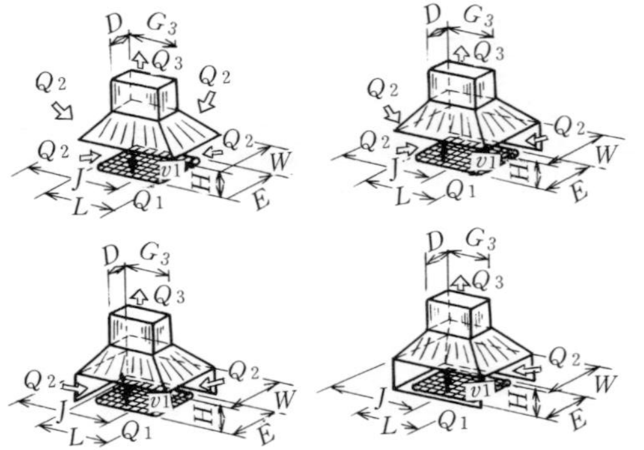

表 3·5　続き

フードの形式	漏れ限界流量比の算出式	形状比などの条件	図　　例
(4) 汚染空気の発生方向と吸込み方向が直角の場合 (二次元)	$K_L=0.14\left\{10^{0.1(U/E')}\left(\frac{W}{E'}\right)^{-0.25}\left(1-\frac{H}{E'}\right)^{-1}\right\}$ ただし，$E'=E+H$	$W/D\geqq 2.0$ $0.2\leqq W/E'\leqq 1.5$ $0\leqq U/E'\leqq 1.6$ $0.05\leqq H/E'\leqq 0.5$	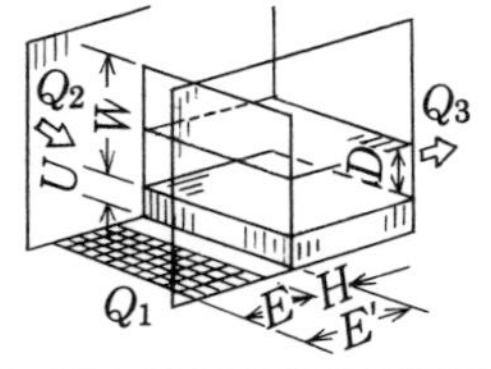
(5) 汚染空気の発生方向と吸込み方向が直角の場合 (三次元) (汚染源が長方形の場合)	$K_L=\left\{1.5\left(\frac{W}{E}\right)^{-1.4}+2.5\right\}(\gamma^{1.7}+0.2)$ $\times\left\{\left(\frac{H}{E}\right)^{1.5}+0.2\right\}\left\{0.3\left(\frac{U}{E}\right)^{2.0}+1.0\right\}$	$W/D\geqq 2.0$ $0.7\leqq W/E\leqq 2.5$ $0\leqq\gamma=E/L\leqq 2.0$ $0\leqq H/E\leqq 1.0$ $0\leqq U/E\leqq 2.5$	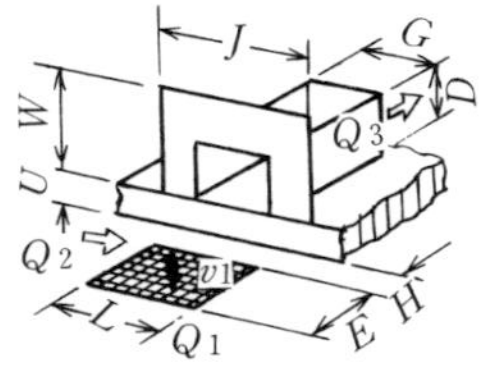
(6) 汚染空気の発生方向と吸込み方向が直角の場合 (三次元) (汚染源の隅を丸めた場合)	$K_L=\left\{\left(\frac{W}{E}\right)^{-1.6}+2.0\right\}(\gamma^{1.7}+0.2)$ $\times\left\{\left(\frac{H}{E}\right)^{1.4}+0.2\right\}\left\{0.5\left(\frac{U}{E}\right)+1.0\right\}$	$W/D\geqq 2.0$ $0.7\leqq W/E\leqq 2.5$ $0\leqq\gamma=E/L\leqq 2.0$ $0\leqq H/E\leqq 1.0$ $0\leqq U/E\leqq 2.5$	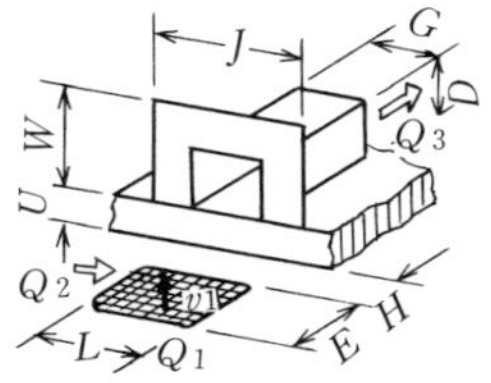

表 3･6　漏れ限界流量比の簡易式

二次元	$K=\left\{2-0.25\left(\frac{W}{E'}\right)\right\}+0.2\left(\frac{U}{E'}\right)$ ただし，$W/D \geqq 2.0$ $0.5 \leqq W/E' \leqq 1.3$ $0 \leqq U/E' \leqq 1.0$	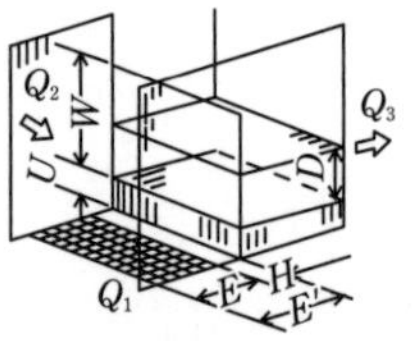
三次元	$K=\left(\frac{E}{L}\right)\left\{4.0-\left(\frac{W}{E'}\right)\right\}+1.0$ ただし，$W/D \geqq 2.0$ $0.2 < E/L \leqq 1.2$ $0.8 \leqq W/E' \leqq 1.9$	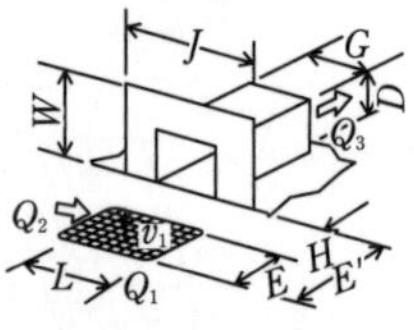 $L/E=J/W=G/D$
	$K=\left(\frac{E}{L}\right)\left\{4.6-0.75\left(\frac{W}{E'}\right)\right\}+1.0$ ただし，$W/D \geqq 2.0$ $0.2 < E/L \leqq 1.2$ $0.8 \leqq W/E' \leqq 1.9$	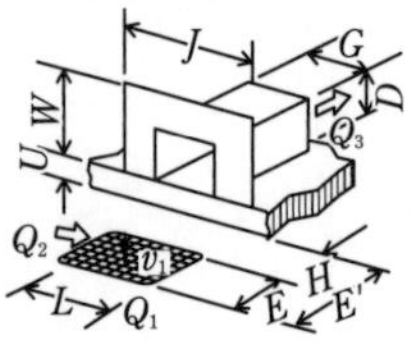 $L/E=J/W=G/D$ $U=W-D$

表 3･7　漏れ安全係数の値

周囲気流の速度[m/s]	漏れ安全係数の値
0　～0.15	$n=3$
0.15～0.30	5
0.3　～0.5	7
0.5　～0.7	10

参 考 文 献

1) 沼野雄志：新やさしい局排設計教室(2005)，p.381，中央労働災害防止協会
2) Dalla Valle, J. M.：Exhaust Hoods (1952), p. 5, The Industrial Press
3) ACGIH：Industrial Ventilation, 26th Ed. (2007), pp.6～9, American Conference of Governmental Industrial Hygienists
4) 3)に同じ，pp.6～8
5) 新津　靖ほか2名：側方吸込みフードの排出特性とその設計に関する研究，空気調和・衛生工学，43-6(1969-6)，p.490，空気調和・衛生工学会
6) 3)に同じ，pp.6～10
7) Brandt, A. D.：Industrial Health Engineering (1947), John Wiley & Sons
8) 中央労働災害防止協会：局所排気・プッシュプル型換気装置及び空気清浄装置の標準設計と保守管理(2019)，p.48，中央労働災害防止協会
9) 新津　靖ほか2名：フードの特性とその設計に関する研究，空気調和・衛生工学，40-1(1966-1)，pp.12～15，空気調和・衛生工学会
10) 新津　靖ほか2名：フードの特性とその設計に関する研究，空気調和・衛生工学，40-12(1966-12)，p.1101，空気調和・衛生工学会
11) 林　太郎・柴田　優：三次元側方吸込みフードの排出特性とその設計法，空気調和・衛生工学，45-3(1971-3)，pp.135～143，空気調和・衛生工学会
12) 辻　克彦・福原　驍：流量比法に基づく捕捉フードの簡易設計法，労働科学，75-6(1999-6)，pp.211～217，労働科学研究所

第4章　ダ　ク　ト

4.1　ダクトとその留意点

ダクト系の設計は，ダクト系の配置，ダクトの形状，断面寸法および枝ダクトからの合流などを考慮して圧力損失が少なくなるようにする．ダクト系の配置では，フード，有害物処理装置，ファンなどは作業工程および作業状況などをよく検討しダクト長さが可能な限り短く，途中の曲がりなども少なくなるように配管しなければならない．

4.1.1　ダクト内風速

ダクトに流体を流す場合，第2章で述べたように必ず圧力損失が生じることになる．圧力損失はダクト内風速の2乗に比例するので，風速を小さくしたほうが圧力損失を少なくできるが，ダクトの必要断面積が大きくなり設備費の面から不利になる．通常の排気系ではダクト内風速を10 m/s程度にすることが多い．また，工場換気においては高濃度の粉じんを搬送する場合，風速が遅いと粉じんがダクト内に沈着することになるので，粉じんを搬送するための風速が必要である．この風速を搬送速度と呼び，**表4･1**に一般的な搬送速度の値を示す．表からわかるように，大きな重い粉じんを多く含む場合には，搬送速度を大きくしなければならないが，そのようなときには**図4･1**に示すようにフード近くに前置き集じん装置を設置し，ダクト内に大きな粒子を持ち込まないようにすればよい．前置き集じん装置として，慣性力集じん装置あるいは遠心力集じん装置を設置することによって，大きな粉じんは除去されるので搬送速度を大きくとらなくてもよい．さらに，前置き集じん装置を設置することによって，性能のよい集じん装置にかかる粉じん負荷を軽減できる効果も期待できる．

表4･1　搬送速度

搬送物質	風速[m/s]
噴霧塗装	～10
ガス・蒸気	～10
綿・ゴム粉	10～15
研磨粉じん	10～20
木材チップ	15～20
鋳物粉じん	15～25

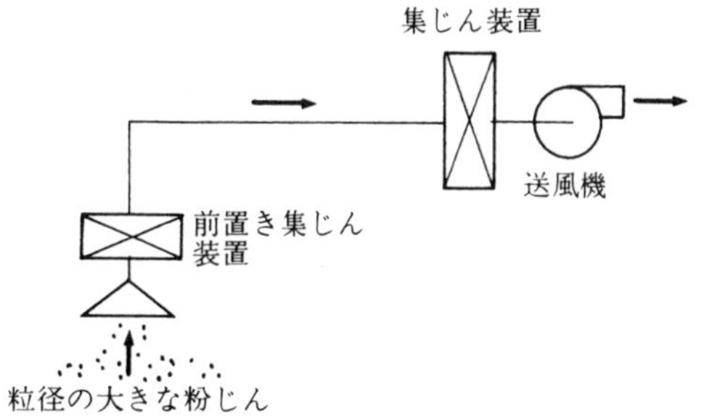

図4･1　搬送速度を小さくする方法

4.1.2　ダクトの断面形状

ダクトの断面形状としては，一般に円形か長方形が考えられるが，断面積が同じだとすると同じ風量をそれぞれのダクトに流せば平均風速は等しくなる．しかし，円形と長方形では流れがダクトと接触する長さが異なり，流体はダクト内壁に沿って流れるので，接触部分が少ない円形のほうが摩擦による抵抗を少なくできる．したがって，排気系では長方形断面より円形ダクトにするほうが有利である．しかし，ダクトの設置場所からダクト寸法が制限されることがある．例えば，空調用ダクトは一般に天井裏に設置されるが，この場合にはダクトの高さが制限され，ある断面積を確保するには長方形断面にせざるを得ない．このような場合でも，後述するぬれぶちの長さができるだけ短くなるように，ダクト断面のアスペクト比(短辺/長辺)が1.0に近い長方形断面にすべきである．

4.2　ダクトの設計法

4.2.1　等　速　法

ダクト系の各部においてあらかじめ定められた風量に対し，所要の風速を保つように単にダクト断面積を逐次決定していく方法で，送排風機の必要全圧は各部の圧力損失を積算して求める．各部の圧力損失はダクト断面積によって異なるので，流量配分が問題とならない単純なダクト系ではよいが，分岐・合流部が多い複雑な空調用ダクトの場合では計算が煩雑になるのでほとんど用いられない．しかし，排気系のダクトでは，搬送速度(ダクト内風速)を確保する意味から等速法がよく用いられる．

4.2.2　等摩擦法(定圧法または等圧法ともいう)

ダクトの単位長さあたりの摩擦損失をある一定の値にとり，各部の通過風量からその部分のダクト寸法を決定する方法で，このためには**図4・2**に示すような線図を用いると便利である．一般の空調用ダクト系でよく用いられている方法である．しかし，単位長さあたりの摩擦損失を一定にするため，分岐・合流などが多いダクト系では，流量の適正な配分を行うには，1箇所に大きな抵抗をつくらなくてはならないことが生じる．

4.2.3　等 径 管 法

このような呼び名は一般的ではないが，等径管を用いる設計法で半世紀以上用いられている．分・合流部の摩擦損失には特に静圧の再取得を考慮した圧力損失係数を用いれば，比較的正確な設計を行うことができ，設計，施工，保守管理の面から極めて有利となり，特に排気系

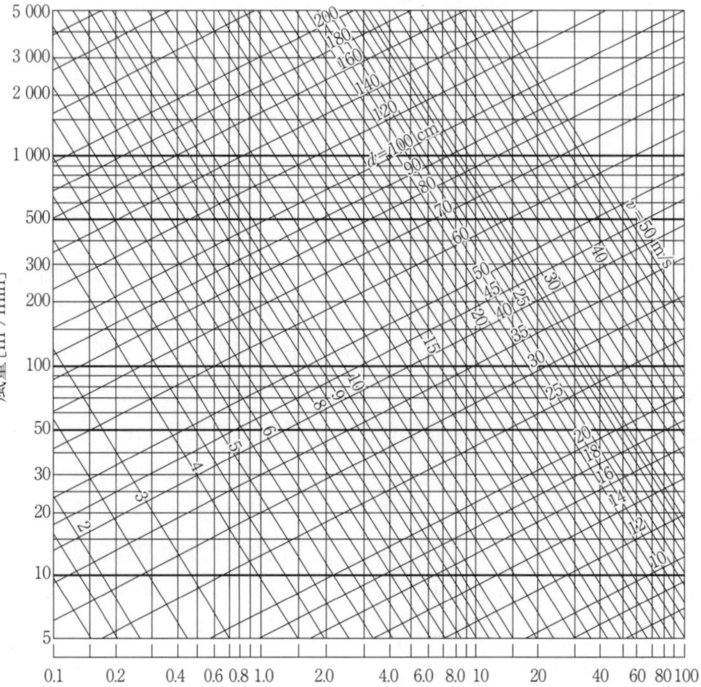

図4・2　ダクトの摩擦損失線図(井上宇市による表の風量目盛りを m^3/min に変えたもの)[1)]

には有効適切な場合が多い．

4.3 ダクト系の圧力損失

ダクトの任意の断面1，2間に修正ベルヌーイの式を適用すると次式が得られる．

$$P_1+\frac{\rho v_1^2}{2}=P_2+\frac{\rho v_2^2}{2}+\Delta P \tag{4.1}$$

ここに，P_1，P_2：断面1および2における静圧[Pa]

$\rho v_1^2/2$，$\rho v_2^2/2$：断面1および2における動圧[Pa]

ΔP：断面1，2間の圧力損失[Pa]

静圧と動圧の和は全圧と呼ばれ，上式から明らかなように，ダクトの圧力損失は断面1，2間の全圧差であることがわかる．

4.3.1 摩擦損失

流体がダクト内を流れるときには，粘性のために流体と流体，または流体と固体との間に摩擦力が働き，これによって流れの持つエネルギーを奪うことになり，圧力損失が生じる．断面が変化しない真直ぐなダクトの摩擦による圧力損失は，式(4.1)においてそれぞれの断面で動圧が等しいことから，$\Delta P=P_1-P_2$と表される．この摩擦による圧力損失は流れの動圧($\rho v^2/2$)に比例する形となり，一般に次式で表される．

$$\Delta P=\lambda\left(\frac{l}{d_e}\right)\left(\frac{\rho v^2}{2}\right) \tag{4.2}$$

ここに，λ：管摩擦係数[—]

l：ダクトの長さ[m]

d_e：ダクトの水力直径[m]

水力直径d_eは

$$d_e=\frac{\text{断面積}}{\text{ぬれぶちの長さ}}\times 4 \tag{4.3}$$

と表される．式中のぬれぶちとは流体と接触する長さであり，ここではダクト内壁の長さにあたる．動圧が等しい場合，式(4.2)から明らかなようにd_eが最大値をとる場合に摩擦による圧力損失は最小となる．すなわち，断面積が等しい場合，ぬれぶちの長さが最小のとき摩擦による圧力損失が最小となり，このことからダクトの断面形状は円形が最もよいことがわかる．

なお，管摩擦係数λは流れが乱流のときには実験的に求められる値で，代表速度としてダクト内風速，代表長さとしてダクトの水力直径を用いたレイノルズ数(第2章コラム参照)および管壁の相対粗さとの関数となり，ムーディ線図(第2章**図2・4**)で求めるか，あるいは図中に示す計算式による．

さて，長方形ダクトの場合，その長辺，短辺の長さをそれぞれa，bとすれば，これと同じ圧力損失を示す円形ダクトの直径D_eは次式のように示される．

$$D_e=1.30\left\{\frac{(ab)^5}{(a+b)^2}\right\}^{1/8} \tag{4.4}$$

この直径を相当直径と呼んでいるが，このD_eは同一風量が流れた場合に単位長さあたりの摩擦損失が同じとなる相当直径を示している．円形ダクトにおける風速をv_1，長方形ダ

コラム　静圧が回復する！

ダクト内の空気は**図4・7**に示すように圧力の低いほうに流れる．このような圧力こう配があるので，流動できることになる．ところが，拡大ダクトの場合には，下流側のほうが速度が減少することによって静圧が大きくなることがある．ベルヌーイの式は動圧と静圧の和は一定に保たれることを意味しているが，速度が小さくなることはその2乗に比例して動圧は減少するので，静圧が上昇するわけである．したがって，縮小ダクトではこのような現象は起こらない．静圧が回復することを静圧再取得とも呼んでいるが，**4.5**で述べるようにプレナムチャンバの断面積を開口部の面積に比べて十分大きくするのは，静圧を上昇させて一様な流れにするためである．

クトの場合をv_2として，式(4.2)，(4.3)の関係と風量および圧力損失が同等である条件を用いれば次の式が求められる．

$$D_e = 1.27\left\{\frac{(ab)^3}{(a+b)}\right\}^{1/5} \tag{4.5}$$

したがって，式(4.5)はべき計算が必要になるので，平方根計算で求められる式(4.4)が一般的に用いられている．なお，式(4.4)はHuebscherの式[2)]と呼ばれ，Huebscherが実験的に求めたものである．

4.3.2　局部損失

流体の流れが変化するとき，例えば拡大・縮小，方向の変換，分流・合流などの場合，必ず局部的に圧力損失を生ずる．流れがダクト壁からはく離することによって生ずる渦が原因で，一般に次式のように表される．

$$\Delta P = \zeta\left(\frac{\rho v^2}{2}\right) \tag{4.6}$$

ここに，ζ：局部損失係数[—]

局部損失係数の値を**表4·2**に示す．さらに詳しい資料が必要な場合には文献4)を参照されたい．圧力損失は流れのはく離によるものであるから，ダクト内の流れが壁からはく離しにくい形状にダクトを製作するようにしなければならない．

4.4　流量の配分

ダクト系における流量の配分という問題は，工場換気の場合にも極めて重要である．いま，**図4·3**(a)に示すように，例えば3個のフードから1台のファンで所定の風量を吸い込む場合を考える．図に示すa，b，cのフードから，同じ風量を流入させようとする場合，圧力損失$\Delta P_{\mathrm{a-1-2-3}}$，$\Delta P_{\mathrm{b-2-3}}$，$\Delta P_{\mathrm{c-3}}$の関係は次式のようになる．

$$\Delta P_{\mathrm{a-1-2-3}} = \Delta P_{\mathrm{b-2-3}} = \Delta P_{\mathrm{c-3}} \tag{4.7}$$

それぞれのフードから合流点③までの圧力損失がすべて等しくならなければならない．このためには，圧力損失が少ないところには図示のような枝管に付加的な抵抗を挿入し，それぞれの入口からの圧力損失を等しくなるようにすればよい．

具体的な計算方法としては，$\Delta P_{\mathrm{a-1-2-3}}$はフード入口損失(フードの圧力損失係数×接続ダクトの動圧)，直管部の摩擦損失(管摩擦係数×(直管部の長さ/ダクトの直径)×直管部の動圧)，曲がり損失(曲がり損失係数×動圧)およ

コラム　ルート(√)計算

$X\times X$の値がYであるとき，$Y=X^2$であり，$X=\sqrt{Y}$，$X=Y^{1/2}$とも表す．

YはXの2乗であり，逆に，XはルートYとかYの1/2乗であるという表現もされる．

本文中の式(4.4)は，式中に$\{(ab)^5/(a+b)^2\}^{1/8}$が含まれており，計算が難しいと考えておられる読者もあろうかと思われる．この部分は{　}の1/8乗の値であるが，逆にいえばこの値を8回かけた値が$\{(ab)^5/(a+b)^2\}$の値になることを意味する．

すなわち，$\{(ab)^5/(a+b)^2\}^{1/8}$は，$\{(ab)^5/(a+b)^2\}$の1/2乗の1/2乗の1/2乗ということにほかならない．

ルート(√)計算機能付きの計算機さえあれば，この計算は簡単にできる．すなわち，$\{(ab)^5/(a+b)^2\}$の数値を押した後，√，√，√と3回ボタンを押せばたちどころに答が得られる．

例として，長辺が30 cm，短辺が15 cmのダクトであれば，メートル換算で$a=0.3$，$b=0.15$を代入すると，{　}内は$\{(0.3\times 0.15)^5/(0.3+0.15)\} = \{(0.045)^5/(0.45)^2\} = 0.000\,000\,902$となり，これの1/8乗は，「0.000 000 902√√√」=0.175 5が得られる．

すなわち，この角形ダクトに相当する円ダクトの直径は17.6 cmである．

表 4·2 局部損失係数[3)]

A. 曲がりの局部損失係数

名称	図	計算式	局部損失係数 ζ
円形ダクトのベンド(成形)	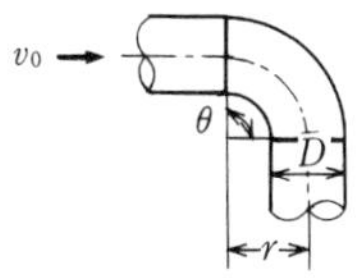	$\Delta P_T=\zeta\dfrac{v_0^2}{2}\rho$, $\zeta=\zeta' K_\theta$	下表 (1)
長方形ダクトのベンド	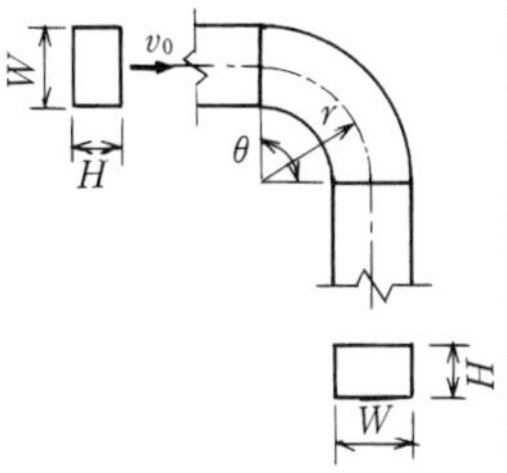	$\Delta P_T=\zeta\dfrac{v_0^2}{2}\rho$, $\zeta=\zeta' K_{Re} K_\theta$	下表 (2)

(1) 円形ダクトのベンド(成形)

$\theta=90°$ のとき

r/D	0.5	0.75	1.0	1.5	2.0	2.5
ζ'	0.71	0.33	0.22	0.15	0.13	0.12

$\theta=90°$ 以外の場合 $=\zeta' K_\theta$

θ	0°	20°	30°	45°	60°	75°	90°	110°	130°	150°	180°
K_θ	0	0.31	0.45	0.60	0.78	0.90	1.00	1.13	1.20	1.28	1.40

(2) 長方形ダクトのベンド

ζ'

r/W	H/W										
	0.25	0.5	0.75	1.0	1.5	2.0	3.0	4.0	5.0	6.0	8.0
0.5	1.3	1.3	1.2	1.2	1.1	1.1	0.98	0.92	0.89	0.85	0.83
0.75	0.57	0.52	0.48	0.44	0.40	0.39	0.39	0.40	0.42	0.43	0.44
1.0	0.27	0.25	0.23	0.21	0.19	0.18	0.18	0.19	0.20	0.27	0.21
1.5	0.22	0.20	0.19	0.17	0.15	0.14	0.14	0.15	0.16	0.17	0.17
2.0	0.20	0.18	0.16	0.15	0.14	0.13	0.13	0.14	0.14	0.15	0.15

K_{Re}

r/W	$Re\times10^{-4}$								
	1	2	3	4	6	8	10	14	≧20
0.5	1.40	1.26	1.19	1.14	1.09	1.06	1.04	1.0	1.0
≧0.75	2.0	1.77	1.64	1.56	1.46	1.38	1.30	1.15	1.0

K_θ は円形ダクトのベンド(成形)と同じ

B. 断面変化による局部損失係数

名称	図	計算式	局部損失係数 ζ
円形ダクトの漸拡大と急拡大	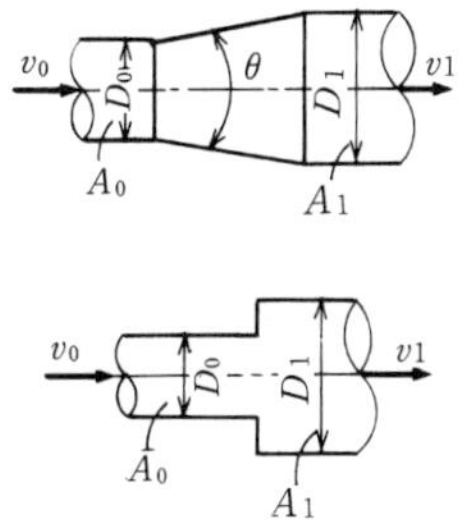	$\Delta P_T=\zeta\dfrac{v_0^2}{2}\rho$ $\left(Re=\dfrac{v_0 D}{\nu}\right)$	下表 (3)
長方形ダクトの漸拡大と急拡大	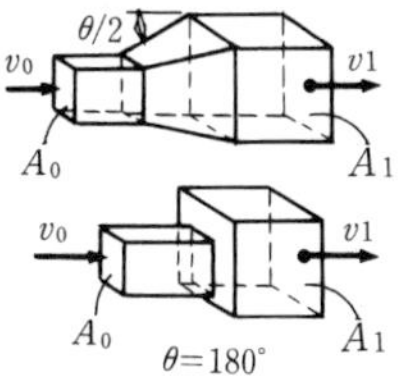	$\Delta P_T=\zeta\dfrac{v_0^2}{2}\rho$	下表 (4)

(3) 円形ダクトの漸拡大と急拡大

Re	A_1+/A_0	θ							
		16°	20°	30°	45°	60°	90°	120°	180°
0.5×10^5	2	0.14	0.19	0.32	0.33	0.33	0.32	0.31	0.30
	4	0.23	0.30	0.46	0.61	0.68	0.64	0.63	0.62
	6	0.27	0.33	0.48	0.66	0.77	0.74	0.73	0.72
	10	0.29	0.38	0.59	0.76	0.80	0.83	0.84	0.83
	≧16	0.31	0.38	0.60	0.84	0.88	0.88	0.88	0.88
2×10^5	2	0.07	0.12	0.23	0.28	0.27	0.27	0.27	0.26
	4	0.15	0.18	0.36	0.55	0.59	0.59	0.58	0.57
	6	0.19	0.28	0.44	0.90	0.70	0.71	0.71	0.69
	10	0.20	0.24	0.43	0.76	0.80	0.81	0.81	0.81
	≧16	0.21	0.28	0.52	0.76	0.87	0.87	0.87	0.87
$≧6\times10^5$	2	0.05	0.07	0.12	0.27	0.27	0.27	0.27	0.27
	4	0.17	0.24	0.38	0.51	0.56	0.58	0.58	0.57
	6	0.16	0.29	0.46	0.60	0.69	0.71	0.70	0.70
	10	0.21	0.33	0.52	0.60	0.76	0.83	0.80	0.83
	≧16	0.21	0.34	0.56	0.72	0.79	0.85	0.87	0.89

(4) 長方形ダクトの漸拡大と急拡大

A_1+/A_0	θ							
	16°	20°	30°	45°	60°	90°	120°	180°
2	0.18	0.22	0.25	0.29	0.31	0.32	0.33	0.30
4	0.36	0.43	0.50	0.56	0.61	0.63	0.63	0.63
6	0.42	0.47	0.58	0.68	0.72	0.76	0.76	0.75
≧10	0.42	0.49	0.59	0.70	0.80	0.87	0.83	0.86

C. 合流による局部損失係数

計算式（共通）：$\Delta P_T=\zeta\dfrac{v_3^2}{2}\rho$

円形ダクトの合流（直角合流）

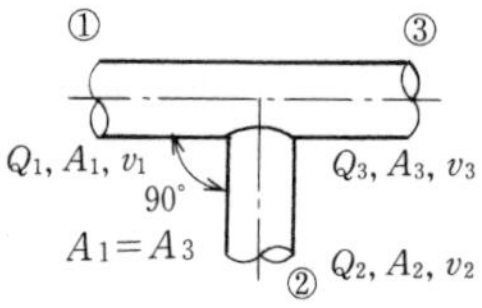

ζ②→③

Q_2/Q_3	A_2/A_3 0.1	0.2	0.3	0.4	0.6	0.8	1.0
0	−1.0	−1.0	−1.0	−0.90	−0.90	−0.90	−0.90
0.1	0.40	−0.37	−0.51	−0.46	−0.50	−0.51	−0.52
0.2	3.8	0.72	0.17	−0.02	−0.14	−0.18	−0.24
0.3	9.2	2.3	1.0	0.44	0.21	0.11	−0.08
0.4	16	4.3	2.1	0.94	0.54	0.40	0.32
0.5	26	6.8	3.2	1.1	0.66	0.49	0.42
0.6	37	9.7	4.7	1.6	0.92	0.69	0.57
0.7	43	13	6.3	2.1	1.2	0.88	0.72
0.8	65	17	7.9	2.7	1.5	1.1	0.86
0.9	82	21	9.7	3.4	1.8	1.2	0.99
1.0	101	26	12	4.0	2.1	1.4	1.1

ζ①→③

Q_2/Q_3	0	0.1	0.2	0.3	0.4	0.5	0.6	0.7	0.8	0.9	1.0
ζ	0	0.16	0.27	0.38	0.46	0.53	0.57	0.59	0.60	0.59	0.55

円形ダクトの合流（45°合流）

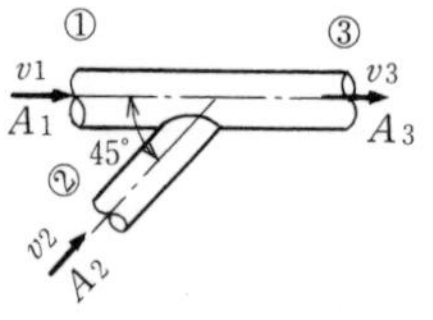

ζ②→③

v_2/v_3	A_2/A_3 0.1	0.2	0.3	0.4	0.6	0.8	1.0
0.4	−0.56	−0.44	−0.35	−0.28	−0.15	−0.04	0.05
0.5	−0.48	−0.37	−0.28	−0.21	−0.09	0.02	0.11
0.6	−0.38	−0.27	−0.19	−0.12	0.00	0.10	0.18
0.7	−0.26	−0.16	−0.08	−0.01	0.10	0.20	0.28
0.8	−0.21	−0.02	0.05	0.12	0.23	0.32	0.40
0.9	0.04	0.13	0.21	0.27	0.37	0.46	0.53
1.0	0.22	0.31	0.38	0.44	0.53	0.62	0.69
1.5	1.4	1.5	1.5	1.6	1.7	1.7	1.8
2.0	3.1	3.2	3.2	3.2	3.3	3.3	3.3
2.5	5.3	5.3	5.3	5.4	5.4	5.4	5.4
3.0	8.0	8.0	8.0	8.0	8.0	8.0	8.0

ζ①→③

v_1/v_3	A_2/A_3 0.1	0.2	0.3	0.4	0.6	0.8	1.0
0.1	−8.6	−4.1	−2.5	−1.7	−0.97	−0.58	−0.34
0.2	−6.7	−3.1	−1.9	−1.3	−0.67	−0.36	−0.18
0.3	−5.0	−2.2	−1.3	−0.88	−0.42	−0.19	−0.05
0.4	−3.5	−1.5	−0.88	−0.55	−0.21	−0.05	0.05
0.5	−2.3	−0.95	−0.51	−0.28	−0.06	0.06	0.13
0.6	−1.3	−0.50	−0.22	−0.09	0.05	0.12	0.17
0.7	−0.63	−0.18	−0.03	0.04	0.12	0.16	0.18
0.8	−0.18	0.01	0.07	0.10	0.13	0.15	0.17
0.9	−0.03	0.07	0.08	0.09	0.10	0.11	0.13
1.0	−0.01	0.00	0.00	0.10	0.02	0.04	0.05

長方形ダクトの合流（浅い割込み分岐）

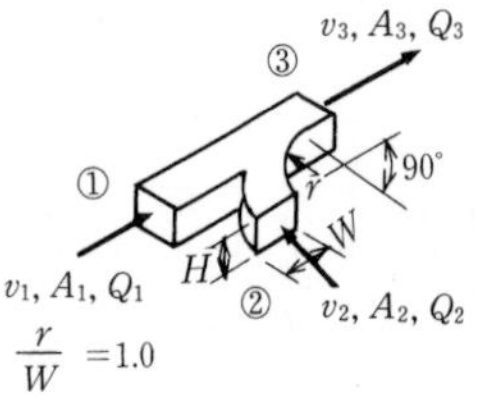

ζ②→③

A_2/A_1	A_2/A_3	Q_2/Q_3 0.1	0.2	0.3	0.4	0.5	0.6	0.7	0.8	0.9
0.25	0.25	−0.5	0	0.50	1.2	2.2	3.7	5.8	8.4	11
0.33	0.25	−1.2	−0.4	0.4	1.6	3.0	4.8	6.8	8.9	11
0.5	0.5	−0.5	0.20	0	0.25	0.45	0.70	1.0	1.5	2.0
0.67	0.5	−1.0	0.6	−0.2	0.10	0.30	0.60	1.0	1.5	2.0
1.0	0.5	−2.2	−1.5	−0.95	−0.5	0	0.40	0.80	1.3	1.9
1.0	1.0	−0.6	−0.3	−0.10	−0.04	0.13	0.21	0.29	0.36	0.42
1.33	1.0	−1.2	−0.8	−0.40	−0.20	0	0.16	0.24	0.32	0.38
2.0	1.0	−2.1	−1.4	−0.90	−0.50	−0.20	0	0.20	0.25	0.30

ζ①→③

A_1/A_3	A_2/A_3	Q_2/Q_3 0.1	0.2	0.3	0.4	0.5	0.6	0.7	0.8	0.9
0.75	0.25	0.30	0.30	0.20	−0.1	−0.45	−0.92	−1.5	−2.0	−2.6
1.0	0.5	0.17	0.16	0.10	0	−0.08	−0.18	−0.27	−0.37	−0.46
0.75	0.5	0.27	0.35	0.32	0.25	0.12	−0.03	−0.23	−0.42	−0.58
0.5	0.5	1.2	1.1	0.90	0.65	0.35	0	−0.40	−0.80	−1.3
1.0	1.0	0.18	0.24	0.27	0.26	0.23	0.18	0.10	0	−0.12
0.75	1.0	0.75	0.36	0.38	0.35	0.27	0.18	0.05	−0.08	−0.22
0.5	1.0	0.80	0.87	0.80	0.68	0.55	0.40	0.25	0.08	−0.10

D. 管入口の局部損失係数

計算式（全項目共通）：

$$\Delta P_T=\zeta \frac{v_0^2}{2}\rho$$

管入口

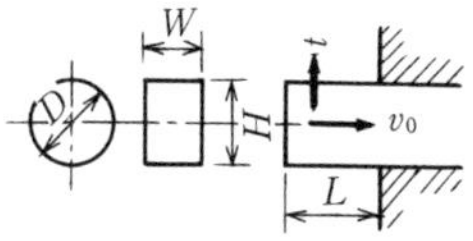

t/D	L/D 0	0.002	0.01	0.05	0.2	0.5	≧1.0
<0.02	0.50	0.57	0.68	0.80	0.92	1.0	1.0
>0.02	0.50	0.51	0.52	0.55	0.66	0.72	0.72
≧0.05	0.30	0.50	0.50	0.50	0.50	0.50	0.50

長方形 $D=\dfrac{2HW}{H+W}$

管入口（ベルマウス）

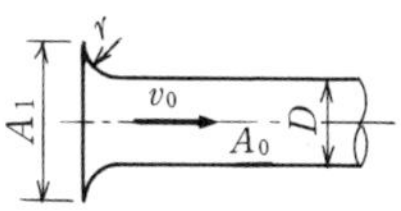

r/D	0	0.01	0.02	0.03	0.04	0.05
ζ	1.0	0.87	0.74	0.61	0.51	0.40
r/D	0.06	0.08	0.10	0.12	0.16	>0.20
ζ	0.32	0.20	0.15	0.10	0.06	0.03

管入口（フード付き）

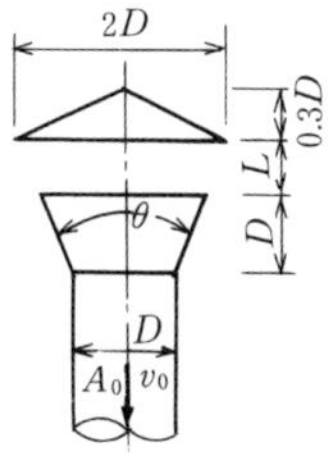

θ	L/D 0.1	0.2	0.3	0.4	0.5	0.6	0.7	0.8	≧0.9
0°	2.6	1.8	1.5	1.4	1.3	1.2	1.2	1.1	1.1
15°	1.3	0.77	0.60	0.48	0.41	1.30	0.29	0.28	0.25

管入口（フード付き）

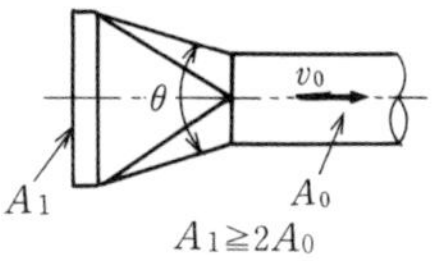

$A_1 \geqq 2A_0$

円　　形

θ	0°	20°	40°	60°	80°	100°	120°	140°	160°	180°
ζ	1.0	0.11	0.06	0.09	0.14	0.18	0.27	0.32	0.43	0.50

長　方　形

θ	0°	20°	40°	60°	80°	100°	120°	140°	160°	180°
ζ	1.0	0.19	0.13	0.16	0.21	0.27	0.33	0.43	0.53	0.62

吸込み口（木製ルーバ）

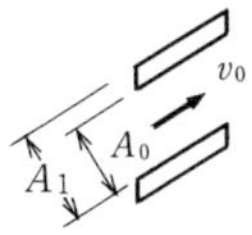

A_0/A_1	0.5	0.6	0.7	0.8	0.9
ζ	4.5	3.0	2.1	1.4	1.0

吸込み口（打抜き鉄板）

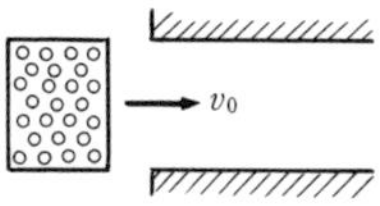

自由面積比	0.2	0.4	0.6	0.8
ζ	35	7.6	3.0	1.2

金網

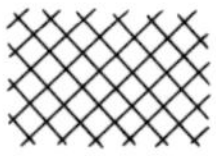

v_0：孔を通過する風速

針金径[mm]	0.27	0.27	0.66	0.72	1.56	1.72
間隔[mm]	1.67	2.08	3.57	5.0	11.1	16.7
開口比[%]	70	76	67	74	72	81
ζ	0.80	0.70	0.70	0.65	0.51	0.50

円形フード

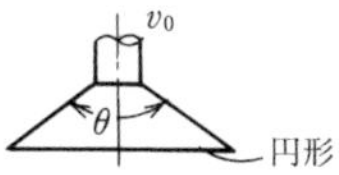

θ	20°	40°	60°	90°
ζ	0.02	0.03	0.05	0.11

長方形フード

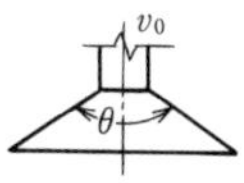

θ	20°	40°	60°	90°
ζ	0.13	0.08	0.12	0.19

E. 管出口の局部損失係数

<table>
<tr><th>名称</th><th>図</th><th>計算式</th><th>局部損失係数 ζ</th></tr>
<tr><td>管出口（壁付き）</td><td>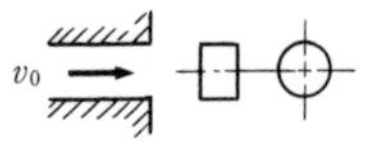
</td><td rowspan="5">$\Delta P_T=\zeta\dfrac{v_0^2}{2}\rho$</td><td>$\zeta=1.0$</td></tr>
<tr><td>管出口（長方形壁付き）</td><td>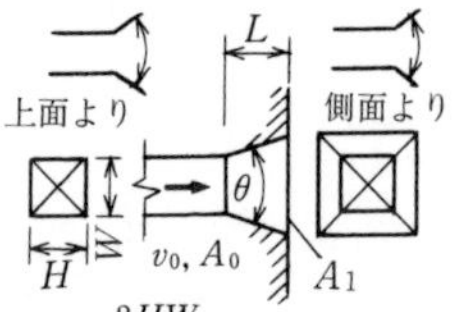

$D_e=\dfrac{2HW}{H+W}$
$\theta_0=\dfrac{\theta_1+\theta_2}{2}$
$\theta_1=\theta_2\pm100\%$</td><td>
<table>
<tr><th rowspan="2">A_1/A_0</th><th colspan="6">θ_0</th></tr>
<tr><th>10°</th><th>14°</th><th>20°</th><th>30°</th><th>45°</th><th>≧60°</th></tr>
<tr><td>2</td><td>0.44</td><td>0.58</td><td>0.70</td><td>0.86</td><td>1.0</td><td>1.1</td></tr>
<tr><td>4</td><td>0.31</td><td>0.48</td><td>0.61</td><td>0.76</td><td>0.94</td><td>1.1</td></tr>
<tr><td>6</td><td>0.29</td><td>0.47</td><td>0.62</td><td>0.74</td><td>0.94</td><td>1.1</td></tr>
<tr><td>10</td><td>0.26</td><td>0.45</td><td>0.60</td><td>0.73</td><td>0.89</td><td>1.0</td></tr>
</table></td></tr>
<tr><td>管出口（円形壁付き）</td><td>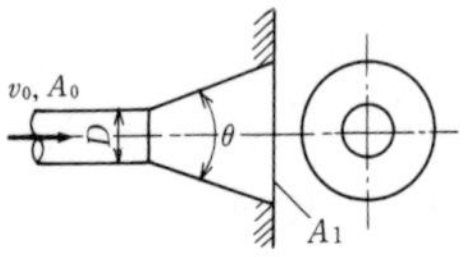
</td><td>
<table>
<tr><th rowspan="2">A_1/A_0</th><th colspan="7">θ</th></tr>
<tr><th>14°</th><th>16°</th><th>20°</th><th>30°</th><th>45°</th><th>60°</th><th>≧90°</th></tr>
<tr><td>2</td><td>0.33</td><td>0.36</td><td>0.44</td><td>0.74</td><td>0.97</td><td>0.99</td><td>1.0</td></tr>
<tr><td>4</td><td>0.24</td><td>0.28</td><td>0.36</td><td>0.54</td><td>0.94</td><td>1.0</td><td>1.0</td></tr>
<tr><td>6</td><td>0.22</td><td>0.25</td><td>0.32</td><td>0.49</td><td>0.94</td><td>0.98</td><td>1.0</td></tr>
<tr><td>10</td><td>0.19</td><td>0.23</td><td>0.30</td><td>0.50</td><td>0.94</td><td>0.72</td><td>1.0</td></tr>
<tr><td>16</td><td>0.17</td><td>0.20</td><td>0.27</td><td>0.49</td><td>0.94</td><td>1.0</td><td>1.0</td></tr>
</table></td></tr>
<tr><td>管出口（短管付き）</td><td>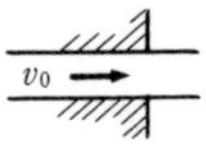
</td><td>$\zeta=1.0$</td></tr>
<tr><td>管出口（オリフィス付き）</td><td>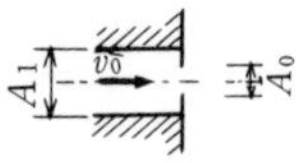
</td><td>
<table>
<tr><th>A_0/A_1</th><th>0.5</th><th>0.6</th><th>0.8</th><th>1.0</th></tr>
<tr><td>ζ</td><td>7.76</td><td>4.65</td><td>1.95</td><td>1.00</td></tr>
</table></td></tr>
<tr><td>打抜き鉄板吹出し口</td><td>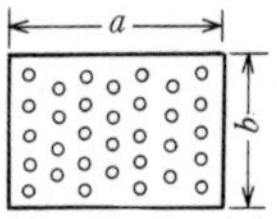
</td><td>$\Delta P_T=\zeta\dfrac{v_0^2}{2}\rho$
（v_0：面風速）
自由面積比$=\dfrac{\text{孔面積}}{ab}$</td><td>
<table>
<tr><th rowspan="2">v_0
[m/s]</th><th colspan="3">自由面積比</th></tr>
<tr><th>0.2</th><th>0.4</th><th>0.6</th></tr>
<tr><td>0.5</td><td>30</td><td>6.0</td><td>2.3</td></tr>
<tr><td>1.0</td><td>33</td><td>6.8</td><td>2.7</td></tr>
<tr><td>1.5</td><td>36</td><td>7.4</td><td>3.0</td></tr>
<tr><td>2.0</td><td>39</td><td>7.8</td><td>3.2</td></tr>
<tr><td>2.5</td><td>40</td><td>8.3</td><td>3.4</td></tr>
<tr><td>3.0</td><td>41</td><td>8.6</td><td>3.7</td></tr>
</table></td></tr>
<tr><td>消音ボックス（1方向吹出し）</td><td>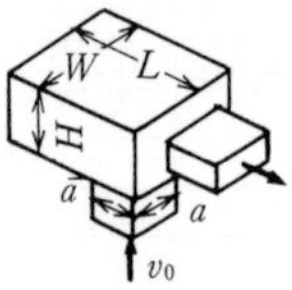
</td><td rowspan="2">$\Delta P_T=\zeta\dfrac{v_0^2}{2}\rho$
25 mm グラスウール内張り</td><td>$\zeta=1.4\left(\dfrac{a}{L}\right)^{0.83}+\left(\dfrac{H}{L}\right)^{-0.53}$</td></tr>
<tr><td>消音ボックス（2方向吹出し）</td><td>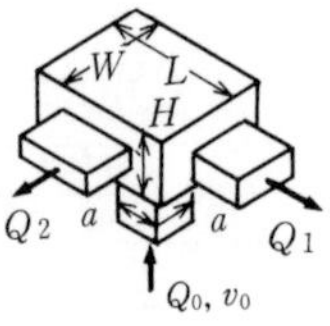
</td><td>Q_1 方向：$\zeta=8.2\left(\dfrac{Q_1}{Q_0}\right)^{n}\left(\dfrac{a}{W}\right)^{1.94}$
Q_2 方向：$\zeta=9.2\left(\dfrac{Q_2}{Q_0}\right)^{m}\left(\dfrac{a}{L}\right)^{1.00}$
<table>
<tr><th>a/W</th><th>0.39</th><th>0.46</th><th>0.56</th></tr>
<tr><td>n</td><td>0.31</td><td>0.91</td><td>1.23</td></tr>
</table>
<table>
<tr><th>a/L</th><th>0.91</th><th>0.22</th><th>0.27</th></tr>
<tr><td>m</td><td>0.58</td><td>0.63</td><td>0.58</td></tr>
</table></td></tr>
</table>

F. ダンパの局部損失係数

	平行翼ダンパ									対向翼ダンパ								
形式	$\frac{L}{R}=\frac{n}{2(H+W)}$ n：羽根枚数 L：羽根の総長 R：ダクト周長 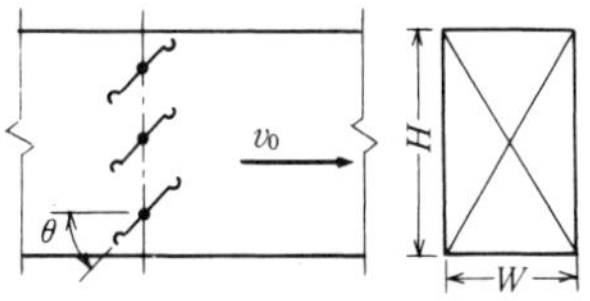									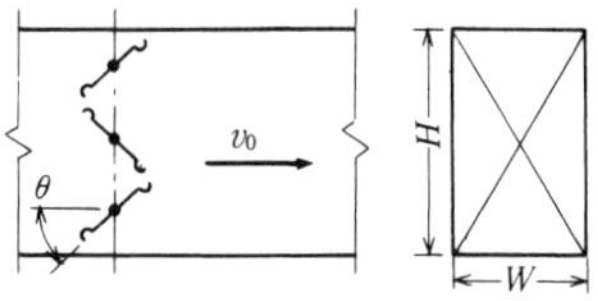								
L/R	θ									θ								
	0°	10°	20°	30°	40°	50°	60°	70°	80°	0°	10°	20°	30°	40°	50°	60°	70°	80°
0.3	0.52	0.79	1.4	2.3	5.0	9.0	14	32	116	0.52	0.85	2.1	4.1	9.0	21	73	284	807
0.4	0.52	0.85	1.5	2.4	5.0	9.0	16	38	152	0.52	0.92	2.2	5.0	11	28	100	332	915
0.5	0.52	0.92	1.5	2.4	5.0	9.0	18	45	188	0.52	1.0	2.3	5.4	13	33	122	377	1 045
0.6	0.52	0.92	1.5	2.4	5.4	9.0	21	45	245	0.52	1.0	2.3	6.0	14	38	148	411	1 121
0.8	0.52	0.92	1.5	2.5	5.4	9.0	22	55	284	0.52	1.1	2.4	6.6	18	54	188	495	1 299
1.0	0.52	1.0	1.6	2.6	5.4	10	24	65	361	0.52	1.2	2.7	7.3	21	65	245	547	1 521
1.5	0.52	1.0	1.6	2.7	5.4	10	28	102	576	0.52	1.4	3.2	9.0	28	107	361	677	1 654

	円形バタフライダンパ							長方形バタフライバンパ							長方形バタフライダンパ（羽根エアホイル形）						
形式	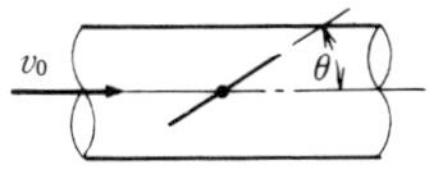							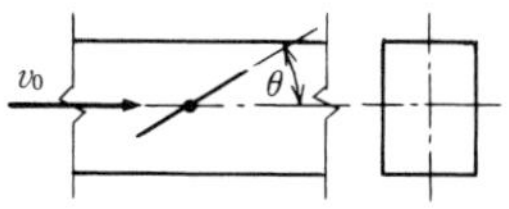							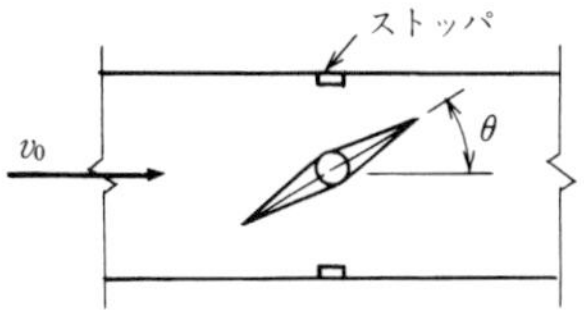						
	θ							θ							θ						
	0°	10°	20°	30°	40°	50°	60°	0°	10°	20°	30°	40°	50°	60°	0°	10°	20°	30°	40°	50°	60°
ζ	0.20	0.52	1.5	4.5	11	29	108	0.04	0.33	1.2	3.3	9.0	26	70	0.50	0.65	1.6	4.0	9.4	24	67

	円形スライドダンパ							
形式	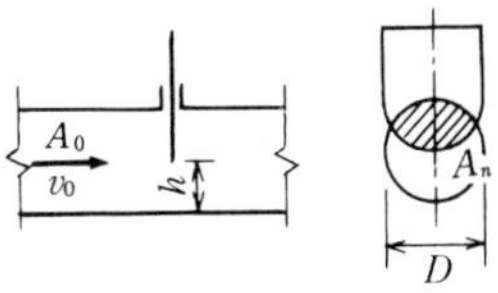							
h/D	0.2	0.3	0.4	0.5	0.6	0.7	0.8	0.9
A_n/A_0	0.25	0.38	0.50	0.61	0.71	0.81	0.90	0.96
ζ	35.0	10.0	4.6	2.1	0.98	0.44	0.17	0.06

	長方形スライドダンパ						
形式	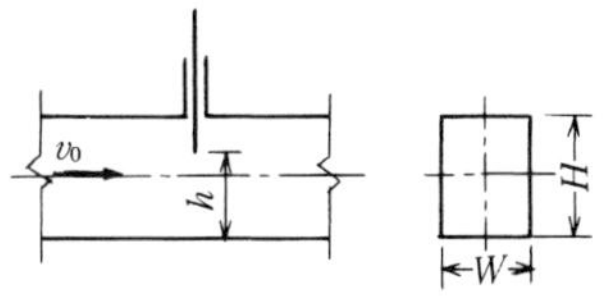						
H/W	h/H						
	0.3	0.4	0.5	0.6	0.7	0.8	0.9
0.5	14	6.9	3.3	1.7	0.83	0.32	0.09
1.0	19	8.8	4.5	2.4	1.2	0.55	0.17
1.5	20	9.1	4.7	2.7	1.2	0.47	0.11
2.0	18	8.8	4.5	2.3	1.1	0.51	0.13

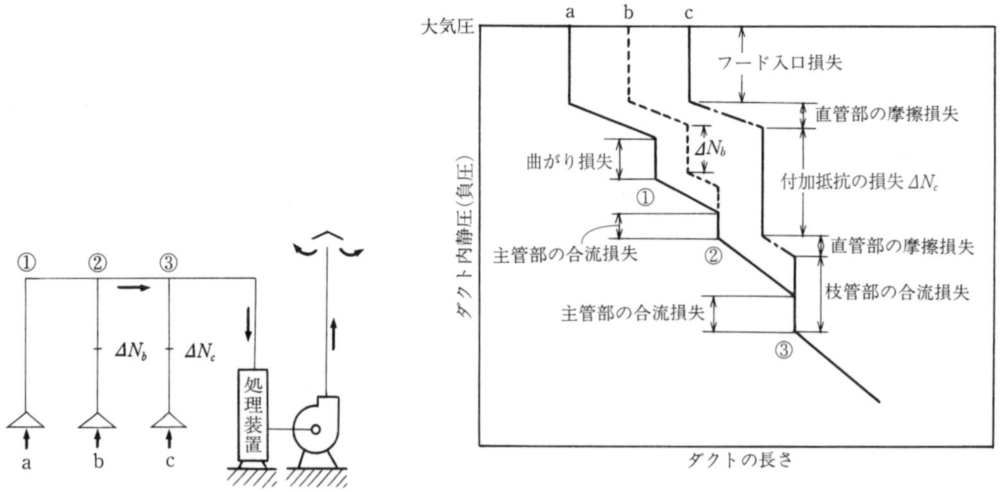

(a)　流量配分　　　(b)　静圧分布図

図4･3　ダクト系の流量配分と静圧分布図

び主管合流損失(合流損失係数×動圧)の総和になり，$\Delta P_{\mathrm{b-2-3}}$ はフード入口損失，枝管直管部の摩擦損失，付加抵抗の損失 ΔN_{b}，枝管部の合流損失，主管直管部の摩擦損失および主管部の合流損失を合計すればよい．そこで，$\Delta P_{\mathrm{a-1-2-3}} = \Delta P_{\mathrm{b-2-3}}$ から ΔN_{b} が求まる．同様に，$\Delta P_{\mathrm{b-2-3}} = \Delta P_{\mathrm{c-3}}$ から ΔN_{c} が得られるので，ΔN_{b}，ΔN_{c} に相当する抵抗を挿入すればよい．**図4･3**(b)には静圧分布を示す．

次に，枝管に抵抗を付加させる代わりにダクト径を細くすることにより損失を多くする方法もある．そうすれば，ダクト径を変化させる繰返し計算を行うことによって，$\Delta N_b = 0$，$\Delta N_c = 0$ になれば抵抗は入れなくてもすむ．多量の粉じんを含む空気を搬送する場合では，付加抵抗を挿入することによって，粉じんが抵抗板に付着し，付着量の増大とともに局部損失係数が変化することになる．このようなことからもダクト径を変化させる方法が有効である．この方法は付加抵抗を挿入する代わりに，ダクトの直径を小さくすることによって流量バランスをとることである．すなわち，ダクト内風速を大きくすることによって，摩擦損失や曲がりなどの局部損失を付加抵抗に等しくなるように増加させる方法である．

4.5　開口面における流速分布とそのつくり方

吹出しおよび吸込み開口における流速分布は，極めて重要であり，特にプッシュプル型換気装置においては装置全体の性能を支配する場合が多い．いま，**図4･4**(a)のようなスロットか

コラム　**ダクトとは**

ダクトというのは，一般にモノが通る管のことである．植物においては根から幹を通って枝葉に栄養や水分を送る管，動物にあっては血管やリンパ管，そして，換気装置においては空気を通す管である．

中を通るモノは水や空気のような流体に限らない，電線や水道管を敷設しているダクト，高反射材料を用いて自然の光を照明に利用できる光ダクトもある．

ら吹出しまたは吸込みを行う場合を考えると，一般に次のような現象が生じる．吹出しの場合は，**図4･4**(b)のように，先端に近くなるほど風速が大きく，一方，吸込みの場合は**図4･4**(c)のように，この逆になる．

したがって，一様速度の吹出し・吸込みを達成しようとするには，次のような方法を採用すればよい．

1) 吹出しの抵抗を変化させるための適当な抵抗体をプレナムチャンバに入れる(**図4･5**(a)，(b)参照)
2) スロット開口面(一般には開口面はスロットとし，**図4･5**(d)，(e)に示すようにその内部の面)を多孔板とし，その孔の大小で抵抗および流出入量を漸次変化させる．
3) プレナムチャンバ内の圧力を一様にするために，プレナムチャンバの断面積を開口部の面積に比べて十分大きくする．すなわち，**図4･5**(f)に示すように$A_D>A_S$とする．
4) プレナムチャンバの形状を工夫する(吹出しの場合に限り，**図4･5**(c)参照)．また，プレナムチャンバを分割する(**図4･5**(g)参照)．
5) 開口面に大きな抵抗をつける(例えば，HEPAフィルタを吹出し面に設ける)．

さらに，この際大切なことは，流れの整流と方向の変換という問題で，**図4･6**に示すように，分割数nを多くすること，$L/D≧1$であることは重要である．

4.6 ダクトの漏れ

ダクトからの空気の漏れは継手とか継ぎ目などのすきまから生じるが，吸込みダクトと排気ダクトでは漏れかたに違いがある．**図4･7**に示すようなダクト系を考えると，送風機に吸い込

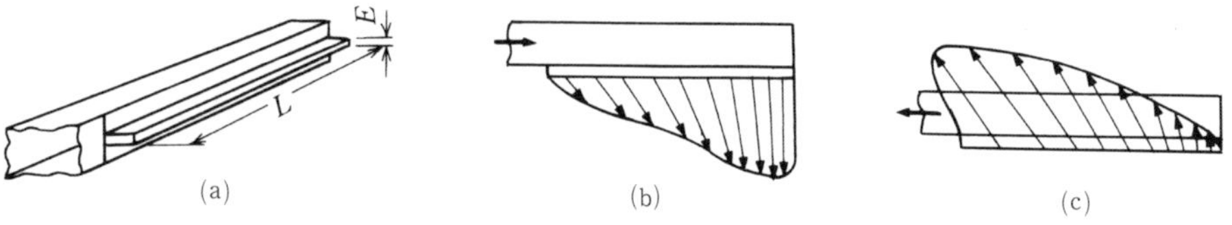

図4･4　スロットからの吹出しと吸込み

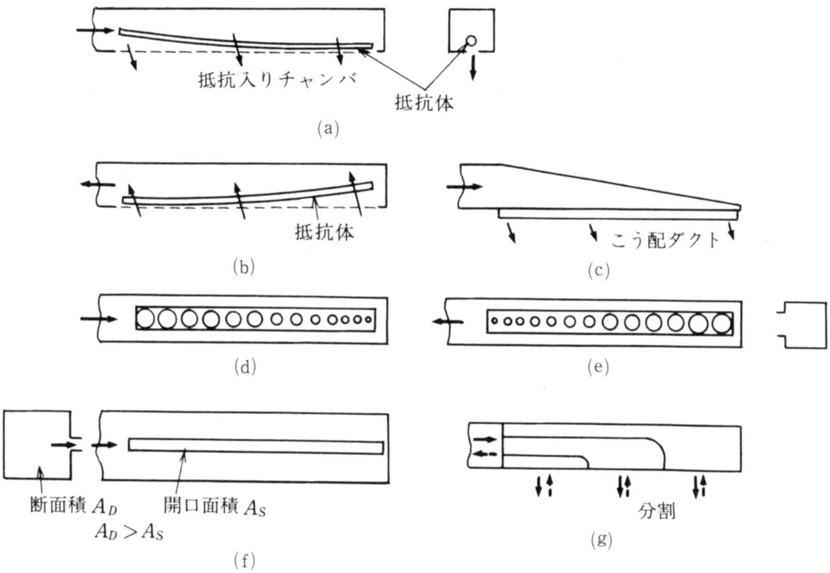

図4･5　一様速度分布を得る方法

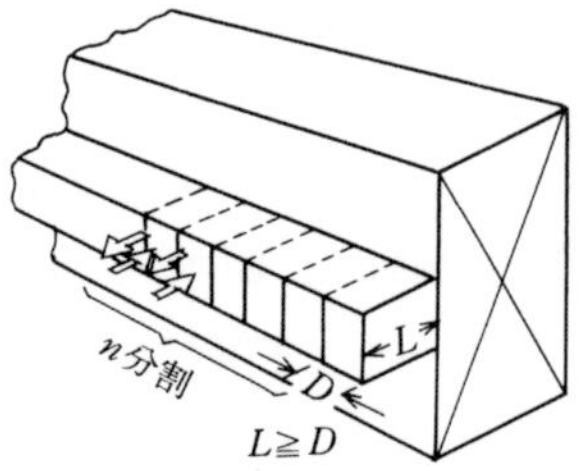

図4·6　スロットにおける流れの整流

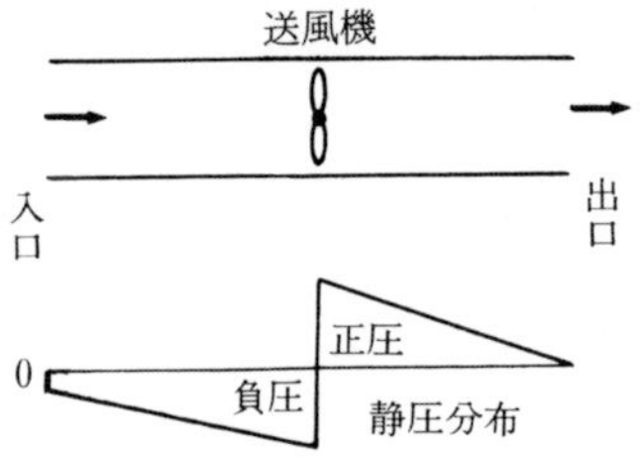

図4·7　簡単なダクト系

まれるダクト内での静圧は負圧となることから，すきまがあると外部の空気が漏入するが，送風機からの排気ダクトではダクト内の空気が漏出することになる．

一般に，空気の漏れ量 Q は次式で表される．

$$Q=A(\Delta p)^{n} \qquad (4.8)$$

ここで，Q：ダクト単位長さあたりの漏れ量 $[\mathrm{m^3/min \cdot m}]$

Δp：ダクト内外の圧力差[Pa]

A，n：定数[—]

漏れ量はダクト内外の圧力差が影響するので，すきまの位置が送風機に近ければ**図4·7**からわかるように圧力差が大きくなるので，それだけ漏れ量が多くなる．特に，吸込みダクトにおいて漏れが生じると，これがフードなどからの排風量に直接影響することになるので，漏れ量が少なくなるように気密性の高い構造のダクトを用いなければならない．特に，長方形ダクトは継ぎ目部分が多いので漏れ量も多い．また，漏れ量はダクト内外の圧力差に関係することから，圧力損失ができるだけ少なくなるようなダクト系としなければならない．

参　考　文　献

1)　空気調和・衛生工学会編：空気調和・衛生工学便覧　3空気調和設備編，第14版(2010)，p. 179，丸善

2)　Huebscher, R. G.：Friction Equivalents for Round, Square and Rectangular Ducts, ASHVE Transactions, 54 (1948), pp. 101～118, ASHVE

3)　空気調和・衛生工学会編：空気調和・衛生工学便覧Ⅱ，空調設備篇，改訂第11版(1987)，pp. 259～269，空気調和・衛生工学会

4)　井上宇市編：ダクト設計施工便覧(1989)，pp. 202～217，丸善

第5章　有害物処理装置

5.1　装置の大要

作業環境改善のための排気の空気中には，多種多様な有害な汚染物が含まれているので，これらをそれぞれの要求に応じて処理を行わないと，作業環境や地域環境さらに地球環境にも悪影響を与えることになる．したがって，PRTR法，大気汚染防止法などに基づき適切な有害物処理を行わなければならない．

空気中に含まれる汚染物としては，一般に粉じん・ミスト・ヒュームなどの粒子状物質とガス・蒸気などの気体物質に大別されるが，粒子状物質を分離するための処理装置が集じん装置であり，有害ガスを除去するための装置が排ガス処理装置である．排気空気中に粒子状物質と有害ガスが共存する場合には，集じん装置および排ガス処理装置を設置することになる．

5.2　集じん装置

集じん装置とは，気体中に含まれる固体または液体の微粒子を捕集するもので，粒子の大きさによって集じん方法が異なる．**表5･1**は，各種集じん装置の性能を比較したものである．集じん装置にはこのようにいろいろなものがあるが，諸条件を考慮してこれらを単独あるいは第4章において搬送速度を小さくする方法で述べたように複数の装置を組み合わせることによって，必要最低限の要求に応じなければならない．もしこれらの選択を誤ると，単に要求が満たされないばかりでなく，維持・管理・運転費などの諸問題が生じる．なお，表中の分離限界粒径とは，集じん装置によって分離できる最小粒径のことである．分離限界粒径として50%分離径および100%分離径の2つの定義があるが，一般に50%分離径で集じん特性を評価するので，本表も部分集じん効率が50%となる粒径の大きさである．

5.2.1　重力集じん装置

図5･1の沈降室のように，流路の断面積を増大させることによって粉じんを含んだ空気を急激に低速化させることにより，粉じんを重力で

表5･1　各種集じん装置の性能比較

分類名	形　式	分離限界粒径 [μm]	集じん効率 [%]	圧力損失 [hPa]	設備費	運転費
重力集じん装置	沈降室	50	40～60	0.5～2	小	小
慣性力集じん装置	ルーバ形	20	50～70	3.5～12	小	小
遠心力集じん装置	サイクロン形	10(大型) 5(小型)	40～75(大型) 75～95(小型)	5～10(大型) 10～20(小型)	中	中
洗浄集じん装置	留水式 加圧式	1	60～99	50～100	中	大
ろ過集じん装置	エアフィルタ バグフィルタ	5(粗布) 1(極細布)	90～99	10～20	中～大	中～大
電気集じん装置	乾式 湿式	0.1	90～99	0.5～2.5	大	小～中

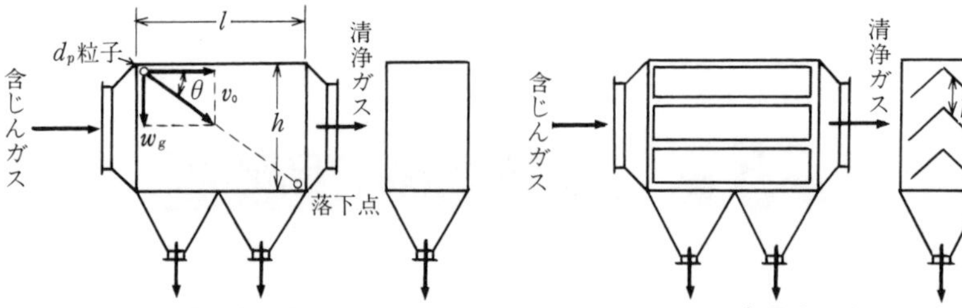

(a) 重力沈降室　(b) 多段沈降室

v_0：基本流速，l：奥行，h：高さ

図 5・1　重力集じん装置[1)]

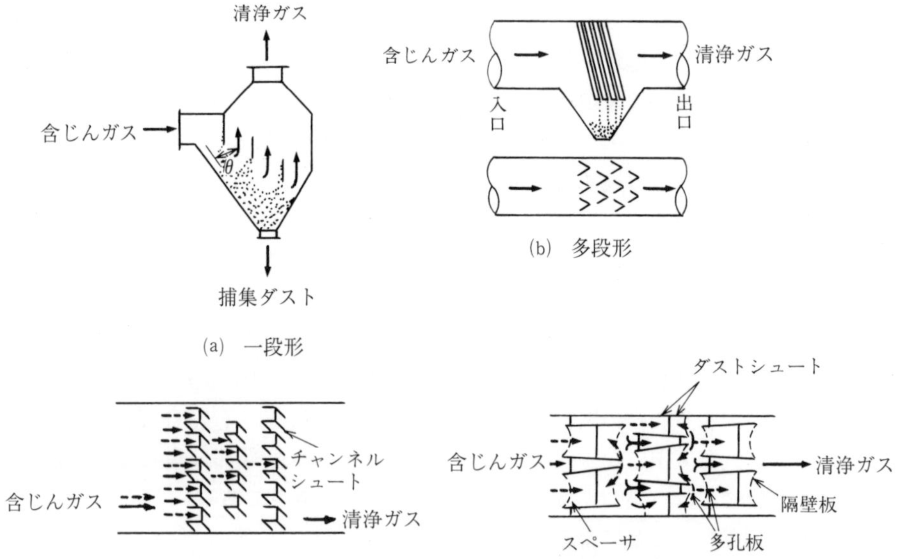

(a) 一段形　(b) 多段形

(c) 迷路形(チャンネル式)　(d) 迷路形(ノズル式)

図 5・2　衝突式慣性力集じん装置[1)]

沈降させて分離するものである．なお，図に示す v_0 および h が小さく，l が大きいほど小さい粉じんが分離できる．圧力損失も 50～200 Pa と小さく装置も簡単であるが，50 μm 程度以上の粒子しか分離できないので，他の集じん装置の前処理として使用される．

5.2.2　慣性力集じん装置

粉じんを含んだ空気をルーバや多孔板などの障害物に衝突させたり，空気の流れを急激に変えることにより空気と粉じんを分離させることができる．微細な粒子では慣性力が小さく空気の流れに追随するので，通常 20 μm 程度以上の粒子の集じんに用いられる．通常圧力損失は 1 kPa 程度で使用される．**図 5・2**，**5・3** は衝突式および反転式慣性力集じん装置の代表的な形式を示す．

5.2.3　遠心力集じん装置

サイクロンと呼ばれているもので，**図 5・4** に示すように流れの旋回によって粉じんに遠心力を与え，これによって粉じんを外壁のほうへ集中させて，気流が外壁に沿って下降することによって，下方に粉じんを集じんするものである．流入方向によって接線式・軸流式があるが，いずれの場合にも，図示のように旋回流は

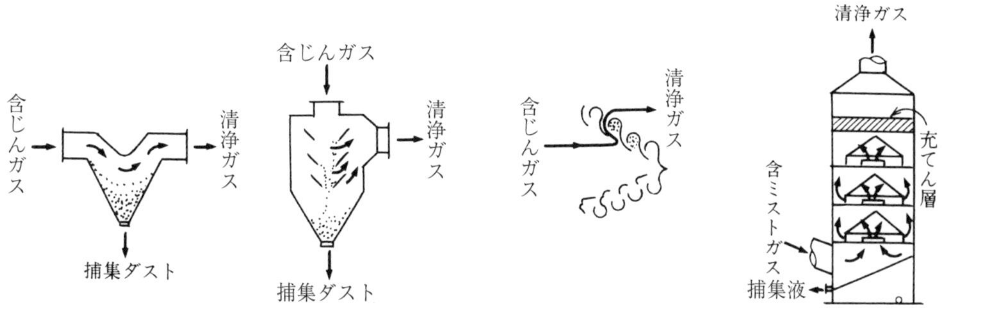

(a) 曲管型　(b) ルーバ型　(c) ポケット型　(d) マルチバッフル型

図 5·3 反転式慣性力集じん装置[1)]

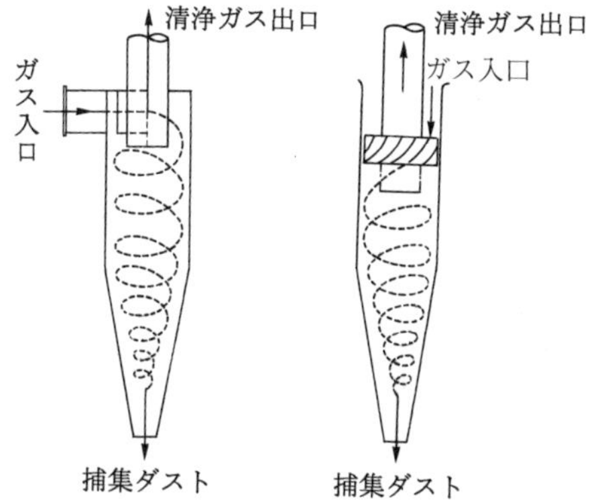

(a) 接線式　(b) 軸流式

図 5·4 遠心力集じん装置[2)]

下降し，下方で粉じんは分離捕集され，気流は再び反転して上昇する．軸流式はこれを多数使用したマルチサイクロンとして用いられることが多い．なお，軸流式には案内羽根を設けることによって旋回流にしている．

5.2.4 洗浄集じん装置

原理的には，液体の水滴あるいは液層と粉じんの接触によって，粉じん粒子が捕集されるので，拡散・慣性・衝突などによる．液体は主として水が用いられるが，他の液体を使用することもある．留水式は液体の供給に加圧を必要としない方式で，数μm の粒子の捕集が可能である．粉じんを多く含む場合には，管路などの閉塞を防ぐために循環方式の液体供給は避けるべきである．一方，ベンチュリースクラバは液体

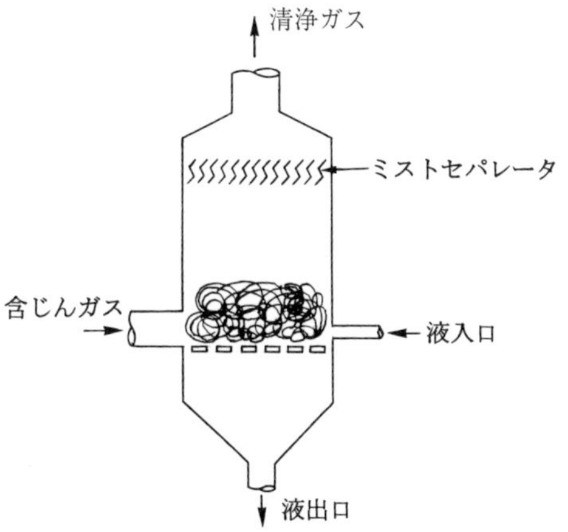

(a) 留水式

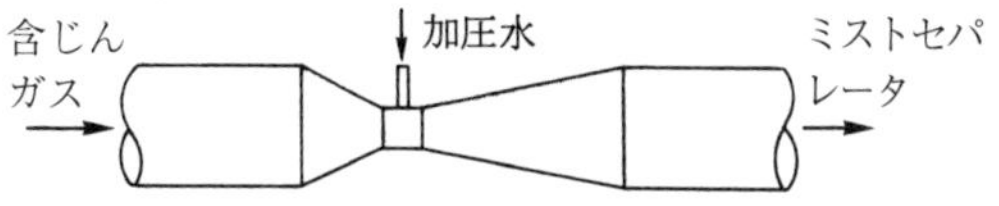

(b) ベンチュリースクラバ

図 5·5 洗浄集じん装置

の供給に加圧を必要とし，微小な粒子を成長させることによって高い捕集効率を得ることができるが，圧力損失が大きいのが難点である．一般に，洗浄集じん装置は二次的な排液処理を伴うので，運転費が高くなる．**図 5·5**(a)，(b)に留水式およびベンチュリースクラバを示す．

5.2.5 ろ過集じん装置

ろ過集じんには，密充てんの織布・不織布などによる表面ろ過と充てん層による内部ろ過の2種類があるが，その両者ではその集じん機構がかなり異なる．表面ろ過および内部ろ過の概

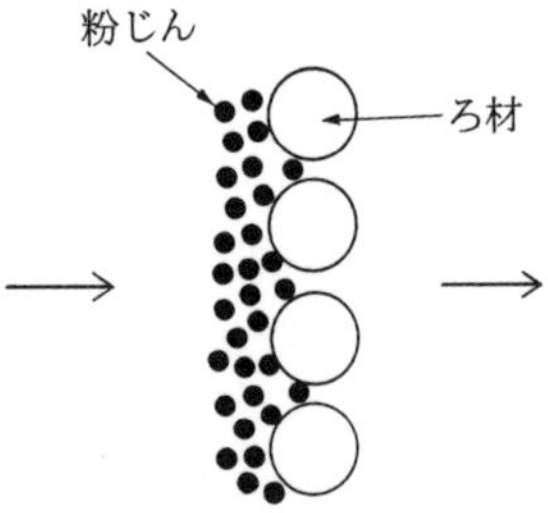

(a) 表面ろ過

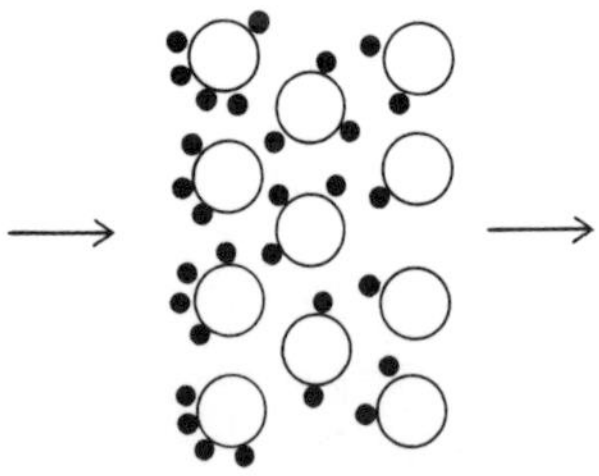

(b) 内部ろ過

図5·6 ろ過の概念図

念図を**図5·6**に示す．表面ろ過はろ材表面の堆積粉じん層によるろ過作用が主で乾式であり，ろ過風速は5 cm/s以下で圧力損失は10～20 hPaが普通である．一方，内部ろ過は空間率の大きいろ材で，主として慣性・衝突・さえぎりによるもので，乾式と湿式がある．ろ過風速は1 m/s程度で圧力損失は数hPaである．

バグフィルタは代表的な表面ろ過によるものであり，袋状にしたろ布による場合はほとんどがこのタイプであり工業的によく用いられている．ろ布材としては強度，耐食性，耐薬品性，吸湿性などが強く要求されるところから，**表5·2**に示すような種々の材料が用いられている．この装置の特徴として，付着層が厚くなると空気抵抗が増加するばかりでなく，運転にも支障をきたすので払落しを行い連続的に使用できることである．払落しの方法としては，振動形，逆気流振動形，逆気流ジェット形，パルスジェット形などがある．

エアフィルタは繊維状の物質を充てんした層によるもので，バグフィルタと基本的に異なる点は，内部ろ過であることと，処理風量を大きくかつ圧力損失を小さくすることを主目的としている．捕集効率は低く，払落しができないため繰り返し使用できない．高効率用フィルタであるHEPAフィルタは特に有害な粉じん，細菌などを完全に除去するのが目的であるので，捕集効率も99.99%以上が要求されている．

5.2.6 電気集じん装置

図5·7に示すような表面が広く平たんな導体(A)と細い導体(B)を設置すると，この間を通る含じん空気は，電極(B)の周囲は強力な電界のためいわゆるコロナ放電を生じる．放電によって生じた⊕，⊖のイオンのうち⊕は直ちに(B)に吸着され，⊖のイオンは粉じんに電荷され(A)のほうへ向かう．したがって，両極間は⊖の電荷で充満され，クーロン力で集じん極に集まり，つち打ちにより落下集じんされる．しかし，粉じん濃度があまり高くなると，同一電

コラム ろ過集じんの原点は1本の糸

1本の糸を張ったところに粉じんを含む空気を通過させると，張った糸に粉じんがくっつく．これは，糸にまともに衝突した粉じんがくっつくだけではない．粉じんが糸に近接したときに気流の乱れが生じ，これにより糸にぶつかる，静電的な引力により糸にくっつく，粉じん自体のブラウン運動的な動きで糸に当たるなどによって，糸に捕えられるのである．糸を織って布にすればさらに捕捉効果が増す．これを含じん空気が通過する際に，さえぎり，慣性衝突，拡散，重力沈降，静電引力，その他の引力など複雑な力が作用して布に粉じんが捕えられる．したがって，このようなさまざまな効果により布目のすきまよりずっと小さな粒径の粉じんが捕捉される．お茶の葉を茶こしでこすようなさえぎり効果だけではないのである．

表 5・2　代表的なバグフィルタろ布の使用例[1)]

	名称	織り方	目付 [g/m²]	密度 [本/2.54 cm] 縦	横	引張強度 [kg/cm²] 縦	横	通気度 [cm³・s⁻¹・cm⁻²]	常用耐熱温度 [℃]	耐酸性	耐アルカリ性	コスト比
織布	木綿	5枚繻子(しゅす)織	325	75	57	80	57	5	60	×	△	1
織布	パイレン	5枚繻子織	260	75	47	190	110	7	80	○	△	1.4
織布	ナイロン	5枚繻子織	310	75	56	135	95	7	100	×	○	1.6
織布	耐熱ナイロン	5枚繻子織	310	78	58	145	105	10	200	△	○	4.0
織布	ポリエステル	5枚繻子織	335	78	58	220	170	8	140	△	△	1.2
織布	アクリル	5枚繻子織	300	74	50	110	75	10	120	○	×	2.3
織布	四フッ化エチレン(テフロン)	5枚繻子織	350	88	79	50	47	20	250	○	○	22.0
織布	ガラス繊維	1/3綾(あや)織	480	48	20	185	130	20	250	○	○	3.3
織布	ガラス繊維	二重特殊織	790	48	40	288	120	15	250	○	○	5.4
織布	PPS*	5枚繻子織	300	100	50	180	95	6.2	190	○	○	6.5
不織布		表面加工		厚さ[nm]								
不織布	ポリエステル	毛焼きまたは平滑	600	1.9		80	200	18	140	△	△	1.5
不織布	ポリエステル	膜加工	550	1.8		70	140	5	140	△	△	10.0
不織布	パイレン	毛焼き	500	1.8		70	180	15	80	○	△	1.9
不織布	アクリル	毛焼き	600	1.9		70	70	12	120	○	×	4.0
不織布	耐熱ナイロン	毛焼き	500	1.7		80	150	20	200	△	○	5.4
不織布	ガラス繊維	—	950	2.5		197	213	19	220	○	○	20.0
不織布	四フッ化エチレン(テフロン)	—	840	1.3		71	108	9	250	○	○	55.0
不織布	PPS*	平滑	550	1.7		70	140	15	190	○	○	8.0
不織布	テファイヤ	—	710	1.3		60	50	15	250	○	○	21.0
不織布	ポリイミド	—	475	1.5		80	154	22	260	○	○	15.0

注：*PPS：ポリフェニレンサルファイド

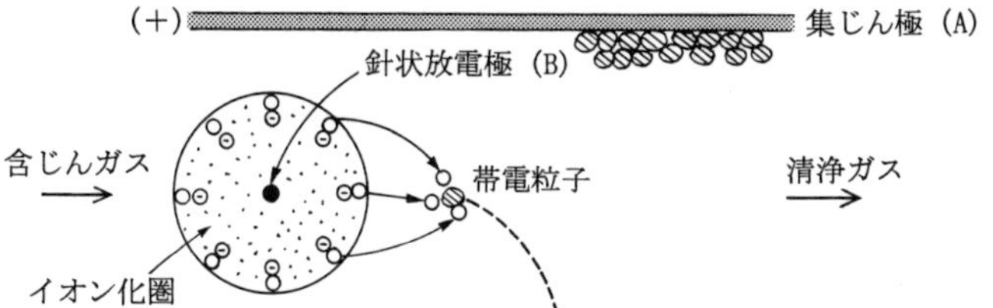

図 5・7　電気集じん装置の原理

圧のもとではコロナ電流は減少するので電圧を上げる必要がある.

電気集じん装置には乾式と湿式とがあり，集じん装置では最高の性能を有し，特に大風量の場合有利である．圧力損失も少なく 0.1 μm 以下の粉じんまで処理することができるので，室内空気清浄用から公害防止対策まで極めて広範囲なところで使用されている.

5.3　排ガス処理装置

空気中の有害ガスを除去するために排ガス処理装置が用いられる．局所排気装置などによく

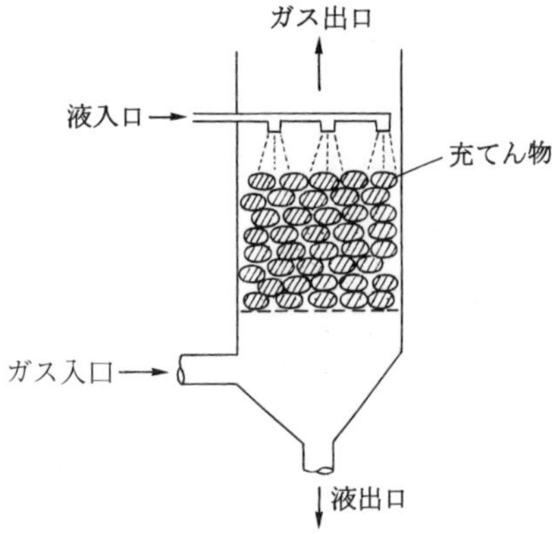

図 5・8 液分散形(充てん塔)

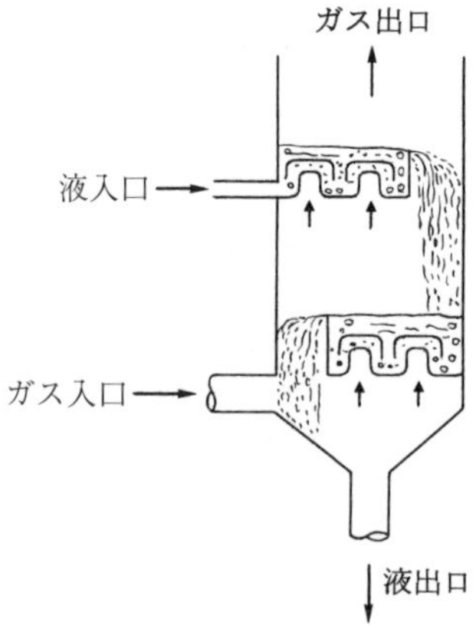

図 5・9 ガス分散形(段塔)

用いられる排ガス処理方法は吸収式，燃焼式，吸着式およびプラズマ式である．

5.3.1 吸収式処理装置

洗浄集じん装置と同様に気液接触装置であり，集じん装置の場合では，粉じんを含んだ空気と液滴を接触させることにより粉じんを分離するが，排ガス処理装置としての吸収式では，ガスと吸収液を効率よく接触混合されるために用いられる．処理対象ガスの成分に応じて最適な吸収液を選定することが重要である．

ガス，吸収液のいずれを分散相にするかによって液分散形とガス分散形の 2 種があり，ガスの性質によっていずれかを選ぶ．液分散形では，排ガス中に吸収液を分散させる方式で，充てん塔，スプレー塔などが用いられている．一方，ガス分散形は吸収液中に排ガスを気泡として吹き込む方式であり，段塔，気泡塔などがある．液分散形およびガス分散形の吸収装置の例を**図 5・8**，**5・9** に示す．

5.3.2 燃焼式処理装置

燃焼式には，直接燃焼式，触媒燃焼式および蓄熱燃焼式がある．燃焼式はガスを燃焼させる方法で，悪臭の除去には有力である．処理すべき排気中の可燃物の濃度が爆発範囲に入らないこと，および燃焼後のガスが無害であることが絶対条件である．直接燃焼式は有害ガスを直接

コラム　HEPA フィルタ

HEPA フィルタ(High Efficiency Particulate Air Filter)は 20 世紀初めに米国の原子力委員会によって開発された．ろ材には当初はアスベスト繊維とセルロースでつくったものが用いられていたが，その後，細いガラス繊維とアスベスト繊維のろ紙がつくられた．20 世紀後半になるとガラス繊維だけでろ紙がつくられるようになった．我が国でも，0.3 μm の微粒子を 99.97% 以上の高捕集率な HEPA フィルタが開発された．医薬品工業，宇宙，海洋などの高次元産業，原子炉関係などに用いられている．さらに，クリーンルーム，バイオクリーンルームあるいはクリーンベンチなどと呼ばれる極めて清浄度を必要とする空間にも使用されている．近年，ULPA フィルタ(Ultra Low Penetration Air Filter)と呼ばれるものが開発され，0.15 μm の微粒子を 99.9995% 以上の超高率で捕集できる．この超高性能なフィルタは家庭用空気清浄機にも採用されはじめている．

燃焼させる方法であるので，高濃度なものでも確実に処理できる．しかし，700～800℃で燃焼させるため燃料費が高いのが欠点である．白金・白金ロジウムなどの触媒作用を利用して250～350℃の低温で酸化分解させる方法が触媒燃焼式である．蓄熱燃焼式はセラミック製の蓄熱体を利用して処理するもので，蓄熱体を用いることで極めて高い省エネルギー効果を実現している．最適なガス領域は低・中濃度である．

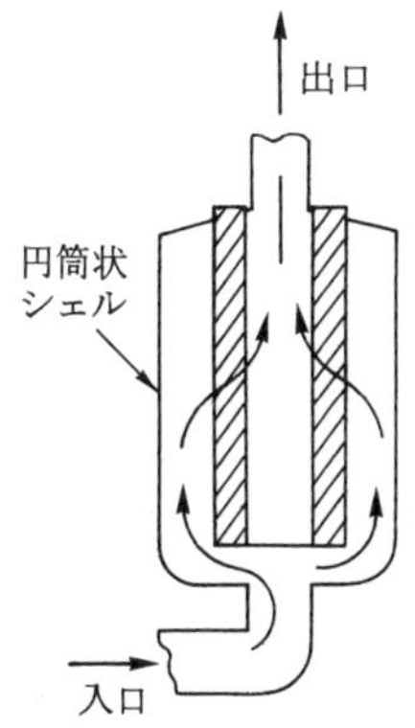

図5･10 カートリッジ式固定層吸着装置[1]

5.3.3 吸着式処理装置

吸着剤には，シリカゲル・金属の酸化物・活性炭などがあるが，このうち最も一般的に使用されるのは活性炭である．その理由は他のものは極性を有し，同じく極性に強い水を吸着してしまいガスの吸着能力が低いためである．活性炭は極性が小さいので，有機溶剤のような無極性または弱い極性のものまでよく吸着する．通常は低濃度の有害ガス処理に適している．有害ガス中の有機成分を回収しリサイクルできることもメリットである．

吸着式には，固定層方式，移動層方式，流動層方式などがあるが，排ガス処理としてよく使用されるのは固定層方式である．**図5･10**に固定層方式の一例を示す．比較的小規模な装置であり，吸着剤の交換が容易な構造になっている．

5.3.4 プラズマ式処理装置

電気集じん装置と同様に放電電極があり，その電極間に反応性の高い活性種(OH，O，HO_2などのラジカル)が生成される．電気集じん装置でのコロナ放電に比べて立上り時間，および持続時間の短いパルス高電圧を印加することによって電極間の広い範囲をプラズマ化できる．

有害ガスあるいは悪臭成分がラジカルとプラズマ化学反応によって無害な成分や捕集しやすい成分に変化する．常温プラズマであるので，白金などの高価な貴金属触媒を用いる方式よりは低コストである．さらに，燃焼式に比べNO_xや多量のCO_2の発生がないことも特徴である．放電プラズマを用いるガス反応は，排ガス処理のみならずバクテリアやウイルスなどの感染防止を目的とした生物環境制御への応用も可能である[3]．

参考文献

1) 公害防止の技術と法規編集委員会編：新・公害防止の技術と法規[大気編]分冊Ⅱ(2008)，pp.253，275，286，367，産業環境管理協会
2) 林 太郎編：換気集じんシステム(1973)，p.216，朝倉書店
3) 水野 彰：放電プラズマによる排ガス処理の研究，プラズマ核融合学会誌，70-4(1994-4)，p.348，プラズマ核融合学会

第6章　ファン(送風機，排風機)

6.1　ファンとその留意点

6.1.1　ファンの種類

局所排気装置，プッシュプル型換気装置，全体換気装置などにおいて，空気を動かすためには，一般に吐出し圧力が10 kPaまでの“ファン”が用いられる.

ファンは回転軸の周りに羽根をつけ，これを回転することによって強制的に空気流れをつくる機械である．ファンを稼働してその前にマイナス圧を生じさせて大気から空気を吸い込み，また，送風機の下流側にはプラス圧を生じさせて大気に吹き出す．ファンの前後に発生させる圧力差は，風量とともにファンの性能を示す重要な要素である．ファンは吸込み気流を利用する点から排風機，また，吹出し気流を利用する点から送風機ともいう.

ファンは一般に，大きく軸流式と遠心式に分けられる．軸流式は羽根の回転により空気の静圧と動圧を高めて軸方向に空気を送り出す装置，遠心式は回転軸に対し直角方向につまり外周方向に遠心力で速度と圧力が高められた空気を集めて送り出す装置である.

工場換気に用いられるファンの種類とそれぞれの特徴を**表6･1**に示す．また，**図6･1**に主なファンの外観を示す.

6.1.2　ファンについての概括的留意点

ファンについては，次のような点に留意しなければならない.

1)　ファンは，原則として有害物処理装置の下流側に設置する.

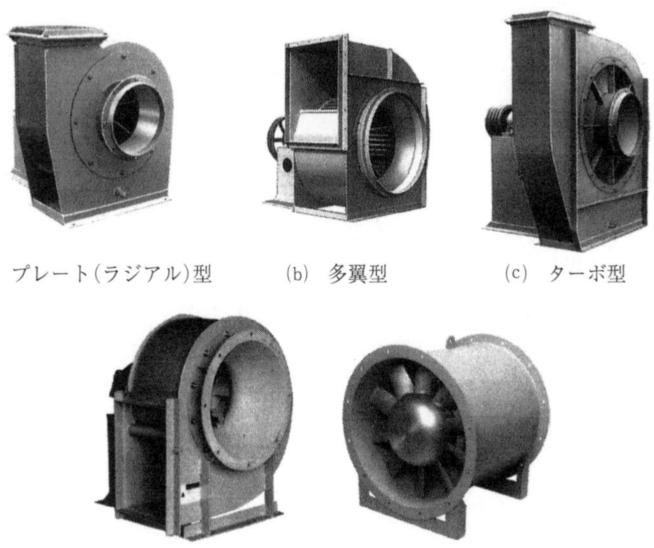

(a)　プレート(ラジアル)型　(b)　多翼型　(c)　ターボ型　(d)　エアホイル型　(e)　軸流型

図6･1　主なファンの外観[2)]

表 6･1　工場換気に用いられるファンの種類と特徴[1)]

	種類・型式	断　　面	送風機効率[%]	送風機静圧範囲[Pa]	特　　徴
遠心送風機	多翼送風機(シロッコファン)	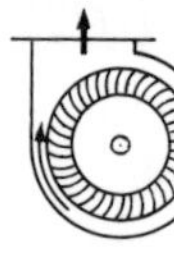	45〜70	100〜1 200	効率は少し悪いが，低価格で形態も小さいので高圧を必要としない換気設備，空調設備などに多く使用されている．風量の増加とともに軸動力も著しく増大するので，風量が変動する場合はモータ選定に注意が必要．一般的にはシロッコファンと呼ばれている．
	後向き羽根送風機(ターボファン)		60〜85	500〜10 000	圧力損失の変動する設備に適しており，効率もよいので，中・高圧を必要とする換気設備，空調設備などに多く使用されている．風量が増大すると軸動力も大きくなるが，ある程度で増加しなくなるリミットロード性がある．
	翼型送風機(エアホイールファン)		70〜90	500〜5 000	後向き羽根送風機の羽根を翼型にしたもので，遠心送風機では最も効率がよいが高価である．省エネルギーを重視した大風量で，中圧が必要な設備によく使用される．
	放射羽根送風機(ラジアルファン)	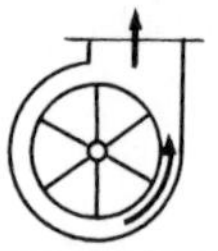	45〜75	500〜5 000	直線羽根を持つもので，遠心送風機の中で最も構造が簡単であるが効率は悪い．汚染空気による磨耗の場合に，羽根の交換が容易な構造にしたものもある．
軸流送風機	軸流送風機ガイドベーン付き(ベーンアキシャルファン)	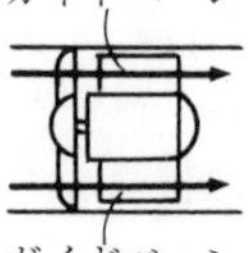	70〜90	200〜2 500	効率はよく形態も小さいので，中・大風量で中・高圧を必要とする換気設備，空調設備などに多く使用されている．遠心送風機と異なり，吸込み，吹出し空気が直線状であるので，ダクト間にコンパクトに取り付けることができる．送風機出口の動圧が大きいので，コーンにより静圧に変換する必要がある．
	軸流送風機ガイドベーンなし(チューブアキシャルファン)	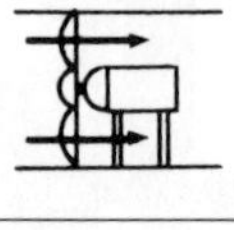	50〜65	50〜500	効率は少し悪いが，構造が簡単で形態も小さく価格も安いので，中・大風量で静圧を必要としない換気設備や大型の冷却塔などに多く使用されている．

2)　必要な圧力と風量が得られるものを使用する．工場内に遊休保管しているファンを活用する場合は，装置に必要な圧力と風量に合わせるため回転数を増減して使用する場合があるが，そのような場合は無理な増減をしない．

3)　安定した風量確保のためには，1系統に1台の専用ファンを用いることが望ましい(1フード，1ファン方式)．

4)　騒音について配慮する．

6.2　ファンの選定

6.2.1　ファン全圧と静圧

局所排気装置についていえば，ファンはフード吸込み口から吸込みダクト，有害物処理装置，排気ダクトを経て排気口までに至る圧力損失の合計に相当する圧力差と必要排風量を出しうるものを選定することになる．すなわち，**図6･2**に示すように，圧力差についてはダクト系におけるファン直前の静圧とファン直後の静圧の差，排風量は同時に使用する各フードの必要

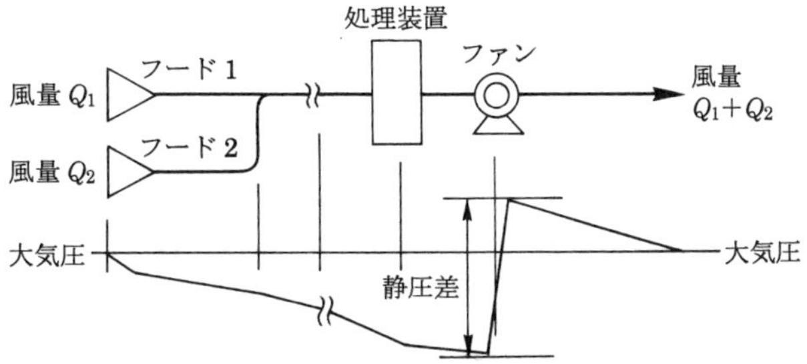

図6・2　ファンに必要な性能

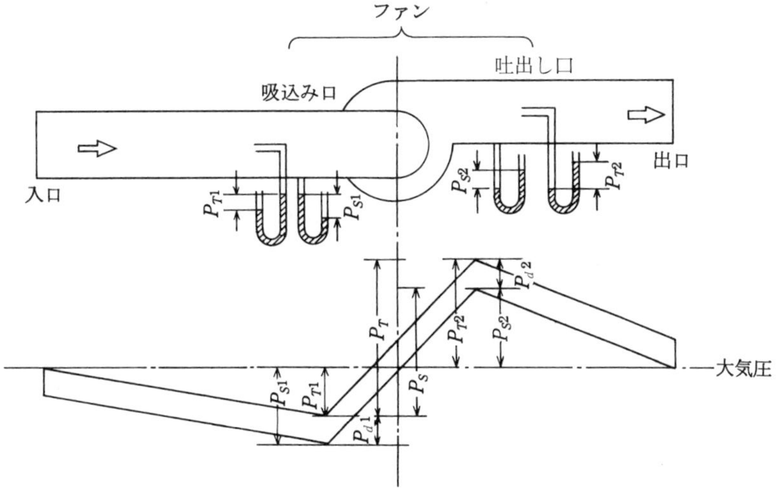

図6・3　ファン前後の圧力

排風量の合計を考慮することになる．

ここで，ファンの全圧および静圧について簡単にふれておく．

ファン全圧とは，ファンの稼働によってつくり出される全圧量である．**図6・3**を用いて表せば，全圧 P_T は，ファン入口における全圧 P_{T1} とファン出口における全圧 P_{T2} の差である．

$$P_T = P_{T2} - P_{T1} \tag{6.1}$$

ここにおける P_{T1} は，フード入口からのファン直前までの圧力損失，また，P_{T2} は，ファン直後から排気口に至る間の圧力損失に相当する．

ファン静圧とは，ファン全圧からファン出口における動圧を差し引いたものである．すなわち，ファン静圧を P_S，ファン出口における動圧を P_{d2} とすれば，P_S は次式で表される．

$$P_S = P_T - P_{d2} \tag{6.2}$$

P_{d2} は，ファン出口における風速を v[m/s]，空気密度を ρ（$=1.2\,\mathrm{kg/m^3}$）で表せば，次式で表される．

$$P_{d2} = \left(\frac{\rho}{2}\right) v^2 \tag{6.3}$$

メーカーのカタログなどには，遠心式ファンについては静圧のみが表示されているものが多いが，軸流式ファンについては全圧との比較において動圧が無視できないので，静圧と全圧が表示されている例が多い．

ファン吐出し口の風速の速いものを使用する場合，**図6・4**のように，ファン吐出し口に拡大管を設けることにより，吐出し口の動圧の1/2程度を静圧に変換して利用することができることも参考にするとよい．

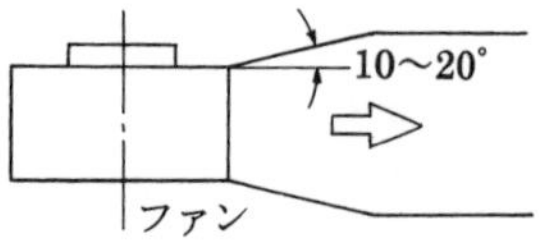

図 6･4 吐出し口拡大管

6.2.2 ファンの選定

ファンメーカーでは各種ファンごとにいろいろな大きさのものを製造し，カタログに示している．その中から必要とする能力を持つファンを選定し，発注・設置する．**図 6･5** にカタログの例を一部抜粋して示す．

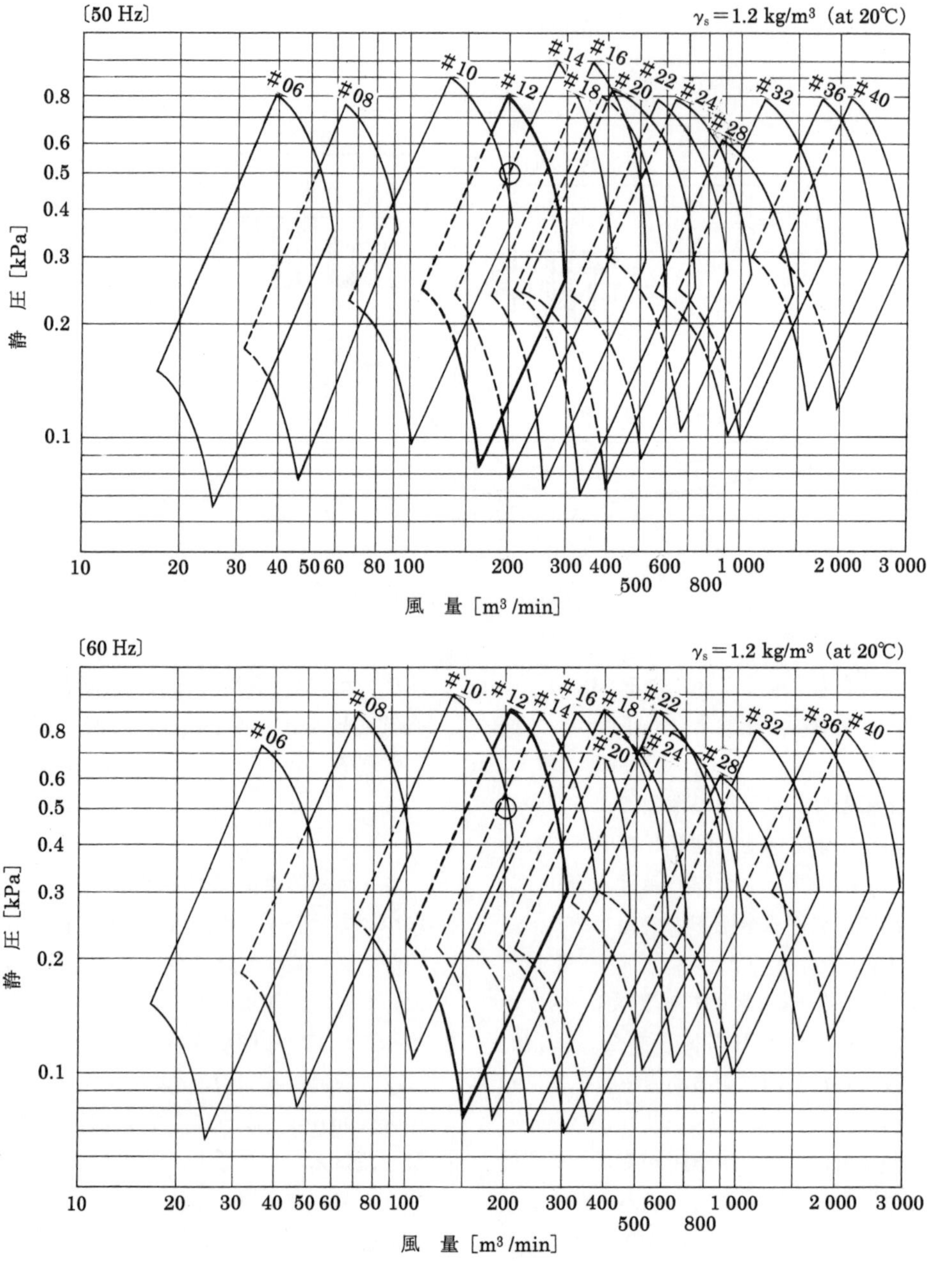

(a) ファン選定用

図 6･5 ファンの性能カタログの一例(多翼ファン：S 電機[2])

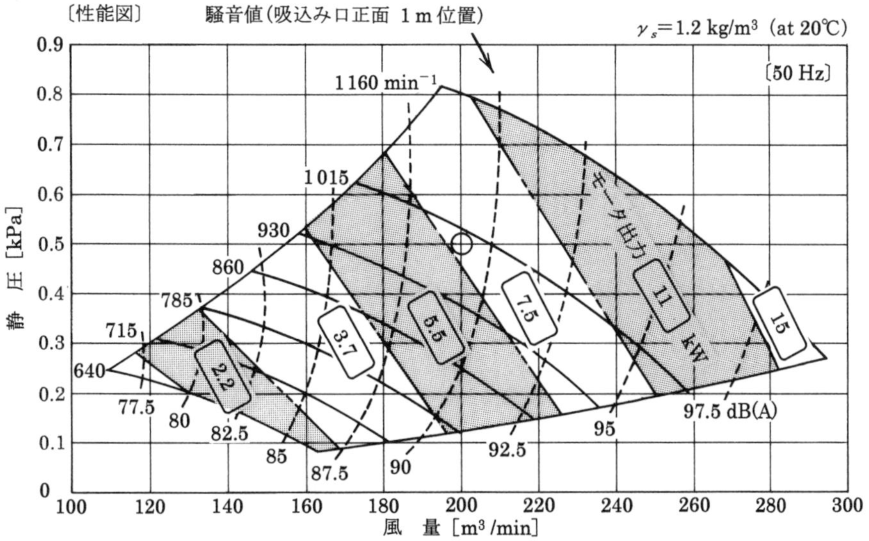

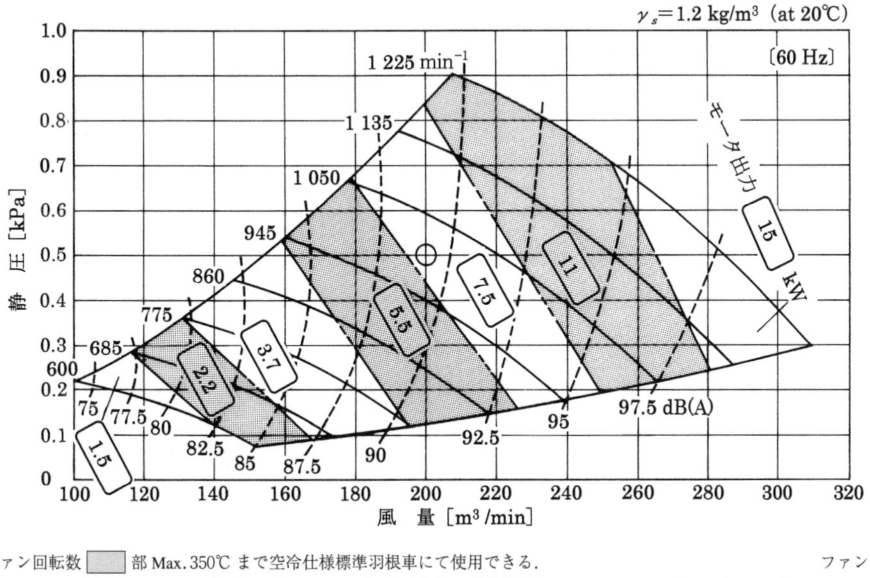

■性能表 ファン回転数 ▒ 部 Max. 350℃ まで空冷仕様標準羽根車にて使用できる. ファンプーリ 10″B 3

モータプーリ		ファン回転数	静圧[kPa]																					
			0.1		0.15		0.2		0.25		0.3		0.4		0.5		0.6		0.7		0.8		0.9	
60 Hz	50 Hz	min⁻¹	m³/min	BkW	m³/min	BkW	m³/min	BkW	m³/min	BkW	m³/min	BkW	m³/min	BkW	m³/min	BkW	m³/min	BkW	m³/min	BkW	m³/min	BkW	m³/min	BkW
3 1/2″		600	145	1.5	130	1.3	111	1.0																
	4 1/2″	640	158	1.9	145	1.7	129	1.4	106	1.1														
4″		685	172	2.4	161	2.1	148	1.9	131	1.6														
	5″	715			171	2.5	159	2.2	144	2.0	125	1.6												
4 1/2″		775			191	3.3	181	3.1	169	2.8	155	2.5												
	5 1/2″	785			194	3.5	184	3.2	172	2.9	159	2.6												
5″	6″	860			218	4.7	209	4.4	200	4.2	189	3.8	162	3.1										
	6 1/2″	930					231	5.8	223	5.5	215	5.2	194	4.5	165	3.6								
5 1/2″		945					236	6.1	228	5.8	220	5.5	200	4.8	174	4.0								
	7″	1 015							250	7.5	243	7.2	226	6.4	206	5.6	179	4.7						
6″		1 050							262	8.4	254	8.1	239	7.4	221	6.6	197	5.6						
6 1/2″		1 135									282	10.6	268	9.8	253	9.0	236	8.1	214	7.1				
	8″	1 160									290	11.4	177	10.6	262	9.8	245	8.9	225	7.9	200	6.8		
7″		1 225											298	12.9	285	12.1	270	11.2	254	10.2	234	9.2	209	7.9

(b) ファンの性能図及び性能表

図 6·5 続き

これについて少し説明すると，次のとおりである．図は多翼ファンの例で，図(a)に各種番手のものが一覧で示されている．設計計算の結果，必要とする風量と圧力に該当する点を含むファンをこの中から選定すればよい．図では50 Hzの場合と60 Hzの場合が示されているが，いま，風量200 m^3/min，圧力0.5 kPa(図中の○印)を満足するファンが必要ということであれば，#12(12番)がその一つとして選定できる．

図(b)は，その#12多翼ファンの回転数に応じたファン性能を示したもので，必要条件を満たす回転数もこれにより求めることができる．200 m^3/min，0.5 kPa(○)を得るためには，50 Hzの場合は回転数を1 015 rpm，60 Hzの場合は1 050 rpmとすればよい．回転数はモータとのプーリ比で対応する．なお，図から，この運転条件でのモータ動力は7.5 kW，送風機出口1 mにおける騒音は約90 dB(A)ということもわかる．

購入・設置するファンの圧力-風量関係や効率を示した性能曲線は，設置・運転時の状態を把握し，また，以後のメンテナンス上重要なものであるので，必ず手に入れ，保管しておく必要がある．性能曲線がない場合には，性能試験を行ってそれを確認することになるが，その方法として，JIS B 8330がある．風量調節弁付きダクトをセットして運転し，風量を変化させて，ファン前後の静圧差と風量の関係図を作成すればよい．なお，ファンの静圧は前述したように，全圧から吐出し圧(動圧)を差し引いたものとされている．

ファンの選定にあたっての一般的考慮事項などは次のとおりである．

1) 運転時間が長く，大風量の場合は，動力費の点から，エアホイルファンなどの効率のよい機種を考慮する．
2) 風量調節範囲が広い場合は，回転数可変のものなどを選定する．最近では，インバータ装置付きの採用が増加傾向にある．
3) 搬送空気中に磨耗性粉じんや付着性粉じんが多い場合は，羽根車の掃除が容易なもの，取替えが可能なものなどを考慮する．
4) 集じん装置が付設されて圧力損失の変化が大きいときは，最大圧力損失と最小圧力損失の間で効率よく運転できるものを選定する．

次に，据付けに関しては，次のような点に留意する．

1) 工場外の騒音規制を考慮した場所に設置し，できれば屋根を設ける．
2) しっかりした独立基礎の上に設置する．
3) 搬入，点検・検査上，また，ベルトの張り直しなどに必要なスペースを確保する．

6.3 ファンの稼働

6.3.1 ファンの動作点

局所排気装置などの系全体の圧力損失と必要風量をもとにファンを選定したとしても，設計上のファン前後静圧差と風量がちょうど性能曲線上に得られることはまれであり，ファンを運転したときの風量とファン前後の静圧差は設計

コラム　扇子やうちわは何式ファン？

ファンは空気流れの発生方向によって大きく軸流ファンと遠心ファンに分類されることを本文で述べた．“fan”は，英語で“扇，うちわ”でもあるが，では，我々が扇やうちわで風をあおぐとき，これは何式に分類されるのだろうか？

あおぐときの手首と風の送られる方向を観察してみると手首の回転軸の遠心方向に風を送っているから，遠心式，あえていえば“往復式遠心ファン”ということができる．

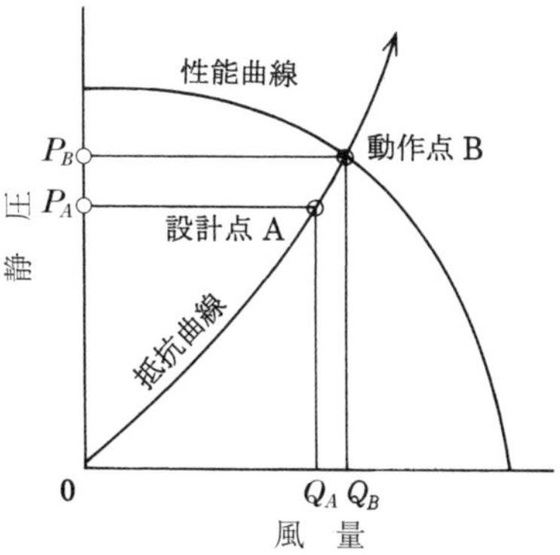

図 6・6　ファンの動作点

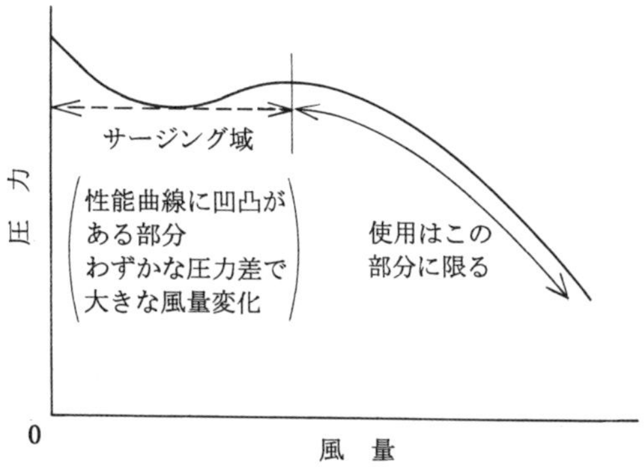

図 6・7　多翼ファンの性能曲線とサージング域

値と異なるものとなるのが普通である．この場合，性能曲線図における設計上の値に相当する点を“設計点”，実際の性能曲線上の運転点を“動作点”という．**図 6・6** を用いて説明すると次のようになる．

いま，選定したファンの(電気の Hz 数やファンの回転数に応じた)性能曲線が図のような場合で，設計点が A 点であるとする(ファンは A 点が図の上で性能曲線の内側(左下)になるものを採用する)．A 点における風量は Q_A であり，ファンにまだ余裕があるからファン稼働時には Q_A 以上に風量が増大することになるが，それとともに系内の風速も増大するから抵抗すなわち圧力損失も P_A より大きくなる．その結果，稼働時の動作点は性能曲線上の B 点に移り，ここが動作点となる．このときの風量は Q_B，圧力は P_B である．なお，図中の抵抗曲線は，原点と A 点を通る二次曲線であり，これの求め方は，例えば$(0.2\,Q_A,\ 0.04\,P_A)$，$(0.4\,Q_A,\ 0.16\,P_A)$，$(0.6\,Q_A,\ 0.36\,P_A)$，$(0.8\,Q_A,\ 0.64\,P_A)$などの各点を結んでいけば簡単に描くことができる．つまり，こうして描いた抵抗曲線と性能曲線の交点が動作点になる．

なお，**図 6・7** に示すように性能曲線が凹凸になっている部分は“サージング域”と呼ばれ，この区域においてはわずかな圧力変化によっても大きな風量変化をきたすことになるので，運転が不安定となる．特に，多翼ファンはこの特性を有しているから，この区域の運転は避けなければならない．無理に運転を続けると，ファンを損傷しかねない．

6.3.2　風量が不足の場合

設計値をもとにファンを選定し稼働したところ，設計どおりの風量が出ない場合について考えてみる．この場合は，**図 6・8** の A 点に設計したつもりが実際の系の抵抗(静圧値)が計算値より大きく，性能曲線上の A′ 点で作動していることが考えられる．すなわち，系の圧力損失から静圧を P_A と算出したが，この算出結果が誤りで過小に計算しており，実際は $P_{A'}$ であって実際の抵抗曲線は O–$P_{A'}$ であり，この抵抗曲線とファンの性能曲線の交点 A′ で作動していることになる．このときの風量は $Q_{A'}$ であるから Q_A に満たない．

この場合の対策としては，ファンの回転数を増加させることにより解決が図られる．すなわち，図中に示した B 点を通るような性能曲線となるようにファンの回転数を上げることである．これにより，静圧 P_B で所要風量 Q_A が得られる．回転数を上げたときの性能曲線は，風量に比例し，抵抗(静圧)の 2 乗に比例する．

また，ファンの回転数の増加では対処できないような場合は，2 台のファンを連合運転する場合もある．

例えば，同一能力のファンを連合運転する場合，**図 6・9** に示すように，並列運転では風量が 2 倍得られ，直列運転では 2 倍の静圧が得られ

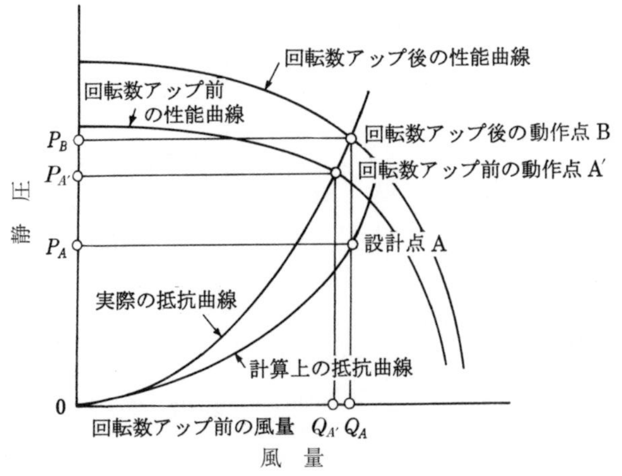

図6･8 回転数増加による風量の確保

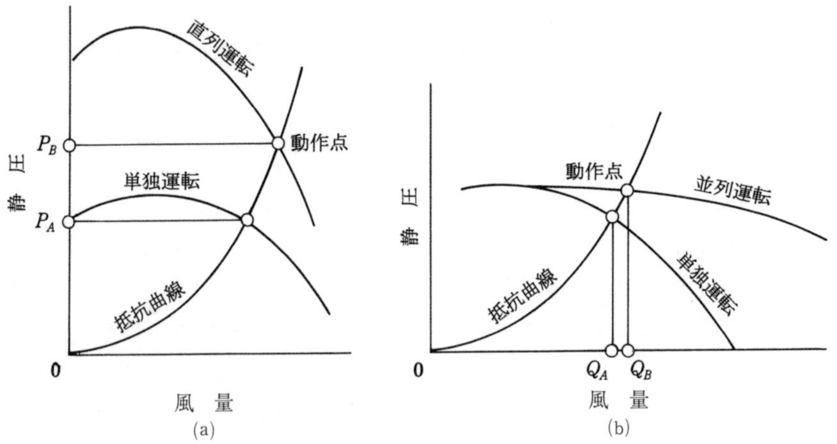

図6･9 ファンの連合運転

ることとなるが，実際には抵抗曲線との交点が動作点となるのであって，風量や静圧が2倍のところで運転されるわけではない．図のように直列運転の場合は静圧が P_A から P_B に，並列運転の場合は風量が Q_A から Q_B に増加するのみであることに留意する．性能の異なるファンの連合運転の場合は，運転条件がさらに複雑になる．このような連合運転は，特別な場合以外避けることが望ましい．

6.3.3 能力の過大なファンを応用する場合

工場内に遊休保管している，設計値よりも大幅に能力が高いファンを活用するような場合

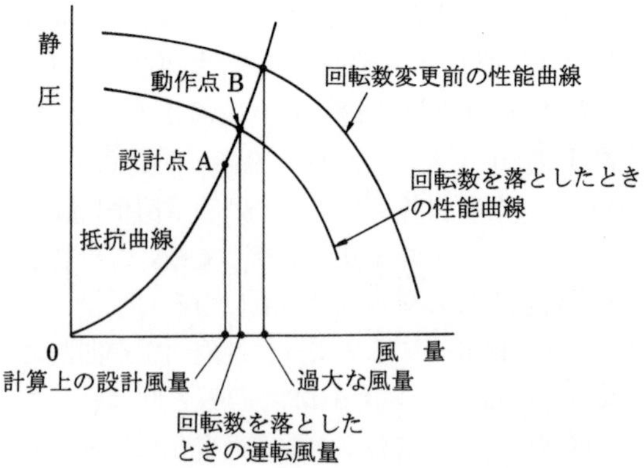

図6･10 過大ファンの回転数低下による利用

や，枝ダクト系を除去するような場合には，反対に，ファンの回転数を落として使用する場合がある．この場合の作動点は，**図6・10**に示すように設計点近くまで落とした性能曲線と抵抗曲線の交点Bとなる．

6.3.4 ファンの騒音

ファンに騒音はつきものといってよく，これがしばしば問題となる．

ファンから発生する騒音の原因には，次のようなものがある．

1) 機械的騒音：単純騒音（締付け部の緩み，潤滑不良など），羽根の動的不つりあい（遠心バランスのくずれ，共振），ダクト騒音（特に，角ダクト水平部との共振）．
2) 羽根の周期的気流音：ファン騒音の一般的な主要因で，気流が羽根によって周期的に送り出されることによる騒音である．
3) 流体騒音：気流の流れに起因するもので，気流の急激な圧力変化，物体への衝突，渦の発生などによって起こる．

これらに対する騒音防止対策としては，音源対策，伝播対策，吸音対策などがあるが，具体的には次のようなものが挙げられる．

1) 運転条件の緩和：ファンに余裕のあるときは回転数を低減させる．また，風速を低減させるなど．
2) 振動，共振の防止：設置基礎を独立させる，強化する，接続ダクトの形状・寸法を変更するなど．
3) 伝播防止，吸音：材質を変更する，防音カバー，消音器を設置する，内面の吸音加工を行うなど．
4) 周囲への拡散防止：防音壁を設ける，高くする，排気口の向きを変えるなど．

6.3.5 ファンの軸動力

ファンを稼働させるときの軸動力は，次式で表される．

$$L = Q\frac{P}{(6\eta)} \qquad (6.4)$$

ここに，L：軸動力[kW]
Q：風量[m^3/min]
P：ファン静圧[hPa]
η：ファンの静圧効率[%]

上式において，Pをファンの全圧に，ηを全圧効率として求めることもできる．

メーカーのカタログには，大抵ファンの大きさに対応した軸動力が記載されている．ηについてもカタログに記載されているが，ファンの種類ごとの一般的効率は**表6・1**中に記載したとおりである．

6.4 モータ（電動機）

6.4.1 モータの選定と能力

ファンはモータによって駆動される．ファンには，製造販売段階からモータと一体になっているものもあるが，そうでない場合は，モータを調達しファンに接続することとなる．

モータの能力は，ファンの動力に見合ったものとしなければならない．通常，ファン動力の120%以上の軸動力を有するものを用いる（ファンを駆動するモータの軸動力は，ファンの軸動力をモータの効率（0.9前後）で割って求められる）．

ファンの性能は，ファンの回転数により次のとおり変化するから，モータの選定と接続（ベルトによる動力伝達の場合のプーリ比）で調節することができる．

1) 風量は回転数に比例する．
2) 圧力は回転数の2乗に比例する．
3) 動力は回転数の3乗に比例する．

モータは，“外被構造”と“冷却方式”によって分類されるが，一般に使用されている“かご形誘導モータ”の外被方式は“防滴保護形”または“全閉外扇形”がほとんどであり，冷却方式はそれによって決まる．

6.4.2 モータの耐熱クラス

モータの絶縁の耐久性は，温度に支配される面が大きいことから，絶縁の耐熱クラスはJIS C 4003で規定されており，一般用三相かご形誘導モータにおける耐熱クラス(絶縁)としてはA，E，B，F，Hの5種がある．E，B，Fが標準的で，運転条件の過酷な場合にはH種などが用いられる．

表6･2に，モータの周囲温度からの上昇限度を示す(JEC-2137，電気学会規格)．

表6･2 モータ(固定子巻線)の温度上昇限度[単位：K*]

モータ出力	耐熱クラス				
	A	E	B	F	H
600 W 未満	60	75	85	110	130
600 W 以上 20.0 kW 以下	60	75	80	105	125

* Kは"ケルビン"単位であるが，この場合上昇分の温度であるから℃と考えてよい．

参 考 文 献

1) 空気調和・衛生工学会編：工場換気の理論と実践(1996)，p.138，空気調和・衛生工学会

2) 昭和電気：シロッコファンカタログ(2007)，pp.2，9

第7章　プッシュプル型換気装置

7.1　プッシュプル型換気装置の大要

7.1.1　プッシュプル型換気装置の発想

局所排気装置は，有害物質の拡散を抑制・制御する手段として空気の吸込み気流のみを用いることから，発散源とフード開口部との距離の増加に伴って大幅に必要排風量の増加をきたすため，自ずと適用限界がある．これを克服するための一つとして吹出し空気を利用することが考えられる．すなわち，**図7･1**(a)に示すように，有害物質発散源と吸込みフードとの距離が大きくなると，有害物質を吸引・捕捉するための風速が不足する．そこで，発散源を吸込みフードに近づけることと同様な効果を得る一つの方法として，吹出し空気流れを利用することによって有害物質がフードから相当離れたところで発散していても，**図7･1**(b)のように発散する有害物質を吹出し空気流れで吸込みフードまで運べば，その目的が達成されることになる．

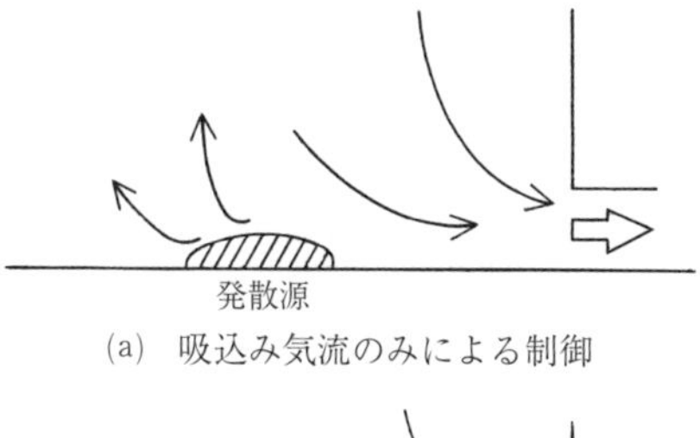

(a)　吸込み気流のみによる制御

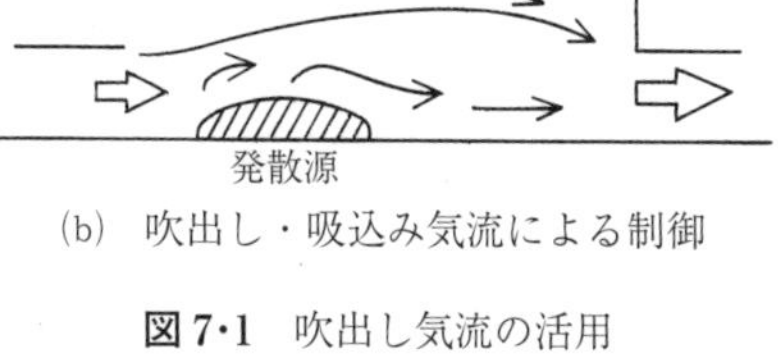

(b)　吹出し・吸込み気流による制御

図7･1　吹出し気流の活用

このような発想のもとに考案されたのがプッシュプル型換気装置である．発散源を挟んで空気の吹出し開口と吸込み開口を設置し，この間に均一な幅の広いゆるやかな空気流れを形成させることにより，有害物質は吹出し空気流れに乗ってこの流れから逸脱することなく吸込み開口まで運ばれ，吸い込まれる．

このような流れはプッシュプル流れまたは一様流(いちようりゅう)と呼び，この流れをつくるための吹出し・吸込み開口設備を"プッシュプル型フード"と呼んでいる．

一様流を厳密に定義することは難しい面があるが，作業環境の改善手段として用いる場合は，次のような条件を満たすものと考えればよい(**図7･2**参照)．

1)　比較的速度が遅く，通常，0.2～1 m/s，速くても数 m/s 程度までである．

2)　速度が均一である．流れの断面における各点の風速は平均風速の±20% 以内に収まっているのが理想的であるが，最大でも±50% 以内に収まっていることが必要である．

3)　流れの方向が均一である．曲がる場合でも流れの断面における各点の方向は揃って

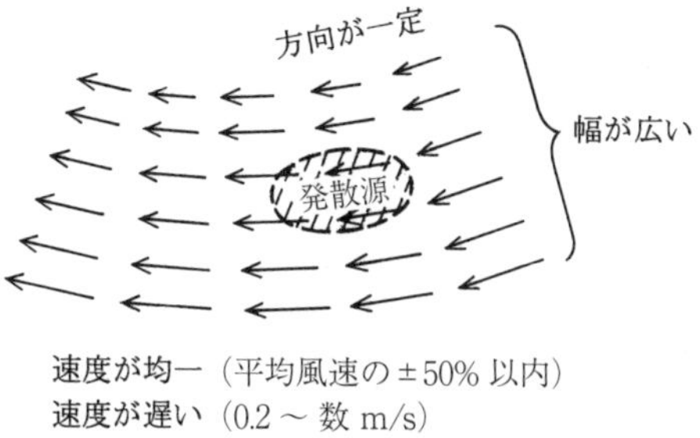

図7･2　一様流の特徴

いる．つまり，流れの中に渦が生じていない．

4) 流れの幅が広い．当然，換気しようとする空間の幅以上が必要である．

7.1.2 プッシュプル型換気装置の利点と不利な点

一様流を利用するプッシュプル型換気装置には次のような利点がある．

1) 工場における作業環境改善に多方面の応用が可能：有害物質の発散源対策，拡散防止対策，遮断対策のほか，作業者に新鮮空気の補給など幅広く応用できる．すなわち，局所換気，局部換気，全体換気，空間遮断が可能である．

2) 必要風量の節減が可能：吸込み気流のみを用いる局所排気装置に比べ，風量が少なくて済む．特に，前述のように有害物質発散源が吸込み開口から離れるほど，その効果が顕著となる．

必要排風量があまりにも大きいため，これまで実用的な対策が困難であった発散源の大きなものに対しても，プッシュプル型換気装置の開発により，それが可能となった．

風量の節減は，省エネルギー，CO_2排出その他，今後も産業界にとって極めて大きな問題を解消するための重要な要素となりうる事項であり，その意味でもプッシュプル型換気装置を採用する意義がある．

3) 製品などに当たる気流速度の均一化が可能：局所排気装置においてはフードから最も離れた発散源の端とフード開口部における風速の差が極めて大きい．このため，この風速の差によって製品むらを生ずることが懸念される．例えば，塗装製品の乾燥を行う場合，吸込み開口から離れた部分においては，まだ乾燥が進んでいないのに吸込み開口付近では乾燥が急激に進み，ブラッシング(白濁現象)が生じるなどである．

プッシュプル換気の場合は，そのような気流速度の急激な変化はないので，気流速度の不均一による弊害が解消できる．

一方で，プッシュプル型換気装置については，次のような難点もある．

1) 一様流を形成させるための技術が困難：プッシュプル型換気装置の最も重要な点は，風速と方向の均一な一様流を用いることであり，この一様流を形成させることはかなりの技術を要する．このことがこの装置の普及が遅れている原因の一つとなっている．

一様流を形成させるためには，吹出し開口部および吸込み開口部で均一吹出し，均一吸込みを確保することが必要であるが，特に吹出し口における均一吹出しが重要である．均一な吹出し気流をつくり出すための技術としては，第4章**4.5**で述べたような考えを応用，組み合わせることになるが，さらに，吹出し口に“ハニカム”を装着させることが均一性の向上に一層有効である．

2) 吹出し風量と吸込み風量のバランスについての考慮が必要：プッシュプル型換気装置においては，一般的に吹出し風量を漏らすことなくすべて吸い込むというのが設計の原則である(ただし，発散源の位置，作業者の位置などにより，必ずしも吹出し風量の全量を吸い込ませなくともよい場合もある)．この風量関係を無視した設計・施工を行えば，場合によっては汚染空気を室内に拡散させてしまうことにもなりかねない．

そこで，吹出し風量と吸込み風量の間には一定の関係式に基づく設計が必要である．

以上のような利点や難点を考慮しながら適切な換気方法を選択すればよい．

7.1.3 プッシュプル型換気装置の種類と告示

作業環境の改善に用いて有効なものとして，

昭和54年に労働省(当時)から通達(基発第645号通達)で，①プッシュプル型局所換気装置，②プッシュプル型一様流換気装置，③プッシュプル型遮断装置の3種が示されたが，その後上記②の一部が“プッシュプル型換気装置”として労働衛生法規に取り入れられた．したがって，プッシュプル型換気装置には広狭の2義があり，現在の状況を分類すれば**表7·1**に示すとおりである．また，その主なものを，**図7·3**に示す．

表7·1のうち，労働衛生法規に取り上げられているのは，密閉式プッシュプル型換気装置と開放式プッシュプル型換気装置である．これらの要件は有機溶剤，粉じん，鉛，特定化学物質および石綿のそれぞれの規則に関連する告示に定められているが，その内容はほぼ同じである．そこで，その代表として“特定化学物質障害予防規則第7条第2項第4号及び第50条第1項第8号ホの厚生労働大臣が定める要件に基づく特定化学物質に係るプッシュプル型換気装置の要件(告示)(平成15年12月10日厚生労働省告示第377号)”を巻末に記載したので参照されたい．

表7·1　厚生労働省によるプッシュプル型換気装置の分類

- **プッシュプル型換気装置**
  一様な捕捉気流(有害物質の発散源またはその付近を通り吸込みフードに向かう気流であって，捕捉面での気流の方向および風速が一様であるもの)を形成させ，当該気流によって発散源から発散する有害物質を捕捉し，吸込み側フードに取り込んで排出する装置．
  - → **昭和54年基発第645号(改正：平成9年3月25日)に基づくプッシュプル型換気装置**
    - → **プッシュプル型局所換気装置(開放槽用)**
      有害な化学物質の液体または溶液が入っている開放槽の開口部に設置するもの．
      法令上，有機溶剤中毒予防規則第12条第2号の“逆流凝縮機等”に含まれる装置である．また，当該設備の設置は，特定化学物質障害予防規則第5条第2項の“特定第2類物質若しくは管理第2類物質を湿潤な状態にする等”の措置に含まれる．
    - → **プッシュプル型遮断装置**
      有害なガス，蒸気または粉じんもしくは高熱から労働者を遮断する設備．
      この設備は，局所排気装置などの設備に加えて補助的な設備として設置するものである．
  - → 有機溶剤中毒予防規則第16条の2に基づくプッシュプル型換気装置(平成9年労働省告示第21号)
    粉じん障害防止規則第11条第2項第4号に基づくプッシュプル型換気装置(平成10年労働省告示第30号)
    鉛中毒予防規則第30条の2に基づくプッシュプル型換気装置(平成15年厚生労働省告示第375号)
    特定化学物質障害予防規則第7条第2項第4号等に基づくプッシュプル型換気装置(平成15年厚生労働省告示第377号)
    石綿障害予防規則第16条第2項第3号等に基づくプッシュプル型換気装置(平成17年厚生労働省告示第130号)
  - ↓ これらは，645号通達において“一様流換気装置”と呼ばれていたもので，法規に取り入れられ，名称が変わった．
    - → **密閉式プッシュプル型換気装置**
      ブースを有し，送風機により空気をブース内へ供給し，かつ，排風機によりブース内の空気を吸引するもの．
      ブースを有し，送風機がなく，ブース内へ空気を供給する開口部を有し，かつ，排風機によりブース内の空気を吸引するもの．
    - → **開放式プッシュプル型換気装置**
      送風機により換気区域に空気を供給し，排風機により換気区域内および換気区域外の空気を吸引するもの．

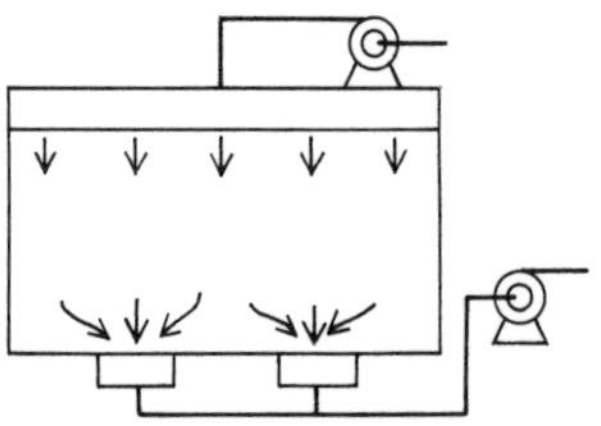

(a)　密閉式プッシュプル型換気装置

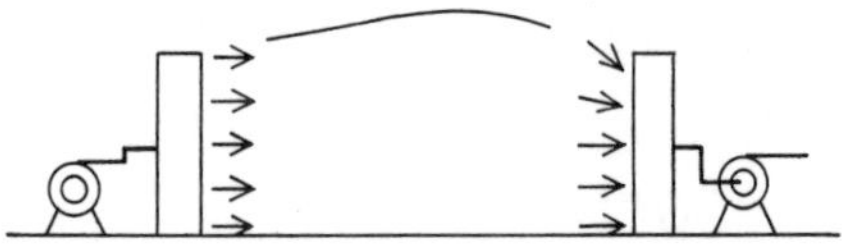

(b)　開放式プッシュプル型換気装置

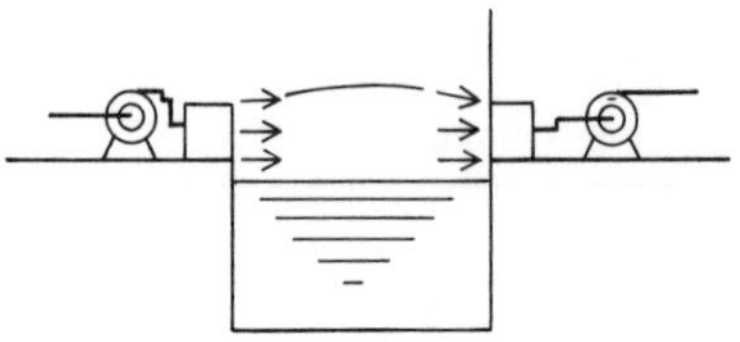

(c)　プッシュプル型局所換気装置

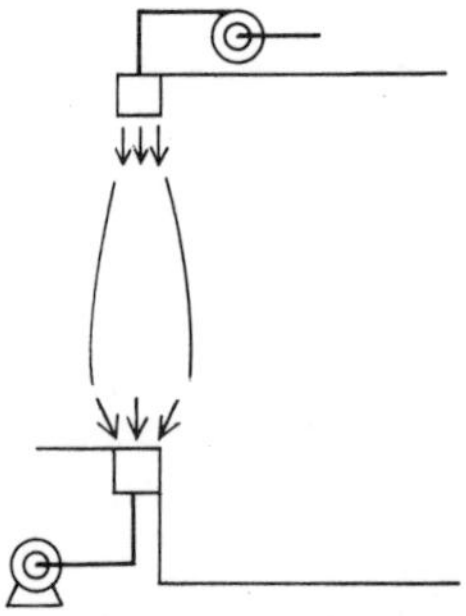

(d)　プッシュプル型遮断装置

図7･3　各種プッシュプル型換気装置

7.2　プッシュプル型フードとその留意点[1)]

プッシュプル型換気装置は，プッシュプル流れの流動特性に影響を及ぼす因子が多く，これらを十分理解しておくことが重要である．そこで，基本的なプッシュプル型フードの特性について簡単に述べる．

いま，**図7･4**に示すような二次元のプッシュプル流れ(紙面に垂直な方向の要素を考えない流れ)を基本として考える．

この場合，吹出し開口から吹き出された空気

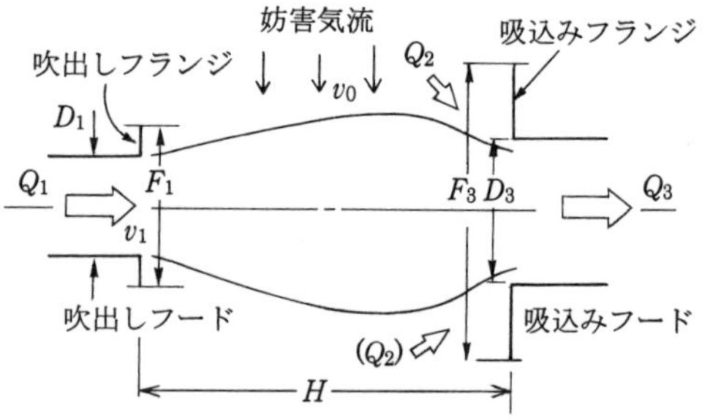

図7･4　二次元プッシュプル型フード

量 Q_1 を完全に吸込み開口に吸い込ませるためには，吸込み風量 Q_3 は，Q_1 と周囲からの誘引空気量 Q_2(この中には周囲の妨害気流なども含まれる)の和以上が必要であり，それらの関係は，次式で表される．

$$Q_3 = Q_1 + Q_2 \tag{7.1}$$

これを次式のように変形する．

$$Q_3 = Q_1\left(1 + \frac{Q_2}{Q_1}\right) \tag{7.2}$$

吸込み風量が十分に多いときは，吹出し風量は完全に吸込み開口に吸い込まれるが，吸い込み風量を少なくしていくと，吹出し空気の一部が吸い込まれなくなってくる．この吸込み限界における Q_2/Q_1 の比を漏れ限界流量比と呼ぶ．これを K_L で表せば次式となる．

$$Q_3 = Q_1(1 + K_L) \tag{7.3}$$

漏れ限界流量比 K_L は，次のような要素に関係する．

D_1：吹出し開口の幅[m]
D_3：吸込み開口の幅[m]
F_1：吹出しフランジの幅[m]
F_3：吸込みフランジの幅[m]
H　：吹出し開口と吸込み開口の設置距離[m]
v_1　：吹出し速度[m/s]
v_0　：周囲の妨害気流速度[m/s]

これらの要素に K_L がどのような影響を受けるのか調べた結果は，**図7･5～7･9**のとおりである．ここでは，フードの形状に関しては吹出し開口の幅 D_1 を，風速に関しては吹出し速度 v_1 を基準に用いている．その傾向とフード設

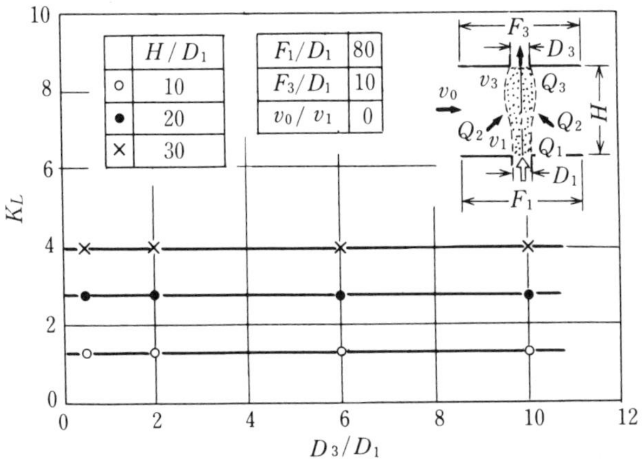

図 7·5 二次元プッシュプル流れの特性(D_3/D_1)

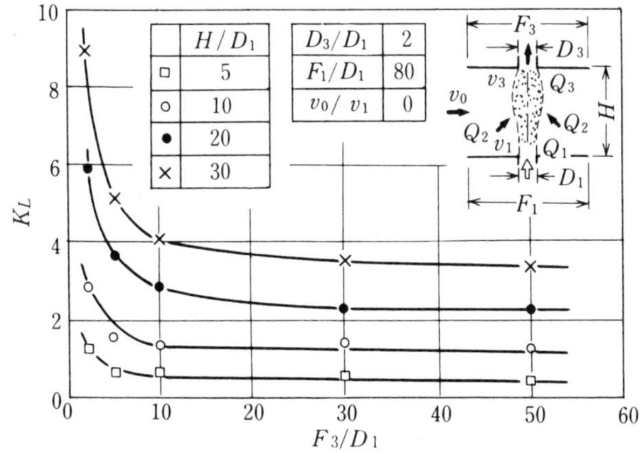

図 7·6 二次元プッシュプル流れの特性(F_3/D_1)

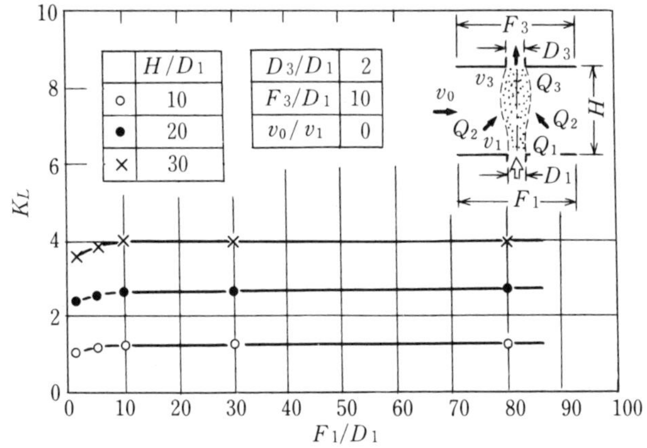

図 7·7 二次元プッシュプル流れの特性(F_1/D_1)

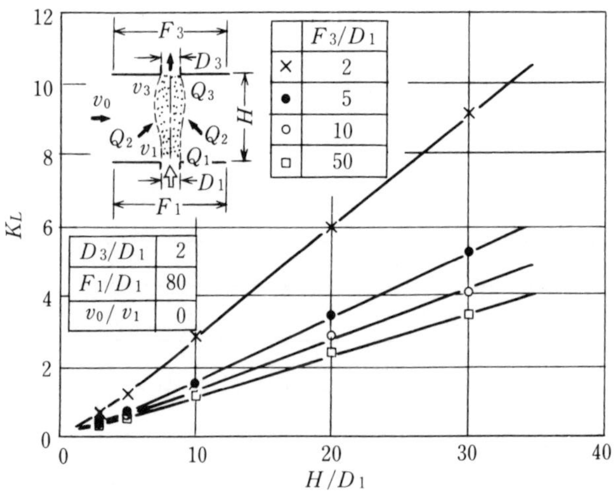

図 7･8　二次元プッシュプル流れの特性(H/D_1)

計上の参考事項を簡単に説明すると，

1) D_3 はほとんど影響しない．吸込み速度を小さくするためには $D_3 \geqq D_1$ が望ましい．
2) $F_3/D_1 \leqq 5$ で急増する．したがって，設計においては $F_3 \geqq 5D_1$ が望ましい．
3) F_1/D_1 は小さいほどよい．吹出し開口にはフランジは設けるべきでない．
4) H の増加にほぼ比例して増大する．したがって，吹出し吸込み開口間の距離はできるだけ小さくすることを心がけることが重要である．
5) v_0/v_1 の増加とともに急増する．したがって，妨害気流は最小にする工夫とともに，v_0 に応じて v_1 を大きくとる必要がある．

これらの実験結果をとりまとめると，プッシュプル型フードの風量関係式は次式のようになり，これがプッシュプル型換気装置の風量を算出する場合の基本となる．

$$Q_3 = Q_1(1 + mK_L) \tag{7.4}$$

$$K_L = 0.55\left(\frac{H}{D_1}\right)^{1.1}\left\{0.46\left(\frac{F_3}{D_1}\right)^{-1.1} + 0.13\right\}\left\{5.8\left(\frac{v_0}{v_1}\right)^{1.4}\left(\frac{H}{D_1}\right)^{0.25} + 1\right\} \tag{7.5}$$

ここに，m：設計上の安全係数[－]

なお，式(7.5)は吹出しフランジがないものとした($F_1 = D_1$)．

7.3　各種プッシュプル型換気装置とそれらの留意点[2), 3)]

7.3.1　密閉式プッシュプル型換気装置

図 7･10 は，密閉式プッシュプル型換気装置の一例である．

密閉式プッシュプル型換気装置は次のように定義され，2つのタイプが示されている．

1) ブースを有するプッシュプル型換気装置であって，送風機により空気をブース内へ供給し，かつ，ブースについて，フードの開口部を除き，天井，壁および床が密閉されているもの．
2) ブース内へ空気を供給する開口部を有し，かつ，ブースについて，当該開口部および吸込み側フードの開口部を除き，天井，壁および床が密閉されているもの．

すなわち，密閉式プッシュプル型換気装置とは，密閉室の全体にプッシュプル気流を流し，この中に有害物質発散源の全体を包み込む装置であるが，空気の吹出し側には送風機を用いない装置もあるということである．ただし，吹出し側に送風機を用いない場合には，室の中に均一な気流を形成するための特別な装置，例えば

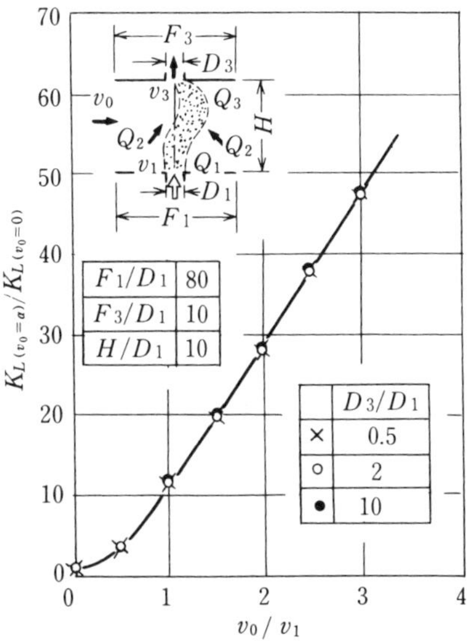

(a)　D_3/D_1 の影響

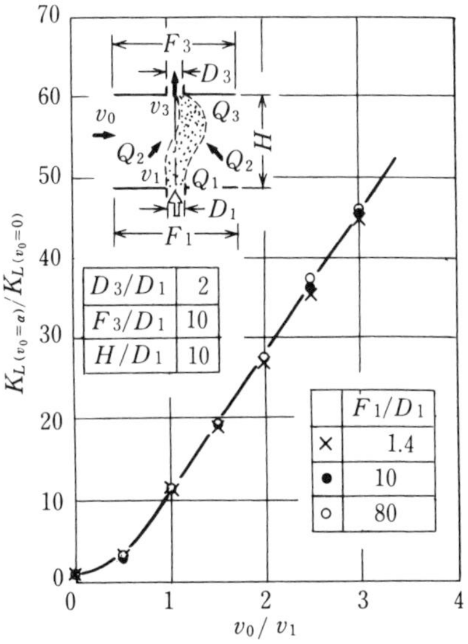

(b)　F_1/D_1 の影響

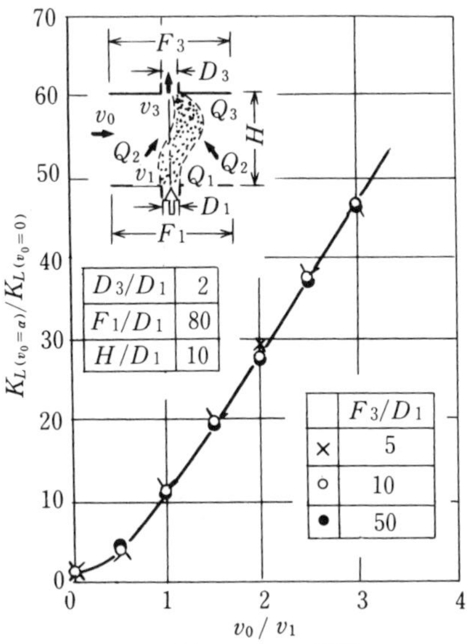

(c)　F_3/D_1 の影響

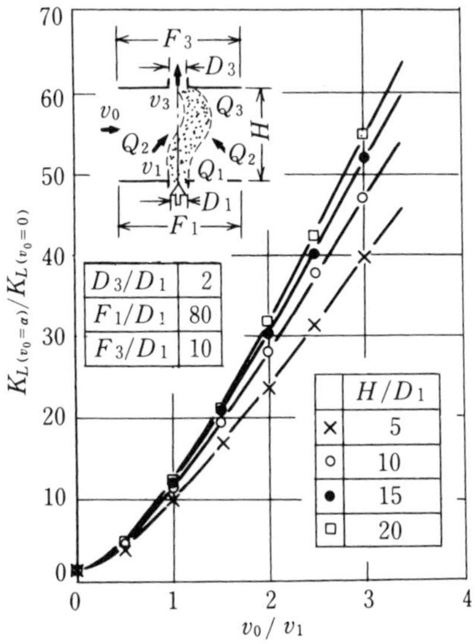

(d)　H/D_1 の影響

図7・9　二次元プッシュプル流れの特性(v_0/v_1)

室内への流入開口部に整流装置の設置などが必要である．

密閉式プッシュプル型換気装置の構造および性能は，おおむね次のように定められている．

1)　密閉式プッシュプル型換気装置の構造

a)　送風機により空気を供給し，排風機によりダクトを通して排気口から排出する．

b)　ブース内に下向きの気流(下降気流)を発生させ，発散源近くに吸込み側フードを設けるなどにより，発散源から吸込みフードへ流れる空気を労働者が吸入するおそれのない構造とする．

2)　密閉式プッシュプル型換気装置の性能

a)　吸込み側フードから最も離れた位置の発散源を通り，かつ，気流の方向に垂直

図7・10　密閉式プッシュプル型換気装置(塗装ブース)(I社)

な面を捕捉面と呼ぶ．気流が下降気流でブース内に労働者が立入るタイプの場合は，床上1.5mの水平面をいう(**図7・11**参照)．

b)　捕捉面を16以上の等面積の四辺形に分け，それぞれの中心を通過する風速について，平均値が0.2m/s以上であり，かつ，風速値のばらつきが平均値の±50%以内に収まっていることが必要である．

前述したように，吹出し側に送風機を用いない自然流入方式の装置の場合は，上記の性能を満たすために，入口に整流装置を設けるなどの対策が必要である．

7.3.2　開放式プッシュプル型換気装置

図7・12は，開放式プッシュプル型換気装置の一例である．

開放式プッシュプル型換気装置とは，密閉式プッシュプル型換気装置以外のプッシュプル型換気装置であるとされている．なお，後述するプッシュプル型局所換気装置はこれに含まれない．

図7・13に示すような，側壁の1面だけを開放した天井吹出しタイプのプッシュプル装置(プッシュプルブース)の性能は密閉式に近いが，構造上は開放式プッシュプル型換気装置に分類される．

一般的に，自由空間中に吹出し・吸込みフードを対置させたものが開放式プッシュプル型換気装置と理解すればよい．床上に設置したものもこれに該当する．

開放式プッシュプル型換気装置の構造および性能は，次のとおりである．

1)　開放式プッシュプル型換気装置の構造

a)　送風機により空気を供給し，排風機によりダクトを通して排気口から排出する．

b)　吹出し側フードの開口部周囲と吸込み側フードの開口部周囲を結ぶ空間を“換気区域”と定義し，発散源はこの換気区域内に位置する(**図7・14**(a))．

“換気区域”は，“吹出し側フード開口部から吸込み側フード開口部に向かう気

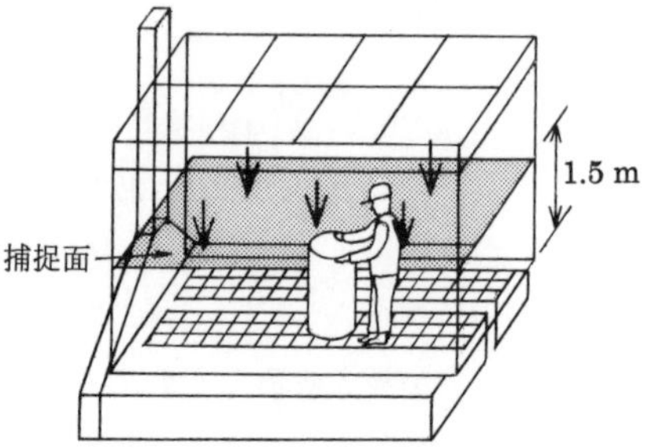

(a)　下降流

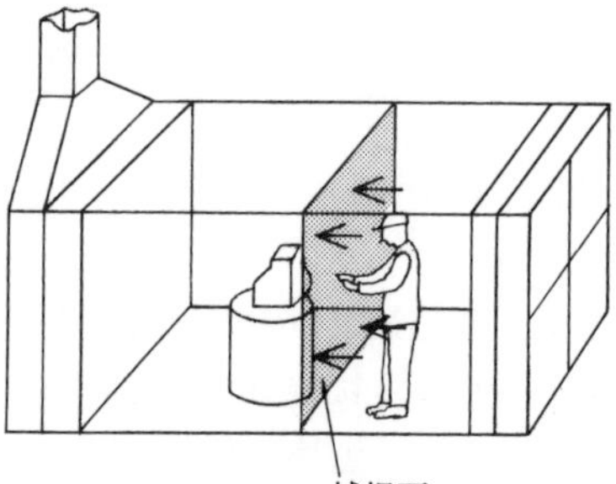

(b)　水平流

図7・11　密閉式プッシュプル型換気装置の捕捉面

(a)　吹出し側　　(b)　吸込み側

図 7・12　開放式プッシュプル型換気装置

図 7・13　プッシュプルブース(開放式プッシュプル型換気装置の一つ)

流が発生する区域"としてもよい(**図 7・14**(b)).

c)　換気区域内に下降気流を発生させ，発散源近くに吸込み側フードを設けるなどにより，発散源から吸込み側フードへ流れる空気を作業者が吸入するおそれのない構造とする.

2)　開放式プッシュプル型換気装置の性能

a)　捕捉面における風速の平均値が 0.2 m/s 以上，かつ，風速のばらつきが平

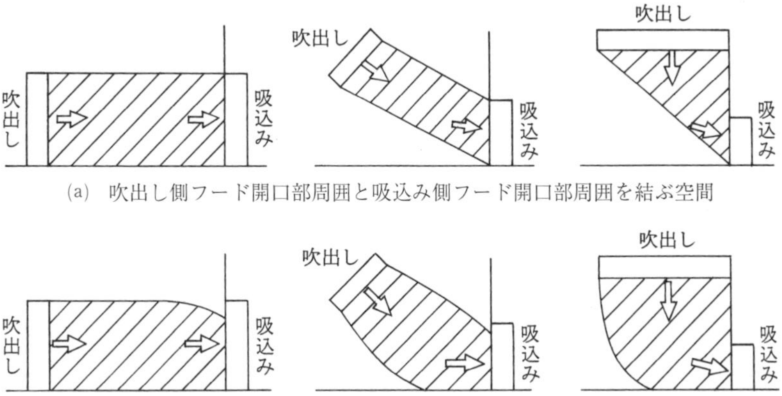

(a)　吹出し側フード開口部周囲と吸込み側フード開口部周囲を結ぶ空間

(b)　吹出し側フード開口部から吸込み側フード開口部に向かう気流が発生する区域

図 7・14　開放式プッシュプル型換気装置の換気区域(斜線部)

均風速の±50%以内に収まっている(捕捉面および風速の測定点については，**7.3.1** 密閉式プッシュプル型換気装置の項を参照)．

b) 換気区域と換気区域以外との境界線におけるすべての気流が，吸込み側フードの開口に向かう．なお，これは換気区域内に作業者および対象物が存在する場合であっても満足されなければならない．

ただし，この項目は上記構造にかかる**図7・14**(a)の場合には適用されるが，(b)の場合には適用されないこととなっている．

3) 上記のような構造・性能を満たさないプッシュプル型換気装置の扱い：プッシュプル型換気装置は上記のような構造，性能を満たさないといけないが，これを満たさない特別な例として，"プッシュプル型一様流換気装置(塗装用)"と呼ばれるものがある．有機溶剤中毒予防規則において労働基準監督署長の許可のもとに，特例として局所排気装置設置の代替扱いとなるが，法規上は全体換気装置の扱いとなる．

7.3.3 プッシュプル型局所換気装置

図7・15は，プッシュプル型局所換気装置の一例である．

前述の基発第645号通達でプッシュプル型局所換気装置は"有害なガス，蒸気又は粉じんを発散する局所において吸引排出する設備"と定義し，このうち，有害な化学物質の液体または

図7・15 プッシュプル型局所換気装置

溶液が入っている開放槽の開口部に設置するものを"開放槽用"としている．

プッシュプル型局所換気装置(開放槽用)は，有機溶剤中毒予防規則および特定化学物質障害予防規則において設置が義務づけられている局所排気装置と同等以上の性能を有する設備として認められている．

この装置の構造などは，基発第645号通達に比較的細かく次のように示されている．

1) プッシュプル型局所換気装置の構造など

a) 風速

i) **図7・16**に示すAA′およびBB′の線上の点の吸込み側フードへ向かう風速が0.3 m/s以上である．

ii) 吹出し側フードの開口面における吹出し風速のばらつきは平均値の±50%以内に納まっている．

b) 風量：吸込み風量は吹出し風量の1.3倍以上，20倍以下である．

c) 構造

コラム 後 流

後流とは，逆流またはウェークとも呼ばれ，流れの中に物体があるとその下流側に流れのはく離が生じ，このために流れの一部が上流側の物体に逆流する現象をいう．この汚染気流の逆流による作業者への暴露が懸念されている．後流による影響を避けるためには，気流の中の作業者が発散源の直近上流側にならないような位置関係とすること，発散源と作業者の間にプッシュプル型遮断装置を設けることなどの方法がある．

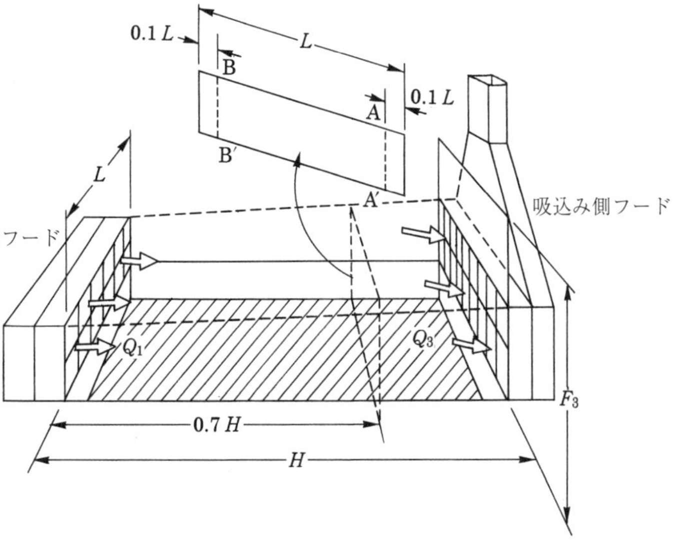

図 7・16　プッシュプル型局所換気装置の要件

ⅰ）吹出し側フードと吸込み側フードとの距離が吹出し側フード開口幅の30倍以下である.

ⅱ）吹出し側フードと吸込み側フードとの距離が吸込み側フードフランジの全幅の5倍以下である.

ⅲ）吸込み側フードのフランジの全幅が吹出し側フードの開口幅の2倍以上である.

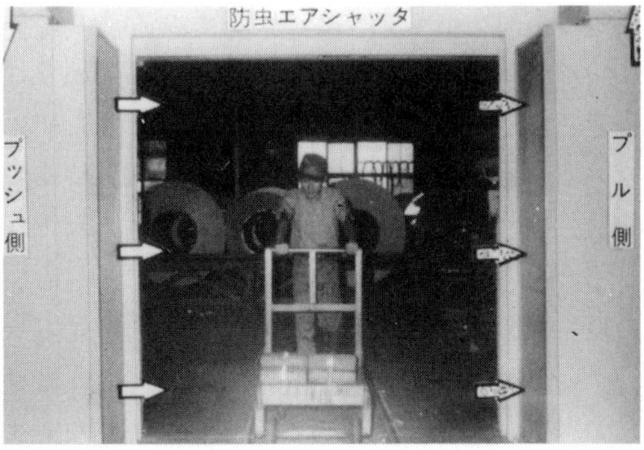

図 7・17　プッシュプル型遮断装置

7.3.4　プッシュプル型遮断装置

図 7・17 は, プッシュプル型遮断装置の一例(防虫エアシャッタ)である.

プッシュプル型遮断装置は, 有害ガス, 蒸気, 粉じん, 高熱などから労働者を遮断する装置(基発第645号通達による定義)である. 通達においては, この装置は局所排気装置などの設備に加えて補助的な設備として設置されるもので, 単独で法令上の取扱いがなされるものではないとされている.

この装置は, ガス, 蒸気, 粉じん, 高熱などの遮断を行うとともに, 人, 車などの通行が可能であり, 環境改善対策として有用である.

プッシュプル型遮断装置の構造などは, 前記のプッシュプル型局所換気装置に準じて, 次のように示されている.

1）プッシュプル型遮断装置の構造など

a）風速

ⅰ）**図 7・16** の AA′ および BB′ の線上の点の吸込み側フードへ向かう風速が 0.5 m/s 以上である.

ⅱ）吹出し側フードの開口面における吹出し風速のばらつきは平均値の ±50% 以内に納まっている.

b）風量：吸込み風量は吹出し風量の 1.3 倍以上, 20 倍以下である.

c）構造

ⅰ）吹出し側フードと吸込み側フード

との距離が吹出し側フード開口幅の30倍以下である.

ii）吹出し側フードと吸込み側フードとの距離が吸込み側フードフランジの全幅の2倍以下である.

iii）吹出し側フードにはフランジを取り付けない.

7.4　プッシュプル型換気装置における必要排風量など

プッシュプル型換気装置における必要排風量を求めることはそれほど簡単ではない.

そもそも吹出し風量をいくらにするかといったことから検討しなければならないが，これは吹出し開口の大きさと吹出し風速にかかわることであり，これらについては後述するような一定の考えや手順により求めることができる．ここでは，問題を簡単にするため，吹出し風量が決定されている場合について考察してみたい.

いま，**図7･18**に示すように発散源を挟んで開放式プッシュプル型換気装置が設置されている場合を考える.

1）(a)のように発散源が吹出し開口部に近い所に位置する場合は，吹出し風量 Q_1 はすべて吸込み開口に吸い込まなければならないのは当然であり，このときの吸込み風量 Q_3 は前述の式(7.4)および式(7.5)から算出できる．ただし，図の場合は，床上設置であり，式(7.5)の係数0.55は0.28となる(後述の式(7.23)参照).

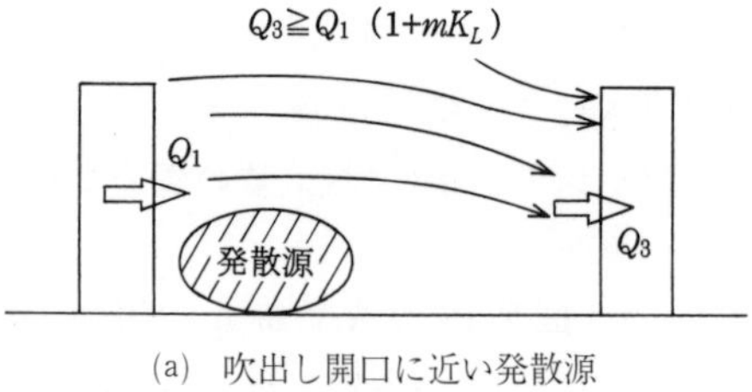

(a)　吹出し開口に近い発散源

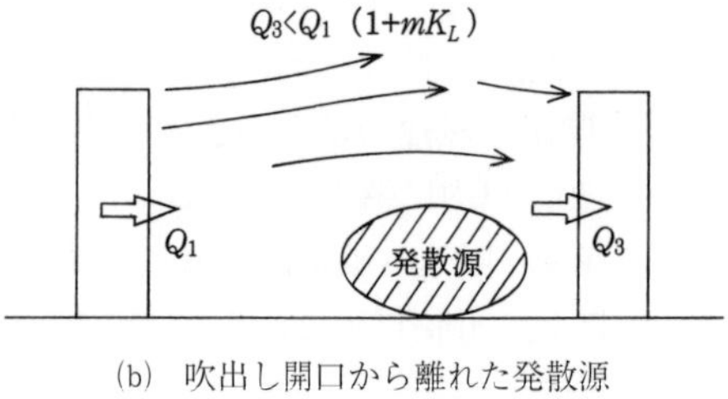

(b)　吹出し開口から離れた発散源

図7･18　開放式プッシュプル型換気装置の必要排風量

2）ところが，(b)のように発散源の位置が吹出し開口部から離れて吸込み開口部付近にある場合には，汚染空気は吹出し開口部付近から発生するのではなく，プッシュプル流れの途中から発生するのであるから，必ずしも吹出し風量 Q_1 のすべてが吸い込まれなくともよいと考えられる．したがって，Q_3 は式(7.4)および式(7.5)から割り出される風量よりも少ない風量でも足りることになる.

ここで，開放式プッシュプル型換気装置の“換気区域”の定義に2通りがあることを前に述べた(**7.3.2**性能要件の項および**図7･14**)．“換気区域”の定義をフード形状から行う場合，すなわち“吹出し・吸込み開口を結ぶ区域”とするならば，プッシュプル気流の性能として“換気区域と換気区域外の境界の気流はすべて吸込み側フードに向かうこと”との条件を満たさなければならない．しかし，“換気区域”を気流の面から定義する場合，すなわち“開口面から吸込み開口面に向かう気流の発生区域”とするならば，“換気区域と換気区域外の境界の気流はすべて吸込み側フードに向かうこと”との条件は適用されない.

結論をいえば，**図7･19**に示すとおり，必要吸込み風量は，(a)，(b)とも考えられるということになる．どちらを採用するかは設計者・設置者の考えにもよるが安全側には(a)，省エネルギー的には(b)ということであろうか.

3）**図7･20**のような槽の開口面上に設置されたプッシュプル型局所換気装置を考えてみよう．この場合，排出しなければならないのは槽から発生する汚染空気であり，吹出し開口から吹き出される空気ではない.

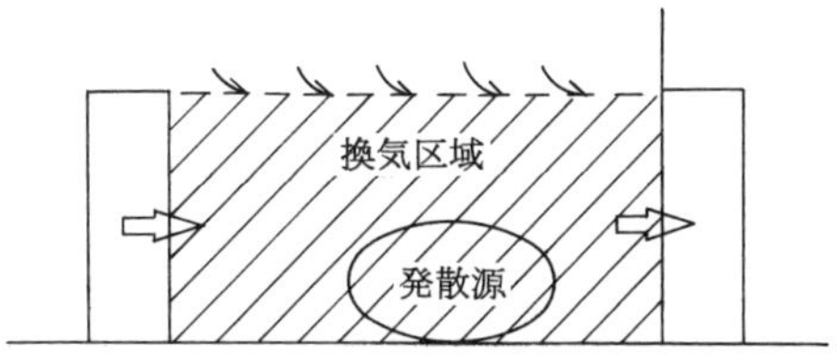

(a)　吹出し開口と吸込み開口を基準にした換気区域

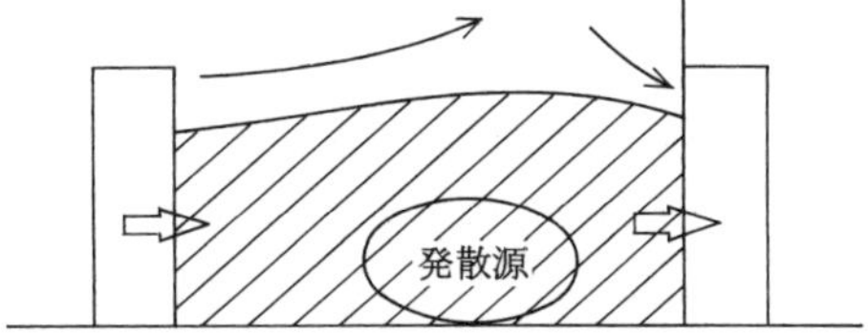

(b)　気流を基準にした換気区域

図 7・19　異なる基準に基づく換気区域

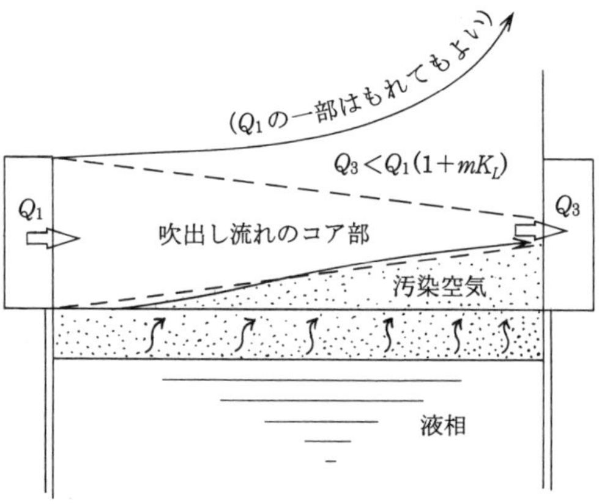

図 7・20　プッシュプル型局所換気装置における必要排風量の一つの考え方

したがって，吹出し・吸込み開口間が近くて吹出し空気流れのコア部を用いることになる場合は，吹出し空気量 Q_1 のすべてが吸い込まれなければならないことにはならない．

以上のようなことがいえるが，以下本書では安全側に式(7.4)および式(7.5)による算出を原則として記述する．

7.5　プッシュプル型換気装置の設計手順[4)]

プッシュプル型換気装置については，まず，発散源の状態に適した形状のフードを設計しなければならない．そのうえで，フードを有効に稼働させるために必要な風量を確保することが重要である．したがって，本節ではプッシュプル型換気装置のタイプごとに，フードの形状設計手順にふれながら必要給・排風量の算出方法などについて述べることにする．

なお，ここに用いる数量の単位は次のとおりである．

幅，長さ，高さ[m]
風速　[m/s]
風量　[m³/min]

コラム　**身近にあるプッシュプル型遮断装置**

今日，どこのスーパーでも冷凍食品が販売されている．冷凍ショーケースの中には冷凍食品が－20℃で保管されているが，ケースに扉はなく，買い物客は開放されたケースから食品を取り出すことができる．

スーパーに行かれたら，この冷凍ショーケースを少し観察していただきたい．ショーケースの開口面の一端に空気の吹出し口があり，他端に吸込み口が見られるはずである．これがすなわちプッシュプル型遮断装置である．吹出し口は比較的幅が広く，プッシュプル間距離の 1/10 か少なくとも 1/20，プッシュプル流れは手をかざしてやっと感じる程度，このような気流がケース内のマイナス温度と客側の常温の空間を遮断しているのである．ちなみに，上記のような構造は吸込み風量を少なくできる条件におおむね合致しているのであるが，筆者らが最適設計基準を示した 1980 年以降急速に増加してきたと自負している．

7.5.1　密閉式プッシュプル型換気装置

密閉式プッシュプル型換気装置には，吹出し側に送風機を用いないタイプのものも法的に認められているが，密閉ブース内の安定的な一様流を確保するためには吹出し側に送風機を用いることが原則であるので，ここでは吹出しおよび吸込み側に送風機および排風機を用いたタイプについて，また，ブース内部で作業する人に対する後流（コラム参照）の影響のない空気流れが下向き（下降流）のタイプについて説明する（**図7･21**参照）．

1)　フード形状など

a)　ブースの大きさ（幅 W，長さ L，高さ H）は，ブース内における作業者および物の大きさ（幅 W_0，長さ L_0，高さ H_0）をもとに，次式を満たすように決定する．

$W \geqq 1.3\,W_0$　(7.6)

$L \geqq 1.3\,L_0$　(7.7)

$H \geqq H_0$，かつ，$H \geqq 1.8$　(7.8)

$H \geqq 1.8$ は人の高さより大きくとる趣旨である．

b)　吹出し口の大きさ（幅 W_1，長さ L_1）は，ブースの天井全面から吹き出すのが望ましいが，少なくとも天井の大きさ（W，L）を基準に，次のように定める．

$W_1 \geqq 0.6\,W$　(7.9)

$L_1 \geqq 0.9\,L$　(7.10)

吹出し開口面積が天井面積に比して少ない場合は，吹出し気流がブース全体に行き渡るように，吹出し開口に風向調節ベーンを設けたり，吹出し面角度に変化をもたせ広角度にするなどの工夫が必要である．

c)　吸込み開口の大きさ：ブースの床全面から吸い込むのが望ましいが，床の一部から吸い込むことも可能である．その場合は，開口面の合計幅（W_3）および長さ（L_3）は次のとおりとする．

$W_3 \geqq 0.4\,W$　(7.11)

$L_3 \geqq 0.9\,L$　(7.12)

吸込み幅の合計が小さい場合は，吹出し流れ全体の幅が広くなるように2列以上に分散させる．

吸込み幅が吹出し幅より狭くてよいのは，ブース内のプッシュプル流れの支配力は吹出し気流のほうが吸込み気流より大きいからである．

床にピットを掘れない場合は，床を浮かせてその下に吸い込む方法，また，床から吸い込む方法もとれない場合は，ブース両側壁の腰壁（下方）から吸い込む

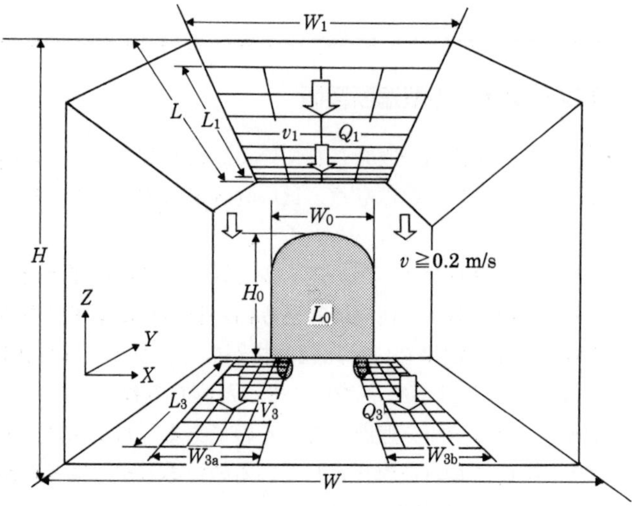

図7･21　密閉式プッシュプル型換気装置寸法図

ことも可能である．腰壁から吸い込む場合の吸込み幅は，天井高さの 0.2 倍程度が適当である．

2)　風量

a)　吹出し風量：まず，吹出し風量(Q_1)は，ブース内捕捉面を通過する風速の平均値が 0.2 m/s 以上必要であることから，次式を満たさなければならない．

$$Q_1 > 60\,WL \times 0.2 \qquad (7.13)$$

b)　吸込み風量：吸込み風量(Q_3)は，原則として Q_1 に等しくするが，多少大きめにとってもよい．

$$Q_3 \geqq Q_1 \qquad (7.14)$$

7.5.2　開放式プッシュプル型換気装置

ここでは，床上に吹出しおよび吸込み開口部を対置させたタイプのものを基本に説明する(**図 7・22** 参照)．

1)　フードの形状など

a)　吹出し・吸込み開口間距離(H)：発散源を挟んで吹出しおよび吸込み開口部を設けるが，これらの間隔はできるだけ小さくすることが風量の節減に特に有効である．

b)　吹出し開口面の大きさ：吹出し開口面の大きさ(幅 D_1，長さ L_1)は，それぞれ発散源の大きさ(高さ H_0，長さ L_0)の 1.3 倍以上とする．

$$D_1 \geqq 1.3\,H_0 \qquad (7.15)$$

$$L_1 \geqq 1.3\,L_0 \qquad (7.16)$$

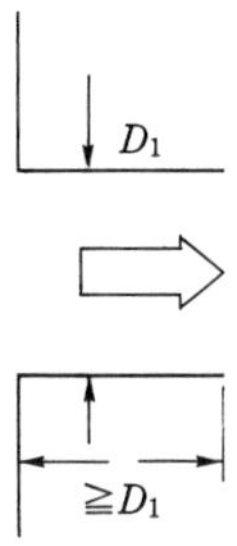

図 7・23　吹出し口の突出し

吹出し側にはフランジは設けない．もし，壁から吹き出すような場合は，壁から吹出し開口幅 D_1 の長さ以上突き出す(**図 7・23** 参照)．

c)　吸込み開口面の大きさ：吸込み開口面の大きさ(幅 D_3，長さ L_3)は，それぞれ，吹出し開口面の大きさ以上とする．

$$D_3 \geqq D_1 \qquad (7.17)$$

$$L_3 \geqq L_1 \qquad (7.18)$$

吸込み開口部の周囲には，できるだけ大きなフランジ(W_3)を設ける．

$$W_3 \geqq 0.1\,H \qquad (7.19)$$

すなわち，フランジを含めた吸込み側フードの高さ F_3 は，次のようになる．

$$F_3 \geqq 0.1\,H + D_3 \geqq 0.1\,H + D_1 \qquad (7.20)$$

d)　吹出し・吸込み間には流れの側方からの妨害気流を防ぐため，できるだけバッフルを設置する．バッフルを設けられない場合は，吸込みフランジを長手側にも設ける(**図 7・24** 参照)．

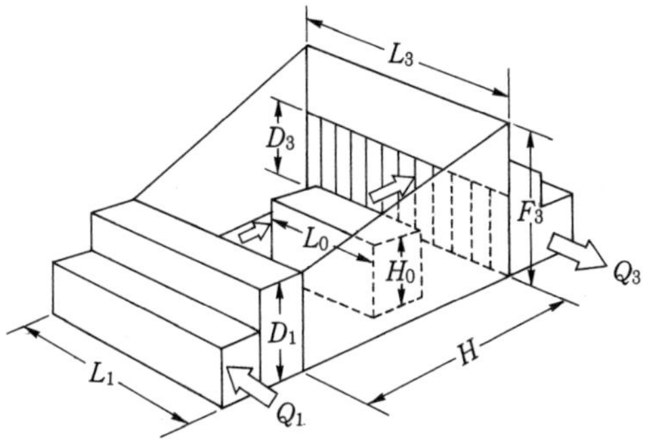

図 7・22　開放式プッシュプル型換気装置寸法図

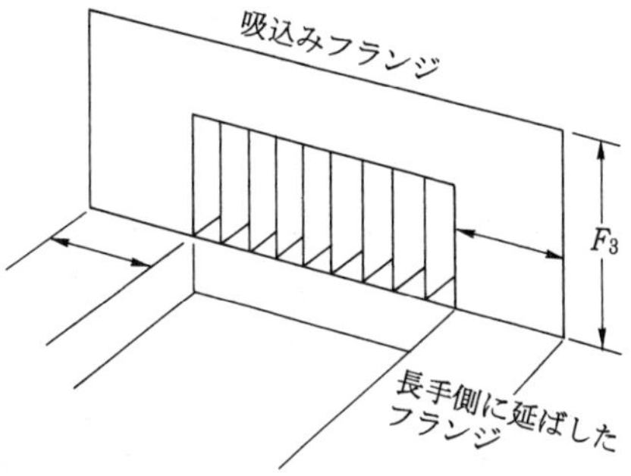

図 7・24　長手側に延ばした吸込みフランジ

2） 風量など

a） 吹出し風速：吹出し風速 v_1 を吹出し・吸込み開口間 H，妨害気流の大きさ v_0 などを参考にして，決定する．このとき留意すべきは，作業者に常時強い風が当たらないようにすることである．できれば0.5 m/s以下が望ましく，1 m/s以上となることは避けるようにしたい．

吹出し気流は，吹出し開口からの距離が吹出し幅（吹出し側開口の短辺に相当）の5倍程度までは“コア部”と呼び，吹き出されたままの速度をほぼ維持しているが，開放式プッシュプル型換気装置においては作業者はこの範囲に位置することが多いと思われるので，これらのことを考慮すれば，吹出し速度は0.7 m/sを超えないのが望ましい．

b） 吹出し風量：吹出し風量 Q_1 は，次式により求める．

$$Q_1 = 60\,D_1 L_1 v_1 \qquad (7.21)$$

c） 吸込み風量：バッフルを設けたときの吸込み風量 Q_3 は，次式から算出する．

$$Q_3 = Q_1(1+K_D) = Q_1(1+mK) \qquad (7.22)$$

ここにおける K_D は設計値としての流量比であり，K に安全係数 m をかけたものである．

K は次式により求める．

$$K = 0.28\left(\frac{H}{D_1}\right)^{1.1}\left\{0.46\left(\frac{D_1}{F_3}\right)^{1.1} + 0.13\right\}\left\{5.8\left(\frac{v_0}{v_1}\right)^{1.4}\left(\frac{H}{D_1}\right)^{0.25} + 1\right\} \qquad (7.23)$$

前出式(7.5)に対し，K の係数が0.28となっているのは，床上設置だからである．

この計算が面倒な場合は，**図7･25**，**7･26**から A および B の値を求め，これらをかけて K を求めることもできる．**図7･25**，**7･26**は，式(7.23)を分解したものである．ただし，**図7･26**は，バッフルがある場合における安全係数1.1を含めてある（つまり，式(7.23)より10%多く見積もっている）．

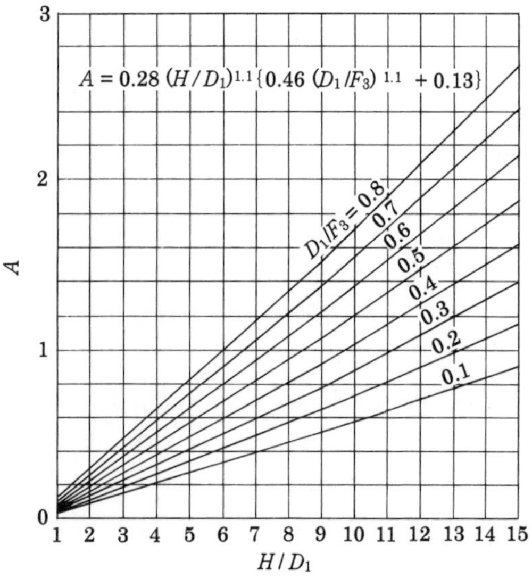

図7･25 K を求めるための図(A)

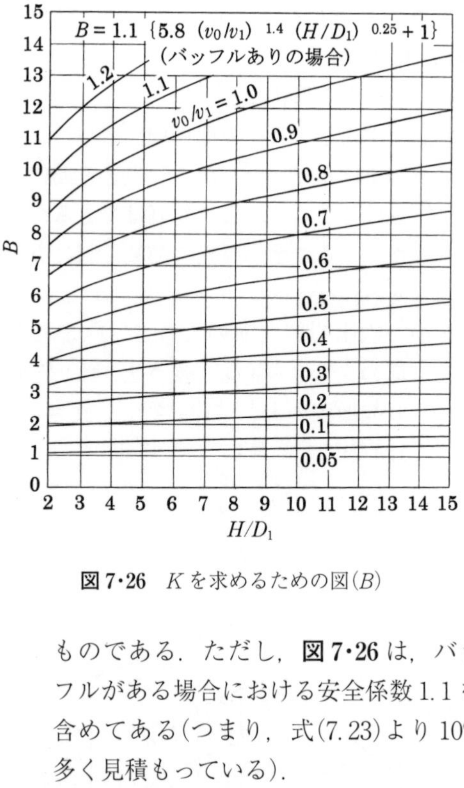

図7･26 K を求めるための図(B)

なお，バッフルがない場合および床上設置でない場合の風量は，**表7･2**から求めた安全係数 m を K にかけて，次式から求める．

$$Q_3 = Q_1(1+mK) \qquad (7.24)$$

表 7・2　バッフルがない場合の m
（K にかけるべき安全係数）

L_1/D_1	$m=1+2(D_1/L_1)$
1.0	3.0
1.5	2.33
2.0	2.0
2.5	1.8
3.0	1.67
3.5	1.57
4.0	1.5
4.5	1.44
5.0	1.4

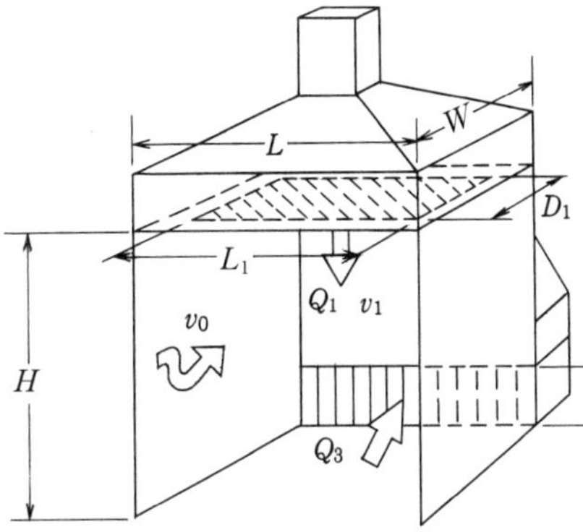

図 7・27　プッシュプルブース寸法図

表 7・3　開放式プッシュプル型換気装置の基本風量

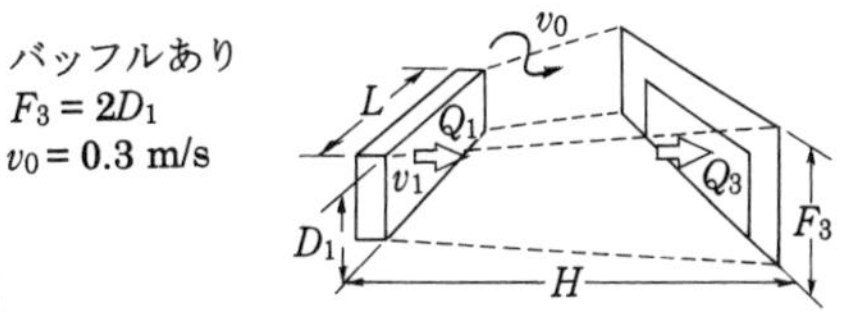

		$H=1$ m	$H=2$ m	$H=3$ m	$H=4$ m	$H=5$ m	$H=6$ m	$H=7$ m	$H=8$ m	$H=9$ m	$H=10$ m
$D_1=0.5$ m	v_1[m/s]	0.4	0.6								
	Q_1[m^3/min]	12	18								
	K	1.27	1.99								
$D_1=1.0$ m	v_1[m/s]	0.3	0.4	0.5	0.6	0.7					
	Q_1[m^3/min]	18	24	30	36	42					
	K	0.72	1.27	1.68	1.99	2.28					
$D_1=1.5$ m	v_1[m/s]		0.33	0.4	0.47	0.53	0.6	0.67			
	Q_1[m^3/min]		30	36	42	48	54	60			
	K		0.94	1.27	1.56	1.86	1.99	2.18			
$D_1=2.0$ m	v_1[m/s]		0.3	0.35	0.4	0.45	0.5	0.55	0.6	0.65	0.7
	Q_1[m^3/min]		36	42	48	54	60	66	72	78	84
	K		0.72	1.02	1.27	1.49	1.68	1.85	1.99	2.14	2.28
$D_1=2.5$ m	v_1[m/s]			0.32	0.36	0.4	0.44	0.48	0.52	0.56	0.6
	Q_1[m^3/min]			48	54	60	66	72	78	84	90
	K			0.95	1.07	1.27	1.45	1.6	1.75	1.88	1.99

注：Q_1 は，$L=1$ m あたりの風量である．
　$Q_3=Q_1L(1+mK)$
　m は，プッシュプル流れの両側にバッフルを設けるときは $m=1$，設けないときは**表 7・2** の値とする．
　$v_0>0.3$ m/s のとき，K については $(v_0/0.3)^{1.5}$ をかけること．

参考までに，開放式プッシュプル型換気装置の風量関係表の例を**表 7・3** に示した．

なお，床上設置でない場合は，床上設置の場合の K の値を 2 倍にして用いる（式(7.5)参照）．

7.5.3　プッシュプルブース

法令上は開放式プッシュプル型換気装置とされるものの，機能的には密閉式プッシュプル型換気装置に近いものにプッシュプルブースがある．

この型の装置の設計は，密閉式プッシュプル型換気装置の設計を基本として，次のように考えればよい（**図 7・27** 参照）．

1）　ブースの大きさは，密閉式プッシュプル型換気装置に同じ．奥壁下方に吸込み開口を設ける場合は，開口面の高さはブース高さの1/5～1/4程度が適当である[5]．

2)　吹出し風量は，密閉式プッシュプル型換気装置に同じ．

3)　吸込み風量は，ブース入口高さに応じて，次式から求める．

$$Q_3 = Q_1\left\{1 + 0.26\left(\frac{H}{D_1}\right)\right\} \qquad (7.25)$$

7.5.4　プッシュプル型局所換気装置(開放槽用)

基本的には開放式プッシュプル型換気装置と同様の考えに基づく設計を行うが，設計の要点は次のようになる．

1)　吸込み側にはできるだけ大きいフランジを設け，F_3の値を大きくする($F_3 \geqq 0.2\,H$とする)．

2)　吹出し幅をあまり大きくとることができない場合が多いので，一般に吹出し風速はプッシュプル型換気装置の場合より大きめにとる．

ただし，製品が速い気流にさらされることを好まない場合は，その限りにおいて吹出し速度を抑える配慮も必要である．

3)　吹出し開口幅D_1は，吹出し･吸込み開口間距離H(これはできるだけ小さくとる)およびフランジを含む吸込み高さ側F_3との間に次式を満足することが求められる．

$$\frac{H}{30} \leqq D_1 \leqq 0.5\,F_3 \qquad (7.26)$$

4)　吸込み開口幅D_3は，吹出し幅D_1以上とする．

5)　吹出し風速v_1は，周囲の妨害気流v_0より大きくとる．

F_3，D_1およびHが決まれば，これに応じたv_0/v_1の適正値を**図7･28**から求めることができる．すなわち，v_1を決める参考になる．

6)　吹出し風量Q_1は，次式から算出する．

$$Q_1 = 60\,D_1 L_1 v_1 \qquad (7.27)$$

7)　吸込み風量Q_3は，次式により求める．

$$Q_3 = Q_1(1 + K) \qquad (7.28)$$

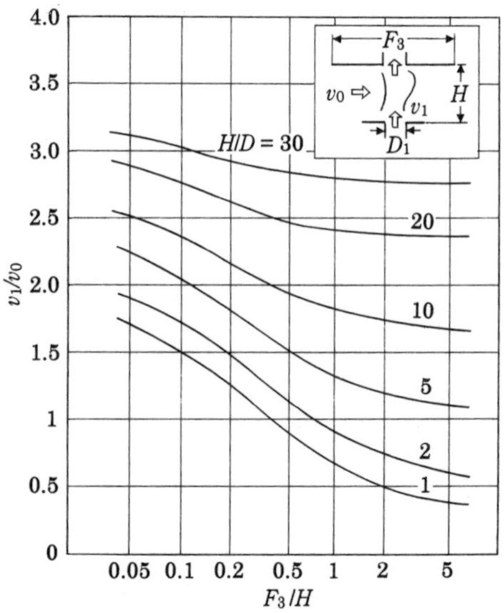

図7･28　v_1/v_0を求める図

この場合，流量比K[6]はプッシュプル流れの側面にバッフルを設ける場合は，

$$K = \left\{0.2\left(\frac{H}{F}\right) + 0.04\left(\frac{H}{D_1}\right)\right\} \qquad (7.29)$$

バッフルを設けない場合は，Kにさらに**表7･2**から求めた安全係数mをかけた値を用いる．

参考までに，プッシュプル型局所換気装置の風量関係表の例を**表7･4**に示す．この表はバッフルを設けた場合であるから，設けない場合は，**表7･2**から求めた安全係数mにKをかけたmKをこの場合の設計流量比とし，式(7.24)から吸込み風量を求める．

7.5.5　プッシュプル型遮断装置

プッシュプル型遮断装置は，基本的には，プッシュプル型局所換気装置と同じである．液槽の開口面上に設けたプッシュプル型局所換気装置は，槽の内外を遮断するプッシュプル型遮断装置でもある．

ただし，次のような点がプッシュプル型局所換気と異なる．

1)　プッシュプル型局所換気装置はプッシュプル流れの片側(槽側)からのみ余分な風量

表 7･4　プッシュプル型局所換気装置の基本風量

D_1		$H=0.5$ m	$H=1$ m	$H=1.5$ m	$H=2.0$ m	$H=2.5$ m	$H=3.0$ m	$H=3.5$ m	$H=4.0$ m	$H=4.5$ m	$H=5.0$ m	$H=6.0$ m	$H=8.0$ m
$D_1=$ 0.1 m	v_1[m/s]	0.35	0.6	0.85	1.1								
	Q_1 [m³/min]	2.1	3.6	5.1	6.6								
	K	3.02	3.97	4.63	5.17								
$D_1=$ 0.2 m	v_1[m/s]		0.35	0.48	0.6	0.73	0.85	1	1.1				
	Q_1 [m³/min]		4.2	5.76	7.2	8.76	10.2	12	13.2				
	K		3.01	3.51	3.97	4.28	4.63	4.79	5.17				
$D_1=$ 0.3 m	v_1[m/s]			0.35	0.43	0.52	0.6	0.69	0.77	0.85	0.94	1.1	
	Q_1 [m³/min]			6.3	7.74	9.36	10.6	12.4	13.9	15.3	16.9	19.8	
	K			3.02	3.44	3.68	3.97	4.15	4.4	4.63	4.78	5.17	
$D_1=$ 0.4 m	v_1[m/s]				0.35	0.41	0.48	0.54	0.6	0.66	0.73	0.85	1
	Q_1 [m³/min]				8.4	9.84	11.5	13	14.4	15.8	17.5	20.4	24
	K				3.02	3.34	3.51	3.77	3.97	4.17	4.28	4.63	4.79

バッフルあり
$F_3 = 5D_1$
$v_0 = 0.3$ m/s

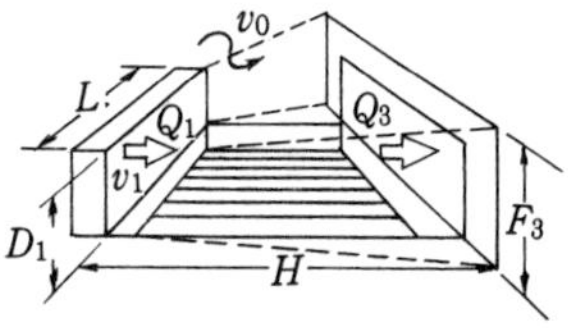

注：Q_1 は，$L=1$ m あたりの風量である．
$Q_3=Q_1L(1+mK)$
m は，プッシュプル流れの両側にバッフルを設けるときは $m=1$，設けないときは**表 7･2** の値とする．
$v_0>0.3$ m/s のとき，K については $(v_0/0.3)^{1.5}$ をかけること．

を吸い込むが，プッシュプル型遮断装置はプッシュプル流れによって遮断しようとする両側の空間から余分な空気を吸い込むところが異なる．したがって，必要排風量を算出するときに用いる流量比 K を 2 倍にしなければならない(式(7.5)参照)．

2)　プッシュプル流れの速度はプッシュプル型局所換気装置の場合より幾分早い．

その他の留意点などはプッシュプル型局所換気装置と共通するところが多いのでここでは省略し，詳しくは専門書[1)〜8)]にゆずりたい．

参　考　文　献

1)　林　太郎，桜井　寛，金原清之他：プッシュプルフードとその特性に関する研究(3)，空気調和・衛生工学会論文集，6-13(1980)，pp. 129〜133，空気調和・衛生工学会

2)　空気調和・衛生工学会編：工場換気の理論と実践(1995)，pp. 81〜95，空気調和・衛生工学会

3)　林　太郎編：工場換気(1982)，pp. 84〜108，空気調和・衛生工学会

4)　中央労働災害防止協会調査研究部：プッシュプル型換気装置(粉じん用)の性能基準等に関する調査研究委員会報告書(1984)，pp. 35〜79，中央労働災害防止協会

5)　金原清之，福原　驍，辻　克彦：プッシュプルブース換気装置の換気性能，労働科学，79-2(2003)，pp. 73〜81，労働科学研究所

6)　桜井　寛，金原清之，福原　驍，辻　克彦：プッシュプル型局所換気装置の簡易設計法，労働科学，76-6(2000)，pp. 261〜268，労働科学研究所

7)　金原清之，桜井　寛，福原　驍，辻　克彦：風量の節減を考慮したプッシュプル型換気装置の設計法，労働科学，77-9(2001)，pp. 361〜368，労働科学研究所

8) 局所排気装置の標準設計法等に関する専門家会議，局所排気装置の標準設計法等についての検討結果報告書(労働省労働基準局長あて)(1980)

第8章　全体換気装置

8.1　装置の大要

8.1.1　装置の機能と分類

前述のように，局所排気装置やプッシュプル型換気装置は発散源対策として極めて有用な装置であるが，局所排気装置などを設置しても，必ずしも有害物質を完全には捕捉・除去できない場合がある．そのような場合は有害物質が室内に拡散し，室内を汚染することになる．そこで，このような場合の換気対策として全体換気装置が用いられる．

また，一般的に建屋内や室内の有害性の低い粉じんやガス(例えば，一般粉じん，二酸化炭素，湿気など)の濃度の低減，温湿度の調整，臭気対策のほか，新鮮空気を供給することなどを目的として全体換気が行われる．

全体換気は一般に多大の風量を要するが，ダクトを用いず，かつ，処理装置を付設しない場合は換気設備の静圧は低いものでよいから，動力的にはそれほど大きくはならない．目的，状況に応じて利用すれば十分利用価値がある．

“全体換気装置”という用語には室全体を換気するという意味があるが，その方法としては，①有害物質を含む室内空気に新鮮空気を導入して有害物質濃度を有害でない程度まで希釈することのほか，②有害物質を含む室内空気を一方から新鮮空気で押し出し，室外に排出する方法がある．上記①の方法は希釈換気と呼ばれるものであり，一般に，単に全体換気といえばこれを指す．②の方法はピストン換気または置換換気と呼ばれるもので，クリーンルームや手術室などに応用されている．これは，前章で取り上げた密閉式プッシュプル型換気装置に相当するといえる．本章では主として希釈換気について取り上げ，置換換気については8.4で簡単に触れることとする．

希釈換気としての全体換気装置であっても，その用い方によっては室の一部の換気を行う機能をねらった局部換気的な効果，有害物質ができるだけ拡散する前に捕捉・排出する機能をねらった局所排気的な効果を期待することができる．**図8･1**に機能別全体換気装置の概要を示す．

全体換気は，室内外の空気を動かして換気する原動力として，自然現象を応用した自然換気と機械力を用いた機械換気(強制換気)とに分類できる．

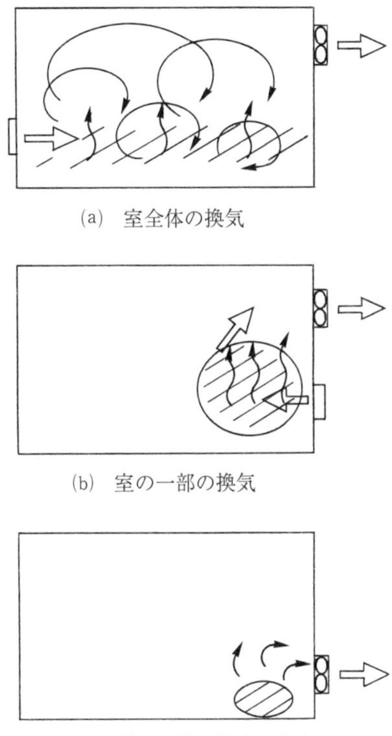

(a)　室全体の換気

(b)　室の一部の換気

(c)　有害物質の拡散を抑える換気

図8･1　全体換気の機能別実施方法

8.1.2　自然換気

自然換気は，室内外の圧力差がある場合に，室のすきまなどから空気の出入りが生じて行われる．圧力差が生じる原因として，温度差，外気の風などがある．

これらの自然力を効果的に利用する装置として，煙突や排気筒などがある．

一般的に，風などに頼る自然換気は自然状況に左右されるから，定常的な換気量は確保できないが，室内に大きな熱源などがある場合は，相当量の自然換気が期待できる．しかし，温度差がそれほど多くなくても室内外の気流などによる原因も加わって，無視できない換気量があることも忘れてはならない．

〔1〕　すきまからの空気の流入

いま，**図8･2**に示すように，室内の圧力を p [Pa]，外部の圧力を p_0[Pa]，空気密度を ρ [kg/m^3]，すきまの開口面積を F[m^2]とすれば，すきまを通して行われる換気量 Q[m^3/s]は次式で表される．

$$Q=\alpha F\sqrt{\frac{2(p-p_0)}{\rho}} \tag{8.1}$$

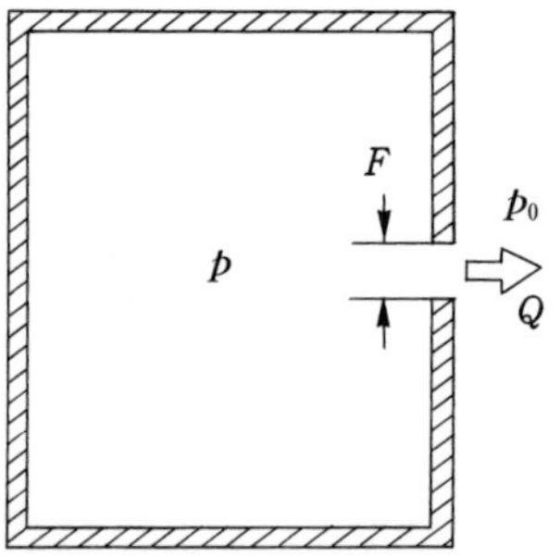

図8･2　圧力差に基づく流れ

ここに，α はすきまの形状などによって決まる流量係数と呼ばれる係数で，一般に窓では0.6～0.7，細いすきまの場合では0.3～0.4程度とされる[1)]．

ちなみに，**表8･1**に窓からのすきま風の例を，また，**表8･2**に窓からの侵入空気量の例[2)]を示す．

〔2〕　温度差による換気

室内外に温度差がある場合にはそれによって密度差が生じ，圧力差が生じる．内外に温度差のある室の開放ドアにおいては**図8･3**に示すような空気の出入りが生じる．室内外の圧力差が

表8･1　窓からのすきま風(窓面積1 m^2 に対し m^3/h)[2)]
(外部風速，夏期3.46 m/s，冬期7.0 m/s)

名称		小型窓(0.75×1.8 m)			大型窓(1.35×2.4 m)		
		風止めなし	風止め付き	気密サッシ	風止めなし	風止め付き	気密サッシ
夏期	木製サッシ	7.9	4.8	4.0	5.0	3.1	2.6
	気密性の悪い木製サッシ	22.0	6.8	11.0	14.0	4.4	7.0
	金属製サッシ	14.6	6.4	7.4	9.4	4.0	4.6
冬期	木製サッシ	15.6	9.5	7.7	9.7	6.0	4.7
	気密性の悪い木製サッシ	44.0	13.5	22.0	27.8	8.6	13.6
	金属性サッシ	29.2	12.6	14.6	18.5	8.0	9.2

注：風止めは weatherstrip のこと．

表8･2　窓の周辺1 m あたりの侵入空気量[m^3/h･m][2)]

窓の種類	周囲のすきま[mm]	屋外風速[m/s]				
		2	4	6	8	10
木製上げ下げ窓	1.6	0.8	1.7	3.2	4.6	6.5
	2.4	2.2	5.5	9.0	12.6	16.4
鋼製上げ下げ窓	—	1.6	3.8	6.1	9.2	11.2
鋼製回転窓	1.6	4.4	9.3	14.4	19.7	25.2
鋼製つき出し窓	1.2	1.6	4.2	7.1	10.1	13.4

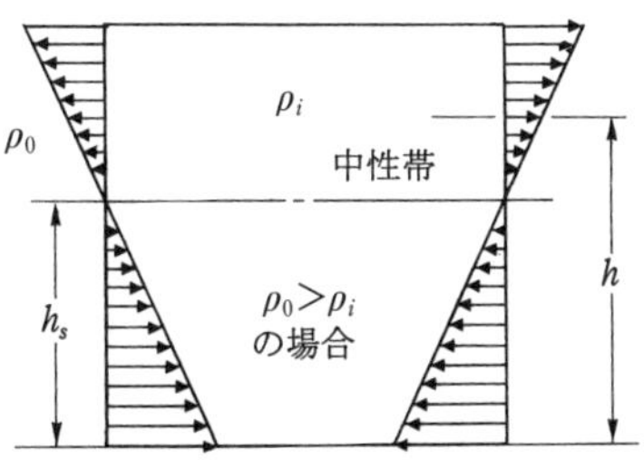

図 8・3 室内の圧力分布

0になるところを中性帯と呼ぶが，この高さをh_s[m]とすれば，高さh[m]における圧力差Δp[Pa]は，次式で表される．

$$\Delta p = (\rho_0 - \rho_i)(h - h_s)g \qquad (8.2)$$

ここに，ρ_0：室内の空気密度[kg/m^3]

ρ_i：室外の空気密度[kg/m^3]

g：重力の加速度($=9.8\ m/s^2$)

建物に高さの異なる開口部があって，この間に温度差があるときに生じる自然換気量Qは次式で表される．

$$Q = 1.3\,\alpha A\sqrt{\Delta p} \qquad (8.3)$$

$$\alpha A = \frac{1}{(1+\alpha_1 A_1)^2 + (1+\alpha_2 A_2)^2}$$

ここに，α_1：上部開口部の流量係数[－]

α_2：上部開口部の流量係数[－]

A_1：上部開口面積[m^2]

A_2：下部開口面積[m^2]

図 8・4 に示すように，建屋の中に大きな熱源がある場合，この建屋の自然換気量Qは，式(8.2)および式(8.3)から導かれるが，具体的には次式が示されている[3)]ので，紹介しておく．

$$Q = qA_0\sqrt{\frac{H\Delta T}{(A_0/A_1)^2+1}} \qquad (8.4)$$

コラム **古代・東大寺大仏殿の自然換気**

古代・奈良東大寺の大仏は水銀と金の混合物(金アマルガム)を表面に塗って，350℃に熱して水銀を蒸発させ，表面に金を残す鍍金法を採用したことが古文書から明らかである．そして，この作業において多量の水銀蒸気が発生し，水銀中毒者が多数発生したであろうといわれてきた．しかしながら，それを証明した文献は見当たらない．

そこで，当時の大仏殿の大きさと水銀蒸気発生量の推定から水銀中毒発生の可能性を試算した．大仏殿の自然換気量は本文式(8.4)を用い，東西88 mの大仏殿の上部開口幅を6 m，下部開口幅を13.5 m，それらの高さ差を17 mと仮定した結果，換気量は冬期・夏期を通し60 000～100 000 m^3/minと算定された．

一方，水銀蒸気発生量は83.3 mg/minと推定され，これから大仏殿内における水銀の期中濃度は，現在の許容濃度の1/20～1/30程度と考えられ，この限りにおいては水銀中毒発生の可能性は低いといえる．

しかしながら，鍍金作業者周辺の暴露濃度を簡単な数理モデル*を用いて計算したところでは，許容濃度の100倍以上との結果が得られたので，やはり多数の中毒者が出たことは間違いないものと思われる．

このように，有害物質の発生源近くは高濃度であり，それゆえに，対策は局所的発散源対策が重要であることが改めて認識されるのである．

*有害物質の発生源からr m離れた点における有害物質濃度は，まず，半径r m内に拡散した有害物質の拡散量と半径r mの拡散面(球表面)における出入風速による換気量により半径r m部の有害物質濃度を求め，これにすでに拡散した室内の有害物質濃度を加えて求められる．(参考：金原清之：東大寺大仏の金メッキに伴う水銀中毒の可能性，労働科学，95-5・6 (2020)，pp. 150～162，労働科学研究所)

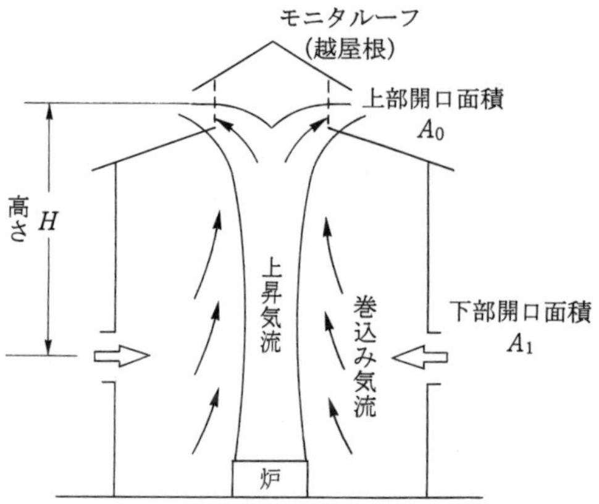

図8・4 温度差による建屋換気

ここに，Q ：換気量[m^3/h]

q ：建屋内外の温度差によって異なる値で，夏期は外気温を27℃と仮定して590，冬期は外気を0℃と仮定して623を採用
[$\sqrt{m/℃}/h$]

A_0 ：上部開口面積[m^2]

A_1 ：下部開口面積[m^2]

H ：上下開口部間の高さ[m]

ΔT：上部と下部の温度差[℃]

鉛中毒予防規則では，溶融鉛など熱源としての鉛発生源対策として，局所排気装置に代えて“排気筒”を認める場合があるが，この場合の“排気筒”とは“鉛などの溶融炉等温熱を伴う施設から発散する鉛などの蒸気，ヒュームなどを，動力によらないで，温熱により生ずる上昇気流を利用して作業場外へ排出する設備をいうものである.”とされている．これは全体換気ではないが，温度差による通気を利用した発散源対策の一つということができる．**図8・5**に排気筒の例を示す.

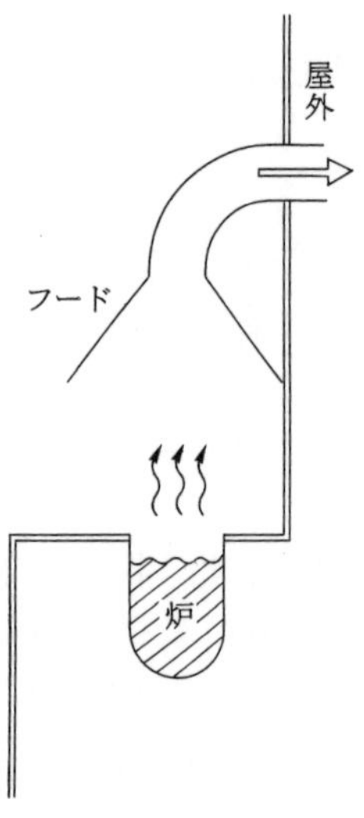

図8・5 排気筒の例

8.1.3 機械換気

自然換気では定常的に一定の換気量を確保することが困難なので，有害物質を取り扱う作業場において定常的な換気量を確保するためには機械力を用いる必要がある.機械換気において，機械力をどのように使うかによって換気方式が分類されている．**図8・6**にその分類[4)]を示す.

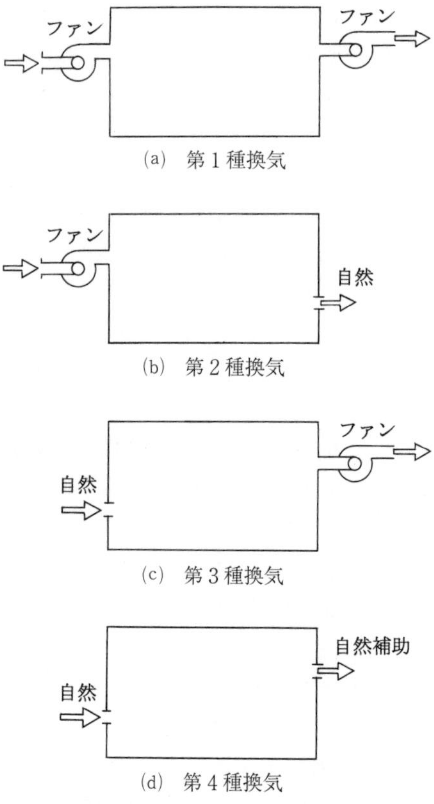

図8・6 機械力の使用による全体換気法の分類

第1種換気法は給気および排気に機械力を用いる方式で，室の圧力を正・負いずれにも設計できる利点がある．一般的には，外気取入れ部に空気浄化装置(エアフィルタなど)が設けられる．

第2種換気法は給気にのみ機械力を用い，排気は自然排出に任せる方式である．室内部は正圧となるから，外部からの空気の侵入を嫌うような場合に適しているといえる．一般的には，外気取入れ部に空気浄化装置が設けられる．

第3種換気法は排気のみに機械力を用い，給気は自然流入に任せる方式である．室内部は負圧になるから，室内部の空気の廊下などへの漏出を嫌うような場合によいといえる．空気調和を行う大規模建築においては，調和空気の一部を廊下などを経由して湯沸し室・トイレなどから排出する例がある．外気を直接導入する場合は，給気口に対する配慮を怠ると，室内が過度の負圧になり，このため排気能力が発揮できない場合があるから注意を要する(室内に多数，または大風量の局所排気装置を設ける場合も同様である)．

換気機械として，一般的には，簡便に換気扇を外気に接する壁に取り付けることが行われるが，もし室内の中央部で吸引排気するような場合は，当然ダクトの設置が必要であり，これに伴って換気扇の静圧能力を考慮しなければならない．最近の住宅における台所の中央に調理台を独立設置する(アイランド)方式には，有圧換気扇や多翼ファンが用いられている．

第4種換気法ともいうべき給気も排気も自然力を用いる方法は，換気量が自然に左右されるから計画的に換気量を確保する工場換気には採用の余地が少ない．有機溶剤中毒予防規則における有機溶剤などの屋内貯蔵場所に設けなければならない設備としての“屋外に溶剤蒸気を排出する設備”は，必ずしも動力によらなければならないとはされていないので，窓，排気管などによる自然排気でよい．ただし，この場合，屋内の局所排気装置などの稼働により屋内が負圧になっている場合は，逆に貯蔵場所に設けた窓や排気管から外気が流入し，溶剤蒸気が排出されずに屋内に流入することがあることに十分留意する必要がある．

コラム　飲食室における換気の留意点

令和2年春から新型コロナウイルスによる感染症が世界的に猛威を振るい，各国はその対応に追われた．我が国もその例外ではない．

時あたかも，理化学研究所が開発主体となった世界最高レベルのスーパーコンピュータ“富岳”は使用開始にあたって整備中であったが，この試用の一環として，ウイルス飛まつシミュレーションなどが実施された．

この結果，多くの成果が得られ，公表されたが，その中に“経営者の皆さんへ”と題して次のような興味ある留意事項が示されている．

・店舗内の換気システム(外気給気口と室内空気排気口の位置や風量)，エアコンシステム(外気導入型か循環型か？)の確認を．給気口からの流れを妨げないようにしてください．

・室内の空気のよどみは，場所による感染リスクのばらつきを生みます．空気循環型のエアコンであっても，エアコンを作動させることで空気がかき混ぜられ，リスクの分散化につながります．(室内にリスクの高い場所を作らない)

・厨房の排気ダクトによる換気効果は大きいです．

(令和3年3月4日版　理化学研究所，神戸大学広報資料より)

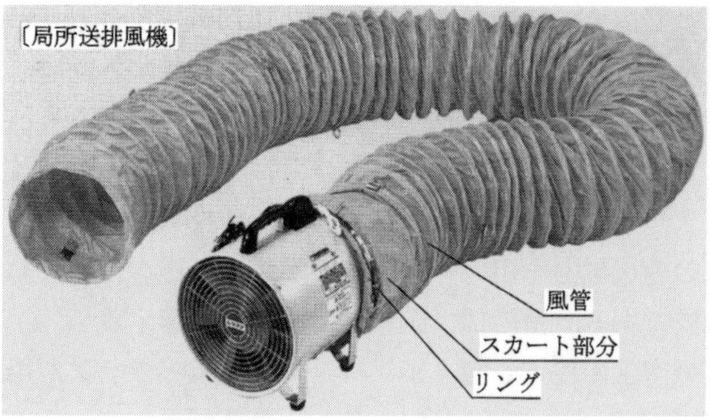

図 8･7 風管付きファン(S製作所)

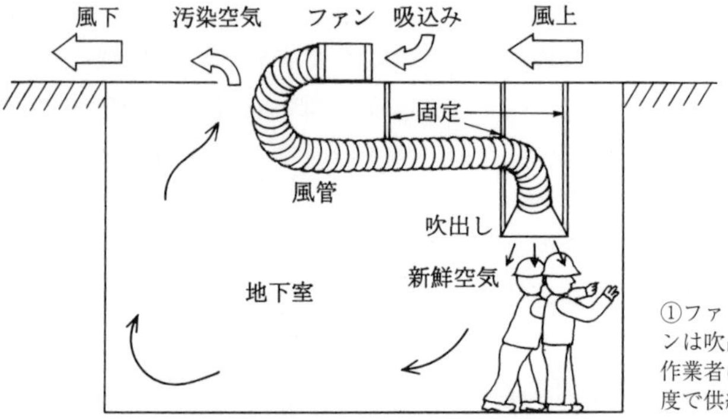

図 8･8 風管付きファンの効果的使用

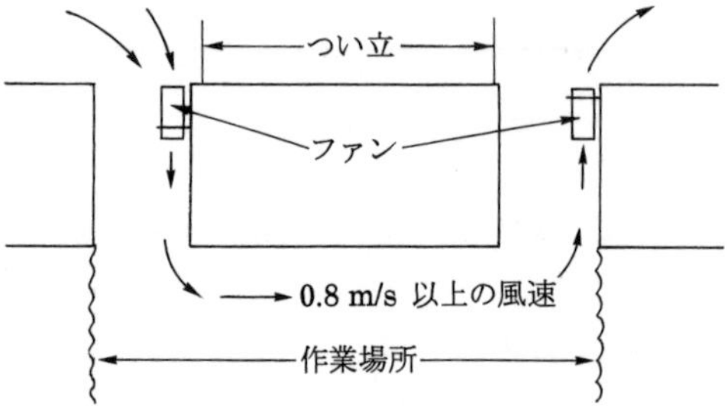

図 8･9 暗きょ(渠)における換気の方法

地下室などにおける臨時作業には**図 8･7** に示すような風管付きファンが用いられることが多いが，これを給気用として使うか排気用として使うかは，作業の内容などに応じて効果的に使用することを検討すべきである．**図 8･8** にその例を示す．

なお，酸素欠乏が想定される下水暗きょ(渠)などの内部は，**図 8･9** に示す方法により送風換気を行うこととされている．

全体換気におけるその他の留意点としては，次のようなことが挙げられる．

1) 有害物質の発散源が固定されている場合は，できるだけ排気口を発散源に近づけて設置すること．
2) 排気が開放した窓などを通して，再び室内に流入しないようにすること．
3) ファンで給気の場合は自然排気が，またファンで排気の場合は自然給気がスムーズに行われるように計画すること．この対策を怠ると，室内外の圧力差が大きくなって所要の風量が確保できない，スイングドアが開けにくい，急に閉まるといった害が生じる．
4) 導入外気は新鮮な空気であること．交通の激しい道路に面した箇所からの導入は避けるべきである．建物からの排気口付近，またはその風下に吸込み開口が位置しないような配慮も必要である．

8.2　全体換気装置の必要換気量

いま，**図 8･10** に示すように，単位時間あたり Q_i で有害物質が発生している室を単位時間あたり Q で換気した場合，導入外気の新鮮空気が瞬時，かつ一様に室内空気と混じりあって室内有害物質濃度が C になったとすれば，これらに次の関係式が成り立つ．

$$C = \frac{Q_i}{Q} \tag{8.5}$$

上式を変形すれば，室内有害物質濃度を C にするために必要な換気量 Q が次式で求められる．

$$Q = \frac{Q_i}{C} \tag{8.6}$$

室内で発生する有害物質の形(相)としては，粉じん，ガス，蒸気が考えられるので，以下，これらに分けて式(8.6)を応用した必要換気量の基本算出式を示す．

なお，下記 1)～3)の許容濃度については，巻末付表“許容濃度”を参考にされたい．

1)　粉じんの場合

$$Q = \frac{Q_P}{C_P} \tag{8.7}$$

ここに，Q　：必要換気量[m^3/min]

Q_P：粉じん発生量[mg/min]

C_P：粉じんの許容濃度[mg/m^3]

2)　ガスの場合

$$Q = \frac{Q_G}{C_G} \tag{8.8}$$

ここに，Q　：必要換気量[m^3/min]

Q_G：ガス発生量[ml/min]

C_G：ガスの許容濃度[ppm]

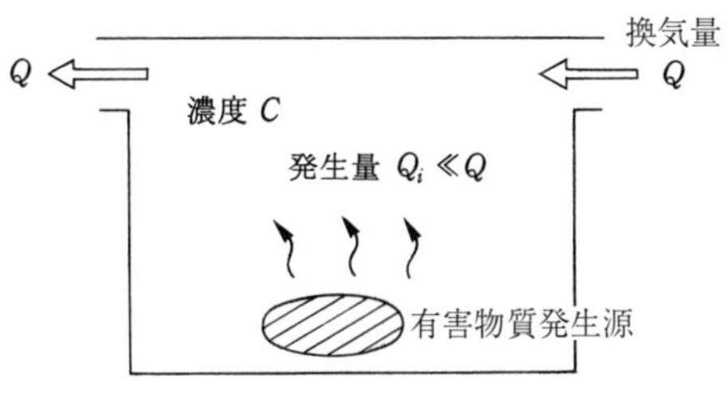

図 8･10　希釈換気の原理

3)　液体が蒸発して蒸気となる場合(固体が昇華する場合も同じ)

$$Q = 24\,000\frac{Q_L}{MC_L} \tag{8.9}$$

ここに，Q　：必要換気量[m^3/min]

Q_L：液体の量[g/min]

M　：液体の分子量[g]

C_L：蒸気の許容濃度[ppm]

なお，式(8.9)は(Q_L/M)モルの有害物質が気温約 20℃において気化する場合である．

有機溶剤中毒予防規則における全体換気の必要換気量(**表 8･3**)は，規則制定時の各種別ごとの代表有機溶剤(第 1 種有機溶剤は四塩化炭素，第 2 種有機溶剤はトルエン，第 3 種有機溶剤はガソリンの主成分オクタン)をこの式に当てはめて導かれたものであるが，その後有機溶剤の許容濃度が低く変更されたりしているので，これで満足すべき換気が行われるわけではないことに留意すべきである．

同規則において，換気扇の換気量が不明の場合は，換気扇の羽根の径に応じて**表 8･4** に示す値を用いてよいとされているが，あくまでも不明の場合の目安としての参考値であっ

表 8･3　有機溶剤中毒予防規則における全体換気量

消費する有機溶剤等の区分	1 分間あたりの換気量
第 1 種有機溶剤等	$Q=0.3\,W$
第 2 種有機溶剤等	$Q=0.04\,W$
第 3 種有機溶剤等	$Q=0.01\,W$

注：この表において，Q および W は，それぞれ次の数値を表すものとする．
Q：1 分間あたりの換気量[m^3]
W：作業時間 1 時間に消費する有機溶剤等の量[g]

表 8･4　風量が不明の場合の換気量の目安
(厚生労働省通達)

換気扇の大きさ(径)[cm]	15	20	25	30	40	50
風　量[m^3/min]	3	5	8	13	25	40

注：この表の風量は換気扇を定格電圧(100 V)および定格周波数(50 Hz または 60 Hz)で運転した場合とする．

て，性能が保証されているものではないことに留意すべきである．

一方，特定化学物質障害予防規則第5条の関係通達に“局所排気装置，プッシュプル型換気装置の設置が困難なときなど，これらを設けない場合に設ける全体換気装置の性能は？”の質問に対し，“作業環境中の第2類物質の濃度が労働大臣が定める値(抑制濃度)を超えないものとすることができる性能を有するものであること．”と回答されているので，この場合は換気装置の単なる能力ではなく，その作業場において全体換気装置を稼働して，所定の結果が得られなければならないことになる．

逆に，“蒸気・粉じんの気中濃度が抑制濃度を超えていないときについても局所排気装置の設置義務はあるか？”の質問に対し，“局所排気装置の設置に係る適用除外は労働基準監督署長の認定を受けることとなっており…”とあり，原則的には局所排気装置などの設置が求められる．

液状のものが気化したときの換気については，酸素欠乏症等防止規則においても規定があり，不活性気体(液状)を入れてある圧力容器の安全弁などから排出される不活性ガスの滞留による酸素欠乏を防止するため，次の場合は換気などの措置を講ずべきこととされている．

$$V \leqq 7\left\{\left(\frac{24\,W}{M}\right)-v\right\} \tag{8.10}$$

ここに，V：高さ2m以下の作業場の気積[m^3]

W：不活性気体(液状)の重量[kg]

M：不活性気体の分子量[g]

v：不活性気体の容器の内容積の合計[m^3]

4)　事務所などにおいて，二酸化炭素(炭酸ガス，CO_2)を基準にした場合

$$Q=\frac{Q_R}{C_R-C_O} \tag{8.11}$$

ここに，Q：必要換気量[m^3/min]

Q_R：室内の人間の二酸化炭素呼出量合計[ml/min]

C_R：室内二酸化炭素濃度(通常，1 000 ppm)

C_O：外気二酸化炭素濃度(通常，300～400 ppm)

5)　その他，1人あたりの専有面積から求める場合

建築基準法では，1人あたりの専有面積から換気量を求める式が示されており，その一例を示すと次のようである．

$$Q=\frac{20\times A_f}{N} \tag{8.12}$$

ここに，Q：必要換気量[m^3/h]

A_f：居室の面積[m^2]．ただし，窓などの有効な開口部がある場合，その面積の20倍したものを減じる．

N：1人あたりの専有面積[m^2]．ただし，$N>10$の場合は10とする．

いずれの場合も，室内汚染空気と導入新鮮外気が瞬時に，かつ，完全に混合する場合の理論式であるから，実際には計算量の数倍，場合によっては10倍近くの量を必要とする場合があることに留意しなければならない．

8.3　溶接作業場の換気

溶接は文字通り金属を溶かして接続する技術であるが，金属の溶融温度は極めて高温で金属が蒸気となって発生するほか，空中ではこれが凝固し，または空気中の酸素と化合して粉じんとして浮遊する．また，溶接箇所が空気と触れると溶融金属が酸化することにより溶接欠陥が生じやすいので，溶接箇所は炭酸ガス，ヘリウム，アルゴンなどの不活性ガスで覆うような措置がとられる．このように，溶接作業場には中毒の恐れがある化学物質，じん肺の恐れがある微細粒子，また，酸素欠乏の原因としての不活性ガスなど有害環境が形成される．

特定化学物質障害予防規則では，溶接ヒュー

ムには発がん性の酸化マンガンが含まれることから，これを特定第2類物質として規制し，溶接作業を行う屋内作業場に全体換気装置を設けることを義務付けている．第2類物質の発散源対策としての換気装置は，本来局所排気装置またはプッシュプル型換気装置とすべきであるが，溶接作業場の現況から全体換気装置またはこれと同等以上の措置（“同等以上の措置”には局所排気装置，プッシュプル型換気装置が含まれる）としている．

溶接作業の実態はさまざまであるが，多様な有害性が存在することから，局所的な作業に対しては局所排気装置やプッシュプル型換気装置を優先的に選択し，それが困難な場合に全体換気装置を選択することが望ましい．作業場所がときどき変化するような場合は，局所排気装置やプッシュプル型換気装置を移動式とするなども検討すべきである．局所排気装置などには，妨害気流を阻止する目的のほか有害紫外線が作業箇所から漏れないように，周囲を囲うことが望ましい．

8.4 置 換 換 気

8.4.1 置換換気の概要

室全体を換気するという意味での全体換気法には，希釈換気のほかに置換換気[5]と呼ばれる方法がある．

希釈換気法は室内に供給された空気が汚染空気と瞬時かつ一様に混合することが前提となっており，これを達成するために運動量の大きな流れを室内に供給し，室内に二次的に形成される流れが利用されている．

これに対して，最近注目されている置換換気は，室内にほとんど運動量を持たないような状態で給気を行い，室内の汚染空気を清浄な空気で置換しようとする考えのものであり，第1章**1.7.5**でも触れたが，このような考えに基づく換気は，工場内においても十分検討・応用される余地がある．

一様流を用いた置換換気は，速度と方向が均一な幅の広い空気流れを形成させ，この流れで室内の汚染空気を押し出すように置換しようと

コラム　喫煙室の設置

健康増進法の改正（平成30年）と軌を一にして，厚生労働省から新たな“職場における受動喫煙防止のためのガイドライン”（令和元7.1，基発0707-1）が発出された．

これによれば，一般の工場や事務所は飲食店とともに“第二種施設”に区分され，この施設内では技術的基準を満たした喫煙専用室か指定たばこ専用喫煙室（加熱式たばこのみ喫煙可能な喫煙室）を除き，労働者に屋内での喫煙を禁じることとされている．

喫煙専用室は，たばこ煙の流出防止のため次の事項を満たすこととされている（換気関係のみ抜粋）．

ア　出入口において，室外から室内に流入する空気の気流が，0.2 m毎秒以上であること．

イ　たばこの煙が室内から室外に流出しないよう，壁，天井等によって区画されていること．

ウ　たばこの煙が屋外又は外部の場所に排気されていること．

さらに，喫煙専用室内のたばこ煙を効果的に屋外へ排出するため，また，出入口から非喫煙区域にたばこ煙が流出することを防ぐための設置場所，施設構造について考慮すべき点を通達に付属の“別紙2”に細かく挙げているので参考にしていただきたい．

なお，旧ガイドラインで示されていた“喫煙室内の粉じん濃度を0.15 mg/m^3，一酸化炭素濃度を10 ppm以下にすること”は，撤廃された．喫煙室内で喫煙する者は自らこの基準をはるかに超えるたばこ煙を吸入しているのであるから，当然である．

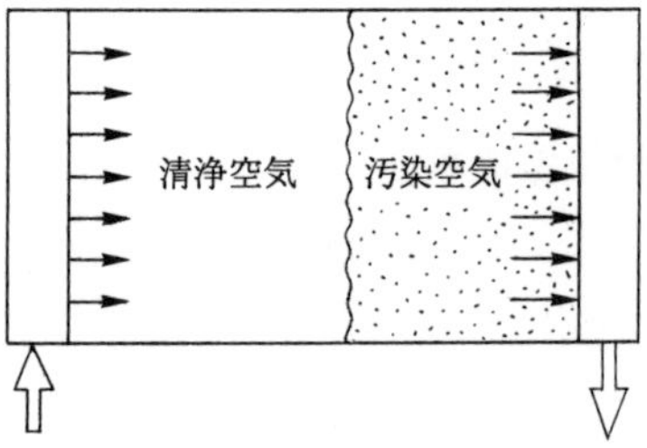

図8·11　ピストン換気

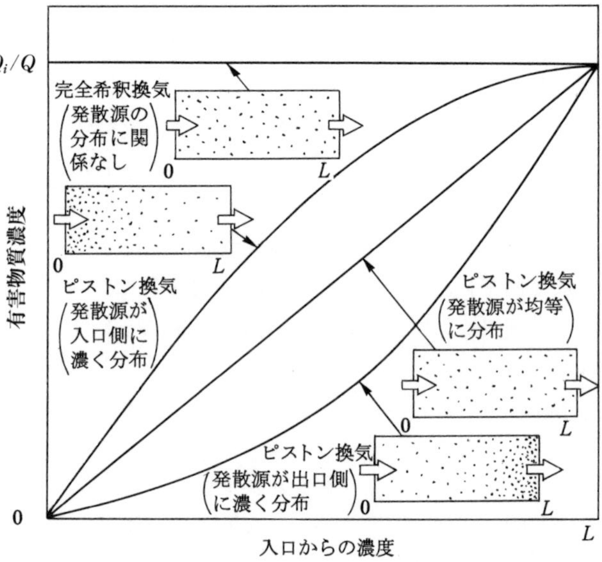

図8·12　換気方法と有害物質発生分布に応じた位置の濃度

するもので，一様流換気とも呼ばれる．この方法の最も典型的なものは，**図8·11**に示すように，室内全域を完全押出し換気するピストン換気である．

この場合の室内有害物質濃度の分布は，汚染物発生量を Q_i[m³/h]，換気量を Q[m³/h]とすれば，**図8·12**に示すように，新鮮空気入口では0，出口では Q_i/Q であり，この間は，室内における発散源の位置と発生量によって異なる．

図8·12には，完全希釈換気の場合の室内濃度分布も記してあるが，どのような発散源の位置状況であってもピストン換気のほうが効果的であることが明らかである．

有機則において"全体換気装置の送風機または排風機についてはできるだけ有機溶剤の蒸気の発散源に近い位置に設けなければならない．"とされているが，これは次のように2通りに解釈される．

1つは送風機の場合で，発散源近くに設けることにより，全体換気としての一様拡散・希釈を期待するもの，1つは排風機の場合で，この場合は全体換気としてより，置換換気的または局所排気的効果を期待するものということができる．もちろん，有害物質対策としては排風機またはそれに接続したダクトの開口部を発散源近くに設置する方法を採用するほうが望ましい．

一様流換気装置のうち法令で定められた一定の構造および性能を有するものは"密閉式プッシュプル型換気装置"であり，これに関しては第7章**7.3.1**で述べたのでここでは省略する．

8.4.2　置換換気などにおける換気性能

換気効率や換気性能を示す指標については，これまでにも多くの提案があるが，ここでは置換換気にも有効に利用できる，次のように簡単な式で表される指標 F を紹介しておきたい．

$$F=\frac{Q_i/Q}{C} \qquad (8.13)$$

ここに，C ：定常換気状態における室内平均濃度[m³/m³]

Q_i：有害物質発生量[m³/min]

Q ：換気量[m³/min]

式の定義からわかるように，F はいかに少ない換気量で有害物質濃度を低くできるかの指標を意味する．この値が大きいほど換気性能がよく，完全希釈換気の場合には F=1.0，また，

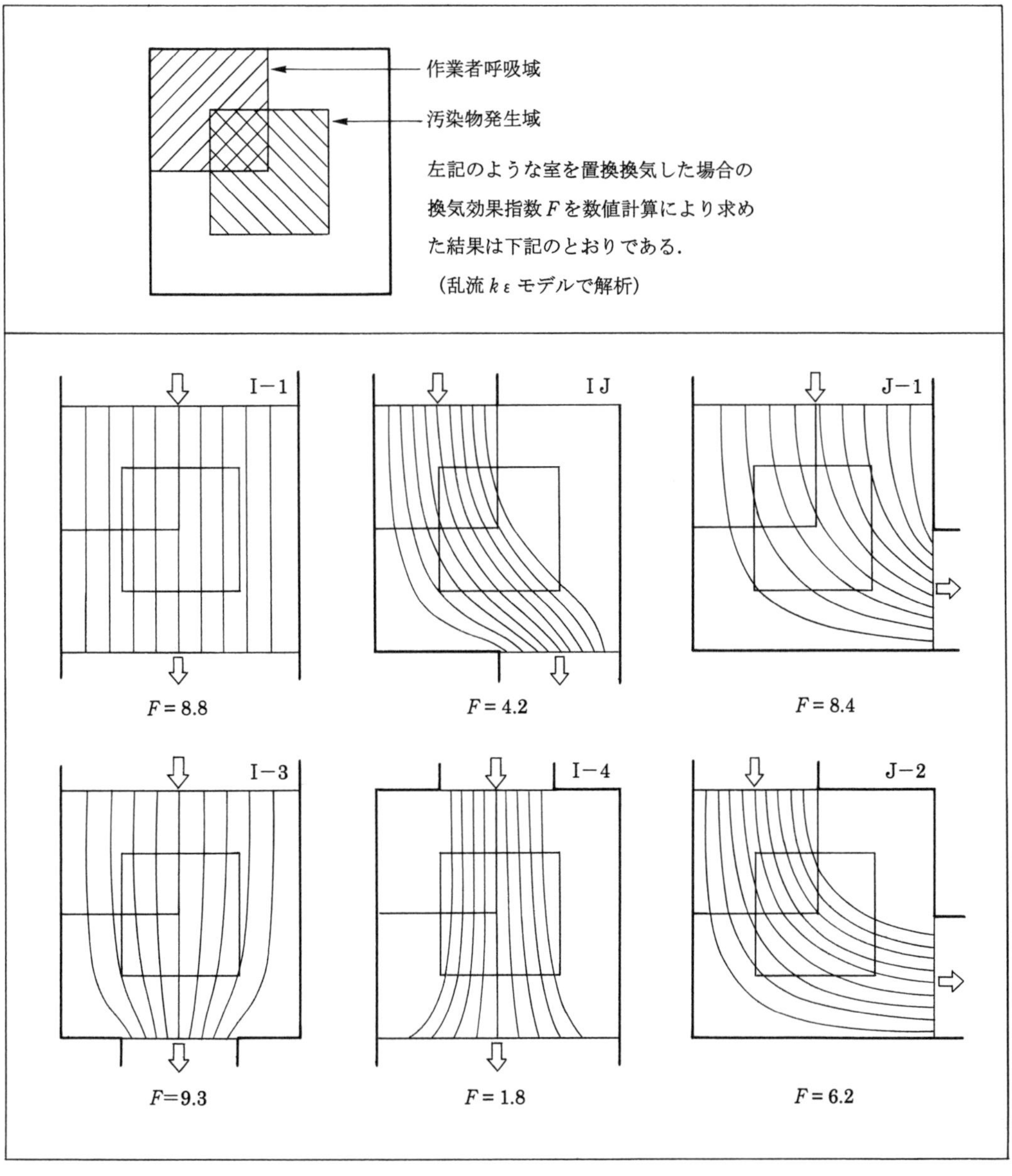

図 8·13　給・排気口の位置などによるFの変化

汚染物が室内全体から一様に発生する場合にはF=2.0となる.

なお，完全押出し換気で，汚染物の発生源が排気口付近に集中している場合には$F≒\infty$となる.

このFが有用なのは，希釈換気，不完全押出し換気も含めて各種換気法に適用できること，置換換気時の気流の流線をもとに求めることができること，換気による室内汚染空気の平均濃度の減衰曲線からも求めることができることなどにある[6)~8)].

また，**図 8·12**において，各濃度の線の積分値，すなわち各線の下側の面積が$1/F$に相当することにもなる.

Fの比較例として，**図 8·13**を示す．図から，同じ換気量でも室の給・排気口の位置などによってFの値，すなわち換気効果が大きく異なることがわかる.

この図から，密閉式プッシュプル型換気装置の吹出し側開口および吸込み側開口の関係を考えるとき，吹出し開口面積は広くとる必要があるが，吸込み側開口面積は吹出し側開口面積ほどは重要ではないということがわかる[9]．

参 考 文 献

1) 林　太郎編：換気集じんシステム(1973)，p.94，朝倉書店
2) 井上宇市：新版・空気調和ハンドブック(1967)，p.59，丸善
3) 沼野雄志：新・やさしい局排設計教室(2006)，pp.42～43，中央労働災害防止協会
4) 空気調和・衛生工学会編：空気調和・衛生工学便覧第Ⅱ篇，改訂11版(1987)，pp.240～241
5) 空気調和・衛生工学会編：工場換気の理論と実践(1999)，pp.104～105，空気調和・衛生工学会
6) 金原清之，林　太郎，辻　克彦，福原　驍：一様流を用いた換気に関する研究：第1報-流線による換気性能の予測，空気調和・衛生工学会論文集，6-17(1981)，pp.107～113
7) 金原清之，辻　克彦，福原　驍，林　太郎：一様流を用いた換気に関する研究：第2報-“押出し部・希釈部並列換気モデル”とポテンシャル流線による換気性能予測の限界，空気調和・衛生工学会論文集，7-20(1982)，pp.105～112
8) 金原清之，辻　克彦，福原　驍，林　太郎：一様流を用いた換気に関する研究：第3報-一様流換気の一般的特性および換気効率，空気調和・衛生工学会論文集，9-26(1984)，pp.11～19
9) 金原清之，桜井　寛，福原　驍，辻　克彦：密閉式プッシュプル型換気装置の換気効率，労働科学，77-12(2001)，pp.483～489，労働科学研究所

第9章　局所排気装置およびプッシュプル型換気装置の設計例

9.1　設計例1(囲い式フード)

有機溶剤を取り扱う箇所に，**図9･1**に示すような囲い式フードを設ける場合，この必要排風量を求める．

風量は，次の式から求める．

$$Q=60V_CAk \qquad (9.1)$$

ここに，Q　：排風量[m³/min]

V_C：制御風速[m/s]

A　：フード開口面積[m²]

k　：フードの補正係数[—]

有機溶剤中毒予防規則に定められた囲い式フードの制御風速 V_C(フード開口面における最小風速)は0.4 m/sであるが，これは法令で定められた最低値であるので，ここでは $Vc=0.45$ m/sとする．

フード開口面積 A は，0.9 m×0.7 m＝0.63 m² である．

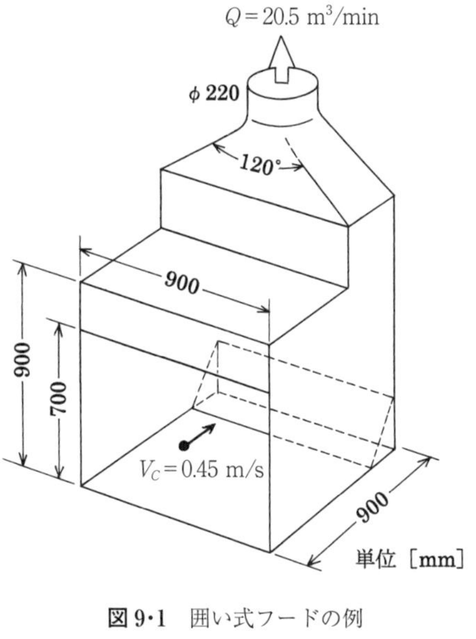

図9･1　囲い式フードの例

このフードのテイクオフ(フードとダクトの接続箇所)はフード内奥の上部にある．このような場合，フード開口面におけるフード内に流入する気流の風速分布は，均一ではなく，おおむね上部は速く，下部は遅くなる．したがって，フードへ流入する気流の平均風速として最低風速である制御風速を採用しては風量不足となるので，いくらかの補正(割増し)係数 k を考慮しなければならない．ここでは経験上，最低風速は平均風速の8割程度として，$k=1.2$ を採用することにする．これらの値を式(9.1)に代入すると，必要排風量は次式のように算出される．

$$Q=60\times0.45\times0.63\times1.2=20.41\ \mathrm{m^3/min}$$

小数点2位を繰り上げて，$Q=20.5$ m³/minに決定する．

(参考)

1)　k の値は，フード内からダクトへの吸込み口の取付け位置およびその形状によって異なる．k の値については基準値として示された資料は見当たらないが，筆者の経験では，通常 $k=1.0$〜1.3程度になる．この例の模型実験では $k=1.14$ であった．

2)　この例は有害物質が有機溶剤の場合であるが，特定化学物質の場合の風量は次のようになる．ガス・蒸気の制御風速は0.5 m/sとされており，この値をそのまま採用すれば風量 Q は22.7 m³/minとなる．また，粉じんの場合の制御風速は1.0 m/sとされており，この値をそのまま採用すれば，風量 Q は45.4 m³/minとなる．

9.2　設計例2(外付け式フード)

有機溶剤の蒸気が発散する作業箇所に，**図**

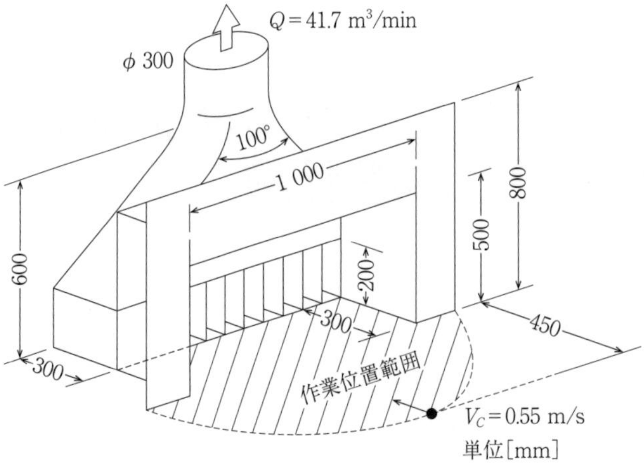

図9·2　外付け式フードの例

9·2 に示すようなテーブル上・フランジ付き・側方吸引型の外付け式フードを設ける場合，この必要排風量を求める．

この形の排風量の計算式は，第3章**表3·4**に示したように，2つの式が示されているが，ここでは安全な(風量が多めとなる)次式を採用する．

$$Q=30V_C(10X^2+A) \qquad (9.2.1)$$

ここに，Q ：排風量[m^3/min]

V_C：制御風速[m/s]

X ：フードから最も離れた作業点までの距離[m]

A ：フード開口面積[m^2]

有機溶剤中毒予防規則に定められた外付け式側方吸引フードの制御風速は0.5 m/sであるが，これは法令上の最低値であるので，ここでは V_C=0.55 m/sを採用する．

Xについて，規則に定められた制御風速測定点の解釈はわかりにくいが，要するに，フードから最も離れた有害物質の発散点と解する(第3章の"コラム'外付け式局所排気装置の制御風速はどの位置の風速？'"参照)．そうすると，この場合 X=0.45 mである．

フードの開口面積 A=0.5×1.0=0.5 m^2である．

これらの値を式(9.2.1)に代入すれば，必要排風量は次式のように算出される．

$$Q=30\times0.55\times(10\times0.45^2+0.5)$$
$$=41.66\ m^3/\text{min}$$

小数点2位を繰り上げて，Q=41.7 m^3/minに決定する．

(参考)

1)　有害物質が有機溶剤の場合は，吸引の方向により制御風速の法定値が異なる．側方吸引または下方吸引の場合，制御風速は0.5 m/sであり，この値をそのまま採用すれば必要排風量 Qは37.9 m^3/minであるが，上方吸引の場合，制御風速は1.0 m/sであるから，この値をそのまま採用すれば，Qは倍の75.8 m^3/minを要することになる．

2)　この例は有害物質が有機溶剤の場合であるが，特定化学物質の場合の風量は次のようになる．まず，特定化学物質障害予防規則では，制御風速により局所排気装置の性能が規定される物質と，フード外側の有害物質濃度(抑制濃度)により性能が規定される物質に分けられている．そして制御風速方式の場合，ガス·蒸気については0.5 m/s，粉じんについては1.0 m/sとされ，これらの値はフードの吸引方向とは関係ない．

したがって，この例のフードをガス・蒸気用に設計する場合は最低37.9 m^3/min，粉じん用に設計する場合は75.8 m^3/minの風量を要することになる．

3) ちなみに，このフードの風量算出式として次式も示されている．

$$Q=60\times0.75V_C(5X^2+A) \qquad (9.2.2)$$

上式によれば，$Q=60\times0.75\times0.55\times(5\times0.45^2+0.5)=37.5\ \mathrm{m^3/min}$ である．

9.3 設計例 3(流量比法による熱気流捕捉のための上方吸引フード)

図 9・3 に示すように，溶融した鉛を入れた溶融炉から上昇する鉛ヒュームを排出するため，上方フード型局所排気装置を設ける場合の必要排風量を求める．この場合は，上昇汚染空気量が無視できないので，前述のような制御風速をもとにした設計式を用いることは適切でなく，汚染空気量を考慮した"流量比法"を用いることになる．

第 3 章において流量比法による必要排風量の算出式について説明したが，熱による上昇気流の量(つまり，汚染空気発生量)については言及しなかったので，本節では，そのことも含めて説明する．

熱源からの上昇気流は，**図 9・3**(b)のように仮想の 1 点から発生して拡大上昇しているものと考え，次のような手順を踏んで計算する．

1) フードの大きさ F_3[m]は，熱源の大きさに対応した適切な値が必要であり，次式から求める．

$$F_3=0.8H+E \qquad (9.3)$$

ここに，E：熱源の幅で，短辺の値を採用[m]

H：実際の熱源とフードの距離[m]

設計例の場合，$F_3=0.8\times0.7+1=1.56$ m である．

2) 熱源の仮想点からの仮想高さ Z[m]を**表 9・1** から求める．

設計例の場合，$H/E=0.7$ であるから，$Z=2E=2\times1=2$ m である．

3) 上昇気流と周囲空気の温度差 Δt[℃]を**表 9・2** から求める．

表中の t_m は，発散源の(溶融)温度[℃]である．

設計例の場合，$H/E=0.7$ であるから，

$$\Delta t=t_m-20=800-20=780℃$$

表 9・1 Z の算出

$H/E \leqq 0.7$	$H/E>0.7$
$Z=2E$	$Z=(2E+H)/1.35$

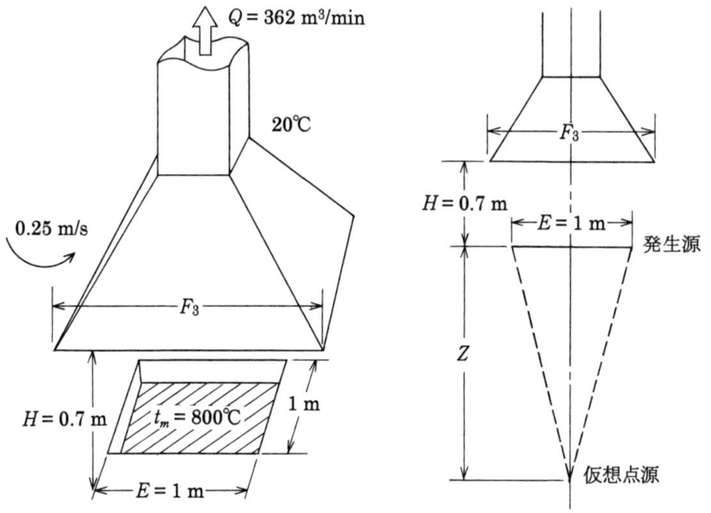

(a) 熱気流捕捉のための上方吸引フード (b) 発生点源の仮想

図 9・3 熱気流捕捉のための上方フードの例

表9･2　Δtの算出

$H/E \leqq 0.7$	$H/E > 0.7$
$\Delta t = t_m - 20$	$\Delta t = (t_m - 20)\left(\dfrac{2E+H}{2.7E}\right)^{-5/3}$

である．

4)　上昇気流発生量Q_1[m^3/min]は，次式から求める．

$$Q_1 = N \times 0.57\left(\frac{A}{N}\right)^{1/3} \Delta t^{4/9} Z^{3/2} \quad (9.4)$$

ここに，Q_1：上昇気流発生量[m^3/min]
A：実際の熱源の表面積[m^2]
N：熱源のアスペクト比(短辺/長辺)の逆数[—]

設計例の場合，$A = 1 \times 1 = 1$ m^2，$N = 1/1 = 1$であるから，

$$Q_1 = 1 \times 0.57\left(\frac{1}{1}\right)^{1/3} \times 780^{4/9} \times 2^{3/2}$$
$$= 0.57 \times 1 \times 19.3 \times 2.83$$
$$= 31.1 \text{ m}^3/\text{min}$$

となる．

5)　フードの必要排風量Q[m^3/min]は次式から求める．

$$Q = Q_1\{1 + n(K_L + 0.0012 \cdot \Delta t)\} \quad (9.5)$$

ここに，K_Lは，発生汚染空気量Q_1が漏れない限界において，フードが余分に吸い込まなければならない風量のQ_1に対する比(すなわち第3章で説明した流量比)であり，次式により算出する．

$$K_L = \left\{1.4\left(\frac{H}{E}\right)^{1.43} + 0.25\right\}\left\{\frac{0.82}{(F_3/E)^{3.4}} + 0.18\right\} \quad (9.6)$$

設計例の場合，

$$K_L = \left\{1.4 \times \left(\frac{0.7}{1}\right)^{1.43} + 0.25\right\}\left\{\frac{0.82}{(1.56)^{3.4}} + 0.18\right\}$$
$$= \{1.4 \times 0.60 + 0.25\}\left\{\frac{0.82}{4.54} + 0.18\right\}$$
$$= 1.09 \times 0.361 = 0.393$$

となる．

また，式(9.5)におけるnは安全係数で，**表9･3**を目安に，この場合，$n = 5$とする．

表9･3　安全係数の取り方

妨害気流の大きさ[m/s]	安全係数nの値
0〜0.15	3
0.15〜0.30	5
0.30〜0.5	7
0.5〜0.7	10

すると，必要排風量Qは，

$$Q = 31.1\{1 + 5(0.393 + 0.0012 \times 780)\}$$
$$= 31.1\{1 + 5 \times 1.33\} = 238 \text{ m}^3/\text{min}$$

となる．

(参考)上記の例では発生汚染空気量の8倍の排風量を要することになる．これを節減する方法としては，周りにバッフルを設けるなどにより妨害気流速度を低下させ，nの値を小さくすることである．妨害気流速度を0.15 m/s以下にすれば$n = 3$となり，必要排風量Qは，155 m^3/minで済ませることができる．

9.4　設計例4(密閉式プッシュプル型換気装置)

ブース内で幅$W_0 = 1.5$ m，長さ$L_0 = 3$ m，高さ$H_0 = 1.5$ mの製品を塗装する業務のために，**図9･4**に示すような天井吹出し・床面吸込みタイプの密閉式プッシュプル型換気装置を設ける．このブースの形状，風量などを求める．

1)　ブースの大きさ(幅W，長さL，高さH)は，$W \geqq 1.3W_0$，$L \geqq 1.3L_0$，$H \geqq H_0 + 1$，かつ$H \geqq 1.8$(第7章の式(7.6)〜(7.8))から$W = 3.5$ m，$L = 5$ m，$H = 2.5$ mとする．

2)　天井の吹出し開口の大きさ(幅W_1，長さL_1)は，$W_1 \geqq 0.6W$，$L_1 \geqq 0.9L$(式(7.9)および式(7.10))から$W_1 = 2.5$ m，$L_1 = 4.8$ mとする．

なお，この場合，ブース全体に吹出し空

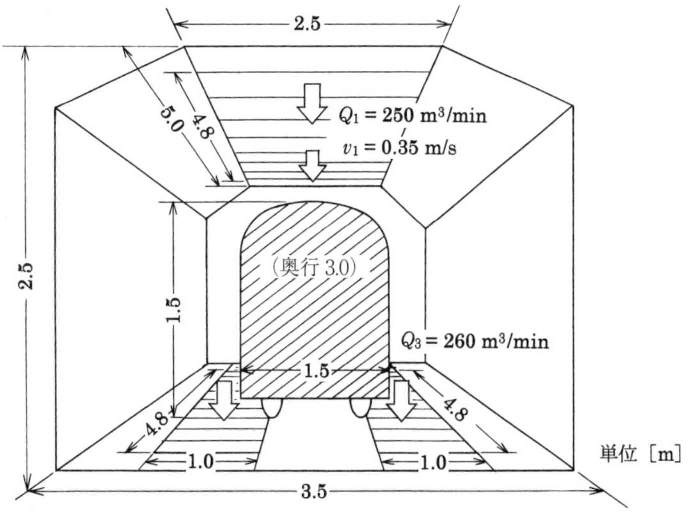

図 9・4　密閉式プッシュプル型換気装置の例

気が行き渡るように，吹出し開口面から吹き出される気流の方向を広角度にする工夫をすることが望ましい．その方法には，吹出し口に風向ベーンを設けることなどがある．

3)　床の吸込み開口面の大きさ(幅 W_3，長さ L_3)は，$W_3 \geqq 0.4W$，$L_3 \geqq 0.9L$(式(7.11)，(7.12))から，$W_3=2.0$ m，$L_3=4.8$ m とし，W_3 は比較的小さい値であるので，できるだけ均一吸込みとなるよう，図のように 2 箇所に分割して吸い込む構造とする．

4)　吹出し風量 Q_1 は，$Q_1 \geqq 12\,WL$(式(7.13))から，$Q_1 \geqq 12\times 3.5\times 5=210$ より大きく，$Q_1=250$ m³/min とする．

このときの捕捉面における下向き気流の平均風速 v は，0.24 m/s であり，法規の求める 0.2 m/s を満足する．

5)　吸込み風量 Q_3 は，ブース内部をマイナス圧とすることを考え，Q_1 より少し多くとり，$Q_3=260$ m³/min とする．

9.5　設計例 5(開放式プッシュプル型換気装置)

工場内に，短辺 $W_0=1.5$ m，長辺 $L_0=3.0$ m，高さ $H_0=1.0$ m の製品の塗装作業用として，**図 9・5** に示すような床上設置タイプの開放式プッシュプル型換気装置を設置する．このフード形状，必要排風量などの計算を行う．

フード設置場所付近の気流の速度 $v_0=0.4$ m/s である．

1)　プッシュプル型フード間距離 H

吹出し側と吸込み側のフードの設置距離 H は，できるだけ小さい値が望ましいが，作業者の移動を考慮して，$H=4.0$ m とする．

2)　吹出し側開口の大きさ(幅 D_1，長さ L_1)は，$D_1 \geqq 1.3H_0$，$L_1 \geqq 1.3L_0$(式(7.15)，(7.16))から $D_1=2.0$ m，$L_1=4.0$ m とする．

吹出し部にはフランジは設けない．すなわち，吹出し側フードの幅 F_1 は，D_1 と同じで $F_1=2.0$ m である．

3)　吸込み開口面の大きさ(幅 D_3，長さ L_3)は，$D_3 \geqq D_1$，$L_3 \geqq L_1$(式(7.17)，(7.18))から，$D_3=2.0$ m，$L_3=4.0$ m とする．

吸込み部にはできるだけ大きいフランジを設けることが望ましい．フランジを含めたフードの幅 F_3 は，$F_3 \geqq 0.1H+D_3 \geqq 0.1H+D_1$(式(7.20))から，$F_3 \geqq 0.1\times 4.0+2.0$

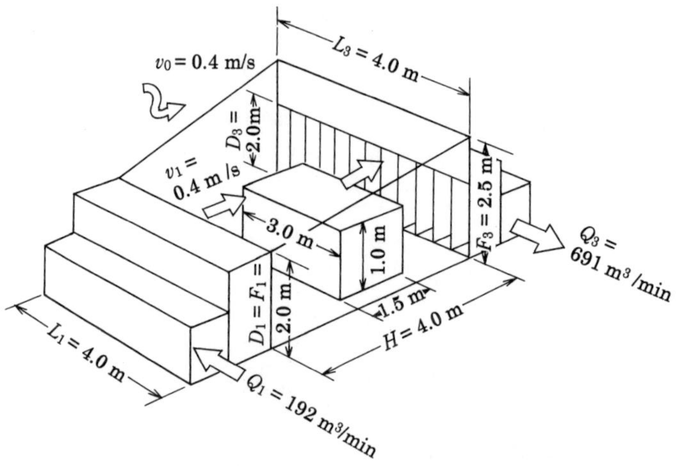

図 9･5 開放式プッシュプル型換気装置の例

$=2.4$ で，$F_3=2.5$ m とする．フランジのつば部分の幅は 0.5 m である．

吹出し・吸込み間の流れの両側にはバッフル(横からの妨害気流の遮へい板)を設けることとする．

4) 吹出し風速 v_1 は，吹出し・吸込み開口間距離および周囲の気流の速度を考慮して，$v_1=0.4$ m/s とする．

このときの吹出し風量 Q_1 は，次のとおりである．

$$Q_1=60\,D_1L_1v_1=60\times2.0\times4.0\times0.4=192\ \mathrm{m^3/min}$$

5) 余分に吸い込むべき風量の吹出し風量に対する比(流量比)K_D を求める．

簡単には，**図 7･25** および**図 7･26** から A および B を求め，$K_D=A\cdot B$ で求められる．

図 7･25 において，$H/D_1=2.0$，$D_1/F_3=0.8$ であり，$A=0.3$．

図 7･26 において，$H/D_1=2.0$，$v_0/v_1=1.0$ であり，$B=8.7$．

よって，$K_D=0.3\times8.7=2.61$ である．

ちなみに，図によらず式(7.23)で計算した結果は，$K=2.32$ であり，これにバッフルがある場合の安全係数 $m=1.1$ をかけて $K_D=2.32\times1.1=2.55$ となる．

6) 吸込み風量 Q_3 は，$Q_3=Q_1(1+K_D)$ (式(7.22))より，$Q_3=192(1+2.6)=691\ \mathrm{m^3/min}$ となる．

この場合，吸込み開口における吸込み速度は，1.44 m/s である．

表 7･3 を利用する場合は，$H=4$，$D_1=2$ から $L_1=1$ m あたりの Q_1 および K を求め，

$$Q_1=48\times L_1=48\times4=192\ \mathrm{m^3/min}$$
$$v_1=0.4\ \mathrm{m/s}$$
$$K_D=mK\left(\frac{v_0}{0.3}\right)^{1.5}$$
$$=1.1\times1.27\times1.54=2.15$$
$$Q_3=Q_1(1+K_D)=192\times(1+2.15)$$
$$=605\ \mathrm{m^3/min}$$

としても求めることができる．

この場合の Q_3 の値が小さくなるのは，**表 7･3** の F_3 は $2\,D_1$ すなわち $F_3=4$ m と大きくとる設定だからである．

(参考)これを局所排気装置とした場合の必要排風量は，フード開口から最も離れた発散源の位置がフード開口から 3 m としても

$$Q=60\times0.5\,v_c(10\,X^2+A)$$
$$=60\times0.5\times0.5\times(10\times3.0^2+2.0\times4.0)$$
$$=1\,470\ \mathrm{m^3/min}$$

という，大きな風量を要し，膨大なエネルギーを要することになる．

さらに粉じん作業の場合は，制御風速が 1.0 m/s であるから，2 940 m³/min となる．

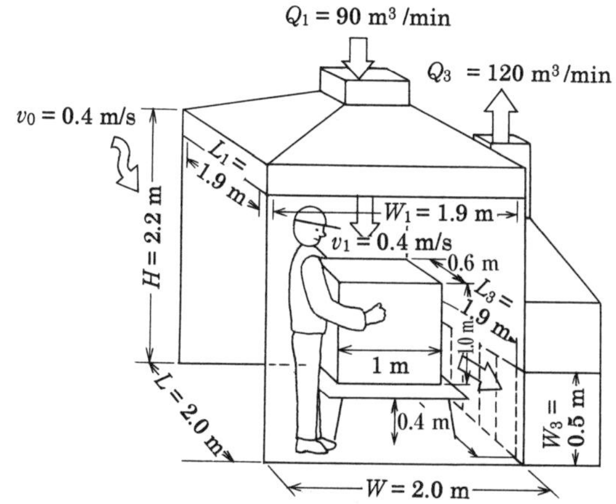

図 9・6 プッシュプルブースの例

9.6 設計例 6(プッシュプルブース)

縦 1.0 m×横 0.6 m，高さ 1.0 m の製品を高さ 0.4 m の台上に置き，研磨する作業を行うためのプッシュプルブースについての設計例を示す．

設置場所付近の気流は 0.4 m/s である．

1) 製品の大きさおよび作業者の動作を考慮して，ブースは前面開口，天井吹出し，奥壁下方吸込みタイプとする(**図 9・6** 参照)．

ブースの大きさは，入口幅 $L=2.0$ m，奥行幅 $W=2.0$ m，高さ $H=2.2$ m とする．

2) 吹出し開口面の大きさ(入口幅方向 L_1，奥行方向 W_1)は，密閉式プッシュプル型フードの考え方をもとに，$W_1 \geqq 0.6W$(式(7.9))，$L_1 \geqq 0.9L$(式(7.10))から，$W_1=1.9$ m，$L_1=1.9$ m とする．

3) 吸込み開口面の大きさ(入口幅方向 L_3，高さ W_3)は，L_3 については，$L_3 \geqq 0.9L$ 式(7.12))から，$L_3=1.9$ m とする．

W_3 については，腰壁下方吸込みであるので，$W_3 \geqq 0.4W$(式(7.11))を用いず，"天井高さ H の 0.2 倍程度"を参考に，$W_3=0.5$ m とする．

4) 吹出し風速 v_1 は，作業者に強い風速を与えないこと，捕捉面における風速 0.2 m/s 以上を確保すべきこと，周囲気流などを考慮して，$v_1=0.4$ m/s とする．

したがって，吹出し風量 Q_1 は，

$$Q_1 = 60\,L_1 W_1 v_1 = 60 \times 1.9 \times 1.9 \times 0.4 = 86.6$$

であり，$Q_1=90$ m³/min とする．

この場合，ブース内に作業者や製品などがないときの捕捉面通過平均風速は 0.37 m/s が確保される．また，作業中に作業者に当たる風速を推定すると，作業中はブース内に人および設備が存在するから，これらによる気流の通過面積の減少を考慮して，約 0.6 m/s となると見込まれる．

5) 吸込み風量 Q_3 は，$Q_3=Q_1\{1+0.26(H/D_1)\}$(式(7.25)における D_1 が W_1 に相当する)から，$Q_3=90\{1+0.26\times(2.2/1.9)\}=117$ であり，120 m³/min とする．

9.7 設計例 7(プッシュプル型局所換気装置(開放槽用))

縦 1.5 m×横 2.0 m の開口面を有する槽において，パイプ束を酸洗浄する作業を行う場合に設置するプッシュプル型局所換気装置の例を示す(**図 9・7**)．

事前に調査した周囲気流の速度は 0.4 m/s，槽からの上昇気流速度は 0.1 m/s，酸洗浄を終

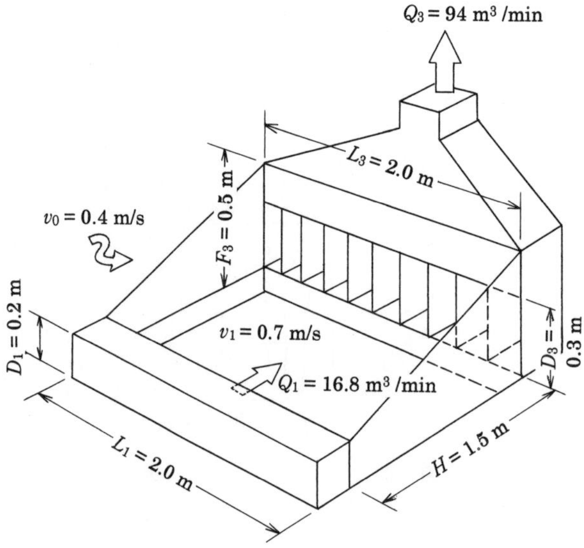

図 9・7　プッシュプル型局所換気装置の例

えたパイプ束の引き上げ速度は0.2 m/sであることから，プッシュプル流れを阻害する気流の速度v_0は，0.4 m/sとして設計する．

1）吹出し側と吸込み側のフードの設置距離Hは，できるだけ小さい値が望ましいので，槽の短辺をプッシュプル流れの方向にとり，$H=1.5$ mとする．

2）吹出し側開口面の大きさ(幅D_1，長さL_1)は，$D_1 \geqq H/30$(式(7.15)，(7.26))から，$D_1=0.2$ mとする．L_1は，槽の長辺寸法から，$L_1=2.0$ mとする．

吹出し側にはフランジは設けない．すなわち，吹出し側フードの幅F_1は，D_1と同じで$F_1=0.2$ mである．

3）吸込み開口面の大きさ(幅D_3，長さL_3)は，$D_3 \geqq D_1$，$L_3 \geqq L_1$(式(7.17)，(7.18))から，$D_3=0.3$ m，$L_3=2.0$ mとする．

吸込み側にはできるだけ大きいフランジを設けることが望ましい．フランジを含めたフードの幅F_3は，$F_3 \geqq 0.1H+D_3 \geqq 0.1H+D_1$(式(7.20))および$D_1 \leqq 0.5F_3$式(7.26))を満たすように，$F_3=0.5$ mとする．つまり，フランジのつばの部分は20 cmである．

吹出し・吸込み間の流れの両側にはバッフル(横からの妨害気流の遮へい板)を設けることとする．

4）吹出し風速v_1は，吹出し・吸込み開口間距離および周囲の気流の速度を考慮し，かつ，**図 7・28**から$v_0/v_1 \fallingdotseq 1.8$を得て，$v_1=0.7$ m/sとする．

このときの吹出し風量Q_1は，次のとおりである．

$$Q_1 = 60\,D_1 L_1 v_1 = 60 \times 0.2 \times 2.0 \times 0.7 = 16.8\ m^3/min$$

5）余分に吸い込むべき風量の吹出し風量に対する比(流量比)K_Dを求める．

簡単には，**図 7・25**および**図 7・26**からAおよびBを求め，$K_D=A \cdot B$で求められる．

図 7・25において，$H/D_1=7.5$，$D_1/F_3=0.4$であり，$A=0.76$.

図 7・26において，$H/D_1=7.5$，$v_0/v_1=0.57$であり，$B=6.0$.

よって，$K_D=0.76 \times 6.0=4.56$である．

ちなみに，図によらず式(7.23)で計算した結果は，$K=4.12$であり，これにバッフルがある場合の安全係数$m=1.1$をかけて

$K_D=4.12\times1.1=4.53$ となる．

6) 吸込み風量 Q_3 は，$Q_3=Q_1(1+K_D)$（式(7.22)）より，$Q_3=16.8\times(1+4.6)=94$ m^3/min となる．

この場合，吸込み開口面における吸込み速度は，2.6 m/s である．

表 7・4 を利用する場合は，$H=1.5$，$D_1=0.2$ から $L_1=1$ m あたりの Q_1 および K を求め，

$$Q_1=5.76\times L_1=5.76\times2=11.5\ m^3/min$$

$$v_1=0.48\ m/s$$

$$K_D=mK\left(\frac{v_0}{0.3}\right)^{1.5}$$

$$=1.1\times3.51\times\left(\frac{0.4}{0.3}\right)^{1.5}=5.94$$

$$Q_3=Q_1(1+K_D)=11.5\times(1+5.94)$$

$$=80\ m^3/min$$

としても求めることができる．

この場合の Q_3 の値が小さくなるのは，表の場合において，吸込み側フランジは $F_3=5D_1$，すなわち $F_3=1$ m と大きくとる条件であることによる．

（参考）

この発散源に対し局所排気装置を設置する場合は，まず，吸込み幅を発散源との距離の 1/1.5 以上としなければならないので吸込み開口幅は 1 m 以上としなければならない．すなわち，吸込み開口面積は少なくとも 2 m^2 となる．このときの必要排風量は，

$$Q=60\times0.5\,v_c(10\,X^2+A)$$

$$=60\times0.5\times0.5\times(10\times1.5^2+2.0\times1.0)$$

$$=368\ m^3/min$$

となり，プッシュプル型装置の吹出し・吸込み風量合計の 3.5 倍以上の風量を要することになる．

9.8 ダクト系の圧力損失計算例

9.1 および **9.2** で取り上げた 2 つのフードを，**図 9・8** のように配管した局所排気装置の圧力損失計算例を示す．

一般に，A・B 2 つのフードを有する局所排気装置の設計手順を示すと，**図 9・9** のようになるが，ここでは，**9.2** のフードを A，**9.1** のフードを B とする．

(1) **図 9・8** には，以後の計算を行う上で便利なように，ダクト系の必要な点に番号を付している．この番号は経路上の番地であり，説明に用いるとともに，記号の添え字としても使用する．

(2) 対象有害物質は有機溶剤であるので，ダクト内搬送速度は 10 m/s 程度とする．

(3) この局所排気装置全体の圧力損失はフード A から排気口，またはフード B から排気口までの圧力損失であるが，ここでは排風量の大きいフード A～排気口を経路と

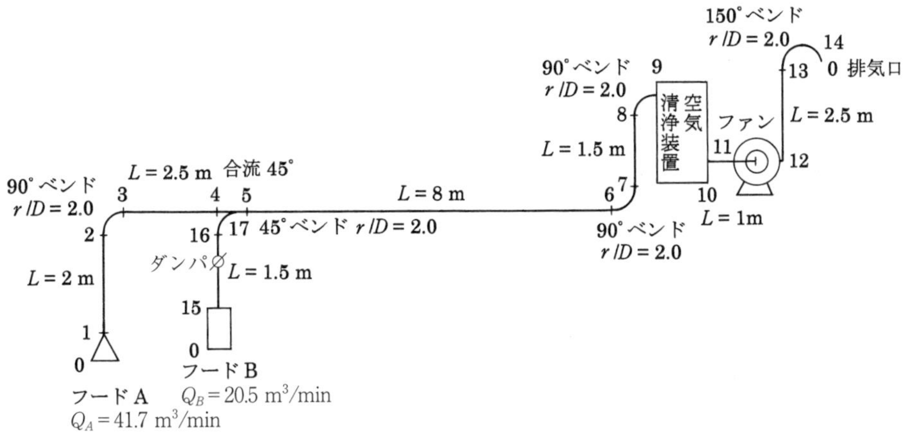

図 9・8 局所排気装置配管図

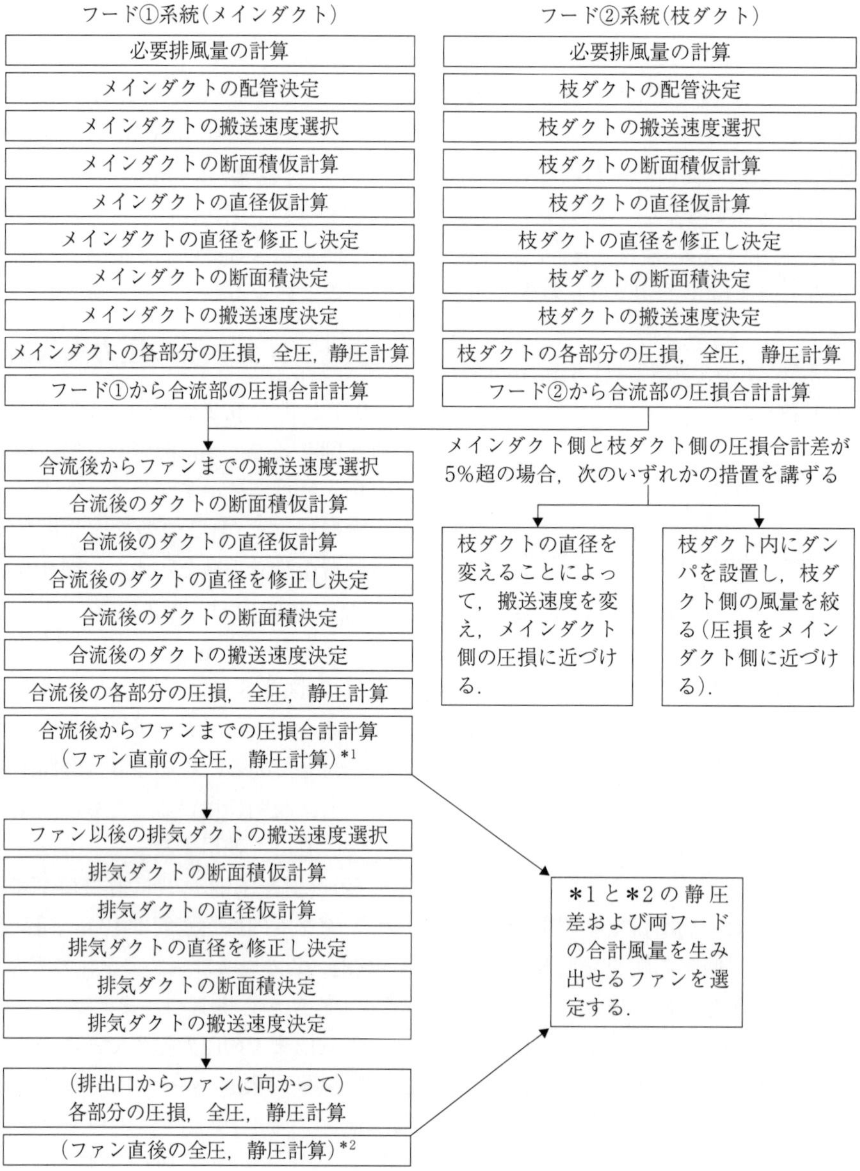

図9·9　ダクト計算の手順

した計算を行うこととする．なお，フードA～5(合流点)とフードB～5の圧力損失が等しくなるように設計する必要があるが，本例では，フードB側の枝ダクト内にダンパを挿入して調節する方法を採用する.

(4)　各部の圧力損失係数は，局所排気装置設置届の際に従来からよく使用されてきた**図9·10～9·12**を参考にする.

(5)　記号は次のとおりである.

D　：ダクト直径[m]
A　：ダクト断面積[m^2]
L　：ダクト長さ[m]
Q　：風量[m^3/min]
v　：(ダクト内)搬送速度[m/s]
P_T：全圧[Pa]
P_V：動圧(速度圧)[Pa]
P_S：静圧[Pa]
ρ　：空気の密度[kg/m^3](空気は1.2 kg/m^3)

(a)　円形または角形単開口

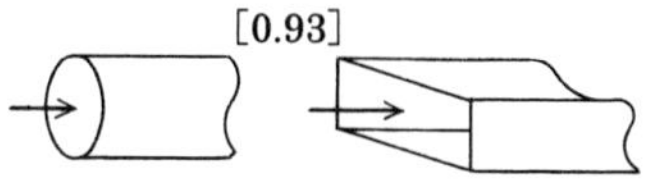

(b)　円形または角形フランジ付き開口

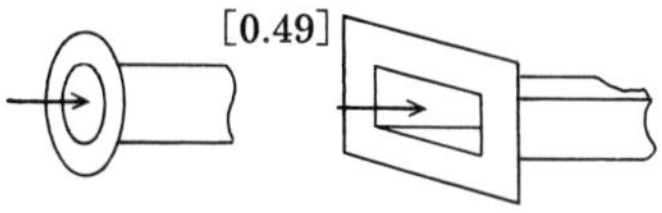

(c)　ダクト直結のブース

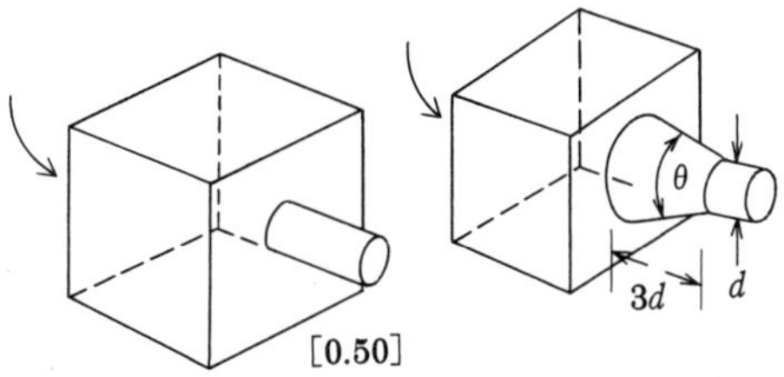

(d)　テーパダクト連結のブース

θ	円形	角形
15°	0.15	0.25
30°	0.08	0.16
45°	0.06	0.15
60°	0.08	0.17
90°	0.15	0.25
120°	0.26	0.35
150°	0.40	0.48

(e)　テーパフード

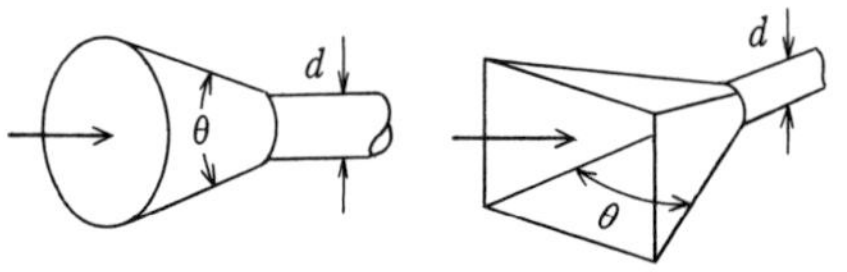

θ	円形	角形
30°	0.09	0.17
45°	0.06	0.16
60°	0.09	0.17
90°	0.16	0.25
120°	0.26	0.35

(f)　テーパダクト付き
グラインダ

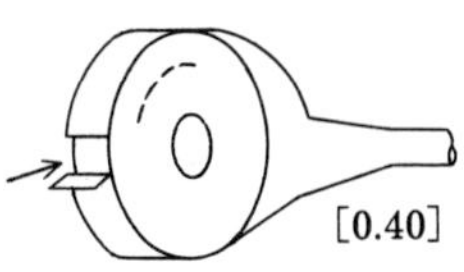

(g)　金網部分

開口比	ζ
70%	0.8
75%	0.68
80%	0.5

(h)　パンチング部分

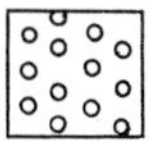

開口比	ζ
20%	38
40%	7.8
60%	3.0

図 9·10　ダクト系流入部分の圧力損失係数

ζ　：圧力損失係数[—]

λ　：直管部の管摩擦係数[—]（一般に新品ダクトの $\lambda=0.02$）

P_R：圧力損失[Pa]

以下，順をおって計算結果を示す．

1)　フードＡの0～5まで(合流前)のダクト直径を計算する．

$Q=60\,Av$ より，

$$A=\frac{Q}{(60\,v)}=\frac{41.7}{(60\times10)}$$
$$=0.069\,5\,\mathrm{m}^2(\text{仮の値})$$

$A=\pi(D/2)^2$ より，

$$D=\sqrt{\left(\frac{4\,A}{\pi}\right)}=\sqrt{\left(4\times\frac{0.069\,5}{3.14}\right)}$$
$$=0.297\,\mathrm{m}(\text{仮の値})$$

切りのよい数字とするため，$D_{0\sim5}=0.3$ m として採用する．

すると，ダクト断面積は $A=\pi(D/2)^2=3.14\times(0.3/2)^2=0.070\,7\,\mathrm{m}^2$ となる．

また，搬送速度は $v=Q/(60\,A)=41.7/(60\times0.070\,7)=9.83\,\mathrm{m/s}$ となる．

2)　この搬送速度を使って，合流前部分の動圧(速度圧)を計算しておく．

$$P_{V0\sim5}=\left(\frac{\rho}{2}\right)v^2=\left(\frac{1.2}{2}\right)\times9.83^2$$
$$=57.98\,\mathrm{Pa}\quad\rightarrow58.0\,\mathrm{Pa}\ \text{とする．}$$

3)　5～14間(合流後)のダクト直径を割り出す．

この間の風量はフードＡとフードＢの合計，すなわち $Q=62.2\,\mathrm{m^3/min}$ である．

$$A=\frac{Q}{(60\,v)}=\frac{62.2}{(60\times10)}$$
$$=0.103\,7\,\mathrm{m}^2(\text{仮の値})$$

$$D=\sqrt{\left(\frac{4A}{\pi}\right)}=\sqrt{\left(4\times\frac{0.1037}{3.14}\right)}$$
$$=0.363\ \mathrm{m}$$

切りのよい数字とするため，$D_{5\sim14}=0.35\ \mathrm{m}$として採用する．

すると，ダクト断面積は$A=\pi(D/2)^2=3.14(0.35/2)^2=0.0962\ \mathrm{m}^2$となる．

また，搬送速度は$Q/(60A)=62.2/(60\times0.0962)=10.78\ \mathrm{m/s}$となる．

4) この搬送速度を使って，合流後の動圧を計算しておく．

$$P_{V5\sim14}=\left(\frac{\rho}{2}\right)v^2=\left(\frac{1.2}{2}\right)\times10.78^2$$
$$=69.7\ \mathrm{Pa}$$

5) フードAの圧力損失

フードAの圧力損失$P_{R0\sim1}$は，**図9･10**中のテーパダクト連結のブース圧力損失係数を参考に，$\zeta_A=0.5$と見積もり，接続ダクトの動圧をかけて求める．

$$P_{R0\sim1}=\zeta_A P_{V0\sim5}=0.5\times58.0$$
$$=29.0\ \mathrm{Pa}$$

6) 1の点における圧力関係

フードから大気を吸引するために，フードからファンまでのダクト内はマイナス圧でなければならない．その値は圧力損失を補う値の分だけ必要で，フードA直後の圧力損失が1の点における全圧P_{T1}(−29.0 Pa)に相当する．

したがって，1の点における静圧P_{S1}は，$P_{T1}=P_{S1}+P_{V1}$から，$P_{S1}=P_{T1}-P_{V1}=-29.0-58.0=-87.0$ Paである．

以下，ファンまでの吸込みダクト内の任意の点における全圧は，その点までの圧力損失の合計に相当する値のマイナス値であり，動圧を差し引けばその点における静圧となる(どの点においても，全圧＝静圧＋動圧の関係式が成立するということである)．

7) 1〜2(直管部)の圧力損失

この部分の圧力損失は，$P_{R1\sim2}=\lambda(L/D)P_{V0\sim5}=0.02\times(2/0.3)\times58.0=0.13\times58.0=7.5$ Paとなる．

注：0.02×(2/0.3)×58.0を直接計算すれば，7.7 Paとなるが，ここでは，圧力損失係数ζに相当する$\lambda(L/D)$を先に求め，それに動圧をかける手順で計算している(第12章**表12･6**参照)．

いま計算は主ダクトについて行っているが，枝ダクトの管径を変えて圧力調整を行う場合に，枝ダクトについてζの値を求める必要が生じたときには，このやり方が便利となる(後述23)の注)参照)．

なお，直管部の圧力損失は，**図4･2**を用いて求めることもできる．それによれば，縦軸の風量41.7 m^3/min，右肩上がりのダクト径30 cm(または，右肩下がりの風速9.8 m/s)の交点を下に下ろして求められる1 mあたりの圧力損失はほぼ4 Paと読み取れ，2 mのダクトなら8 Paである．

2における全圧P_{T2}は2までの圧力損失合計($P_{R1}+P_{R2}=29.0+7.5=36.5$ Pa)のマイナスの値，すなわち−36.5 Paであり，静圧P_{S2}は$-36.5-58.0=-94.5$ Paである．

8) 2〜3(曲がり部)の圧力損失

曲がり部(ベンド)の圧力損失は，曲がり部の圧力損失係数に動圧をかけて得られる．

この部分の圧力損失係数は，**図9･11**中の(a) $r/d=2.0$のときの$\zeta=0.27$を採用する．

$$P_{R2\sim3}=\zeta P_{V0\sim5}=0.27\times58.0=15.7\ \mathrm{Pa}$$

9) 3〜4(直管部)の圧力損失

この直管部の圧力損失は，7)の場合と同様に求められる．

$$P_{R3\sim4}=\lambda\left(\frac{L}{D}\right)P_{V0\sim5}$$
$$=0.02\times\left(\frac{2.5}{0.3}\right)\times58.0$$
$$=0.17\times58.0=9.7\ \mathrm{Pa}$$

10) 4〜5(合流部)の圧力損失

合流の圧力損失は，メイン(主)ダクト側

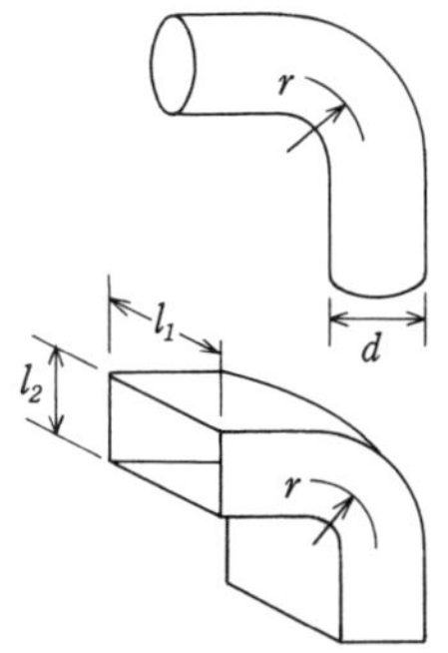

(a)　円形ダクトの曲がり

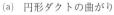

r/d	1.0	1.25	1.5	1.75	2.0	2.25	2.5	2.7
ζ	0.8	0.55	0.39	0.32	0.27	0.26	0.22	0.26

(b)　角ダクトの曲がり

r/l_2	l_2/l_1					
	4	2	1	1/2	1/3	1/4
0	1.50	1.32	1.15	1.04	0.92	0.86
0.5	1.36	1.21	1.05	0.95	0.84	0.79
1.0	0.45	0.28	0.21	0.21	0.20	0.19
1.5	0.28	0.18	0.13	0.13	0.12	0.12
2.0	0.24	0.15	0.11	0.11	0.10	0.10
3.0	0.24	0.15	0.11	0.11	0.10	0.10

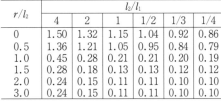

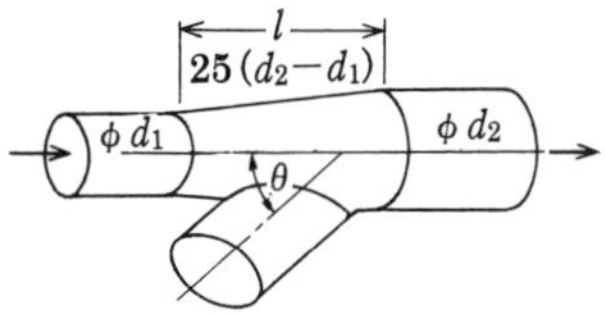

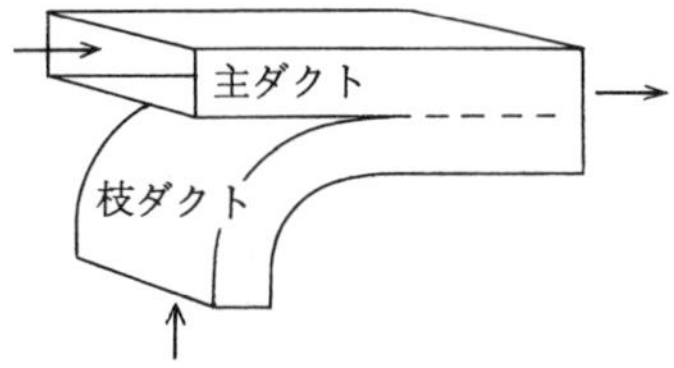

(c)　円形ダクトおよび角形ダクトの合流

	θ	10°	15°	20°	25°	30°	35°	40°	45°	50°	60°	70°
円形	枝ダクト側	0.06	0.09	0.12	0.15	0.18	0.21	0.25	0.28	0.32	0.44	1.00
	主ダクト側	←――――― 0.2 ―――――→										0.7
角形	枝ダクト側	角ダクトの曲がりとみなす.										
	主ダクト側	角ダクトの直管とみなす.										

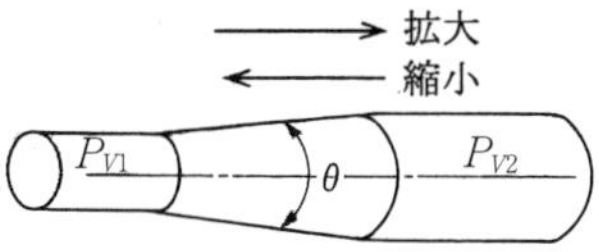

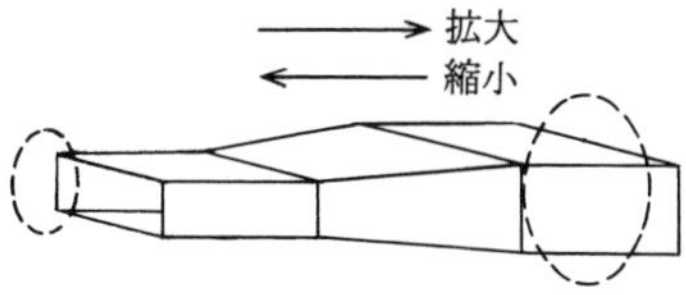

(d)　円形ダクトおよび角形ダクトの拡大および縮小

	θ	5°	7°	10°	20°	30°	40°	50°	60°	60°〜	90°	120°
円形	拡大	0.17	0.22	0.28	0.44	0.58	0.72	0.87	1.00	1.00		
	縮小			0.05	0.06	0.08	0.10	0.11	0.13		0.20	0.30
角形	相当直径の円形ダクトに置き換えて考えることを基本に推定する.											

注：拡大のとき $\Delta P=\zeta(P_{V1}-P_{V2})$，縮小のとき $\Delta P=\zeta(P_{V2}-P_{V1})$

図 9・11　ダクト径路の圧力損失係数

とブランチ(枝)ダクト側で異なる．この例の場合，フードA系の風量のほうがB系の風量より大きいから，一般的にはフードA系がメインとなる．この部分の圧力損失は，**図 9・11** 中の(c)から $\zeta=0.2$ を採用し求める．

$$P_{R4\sim5}=\zeta P_{V0\sim5}=0.2\times58.0=11.6\ \mathrm{Pa}$$

11)　5〜6(直管部)の圧力損失

5の点からファンに至る間は，風量は 62.2 m^3/min に，風速は 10.78 m/s に，ダクト直径は 0.35 m に，動圧は 69.7 Pa となっていることに注意する．

この直管部圧力損失は，7)および 9)と同様にして求める．

$$P_{R5\sim6}=\lambda\left(\frac{L}{D}\right)P_{V5\sim14}$$

$$=0.02\times\left(\frac{8}{0.35}\right)\times69.7$$

$=0.46\times69.7=32.1\ \mathrm{Pa}$

12)　6〜7(曲がり部)，7〜8(直管部)，8〜9(曲がり部)の圧力損失

$$P_{R6\sim7}=0.27\times69.7=18.8\ \mathrm{Pa}$$

$$P_{R7\sim8}=0.02\times\left(\frac{1.5}{0.35}\right)\times69.7$$

$$=0.09\times69.7=6.3\ \mathrm{Pa}$$

$$P_{R8\sim9}=0.27\times69.7=18.8\ \mathrm{Pa}$$

13)　9〜10(空気清浄装置)の圧力損失

空気清浄装置の圧力損失は，メーカーのデータを採用する．ここでは標準使用条件に沿って稼働するとして示された500 Paを採用する．なお，充てん層通過風速を標準条件より増減して稼働するときは，増減割合に比例して圧力損失を増減させる．

14)　10〜11(直管部)の圧力損失

$$P_{R10\sim11}=0.02\times\left(\frac{1}{0.35}\right)\times69.7$$

$$=0.06\times69.7=4.2\ \mathrm{Pa}$$

15)　11の点(ファン直前)における圧力関係

ここまでの圧力損失の合計は653.7 Paである．したがって，この点における全圧は，圧力損失合計値にマイナスをつけた$P_{T11}=-653.7$ Paとなる．

静圧は，全圧＝静圧＋動圧の関係から，$P_{S11}=-653.7-69.7=-723.4$ Paである．

16)　12〜14(ファン直後から排気口まで)の圧力損失

ファンより以後は，排気口(14の点)から逆に圧力損失を加算していくほうがわかりやすい．

この例においては，ファンから後も合流部以後と同じ直径のダクトを使用するものとしているので，ダクト内搬送速度および動圧も同じである．

なお，ファン以後の全圧は吐出し圧力であり，プラス圧である．

17)　0〜14(排気口)の圧力損失

排気口の圧力損失は，**図9・12**中の単管として$\zeta=1.0$を採用する．

$$P_{R0\sim14}=1.0\times69.7=69.7\ \mathrm{Pa}$$

この点における全圧は，圧力損失に対抗できる分だけ必要であるから$P_{T4}=69.7$ Paであり，静圧は全圧＝静圧＋動圧の関係から求める．

$$P_{S4}=69.7-69.7=0\ \mathrm{Pa}$$

18)　14〜13(曲がり部)の圧力損失

ここは150°の曲がりであるから，圧力損失係数は90°曲がりの値に150/90をかけたものとなる．

$$P_{R14\sim13}=0.27\times\left(\frac{150}{90}\right)\times69.7$$

$$=31.4\ \mathrm{Pa}$$

19)　13〜12(直管部)の圧力損失

$$P_{R13\sim12}=0.02\times\left(\frac{2.5}{0.35}\right)\times69.7$$

$$=0.14\times69.7=9.8\ \mathrm{Pa}$$

20)　ファン直後(12の点)における圧力関係

排気口から12の点までの圧力損失の合計は110.9 Paで，これに対抗する全圧$P_{T12}=110.9$ Pa，静圧$P_{S12}=110.9-69.7=41.2$ Paである．

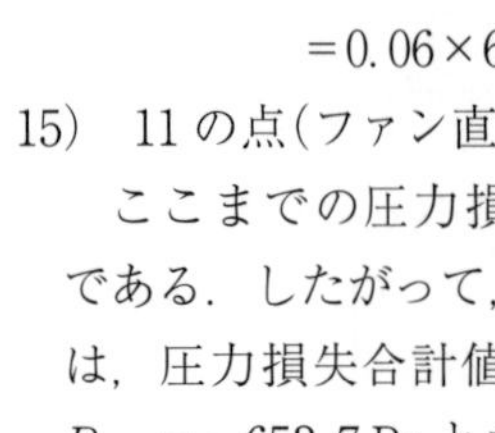

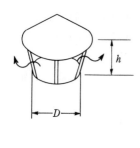

(a)　ウェザーキャップ付き円形排気筒

h/D	1.0	0.75	0.70	0.65	0.60	0.55	0.50	0.45
ζ	1.10	1.18	1.22	1.30	1.41	1.56	1.73	2.00

(b)　円形または角形単管出口

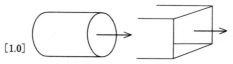

[1.0]

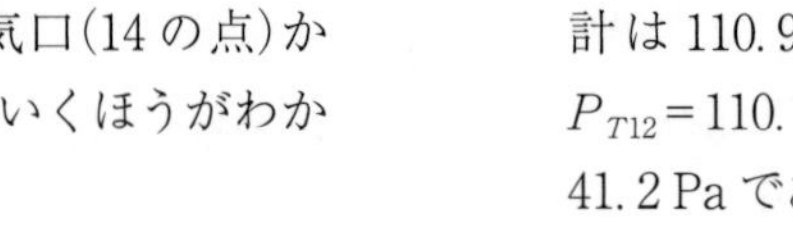

(c)　ルーバ

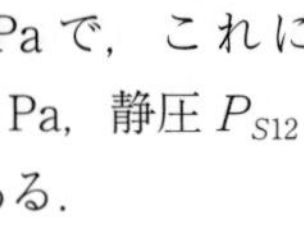

開口比	ζ
70%	1.50
90%	1.25

図9・12　排気口の圧力損失係数

21) ファン前後の圧力関係

ファン前後の全圧の差は，ファン直後の全圧からファン直前の全圧を引けば，110.9－(－653.7)＝764.6 Pa で，これは装置全体の圧力損失合計に相当する．

なお，装置全体の圧力損失には，枝ダクト(フードB系)の圧力損失は計上しないことに留意しなければならない．

ファン前後の静圧差は，ファン直後の静圧からファン直前の静圧を引けば，41.2－(－723.4)＝764.6 Pa となる．

22) ファンの選定

上記静圧差をもってファン選定の基準とする．一般に，ファンの静圧に対応させて選定すれば，ファンの動圧分だけ大きな全圧のファンを選定することになり，安全側に選定することになる．ただし，JIS では，(ファン静圧)＝(ファン全圧)－(ファン吐出し口における動圧)とされており，ファン直後のダクト径がファン直前のダクト径より大きい場合は，ファン前後の静圧差は小さくなるから，その点の留意は必要である．

23) 枝ダクトの圧力損失

枝ダクト(フードB～合流部の5の点まで)の圧力損失は，メインダクトの場合にならって計算すればいい．ただし，合流部の圧力損失係数は，枝ダクト側のデータを用いる．

また，フードA～合流部(5の点)までとフードB～合流部までの圧力損失はほぼ同じ(5% 以内)になるようにしなければならない．差が大きい場合は枝ダクトの直径を変えるか，枝ダクト側にダンパ(風量調節装置であると同時に，圧力損失調節装置であるともいえる)を挿入して調節するなどの措置を講じなければならない．

本例の場合は，枝ダクトにダンパを挿入する方法を採用している．

注：もし，枝ダクトの直径を変えるのであれば，

(主ダクト側のフードから合流点までの圧力損失合計)＝(枝ダクト側のフードから合流点までの圧力損失係数の合計)×動圧

の関係から枝ダクト側の動圧を求めれば，速度が求まり，枝ダクト側の管径を求めることができる．

以上の計算結果を設計計算書に整理したものが第12章の**表 12・6** であるので，参考にされたい．

9.9 ファンの選定例

ファンカタログを取り寄せ，**9.8** の計算結果(風量 62.2 m^3/min，ファン前後の静圧差 764.6 Pa)を満足するファンを選ぶ．

カタログには，各種ファンの性能を表す性能曲線(横軸に風量，縦軸に静圧)が描かれているから，上記の風量と静圧を表す点(計画点)を直近に(内側に)含む性能曲線を有するファンを選定する．

図 9・13 は計画点(○印)を満足するプレートファンの例である．図の右下がりの複数の曲線が性能曲線であり，計画点はほとんど“2 080”と書かれた曲線近くにあることがわかる．すなわち，このファンの軸回転数を毎分 2 080 回転して運転すれば，わずかに風量と静圧を下回る性能が得られることになる．

しかし，計画点は厳密には“2 080”線の外側にあるから，風量と静圧を完全に得ようとするなら，計画点を直近に含む“2 240”の性能曲線を選ぶことになる．その場合，実際の稼働点は余分の風量と静圧のもとで運転することになる．

図の右上がり曲線は(0, 0)と計画点を通る二次曲線であり，抵抗曲線または静圧曲線とも呼ばれるものである．この線は，計画点を(Q, P)とすれば $Q=aP^2$ の曲線であり，(0, 0)，(Q/2, P/4)，(1.2Q, 1.44P)などをなぞって描けば図化できる．この抵抗曲線と“2 240”の性能曲線との交点(●印＝稼働点)で運転されることになる．

回転数 2 240 rpm で運転すれば，風量 67.0

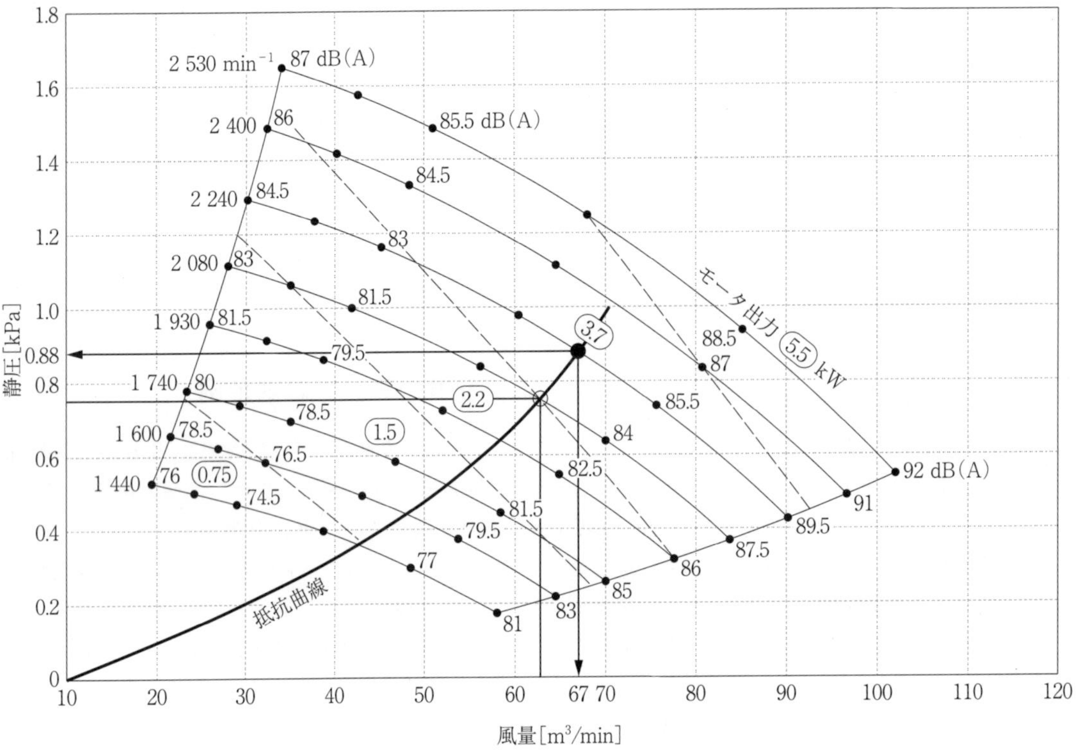

図9・13　ファンの選定(S電気：カタログより[9])

m³/minが得られ，このときの静圧は8.8 hPa，モータ出力は3.7 kWである．

電力は(風量)×(圧力)²に比例するから，余分の風量と静圧を少なくしたい場合は，ファンの回転数を下げて性能曲線を計画点まで近づければよい．

参　考　文　献

1)　中央労働災害防止協会編：局所排気・プッシュプル型換気装置及び空気清浄装置の標準設計と保守管理(2019)，pp. 35〜123，中央労働災害防止協会

2)　空気調和・衛生工学会編：工場換気の理論と実践(1999)，pp. 167〜194，空気調和・衛生工学会

3)　林　太郎編：換気集じんシステム(1973)，pp. 281〜345，朝倉書店

4)　林　太郎編：工場換気(1982)，pp. 161〜199，空気調和・衛生工学会

5)　林　太郎，桜井　寛：作業環境の改善(1973)，pp. 270〜411，工学図書

6)　中央労働災害防止協会調査研究部：プッシュプル型換気装置(粉じん用)の性能基準等に関する調査研究委員会報告書(1984)，pp. 35〜79，中央労働災害防止協会

7)　局所排気装置の標準設計法等に関する専門家会議，局所排気装置の標準設計法等についての検討結果報告書(労働省労働基準局長あて)(1980)

8)　沼野雄志：やさしい局排設計教室(2015)，pp. 147〜185，224〜335，中央労働災害防止協会

9)　昭和電気：プレートファンカタログ(2008)，p. 7

第10章　検査および点検

10.1　局所排気装置などの検査および点検

労働衛生法規により，局所排気装置，プッシュプル型換気装置，除じん装置，排ガス処理装置および排液処理装置は毎年，定期自主検査を実施しなければならない．

検査は装置の分解も含め，細部にわたって構造・性能のチェックを行うものであり，実施すべき項目は規則に定められている．特定化学物質障害予防規則(特化則．以下，各規則については**表11･1**の略称を用いることとする)を例にとれば，それぞれについての検査項目は次のとおりである．

1)　局所排気装置，プッシュプル型換気装置

イ　フード，ダクトおよびファンの摩耗，腐食，くぼみその他損傷の有無およびその程度

ロ　ダクトおよび排風機におけるじんあいの堆積状態

ハ　ダクトの接続部におけるゆるみの有無

ニ　電動機とファンとを連結するベルトの作動状態

ホ　吸気および排気の能力(プッシュプル型換気装置については送気能力も)

へ　その他，性能保持のため必要な事項

2)　除じん装置，排ガス処理装置および排液処理装置

イ　構造部分の摩耗，腐食，破損の有無およびその程度

ロ　除じん装置または排ガス処理装置にあっては，当該装置内におけるじんあいの堆積状態

ハ　ろ過除じん方式の除じん装置にあっては，ろ材の破損またはろ材取付け部などのゆるみの有無

ニ　処理薬剤，洗浄水の噴出量，内部充てん物などの適否

ホ　処理能力

へ　その他，性能を保持するため必要な事項

有機溶剤業務など一定の作業には作業主任者を選任することが義務づけられているが，作業主任者は毎月これら設備の点検を行わなければならない．点検は，検査より項目および程度の軽いもので，当面の性能確保のためのチェック的なものである．点検は，装置をはじめて使用するとき，補修後はじめて稼働するときにも実施する．

1)　特化則，粉じん障害防止規則(粉じん則)，石綿障害予防規則(石綿則)における局所排気装置，プッシュプル型換気装置および除じん装置の点検項目

定期自主検査項目に同じ．

2)　有機溶剤中毒予防規則(有機則)，鉛中毒予防規則(鉛則)における局所排気装置，プッシュプル型換気装置の点検項目

イ　ダクトおよび排風機におけるじんあいの堆積状態

ロ　ダクトの接続部におけるゆるみの有無

ハ　吸気および排気の能力(プッシュプル型換気装置については送気能力も)

ニ　その他，性能を保持するため必要な事項

3)　鉛則における除じん装置の点検項目

イ　除じん装置内部におけるじんあいの堆積状態

ロ　ろ過除じん方式の除じん装置にあって

は，ろ材の破損の有無

ハ　処理能力

ニ　その他，性能を保持するため必要な事項

なお，作業主任者が点検を行うべき換気装置には全体換気装置も含まれる．

定期自主検査および点検を行ったときは，次の事項を記録して，3年間保存することになっている．

イ　検査年月日

ロ　検査方法

ハ　検査箇所

ニ　検査結果

ホ　実施者

ヘ　検査の結果に基づいて補修等の措置を講じたときは，その内容

10.2　点検の実施と事後措置

作業主任者が行う月例点検のやり方の詳細は，法令上特に規定されていないが，通達(昭和53年基発第479号)では"…健康障害予防のための措置に係る事項を中心に点検することをいい，具体的には装置の主要部分の損傷，脱落，腐食，異常音等の異常の有無，装置の効果の確認等がある．"とされている．

この目的を達成するためには，次項で述べる詳細な検査までは要求されないまでも，単に目視にとどめず，簡単な器具などを用いた最低限の確認行為は必要である．

装置を外部から目視して損傷，脱落，外部腐食は点検できるが，内部腐食は木の棒などで軽く叩いてみて音の様子で判断する．また，装置の効果の確認とは，有害物質が拡散せずに吸引されていることを確認することであり，いいかえれば，必要な制御風速が確保されているかということである．これは，目視のみでは容易に判断がつかないから，少なくともスモークテスタなどの使用が不可欠である．

スモークテスタとは，内部に四塩化チタンまたは第二塩化スズを封入した細長いガラス製アンプルの両端をカットし，一方の切り口からゴム球で空気を送ることによって，押し出された四塩化チタンなどが空気中の水分と反応して白煙を生じ，この流れを観察することで気流を可視化する簡単な器具である．

スモークテスタの写真を**図10･1**に示す．簡

コラム　許容濃度，管理濃度，抑制濃度

局所排気装置の一部については，フードの外側で有害物質濃度を測定し，所定の濃度(抑制濃度)以下であれば性能が確保されていると判断することとされる場合がある．

労働衛生上用いられる有害物質の濃度には，抑制濃度のほかに許容濃度および管理濃度がある．許容濃度とは，労働者が1日8時間，1週40時間，肉体的に激しくない労働強度で有害物質にばく露される場合に，当該有害物質の平均ばく露濃度がこの数値以下であれば，ほとんどすべての労働者に健康上の悪い影響が見られないと判断される濃度である*．

また，管理濃度とは，許容濃度および各国のばく露の規制のための基準の動向を踏まえつつ，作業環境管理技術の実用可能性その他，作業環境管理の目的に沿うよう行政的な見地から設定したものである*．用途から区別すれば，許容濃度はばく露の基準，管理濃度は作業環境の良否判定の基準，抑制濃度は局所排気装置の性能判定基準である．許容濃度が時間の要素を含むのに対し，管理濃度や抑制濃度は時間の要素は考えない．管理濃度や抑制濃度の値は，その多くが許容濃度と等しいものが多い(これらについては，巻末資料を参照されたい)．

*中央労働災害防止協会編：新・衛生管理第1種用・上(2008-5)，p. 133，中央労働災害防止協会より引用．

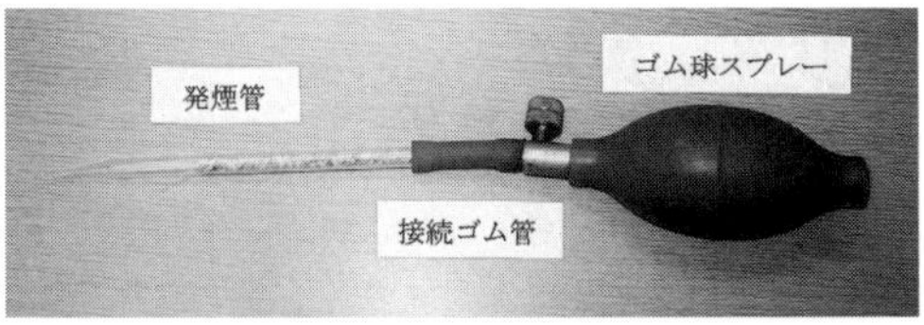

図 10･1　スモークテスタ

便かつ廉価な器具であり，局所排気装置などの月例点検にとどまらず，作業巡視時などにも広く活用できるので，備えておく価値がある．

点検の結果，局所排気装置の性能上最も重要な制御風速や吸込み風量が不足している場合は，次のような原因が考えられる．

1)　フード
　イ　形，大きさ，向きが適正でない，または変更されている．
　ロ　変形，損傷，腐食している．

2)　ダクト
　イ　くぼみなどの変形，腐食がある．
　ロ　内部に粉じんなどが堆積している．
　ハ　接続部などから漏れている．
　ニ　新たなダクト系が増設されている．
　ホ　ダンパ調節が適正でない．

3)　処理装置
　イ　破損，損傷がある．
　ロ　目詰まりを起こしている．
　ハ　ダクトとの接続箇所が緩んでいる．
　ニ　処理物質を取り出さず放置している．

4)　ファン
　イ　損傷，腐食がある．
　ロ　モータとの接続ベルトが緩んだり，一部切れたり，滑りがある．

5)　作業環境
　イ　作業方法が変更されているなど，発散源とフードとの距離が大きくなっている．
　ロ　フードの開口面近くに妨害物が置かれている．
　ハ　付近の窓などからフードへの気流を乱す強い風がある．
　ニ　スポットクーラの風が気流を妨害している．
　ホ　局所排気装置が設置されている室内への給気が不足し，室内が負圧化している．

また，プッシュプル型換気装置の性能確保上最も重要な，適正な一様流が得られていない場合には，次のようなことが考えられる．

1)　フード
　イ　吹出し側フードまたは吸込み側フードに損傷，変形などがある．
　ロ　吹出し開口面または吸込み開口面に目詰まりが生じている．
　ハ　吹出し側および吸込み側フードの向きが設置時の状態からずれている．
　これらの結果，吹出し風速分布や吸込み風速分布が乱れると，プッシュプル流れが旋回流となるなどの弊害が生じる．

2)　吹出し・吸込み風量のバランスが崩れている．
　これらの原因として，上記，1)のほか，局所排気装置について述べた1)～4)の事項がここでもいえる．

3)　作業環境
　イ　吹出し・吸込み開口間，特に吹出し開口部付近に吹出し流れの均一性を阻害する大きな物体が存在する．
　ロ　その他，上記，局所排気装置について述べた5)の事項に同じ．

これらの原因が判明したなら，原因に対応した対策を早急にとることが必要である．

性能の向上が直ちに期待できない場合は，応急措置を講じ，作業方法，作業点(発散源の範囲)を制限することや保護具の使用なども考慮すべきである．

点検項目の見落としを防ぐためには，チェックリスト(**表 10･1** 参照)を用い，これを保存しておけば記録保存義務も達成できる．

表 10･1 に局所排気装置毎月点検チェックリストの例を示す．

表10･1 局所排気装置毎月点検用チェックリスト(6か月分用)

設置場所(作業場)	年月日	・ ・	・ ・	・ ・	・ ・	・ ・	・ ・
	決済欄						
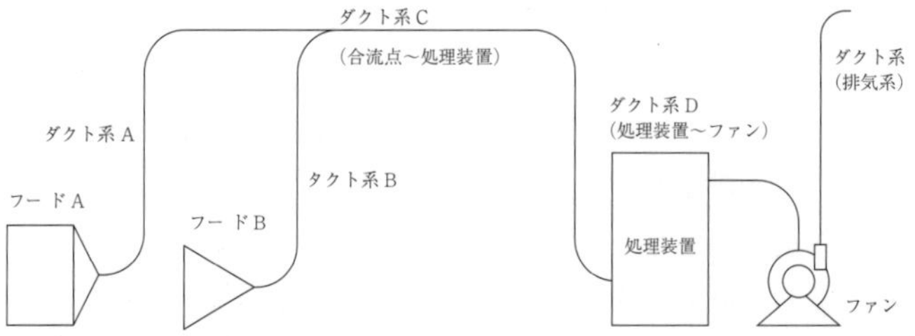							
点検年月日	前回の状況	・ ・	・ ・	・ ・	・ ・	・ ・	・ ・
点検実施者							
フードA							
破損，変形，腐食，摩耗など							
吸込み状況，制御風速							
ダンパ状況							
フードB							
破損，変形，腐食，摩耗など							
吸込み状況，制御風速							
ダンパ状況							
ダクト系A							
破損，変形，腐食，摩耗など							
接続部のゆるみ・漏れ							
粉じんの堆積状況など							
ダクト系B							
破損，変形，腐食，摩耗など							
接続部のゆるみ・漏れ							
粉じんの堆積状況など							
ダクト系C							
破損，変形，腐食，摩耗など							
接続部のゆるみ・漏れ							
粉じんの堆積状況など							
ダクト系D							
破損，変形，腐食，摩耗など							
接続部のゆるみ・漏れ							
粉じんの堆積状況など							
排気系ダクト							
破損，変形，腐食，摩耗など							
接続部のゆるみ・漏れ							
粉じんの堆積状況など							
排気の状況							
処理装置							
破損，変形，腐食，摩耗など							
接続部のゆるみ・漏れ							
有害物質捕集状況							
装置前後の静圧差							
ファン							
接続部のゆるみ・漏れ							
異常音，振動，過熱など							
ベルトのゆるみ							
その他，特記事項(別添)							

10.3 定期自主検査指針

定期自主検査は“点検”と異なり，さらに詳細な項目が要求されるので，一定の知識を有する者によって実施されるべきである．このための養成講習も開催されている．

局所排気装置，プッシュプル型換気装置および除じん装置については，それぞれ厚生労働省から“定期自主検査指針”が示されており，指針の解説書も出版されている[1)]ので，詳細につい

表 10·2 局所排気装置定期自主検査用チェックリスト

必ず準備すべき測定器など	スモークテスタ，熱線風速計など直読式風速計，ピトー管およびマノメータ，温度計，テスタ，スケール，キサゲ・スパナなどの手回り工具，テンションメータ，聴音器またはベアリングチェッカ，絶縁抵抗計
必要に応じ準備する測定器など	微差圧計，テストハンマまたは木ハンマ，振動計，粉じん・ガスなどの濃度測定器，回転計，クランプメータまたは検電器，その他（超音波厚さ計，特殊治具など）

<table>
<tr><th colspan="2">検査項目</th><th colspan="2">チェック項目</th><th>結果</th></tr>
<tr><td rowspan="14">フード</td><td rowspan="5">構造，摩耗，腐食，くぼみなどの状態</td><td colspan="2">寸法，フランジ，バッフルなどが届出の状態に保たれているか．</td><td></td></tr>
<tr><td colspan="2">表面に吸気機能を低下させるような摩耗，腐食，くぼみその他損傷がないか．</td><td></td></tr>
<tr><td colspan="2">表面に腐食の原因となるような塗装などの損傷がないか．</td><td></td></tr>
<tr><td colspan="2">内部に粉じんやミストなどの堆積物がないか．</td><td></td></tr>
<tr><td colspan="2">吸込み口に粉じんやミストなどによる閉塞がないか．</td><td></td></tr>
<tr><td rowspan="6">吸込み気流の状態およびそれを妨げる物の有無</td><td colspan="2">フードの開口面付近に，吸込み気流を妨げるような柱，壁などの構造物がないか．</td><td></td></tr>
<tr><td colspan="2">フードの開口面付近で，器具，工具，被加工物，材料などが，吸込み気流を妨げていないか．</td><td></td></tr>
<tr><td rowspan="2">局排を稼働し次の位置*で</td><td>スモークテスタの煙がフード外に流れず，または滞留せず，フード内に吸い込まれるか．</td><td></td></tr>
<tr><td>外気，扇風機，電動機の冷却ファンなどによる気流の影響がないか．</td><td></td></tr>
<tr><td colspan="3">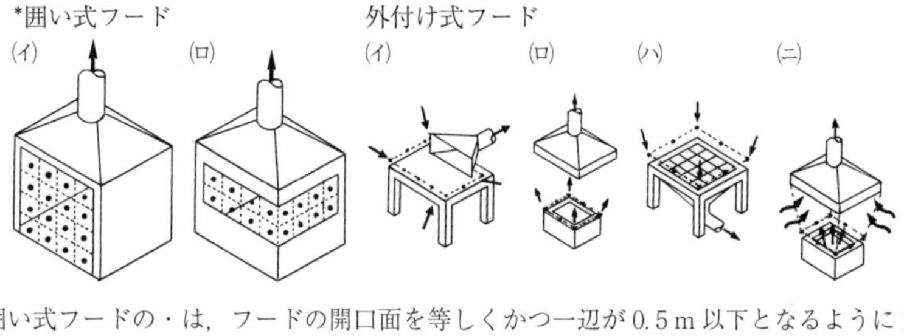

囲い式フードの・は，フードの開口面を等しくかつ一辺が 0.5 m 以下となるように 16 以上に分割した各部分の中心．
外付け式フードの・を結んだ線は，フードの開口面から最も離れた作業位置（作業点）の外周である．図(ニ)については，発散源から発生する汚染空気の吸込み状況も確認すること（フードの型式が上図以外の場合は，これらの図に準じた位置で測定する）．</td></tr>
<tr><td colspan="2">上記検査の結果，煙がフードに吸い込まれる場合は，装置を停止させた状態で煙が流れずに滞留するか．</td><td></td></tr>
<tr><td>レシーバ式フードの開口面</td><td colspan="2">有害物質がフード外に飛散せず，フードに吸い込まれる適正な向きになっているか．</td><td></td></tr>
<tr><td rowspan="2">塗装用ブースなどのフィルタなどの状態</td><td rowspan="2">フィルタがある塗装用ブースなどについて</td><td>フィルタに吸込み機能を低下させるような汚染，目詰まりがないか．</td><td></td></tr>
<tr><td>フィルタに捕集能力を低下させるような破損がないか．</td><td></td></tr>
</table>

表10·2 続き

検査項目		チェック項目		結果
フード	塗装用ブースなどのフィルタなどの状態	壁面に水膜を形成する塗装用ブース	壁面全体が一様にぬれているか.	
		水洗式塗装用ブース	塗料かす，鋸歯状板の塗料の付着が一様なシャワーの形成，吸引性能に影響していないか.	
			停止状態で水面高さが設計地範囲内にあり，かつ，作動時に一様なシャワーが形成されるか.	
ダクト	外面の摩耗, 腐食, くぼみなどの状態	空気漏れの原因となるような摩耗，腐食，くぼみその他損傷がないか.		
		腐食の原因となるような塗装などの損傷がないか.		
		通気抵抗の増加または粉じんの堆積の原因となるような変形がないか.		
	内面の摩耗，腐食などおよび粉じんなどの堆積の状態	空気漏れの原因となるような摩耗または腐食がないか.		
		腐食の原因となるような塗装などの損傷がないか.		
		粉じんの堆積がないか.		
		内面の観察ができない場合，ハンマなどで軽くダクトを叩いて，粉じんの堆積などによる異音がないか.		
		上記による確認ができない場合，ダクトの立上り部の前などの静圧値が設計値と比較して著しい差がないか.		
	流量調整用ダンパ	局所排気装置の性能を保持するように調整された開度で固定されているか.		
	流路切替えダンパ	ダンパが軽い力で作動し，スモークテスタの煙が流路開放状態で吸い込まれ，締切り状態では吸い込まれないか.		
	接続部のゆるみの状態	フランジの締め付けボルト，ナット，ガスケットなどの破損，欠落または片締めがないか.		
		スモークテスタの煙が，吸込みダクト・排気ダクトの接続部から吸い込まれたり吹き飛ばされることがないか.		
		上記による確認ができない場合，空気の漏出による音がないか.		
		さらに, 上記による確認もできない場合, ダクト内静圧値が設計値と著しい差がないか.		
	点検口の状態	構成部品の破損，さび付き，欠落などがないか.		
		開閉が円滑にでき，かつ，密閉が確実にできるか.		
		スモークテスタの煙がガスケット部分から吸い込まれたり吹き飛ばされたりしないか.		
ファンおよび電動機	安全カバーおよびその取付け部の状態	電動機とファンを連結するベルトなどの安全カバーに摩耗，腐食，破損，変形などがないか.		
		取付け部のゆるみがないか.		
	ファンの回転方向	所定の回転方向であるか.		
	騒音，振動の状態	異常な振動および騒音がないか.		
	ケーシングの表面の状態	ファンを停止のうえ調べる.	ファンの機能を低下させるような摩耗，腐食，くぼみその他の損傷，粉じんの付着がないか.	
			腐食の原因となるような塗装などの損傷がないか.	
	ケーシングの内面，インペラおよびガイドベーンの状態	ファンに異常騒音または振動がある場合に調べる.	ファンの機能を低下させるような摩耗，腐食，くぼみその他の損傷，粉じんの付着がないか.	
			腐食の原因となるような塗装などの損傷がないか.	
			インペラのブレードおよびガイドベーンにファンの機能を低下させるような粉じんの付着がないか.	

表 10·2 続き

<table>
<tr><th colspan="2">検査項目</th><th colspan="2">チェック項目</th><th>結果</th></tr>
<tr><td rowspan="21">ファンおよび電動機</td><td rowspan="8">ベルトなどの状態</td><td>ベルトに損傷がないか.</td><td rowspan="7">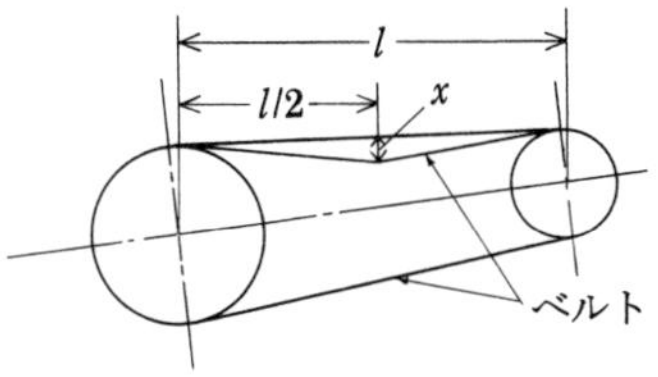
</td><td></td></tr>
<tr><td>ベルトとプーリの溝の型の不一致がないか.</td><td></td></tr>
<tr><td>多本掛けのベルトの型または張り方の不ぞろいがないか.</td><td></td></tr>
<tr><td>プーリの損傷, 偏心, または取付け位置のずれがないか.</td><td></td></tr>
<tr><td>キーおよびキー溝のゆるみがないか.</td><td></td></tr>
<tr><td>ベルトをテンションメータで押したときのたわみが次式を満たすか.
$0.01\,l < x < 0.02\,l$(ここに, x はたわみ量, l は右図に示す長さ)</td><td></td></tr>
<tr><td>ファンを作動させたとき, ベルトに揺れがないか.</td><td></td></tr>
<tr><td colspan="2">(後述の)吸気, 排気の能力の検査の結果, 判定基準に適合しない場合, 電動機の回転数からファンの回転数を調べるか, または回転計を用いて実測してみて, 吸気, 排気の基準に必要な回転数を下回っていないか.</td><td></td></tr>
<tr><td rowspan="5">軸受けの状態</td><td colspan="2">ファンを作動中軸受けに聴音器を当ててみて, 回転音に異常がないか.</td><td></td></tr>
<tr><td colspan="2">ファンを作動中軸受けにベアリングチェッカのピックアップを当てて, 指示値が一定の範囲内にあるか.</td><td></td></tr>
<tr><td colspan="2">ファンを1時間以上作動させた後停止したとき, 軸受けの表面温度が70℃以下, かつ, 周囲温度との差が40℃以下であるか.</td><td></td></tr>
<tr><td colspan="2">オイルカップおよびグリースカップの油量が所定量であり, 油の汚れまたは水, 粉じん, 金属粉などの混入がないか.</td><td></td></tr>
<tr><td colspan="2">オイルおよびグリースはそれぞれ同一規格の潤滑油が使用されているか.</td><td></td></tr>
<tr><td rowspan="3">電動機の状態</td><td colspan="2">巻線とケースとの間および巻線と接地端子との絶縁抵抗を測定して, 絶縁抵抗が十分高いか.</td><td></td></tr>
<tr><td colspan="2">ファンを1時間以上作動後の表面温度を測定したとき, 電気絶縁耐熱クラスに応じた次表の温度以下であるか.
<table>
<tr><td>耐熱クラス</td><td>Y</td><td>A</td><td>E</td><td>B</td><td>F</td><td>H</td><td>200</td><td>220</td><td>250</td></tr>
<tr><td>温度[℃]</td><td>90</td><td>105</td><td>120</td><td>130</td><td>155</td><td>180</td><td>200</td><td>220</td><td>250</td></tr>
</table>
250℃を超える温度は, 25℃間隔で増し, 耐熱クラスも, それに対応する温度の数値で呼称する.
耐熱クラスは, JIS C 4003-1998(電気絶縁の耐熱クラスおよび耐熱評価)による.</td><td></td></tr>
<tr><td colspan="2">テスタを用いて電圧および電流値を測定した結果, それぞれの値が設定値どおりであるか.</td><td></td></tr>
<tr><td rowspan="5">制御盤, 配線および接地線の状態</td><td colspan="2">制御盤の表示灯の球切れ, 充電部カバーおよび銘板の破損, 欠落などがないか.</td><td></td></tr>
<tr><td colspan="2">制御盤の計器類の作動不良がないか.</td><td></td></tr>
<tr><td colspan="2">制御盤内に粉じんなどの堆積がないか.</td><td></td></tr>
<tr><td colspan="2">制御盤の端子のゆるみ, 変色などがないか.</td><td></td></tr>
<tr><td colspan="2">制御盤に電源を入れ, 指定された操作を行って, 機器が正常に作動するか.</td><td></td></tr>
</table>

表10·2 続き

検査項目		チェック項目	結果
ファンおよび電動機	制御盤，配線および接地線の状態	配線を目視して，充電部にカバーが取り付けられ，損傷がないか．	
		配線を目視して，被覆に摩耗，腐食，焼損その他の損傷がないか．	
		接地線の接地端子のゆるみまたは外れがないか．	
	インバータ	マニュアル設定のインバータの場合，電源を入れ周波数を変化させてみて，周波数が円滑に変化するか．	
		自動設定のインバータの場合，自動運転で周波数が円滑，かつ，自動的に周波数が変化し，設定数で定常運転に入るか．	
	ファンの排風量	(後述の)吸気，排気の能力の検査の結果，判定基準に適合しない場合，ファン入口側または出口側に設けた測定孔において，ピトー管およびマノメータを用いて求めたダクト内平均風速から計算した排風量が必要な量以上であるか．	
吸気および排気の能力	制御風速 (性能要件が制御風速で規定された局所排気装置)	局所排気装置を運転させ，次に定める位置における吸込み風速が有機則第16条，特化則告示(第2号)，粉じん則第11条に基づく告示(昭和54年，第67号)中に定める値以上であるか． 囲い式フード (イ) (ロ) 外付け式フード (イ) (ロ) (ハ) (ニ) 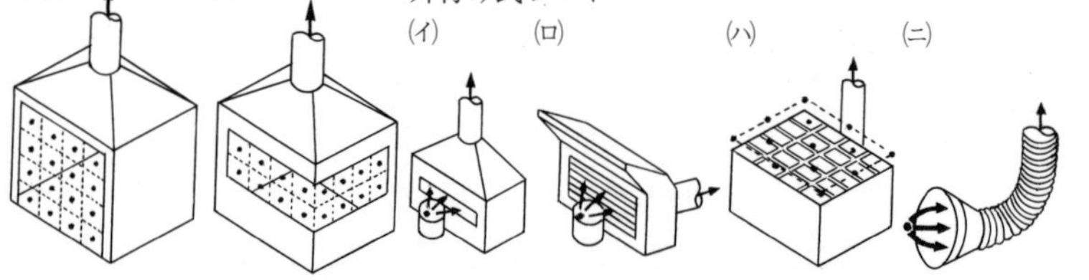 囲い式フードの・は，フードの開口面を等しくかつ一辺が0.5m以下となるように16以上に分割した各部分の中心である． 外付け式フードの・は，フードの開口面から最も離れた作業位置(作業点)である． (フードの型式が上図以外の場合は，これらの図に準じた位置で測定する)．	
	抑制濃度 (性能要件が抑制濃度で規定された局所排気装置)	局所排気装置を運転させ，次に定める濃度を測定した結果が鉛則30条，特化則告示(第1号)，石綿則告示に定める値を超えないか． イ　測定位置(次図の位置) ロ　測定は，1日についてイの測定点ごとに1回以上行う． ハ　測定は，作業が定常的に行われている時間(作業開始後1時間以上経過)に行う． ニ　一の測定点における空気の採取時間は，10分以上の継続した時間とすること．ただし，直接捕集方法または検知管方式による場合は，この限りでない． ホ　測定方法は，作業環境測定基準による． ヘ　気中有害物濃度(M_g)は，次式による計算を行って得た値とする． $M_g = \sqrt[n]{A_1 \cdot A_2 \cdot \cdots \cdot A_n}$ ここに，nは測定点の数，A_1～A_nは，その各測定点における測定値．	
		(イ) 囲い式フードの局所排気装置にあっては，次の図に示す位置 a　カバー型 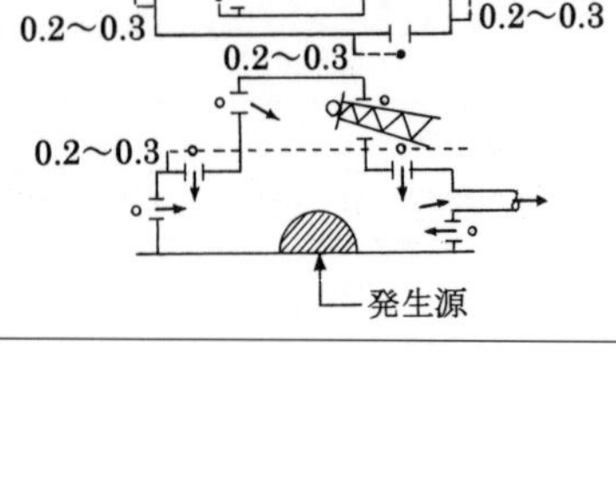 b　グローブボックス型 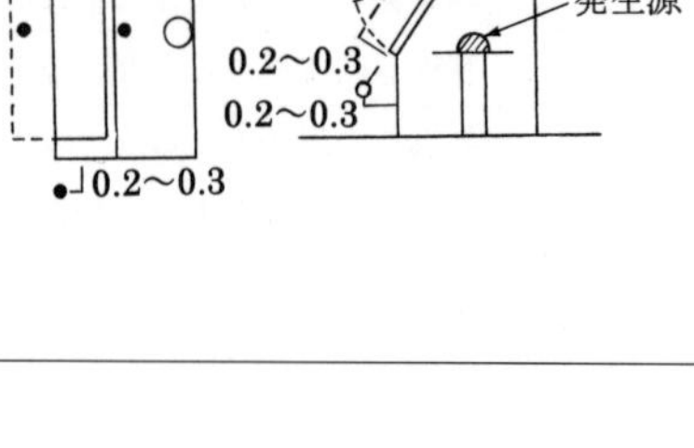 	

表 10・2 続き

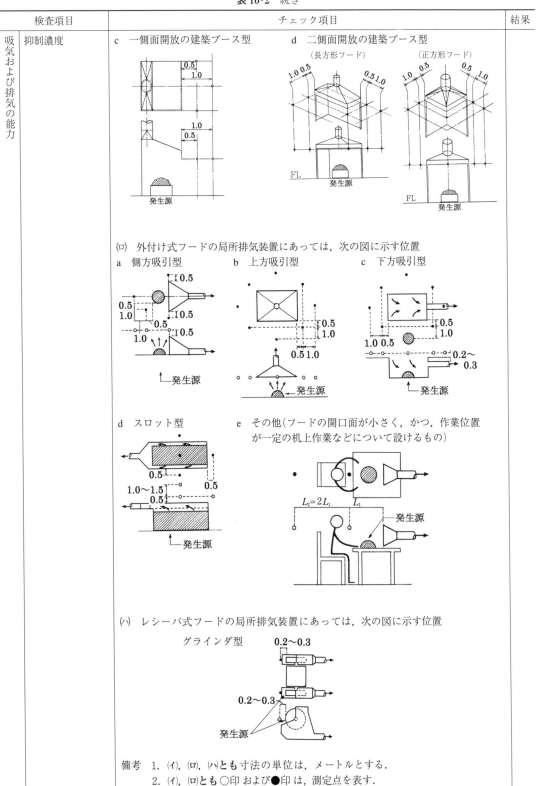

検査項目		チェック項目	結果
吸気および排気の能力	抑制濃度	c 一側面開放の建築ブース型 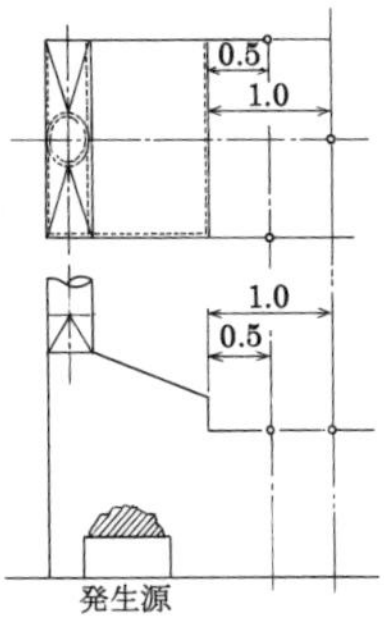 d 二側面開放の建築ブース型 （長方形フード） 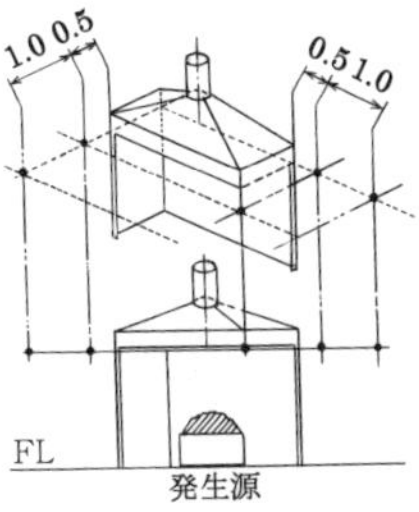 （正方形フード） 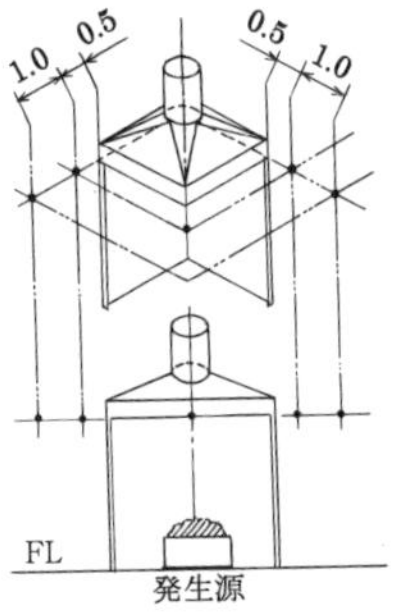 (ロ) 外付け式フードの局所排気装置にあっては，次の図に示す位置 a 側方吸引型 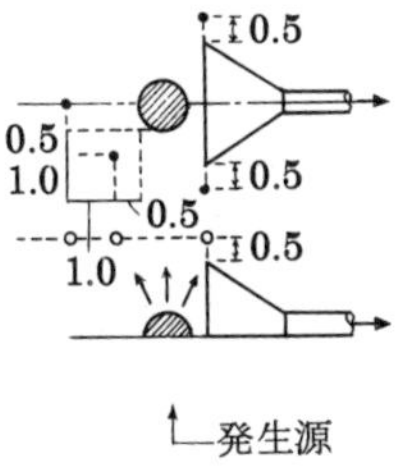 b 上方吸引型 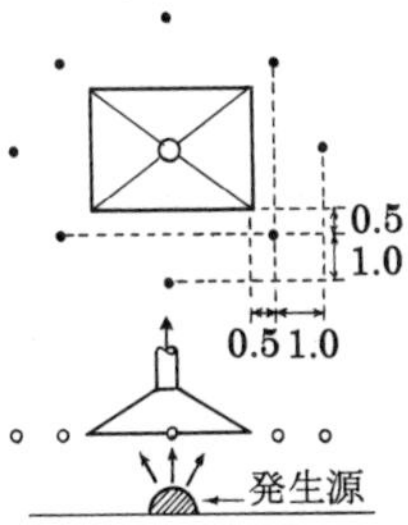 c 下方吸引型 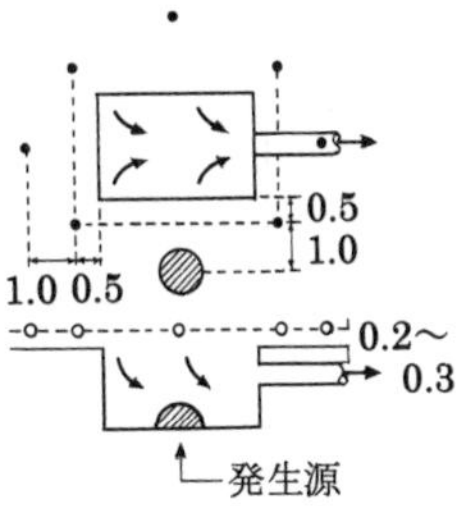 d スロット型 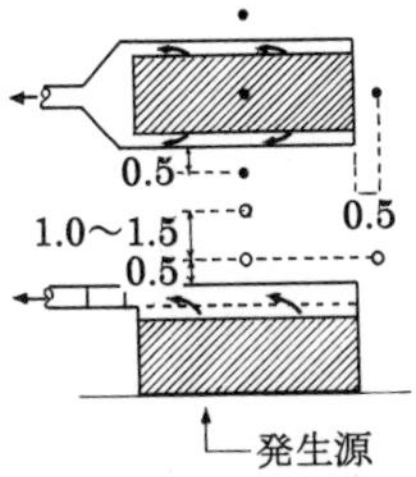 e その他（フードの開口面が小さく，かつ，作業位置が一定の机上作業などについて設けるもの） 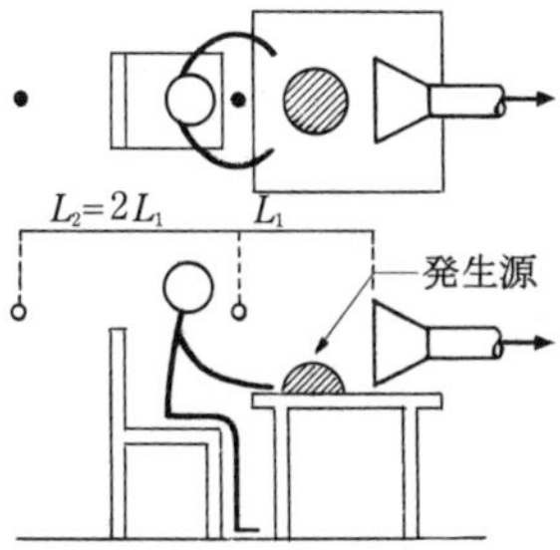 (ハ) レシーバ式フードの局所排気装置にあっては，次の図に示す位置 グラインダ型 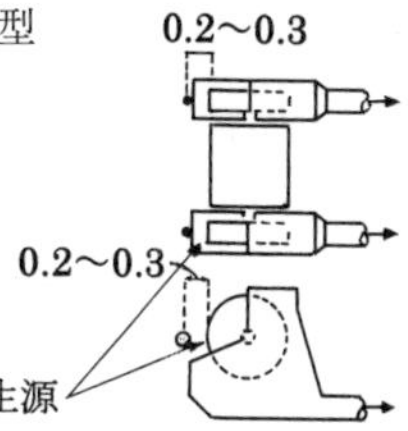 備考 1. (イ)，(ロ)，(ハ)とも寸法の単位は，メートルとする． 2. (イ)，(ロ)とも○印および●印は，測定点を表す．	

表 10·3　プッシュプル型換気装置定期自主検査用チェックリスト

必ず準備すべき測定器など	スモークテスタ，熱線風速計など直読式風速計，ピトー管およびマノメータ，温度計，テスタ，スケール，キサゲ・スパナなどの手回り工具，テンションメータ，聴音器またはベアリングチェッカ，絶縁抵抗計
必要に応じ準備する測定器など	微差圧計，テストハンマまたは木ハンマ，振動計，粉じん・ガスなどの濃度測定器，回転計，クランプメータまたは検電器，その他（超音波厚さ計，特殊治具など）

検査項目		チェック項目	結果
フード（吹出し側および吸込み側フード）	くぼみなどの状態	寸法，フランジ，バッフルなどが届出の状態に保たれているか．	
		表面に吹出し・吸気機能を低下させるような摩耗，腐食，くぼみその他損傷がないか．	
		表面に腐食の原因となるような塗装などの損傷がないか．	
		内部に粉じんやミストなどの堆積物がないか．内部に閉塞がないか．	
	一様流の状態およびそれを妨げる物の有無	ブースおよび換気区域内に気流を妨げるような柱，壁などの構造物がないか．	
		ブースおよび換気区域内に，作業中の器具，工具，被加工物，材料などが置かれてないか．	
		装置を停止した状態で，捕捉面における妨害気流がないか（スモークテスタで調べる）．	
		装置を稼働した状態で，捕捉面におけるスモークテスタの煙が吸込み側フード外に漏れずに吸い込まれるか．	
	換気区域境界面における吸込み状態	（開放式の場合）装置を作動した状態で，境界面におけるスモークテスタの煙が吸込み側フードに吸い込まれるか．	
	排気用フィルタなどの状態	（乾式で吸込み側にフィルタを使用の場合）フードの吸込み機能を低下させるような汚染，目詰まり・破損などがないか．	
		（湿式でフードにミスト除去装置がある場合）排気の機能を低下させるような汚染，目詰まり，破損，落下，変形，欠損などがないか．	
		（湿式塗装用ブースで洗浄水を循環させるためのポンプを使用しないものについて）装置停止状態で水面高さが設定値の範囲内であり，かつ，作動時には一様なシャワーが形成されるか．	
	給気用フィルタなどの状態	（吹出し側フードにフィルタが使用されているものについて）フィルタに吹出し機能を低下させるような汚染，目詰まり，破損，落下，変形，欠損などがないか．	
ダクト	外面の摩耗，腐食，くぼみなどの状態	空気漏れの原因となるような摩耗，腐食，くぼみその他損傷がないか．	
		腐食の原因となるような塗装などの損傷がないか．	
		通気抵抗の増加または粉じんの堆積の原因となるような変形がないか．	
	内面の摩耗，腐食などおよび粉じんなどの堆積の状態	空気漏れの原因となるような摩耗または腐食がないか．	
		腐食の原因となるような塗装などの損傷がないか．	
		粉じんの堆積がないか．	
		内面の観察ができない場合，ハンマなどで軽くダクトを叩いて，粉じんの堆積などによる異音がないか．	
		上記による確認ができない場合，ダクトの立上り部の前などの静圧値が設計値と比較して著しい差がないか．	
	流量調整用ダンパ	局所排気装置の性能を保持するように調整された開度で固定されているか．	
	流路切替えダンパ	ダンパが軽い力で作動し，スモークテスタの煙が流路開放状態で吸い込まれ，締切り状態では吸い込まれないか．	

表 10·3 続き

	検査項目	チェック項目		結果
ダクト	接続部のゆるみの状態	フランジの締付けボルト，ナット，ガスケットなどの破損，欠落または片締めがないか.		
		スモークテスタの煙が，吸込みダクト・排気ダクトの接続部から吸い込まれたり吹き飛ばされることがないか.		
		上記による確認ができない場合，空気の漏出による音がないか.		
		さらに，上記による確認もできない場合，ダクト内静圧値が設計値と著しい差がないか.		
	点検口の状態	構成部品の破損，さび付き，欠落などがないか.		
		開閉が円滑にでき，かつ，密閉が確実にできるか.		
		スモークテスタの煙がガスケット部分から吸い込まれたり吹き飛ばされたりしないか.		
送風機、排風機および電動機	安全カバーおよびその取付け部の状態	電動機とファンを連結するベルトなどの安全カバーに摩耗，腐食，破損，変形などがないか.		
		取付け部のゆるみがないか.		
	ケーシングの表面の状態	ファンを停止のうえ調べる.	ファンの機能を低下させるような摩耗，腐食，くぼみその他の損傷，粉じんの付着がないか.	
			腐食の原因となるような塗装などの損傷がないか.	
	ケーシングの内面，インペラおよびガイドベーンの状態	(後述の)捕捉面の風速が判定基準に適合しない場合に調べる.	ファンの機能を低下させるような摩耗，腐食，くぼみその他の損傷，粉じんの付着がないか.	
			腐食の原因となるような塗装などの損傷がないか.	
			インペラのブレードおよびガイドベーンにファンの機能を低下させるような粉じんの付着がないか.	
	ベルトなどの状態	ベルトに損傷がないか.	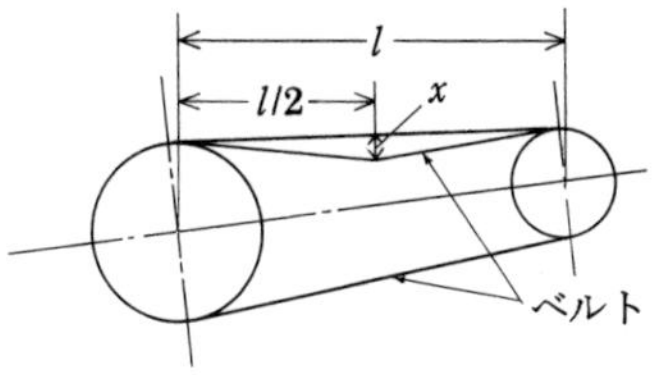	
		ベルトとプーリの溝の型の不一致がないか.		
		多本掛けのベルトの型または張り方の不ぞろいがないか.		
		プーリの損傷，偏心，または取付け位置のずれがないか.		
		キーおよびキー溝のゆるみがないか.		
		ベルトをテンションメータで押したときのたわみが次式を満たすか. $0.01\,l<x<0.02\,l$(ここに，xはたわみ量，lは右図に示す長さ)		
		ファンを作動させたとき，ベルトに揺れがないか.		
		(後述の)捕捉面における風速の検査の結果，判定基準に適合しない場合，電動機の回転数からファンの回転数を調べるか，または回転計を用いて実測してみて，吸気，排気の基準に必要な回転数を下回っていないか.		
	ファンの回転方向	送風機，排風機の回転方向が所定の回転方向であるか.		
	騒音，振動の状態 軸受けの状態	異常な振動および騒音がないか.		
		ファンを作動中，軸受けに聴音器をあててみて，回転音に異常がないか.		

表10･3 続き

<table>
<tr><th colspan="2">検査項目</th><th>チェック項目</th><th>結果</th></tr>
<tr><td rowspan="21">送風機、排風機および電動機</td><td rowspan="4">騒音，振動の状態
軸受けの状態</td><td>ファンを作動中軸受けにベアリングチェッカのピックアップを当てて，指示値が一定の範囲内にあるか.</td><td></td></tr>
<tr><td>ファンを1時間以上作動させた後停止したとき，軸受けの表面温度が70℃以下，かつ，周囲温度との差が40℃以下であるか.</td><td></td></tr>
<tr><td>オイルカップおよびグリースカップの油量が所定量であり，油の汚れまたは水，粉じん，金属粉などの混入がないか.</td><td></td></tr>
<tr><td>オイルおよびグリースはそれぞれ同一規格の潤滑油が使用されているか.</td><td></td></tr>
<tr><td rowspan="3">電動機の状態</td><td>巻線とケースとの間および巻線と接地端子との絶縁抵抗を測定して，絶縁抵抗が十分高いか.</td><td></td></tr>
<tr><td>ファンを1時間以上作動後の表面温度を測定したとき，電気絶縁耐熱クラスに応じた次表の温度以下であるか.
<table><tr><td>耐熱クラス</td><td>Y</td><td>A</td><td>E</td><td>B</td><td>F</td><td>H</td><td>200</td><td>220</td><td>250</td></tr><tr><td>温度[℃]</td><td>90</td><td>105</td><td>120</td><td>130</td><td>155</td><td>180</td><td>200</td><td>220</td><td>250</td></tr></table>250℃を超える温度は，25℃間隔で増し，耐熱クラスも，それに対応する温度の数値で呼称する.
耐熱クラスは，JIS C 4003-1998(電気絶縁の耐熱クラスおよび耐熱評価)による.</td><td></td></tr>
<tr><td>テスタを用いて電圧および電流値を測定した結果，それぞれの値が設定値どおりであるか.</td><td></td></tr>
<tr><td rowspan="8">制御盤，配線および接地線の状態</td><td>制御盤の表示灯の球切れ，充電部カバーおよび銘板の破損，欠落などがないか.</td><td></td></tr>
<tr><td>制御盤の計器類の作動不良がないか.</td><td></td></tr>
<tr><td>制御盤内に粉じんなどの堆積がないか.</td><td></td></tr>
<tr><td>制御盤の端子のゆるみ，変色などがないか.</td><td></td></tr>
<tr><td>制御盤に電源を入れ，指定された操作を行って，機器が正常に作動するか.</td><td></td></tr>
<tr><td>配線を目視して，充電部にカバーが取り付けられ，損傷がないか.</td><td></td></tr>
<tr><td>配線を目視して，被覆に摩耗，腐食，焼損その他の損傷がないか.</td><td></td></tr>
<tr><td>接地線の接地端子のゆるみまたは外れはないか.</td><td></td></tr>
<tr><td rowspan="2">インバータ</td><td>マニュアル設定のインバータの場合，電源を入れ周波数を変化させてみて，周波数が円滑に変化するか.</td><td></td></tr>
<tr><td>自動設定のインバータの場合，自動運転で周波数が円滑，かつ，自動的に周波数が変化し，設定数で定常運転に入るか.</td><td></td></tr>
<tr><td>ファンの風量</td><td>(後述の)捕捉面における風速の検査の結果，判定基準に適合しない場合，ファン入口側または出口側に設けた測定孔において，ピトー管およびマノメータを用いて求めたダクト内平均風速から計算した送・排風量が必要な量以上であるか.</td><td></td></tr>
<tr><td colspan="2">捕捉面における風速</td><td>熱線風速計などを用いて，次に定める捕捉面における気流の速度を測定した結果，法規，告示*に定められた要件を満たしているか.
＊有規則告示第21号，粉じん則告示第30号，鉛則告示第375号，特化則告示第377号，石綿則告示第130号</td><td></td></tr>
</table>

表 10･3　続き

<table>
<tr><th>検査項目</th><th colspan="4">チェック項目</th><th>結果</th></tr>
<tr><td rowspan="6">捕捉面における風速</td><td colspan="4">イ　密閉式プッシュプル型換気装置</td><td rowspan="6"></td></tr>
<tr><td colspan="4">
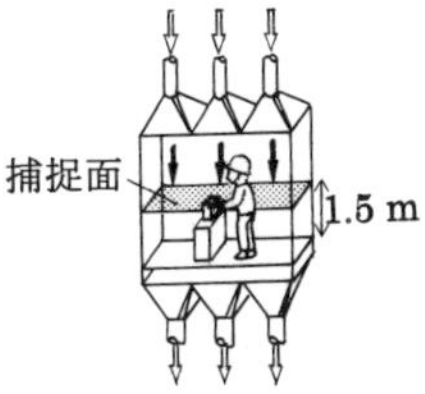

下降流(送風機あり)
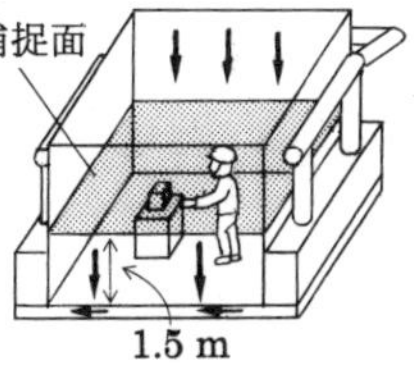

下降流(送風機なし)
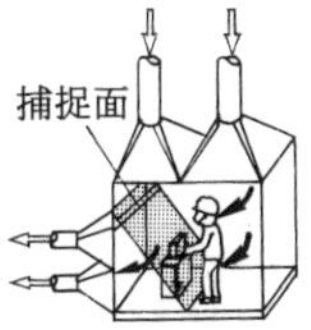

斜降流(送風機あり)
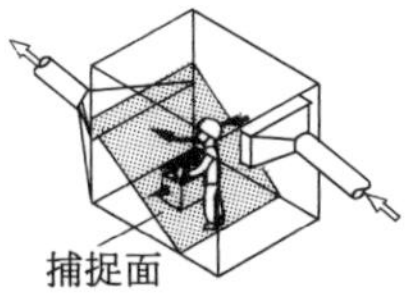

斜降流(送風機あり)
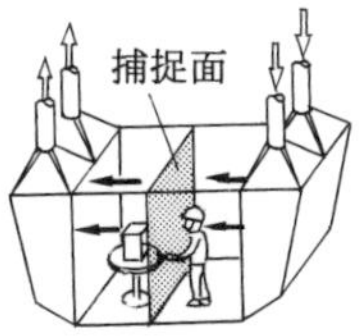

水平流(送風機あり)
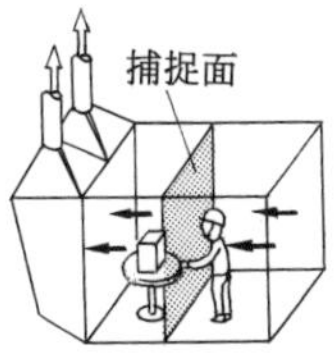

水平流(送風機なし)
</td></tr>
<tr><td>密閉式続き</td><td colspan="2">ロ　開放式プッシュプル型換気装置</td><td>備考</td></tr>
<tr><td>
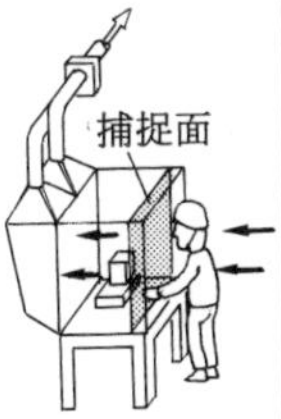

作業者がブース内に立ち入らない場合(送風機なし)
</td><td colspan="2">
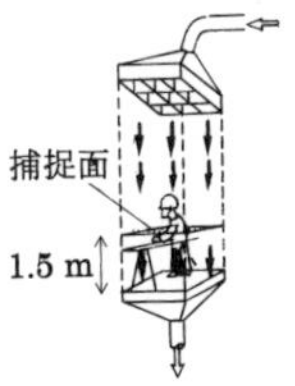

下降流
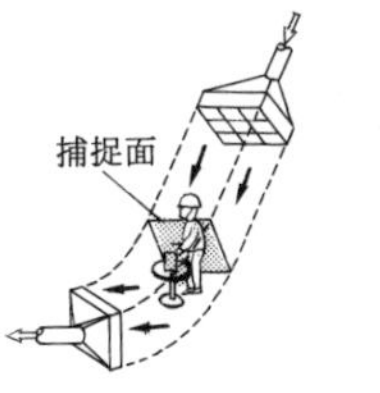

斜降流(発生源がプッシュプル気流の流れの換気区域内に入っている場合)
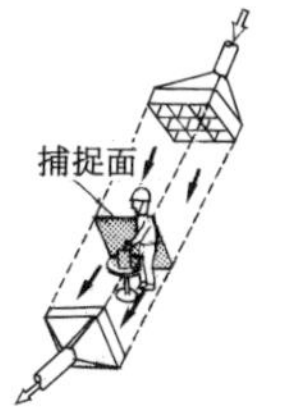

斜降流(発生源が吸込みフードを結ぶ直線の換気区域内に入っている場合)
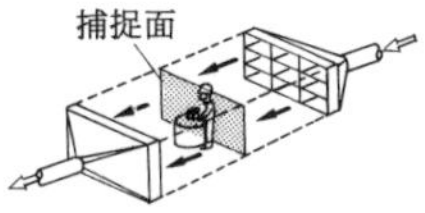

水平流
</td><td>*</td></tr>
</table>

〔備考〕*

1．"捕捉面"とは，吸込み側フードから最も離れた位置の有害物質の発生源を通り，かつ，気流の方向に垂直な平面(注)をいう．

(注)①　ブース内に発生させる気流が下降気流であって，ブース内に有害業務に従事する労働者が立ち入る構造の密閉式プッシュプル型換気装置にあっては，ブースの床上 1.5 m の高さの水平な平面

②　換気区域内に発生させる気流が下降気流であって，換気区域内に有害業務に従事する労働者が立ち入る構造の開放式プッシュプル型換気装置にあっては，換気区域の床上 1.5 m の高さの水平な平面

2．"捕捉面における風速"の測定点は，捕捉面を 16 以上の等面積の四辺形(一辺の長さが 2 m 以下であるものに限る)に分けた場合における当該四辺形の中央とする．ただし，当該四辺形の面積が 0.25 m^2 以下の場合は，捕捉面を 6 以上の等面積の四辺形に分けた場合における当該四辺形の中央とする．捕捉面における風速の測定時には，作業の対象物および作業設備(固定台など)が存在しない状態での，各々の四辺形の測定点における捕捉面に垂直な方向の風速(単位：m/s)を測定する．

3．図イおよびロに示す型式以外の型式のフードのプッシュプル型換気装置に係る測定点の位置については，これらの図に準ずるものとする．

表 10･4 除じん装置の定期自主検査用チェックリスト

必ず準備すべき測定器など	スモークテスタ，熱線風速計など直読式風速計，ピトー管およびマノメータ，温度計，テスタ，スケール，キサゲ・スパナなどの手回り工具，テンションメータ，聴音器またはベアリングチェッカ，絶縁抵抗計
必要に応じ準備する測定器など	微差圧計，テストハンマまたは木ハンマ，振動計，粉じん・ガスなどの濃度測定器，回転計，クランプメータまたは検電器，その他(超音波厚さ計，特殊治具など)

検査項目		チェック項目		結果
装置本体	ハウジング(接続ダクトを含む)の摩耗，くぼみおよび破損ならびに粉じんなどの堆積の状態	ハウジングの外面について	粉じんなどの漏出の原因となるような摩耗，腐食，くぼみその他の損傷，破損がないか.	
装置本体	ハウジング(接続ダクトを含む)の摩耗，くぼみおよび破損ならびに粉じんなどの堆積の状態	ハウジングの外面について	腐食の原因となるような塗装などの損傷がないか.	
装置本体	ハウジング(接続ダクトを含む)の摩耗，くぼみおよび破損ならびに粉じんなどの堆積の状態	ハウジングの外面について	除じん装置の機能を低下させるような粉じんなどの堆積がないか.	
装置本体	ハウジング(接続ダクトを含む)の摩耗，くぼみおよび破損ならびに粉じんなどの堆積の状態	ハウジングの外面について	支持部などのゆるみなどがないか.	
装置本体	ハウジング(接続ダクトを含む)の摩耗，くぼみおよび破損ならびに粉じんなどの堆積の状態	ハウジングの内部について，点検口または接続部から観察して	空気または洗浄液の流出または漏出の原因となるような摩耗，腐食または破損がないか.	
装置本体	ハウジング(接続ダクトを含む)の摩耗，くぼみおよび破損ならびに粉じんなどの堆積の状態	ハウジングの内部について，点検口または接続部から観察して	腐食の原因となるような塗装などの損傷がないか.	
装置本体	ハウジング(接続ダクトを含む)の摩耗，くぼみおよび破損ならびに粉じんなどの堆積の状態	ハウジングの内部について，点検口または接続部から観察して	除じん装置の機能を低下させるような粉じんなどの堆積がないか.	
装置本体	ハウジング(接続ダクトを含む)の摩耗，くぼみおよび破損ならびに粉じんなどの堆積の状態	ハウジングの内部について，点検口または接続部から観察して	内部に結露および水漏れ(雨水の漏れこみ)などがないか.	
装置本体	ハウジング(接続ダクトを含む)の摩耗，くぼみおよび破損ならびに粉じんなどの堆積の状態	上記の確認ができない場合	ダクトの立上り部の前など粉じんの堆積しやすい箇所でハンマで軽く叩いて異音がしないか.	
装置本体	ハウジング(接続ダクトを含む)の摩耗，くぼみおよび破損ならびに粉じんなどの堆積の状態	上記の確認ができない場合	上記による確認ができない場合，ハウジング内の静圧値を測定し，設計値と比較して著しい差がないか.	
装置本体	点検口の状態	構成部品の破損，さび付き，欠落などがないか.		
装置本体	点検口の状態	開閉が円滑にでき，かつ，密閉が確実にできるか.		
装置本体	点検口の状態	スモークテスタの煙がガスケット部分から吸い込まれたり吹き飛ばされたりしないか.		
装置本体	流量調整用ダンパ	局所排気装置の性能を保持するように調整された開度で固定されているか.		
装置本体	流路切替えダンパ	ダンパが軽い力で作動し，スモークテスタの煙が流路開放状態で吸い込まれ，締切り状態では吸い込まれないか.		
装置本体	ダクト接続部および装置内ダクトの状態	ダクト系全体について目視の結果，異常な変形，破損および腐食がないか.		
装置本体	ダクト接続部および装置内ダクトの状態	接続部の締付けボルト，ナット，ガスケットなどの破損，欠落もしくは片締めおよび配管取付け部のゆるみがないか.		
装置本体	ダクト接続部および装置内ダクトの状態	局排および除じん装置稼働時にスモークテスタの煙がガスケット部，接続部から吸い込まれたり吹き飛ばされたりしないか.		
装置本体	ダクト接続部および装置内ダクトの状態	上記による確認ができない場合，空気の漏出による音がないか.		
装置本体	ダクト接続部および装置内ダクトの状態	さらに，上記による確認もできない場合，ダクト内静圧値を測定し，設計値と著しい差がないか.		
装置本体	洗浄液配管系統の状態	バイパス弁，バルブ，ストレーナおよびフレキシブルジョイントについて	洗浄液の漏出の原因となるような摩耗，腐食または破損がないか.	
装置本体	洗浄液配管系統の状態	バイパス弁，バルブ，ストレーナおよびフレキシブルジョイントについて	腐食の原因となるような塗装などの損傷がないか.	
装置本体	洗浄液配管系統の状態	バイパス弁，バルブ，ストレーナおよびフレキシブルジョイントについて	除じん装置の機能を低下させるような粉じんなどの堆積がないか.	
装置本体	洗浄液配管系統の状態	バイパス弁，バルブ，ストレーナおよびフレキシブルジョイントについて	ストレーナのフィルタの詰まりがないか.	

表 10·4 続き

検査項目		チェック項目		結果
ファンおよび電動機	安全カバーおよびその取付け部の状態	電動機とファンを連結するベルトなどの安全カバーに摩耗，腐食，破損，変形などがないか.		
		取付け部のゆるみがないか.		
	ファンの回転方向	所定の回転方向であるか.		
	騒音，振動の状態	異常な振動および騒音がないか.		
	ケーシングの表面の状態	ファンを停止のうえ調べる.	ファンの機能を低下させるような摩耗，腐食，くぼみその他の損傷，粉じんの付着がないか.	
			腐食の原因となるような塗装などの損傷がないか.	
	ケーシングの内面，インペラおよびガイドベーンの状態	ファンに異常騒音または振動がある場合に調べる.	ファンの機能を低下させるような摩耗，腐食，くぼみその他の損傷，粉じんの付着がないか.	
			腐食の原因となるような塗装などの損傷がないか.	
			インペラのブレードおよびガイドベーンにファンの機能を低下させるような粉じんの付着がないか.	
	ベルトなどの状態	ベルトに損傷がないか.	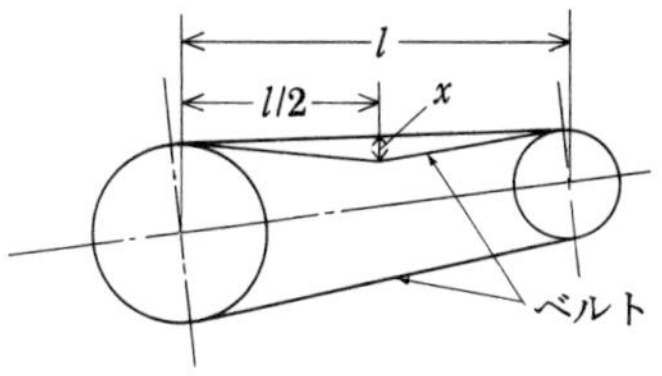	
		ベルトとプーリの溝の型の不一致がないか.		
		多本掛けのベルトの型または張り方の不ぞろいがないか.		
		プーリの損傷，偏心，または取付け位置のずれがないか.		
		キーおよびキー溝のゆるみがないか.		
		ベルトをテンションメータで押したときのたわみが次式を満たすか. $0.01\,l<x<0.02\,l$（ここに，x はたわみ量，l は右図に示す長さ）		
		ファンを作動させたとき，ベルトに揺れがないか.		
		（後述の）吸気，排気の能力の検査の結果，判定基準に適合しない場合，電動機の回転数からファンの回転数を調べるか，または回転計を用いて実測してみて，吸気，排気の基準に必要な回転数を下回っていないか.		
	軸受けの状態	ファンを作動中軸受けに聴音器を当ててみて，回転音に異常がないか.		
		ファンを作動中軸受けにベアリングチェッカのピックアップを当てて，指示値が一定の範囲内にあるか.		
		ファンを1時間以上作動させた後停止したとき，軸受けの表面温度が70℃以下，かつ，周囲温度との差が40℃以下であるか.		
		オイルカップおよびグリースカップの油量が所定量であり，油の汚れまたは水，粉じん，金属粉などの混入がないか.		
		オイルおよびグリースはそれぞれ同一規格の潤滑油が使用されているか.		
	電動機の状態	巻線とケースとの間および巻線と接地端子との絶縁抵抗を測定して，絶縁抵抗が十分高いか.		

表10·4 続き

<table>
<tr><th colspan="2">検査項目</th><th colspan="2">チェック項目</th><th>結果</th></tr>
<tr><td rowspan="13">ファンおよび電動機</td><td rowspan="2">電動機の状態</td><td colspan="2">ファンを1時間以上作動後の表面温度を測定したとき，電気絶縁耐熱クラスに応じた次表の温度以下であるか．
<table><tr><td>耐熱クラス</td><td>Y</td><td>A</td><td>E</td><td>B</td><td>F</td><td>H</td><td>200</td><td>220</td><td>250</td></tr><tr><td>温度[℃]</td><td>90</td><td>105</td><td>120</td><td>130</td><td>155</td><td>180</td><td>200</td><td>220</td><td>250</td></tr></table>250℃を超える温度は，25℃間隔で増し，耐熱クラスも，それに対応する温度の数値で呼称する．
耐熱クラスは，JIS C 4003-1998(電気絶縁の耐熱クラスおよび耐熱評価)による．</td><td></td></tr>
<tr><td colspan="2">テスタを用いて電圧および電流値を測定した結果，それぞれの値が設定値どおりであるか．</td><td></td></tr>
<tr><td rowspan="8">制御盤，配線および接地線の状態</td><td colspan="2">制御盤の表示灯の球切れ，充電部カバーおよび銘板の破損，欠落などがないか．</td><td></td></tr>
<tr><td colspan="2">制御盤の計器類の作動不良がないか．</td><td></td></tr>
<tr><td colspan="2">制御盤内に粉じんなどの堆積がないか．</td><td></td></tr>
<tr><td colspan="2">制御盤の端子のゆるみ，変色などがないか．</td><td></td></tr>
<tr><td colspan="2">制御盤に電源を入れ，指定された操作を行って，機器が正常に作動するか．</td><td></td></tr>
<tr><td colspan="2">配線を目視して，充電部にカバーが取り付けられ，損傷がないか．</td><td></td></tr>
<tr><td colspan="2">配線を目視して，被覆に摩耗，腐食，焼損その他の損傷がないか．</td><td></td></tr>
<tr><td colspan="2">接地線の接地端子のゆるみまたは外れがないか．</td><td></td></tr>
<tr><td rowspan="2">インバータ</td><td colspan="2">マニュアル設定のインバータの場合，電源を入れ周波数を変化させてみて，周波数が円滑に変化するか．</td><td></td></tr>
<tr><td colspan="2">自動設定のインバータの場合，自動運転で周波数が円滑，かつ，自動的に周波数が変化し，設定数で定常運転に入るか．</td><td></td></tr>
<tr><td>ファンの排風量</td><td colspan="2">局排などの吸気，排気の能力の検査の結果，判定基準に適合しない場合，ファン入口側または出口側に設けた測定孔において，ピトー管およびマノメータを用いて求めたダクト内平均風速から計算した排風量が必要な量以上であるか．</td><td></td></tr>
<tr><td rowspan="9">排出装置</td><td rowspan="9">ホッパ(中間ホッパを含む)排出用ダンパ，ロータリバルブ，コンベアバルブ，コンベアなどの状態</td><td rowspan="4">外面の状態について</td><td>粉じんなどの漏出の原因となるような摩耗，腐食，くぼみその他の損傷，破損がないか．</td><td></td></tr>
<tr><td>腐食の原因となるような塗装などの損傷がないか．</td><td></td></tr>
<tr><td>粉じんの堆積の原因となるような変形がないか．</td><td></td></tr>
<tr><td>排出装置の機能を低下させるような羽根などへの粉じんの固着がないか．</td><td></td></tr>
<tr><td rowspan="3">ホッパ内部について，点検口から観察して</td><td>粉じんなどの漏出の原因となるような摩耗，腐食，くぼみその他の損傷，破損がないか．</td><td></td></tr>
<tr><td>腐食の原因となるような塗装などの損傷がないか．</td><td></td></tr>
<tr><td>排出装置の機能を低下させるような粉じんなどの堆積がないか．</td><td></td></tr>
<tr><td colspan="2">上記の確認ができない場合，ホッパの外面をハンマで軽く叩いて，堆積による異音がないか．</td><td></td></tr>
<tr><td colspan="2">排出装置を作動させたとき，粉じんが円滑に排出され，かつ，作動不良，異音，異常振動がないか．</td><td></td></tr>
<tr><td rowspan="3">ポンプ</td><td rowspan="2">ポンプの状態</td><td colspan="2">外面は，腐食，破損または洗浄液の漏れがないか．</td><td></td></tr>
<tr><td colspan="2">ポンプを作動させて，回転方向が正常であり，異音，異常振動がないか．</td><td></td></tr>
<tr><td>軸受けの状態</td><td colspan="2">(前記の)ファンの回転音に異常がないか．</td><td></td></tr>
</table>

表 10･4 続き

検査項目		チェック項目	結果
ポンプ	軸受けの状態	軸受けの検査に同じ：ベアリングチェッカの指示値が適正か.	
		軸受け温度が適正か.	
		油，グリースが適正か.	
	圧力および流量	圧力計および流量計の読みが設定値の範囲内にあるか.	
空気圧縮機	計器，空気圧	計器に異常がなく，圧縮空気の空気圧が設定値の範囲内にあるか.	
	エアレシーバ	内部にドレンが異常にたまっていないか.	
安全装置		圧力放散ベント，ファイアダンパ，インタロック，逃がし弁などの安全装置が良好に作動するか.	
除じん性能		除じん装置を作動させ，JIS Z 8808(排ガス中のダスト濃度の測定方法)による方法などにより，ハウジングの上流部および下流部に設けられた測定孔の内部における有害物質濃度を測定して，除じん率が設定値の範囲内にあるか.	
ろ過式除じん装置については，上記のほか次の事項をチェックする.			
ろ材	ろ材の状態	ろ材の機能を低下させるような目詰まり，破損，劣化，焼損，湿りなどがないか.	
		ピトー管およびマノメータによるろ材の前後の圧力差を測定した結果が設計範囲内にあるか.	
	ろ材の取付け状態	ろ材の脱落またはたるみがなく，かつ，ろ材のつり方が適正であるか.	
		ろ材の取付け部のボルト，ナット，バンド，ガスケットなどの破損，欠落，または片締めがないか.	
払落し装置	パルス式払落し装置の状態	配管接続部の空気漏れがないか.	
		ヘッダ部(圧縮空気タンク)のドレンの異常貯留がないか.	
		圧力調整器の指示異常がないか.	
		パルス制御盤の電磁弁の作動と連動して表示灯が点灯するか.	
		電磁弁の作動と同時にパルスの吹鳴音が聞こえるか.	
		電磁弁を閉じた状態で空気漏れの音が聞こえないか.	
	機械式払落し装置の状態	払落し機構の機能を低下させるような摩耗，腐食，破損，変形などがないか.	
		装置の作動が円滑で，異常振動および異音がないか.	
	逆洗式払落し装置の状態	逆洗用ファンの回転方向は所定の方向であるか.	
		(既述の)ファンについての各項のチェック結果が適正であるか.	
		逆洗用切替えダンパが正常に作動し，かつ，ダンパに空気漏れがないか.	

注：その他，サイクロン，スクラバ，電気式除じん装置については省略する.

てはそれらに譲る．

本書では，それらを踏まえた局所排気装置，プッシュプル型換気装置，除じん装置についてチェックリストを作成し，**表10･2〜10･4**に示したので，実務に生かしていただきたい．

10.4　点検，検査実施結果に基づく設備の変更など

点検や定期自主検査の結果，異常を認めたときは直ちに補修しなければならない．設備の変更などを要する場合は，その内容に応じて次の措置を講ずることになる．

1)　現行設備を廃止し，別の設備を新設するとき

設置工事開始の30日前までに設置届を所轄労働基準監督署に届けたうえ新設する．現行設備の廃止届は不要である．

2)　現行設備の主要構造部分を変更するとき

主要構造部分の変更とは，既提出の設置届に記載したものと異なる機種の部分設備の変更であり，例えば，フードの型式，ダクトの形状，配管経路，有害物質の処理方法，処理設備の機種，ファンの機種変更などが該当するものと考えればよい．これらは，局所排気装置などの性能に影響を与えるものである．現行設備の部分設備を同一の新品設備と単に交換する場合はこれにあたらない．

主要構造部分を変更する場合は，その工事開始の30日前までに，所轄労働基準監督署に変更届を提出したうえで設備の改修を行うことになる．

3)　主要構造部分でない変更

労働基準監督署に対する届出に関係なく変更工事を行ってよい．

なお，これらの変更工事の機会をとらえて，設備の適切な箇所に静圧測定孔を設けるなどの措置を講ずることにより，その後の点検，検査がよりやりやすくなる．

設備の変更工事終了後はじめて運転するときも，また，法定の点検が必要である．

参　考　文　献

1)　中央労働災害防止協会編：局所排気・プッシュプル型換気装置及び空気清浄装置の標準設計と保守管理(2019)，pp. 35〜123，中央労働災害防止協会

コラム　定期検査後，装置を組み立てたら必要風量が出ない!?

局所排気装置の定期自主検査を終了し，設備を組み直し，確認運転を行ったところ，装置は動くものの必要な風量が出ない！ このような経験はないだろうか？

こんなときはモータの結線を確認してみよう．三相誘導モータのいずれかの二相が入れ替わって結線されると，回転磁界の方向が逆になって，モータ，ファンが逆回転しているのかもしれない．軸流ファンは風向きが逆になるのですぐ誤りに気がつくが，遠心ファンの場合は，少なくとも気流は正規の方向に出ているので誤りに気づきにくいものである．

第11章　工場換気に関する法令

11.1　労働安全衛生法体系

換気に関する法令は多々あるが，本書の対象とする設備は，主として職場における環境整備のための有害物対策設備であり，この点で最も関係の深い法令は，労働安全衛生法(安衛法または労安法)である．

安衛法は，その第1条にあるように，“職場における労働者の安全と健康を確保するとともに，快適な職場環境の形成を促進する”ことを目的としている．

安衛法は法律であるが，その下には政令である労働安全衛生法施行令(施行令)をはじめ，“○○規則”と名付けられた厚生労働省令や告示を多く従えており，これらを包括的に労働安全衛生法体系と呼んでいる．

安衛法の体系下にある規則の違反は，その根拠たる安衛法の条文(根拠条文または母条文と呼ばれる)の違反につながり，安衛法違反として処罰の対象になる．処罰は違反行為または義務の不作為者のほか，事業者も罰せられる(両罰規定)こととなっている．

安衛法体系の中から換気に関する規定が盛り込まれているものをまとめると**表11·1**のとおりである．

以下，これらの内容などについて，法令ごとに項を分けて述べる．

11.2　労働安全衛生法

昭和47年以前，労働安全衛生に関する主たる法律は労働基準法であったが，労働災害のいっそうの減少を目指してさらに広い視野から安衛法が可決・成立し，その後の大幅な労働災害の減少に大きな役割を果たしてきた．近年，労働災害件数の減少は滞りがちであるが，依然として労働安全衛生体系の中心法であることに変わりはない．

安衛法で定める換気設備等に関する措置の義務主体は，“事業者”である．事業者は，“事業を行う者で労働者を使用するもの”と定義されている(安衛法第2条)．

安衛法のうち，換気に関する条文を拾い，その大まかな内容を記すと，次のとおりである．

表11·1　労働安全衛生法体系(換気関係のみ)

<table>
<tr><th>法　律</th><th>政　令</th><th colspan="2">厚生労働省令(規則)</th><th>その他告示など</th></tr>
<tr><td rowspan="2">労働安全衛生法</td><td rowspan="2">労働安全衛生法施行令</td><td>一般則</td><td>労働安全衛生規則(安衛則)</td><td rowspan="2">局所排気装置やプッシュプル型換気装置の構造・性能要件を定める告示，法令ではないが局所排気装置やプッシュプル型換気装置および除じん装置の定期自主検査の指針などがある．</td></tr>
<tr><td>特別則</td><td>有機溶剤中毒予防規則(有機則)
鉛中毒予防規則(鉛則)
四アルキル鉛中毒予防規則(四鉛則)
特定化学物質障害予防規則(特化則)
酸素欠乏症等防止規則(酸欠則)
事務所衛生基準規則(事務所則)
粉じん障害防止規則(粉じん則)
石綿障害予防規則(石綿則)
高気圧作業安全衛生規則(高圧則)</td></tr>
</table>

第14条(作業主任者)

政令で定める一定の作業には作業主任者を選任しなければならないが，その職務の1つに，局所排気等の換気設備を1月以内ごとに点検することが含まれる．

第22条(事業者の講ずべき措置等)

事業者の講ずべき措置は，第20条から数条が該当するが，本条では，健康障害を防止するため必要な措置を講じなければならないとしている．この条文を具体化したものとして労働衛生関係規則の中に多くの条文が盛り込まれている．

第23条(事業者の講ずべき措置等)

労働者を就業させる建設物等について，換気，保温，防湿，その他労働者の健康および生命の保持のために必要な措置を講じなければならないことが記されている．

第27条(標題なし)

第1項には，前記第22条や第23条の事業者が守らなければならない事項は，規則にゆだねる旨が記されている．

第2項には，規則を定めるにあたっては，環境基本法その他労働災害と密接に関連する法令の趣旨に反しないように配慮されるべきことが述べられている．

第31条(注文者の講ずべき措置)

仕事の注文者は，請負人の労働者に使用させる一定の換気装置等について，労働災害を防止するため必要な措置を講じなければならないとしている．

第34条(建築物貸与者の講ずべき措置)

一定の換気装置や有害物処理装置を貸与する者は労働災害を防止するため必要な措置を講じなければならないとしている．

第45条(定期自主検査)

一定の換気装置などについては，定期に自主検査を行いその結果を記録しておかなければならないとしている．

第56条(製造の許可)

一定の有害物質を製造しようとする者は，あらかじめ厚生労働大臣の許可を受けなければならないが，その許可要件としての換気などの設備に関して記している．

第65条(作業環境測定)および第65条の2(作業環境測定の結果の評価等)

一定の有害物質を製造・取り扱う屋内作業場では，定期的に空気中の有害物質濃度を測定しその結果に基づく評価(環境の良否を判定)を行わなければならないが，その結果，必要な場合は施設・設備などの点検を行い，改善措置を講ずべきこととしている．

第66条(健康診断)および第66条の5(健康診断実施後の措置)

健康診断の結果，必要があると認めるときは，施設・設備などについて適切な措置をとるべきこととしている．

第68条の2(受動喫煙の防止)

労働者の受動喫煙を防止するために，適切な措置を講ずるよう努力すべきことを定めている．

第71条の2(事業者の講ずる措置)および第71条の3(快適な職場環境の形成のための指針の公表等)

快適な職場環境を形成するように努力すべきことを定めている．

第88条(計画の届出等)

一定の換気装置を設置し，もしくは移転し，またはこれらの主要構造部分を変更しようとするときは，その計画を工事の開始の30日前までに，労働基準監督署長に届け出なければならないとしている．

11.3　労働安全衛生法施行令(施行令)

施行令は，安衛法の一定の条文についての適用範囲を定めるほか，一部の用語の定義などを定める政令で，安衛法と一体となって運用されるものである．近年，多くの技術関連法は，施行令を伴うものが多い．

施行令には，その末尾に別表を付しており，このうち換気に関する主なものは次とおりである．

別表第 3(特定化学物質)

特定化学物質障害予防規則(特化則)の適用を受ける化学物質を第 1 類物質，第 2 類物質，第 3 類物質に大別して列挙している．

別表第 4(鉛業務)

鉛中毒予防規則(鉛則)の適用を受ける鉛業務を列挙している(鉛則の適用を受ける業務はこのほかに鉛則自体にも挙げられていることに留意)．

別表第 5(四アルキル鉛等業務)

四アルキル鉛中毒予防規則(四鉛則)の適用を受ける業務を列挙している．

別表第 6(酸素欠乏危険場所)

酸素欠乏症等防止規則に規定する酸素欠乏危険場所を列挙している．

別表第 6 の 2(有機溶剤)

有機溶剤中毒予防規則(有機則)の適用を受ける化学物質を列挙している．

11.4　一般則と呼ばれる労働安全衛生規則(安衛則)

安衛則は，労働安全衛生に関し広く規定した規則である．その性質上すべての事業場に適用され，条文には次節以下で取り上げる特別則に共通する事項をも含んでいることから，一般則として位置づけられるものである．

換気に関する主な条文とその内容は，次のとおりである．

第 85 条(計画の届出をすべき機械等)，第 86 条(計画の届出等)

安衛法第 88 条の規定に基づき届出をすべき換気装置などを別表第 7 に示し，届書記載事項，添付書類などについて規定している．

第 577 条(ガス等の発散の抑制等)

屋内作業場におけるガス，蒸気または粉じんの含有濃度が有害な程度にならないようにするため，発散源を密閉する設備，局所排気装置または全体換気装置を設けるなど必要な措置を講じなければならない旨定めている．

第 578 条(内燃機関の使用禁止)

自然換気が不十分なところでは内燃機関を使用してはならないが，換気するときはこの限りでないとしている．

第 579 条(排気の処理)

有害物質を含む排気を排出する局所排気装置その他の設備については，有害物質の種類に応じて有効な排気処理装置を設けなければならないと規定している．

第 601 条(換気)

労働者を常時就業させる屋内作業場は，直接外気に向って開放できる部分の面積を床面積の 1/20 以上にすべきとしている．ただし，換気が十分に行われるときは，この限りでないとしている．また，屋内作業場の気温が 10℃ 以下であるときは，換気に際し，労働者を 10 m/s 以上の気流にさらしてはならないとしている．

第 602 条(坑内の通気設備)

坑内作業場には，自然換気により必要な分量の空気が供給される場合を除き，通気設備を設けなければならない旨定めている．

第 630 条(食堂及び炊事場)

食堂，炊事場は，換気が十分であって掃除に便利な構造であることが要求されている．

11.5　特別則と呼ばれる諸規則

(1)　有機溶剤中毒予防規則(有機則)

施行令別表第 6 の 2 に掲げる物質(有機溶剤)および後述の特定化学物質の一部として分類される特別有機溶剤を合わせて重量 5% を超えて含有するものを，“第 1 種有機溶剤等”，“第 2 種有機溶剤等”および“第 3 種有機溶剤等”に分類し，それぞれに応じた措置を講ずるよう規定している．規則の適用場面は，“有機溶剤業務”を“屋内等”において行う場合であり，ここにおいて，“有機溶剤業務”

表 11·2　有機則，鉛則，特化則，粉じん則および石綿則中の換気関係事項

項　目	規制内容	規則条文
設置義務	局所排気装置，プッシュプル型換気装置，全体換気装置などの設備の設置義務	有5，6，鉛5〜20，特3〜5，38の8，12，13，16〜18，21，粉4〜6，石6，12
フード	①ガス・蒸気・粉じんの発散源ごとに設けること ②外付けまたはレシーバ式のフードは，汚染物の発散源にできるだけ近い位置に設けること ③作業方法やガス・蒸気・粉じんの発散状況・比重に応じた吸引に適した形式および大きさのものであること ④作業方法からみて，設置困難な場合を除いて囲い式フードとすること	有14，鉛24，特7，粉11，石16 有14，鉛24，特7，粉11，石16 有14，鉛24 鉛24
ダクト	①長さができるだけ短く，ベンドの数ができるだけ少ないこと ②ダクト接続部の内面に突起物がないこと ③掃除しやすい構造のものであること	有14，鉛25，特7，粉11，石16 鉛25 鉛25，特7，石16
除じん装置の設置	①業務に対応して，ろ過除じん方式またはこれと同等以上の性能を有する除じん装置を設けること ②必要に応じて前置き除じん装置を設けること ③有効に稼働させること	鉛26，特9，粉10，13，石18 鉛26，特9，粉13 鉛26，特9，粉14，石18
排ガス処理	①一定の物質について排ガス処理装置を設置すること ②排ガス処理装置を有効に稼働すること	特10 特10
排風機など	①排風機は清浄後の空気が通る位置に設けること ②全体換気装置の排風機は，できるだけ発散源に近い位置に設けること	有15，鉛28，特7，粉11 有15，鉛28
排気口	①局所排気装置，プッシュプル型換気装置，全体換気装置，排気筒は，直接外気に向かって開放，または，屋外に設けられていること ②空気清浄装置を設けていない局所排気装置，プッシュプル型換気装置の排気口の高さを屋根から1.5 m以上とすること	有15の2，鉛29，特7，粉11，石16 有15の2
局所排気装置の性能	①フードの型式に応じて，定められた制御風速を有すること ②フードの外側における濃度が定められた濃度以下であること	有16，特7，粉11 鉛30，特7，石16
プッシュプル型換気装置の性能	厚生労働大臣が定める構造および性能を有すること	有16の2，鉛30の2，特7，粉11，石16
全体換気装置の性能	有害物質の消費量に応じた換気量を出し得る能力を有すること	有17，鉛31
換気装置の稼働	①局所排気装置，プッシュプル型換気装置，全体換気装置は労働者が業務に従事する間，有効に稼働させること ②局所排気装置，プッシュプル型換気装置，全体換気装置などを設けたときは，換気を妨害する気流を排除するため，バッフルを設けるなどの措置を講ずること	有18，鉛32，特8，粉12，石17 有18，特8
集じん装置の措置	ろ材に覆いを設けること，排気口は屋外に設けること，集じんした粉じんを覆いをしたまま払落すための設備を設けること	鉛22
稼働の特例	一定の条件下に，労働基準監督署長の許可を受けた場合は，その条件下で稼働できること	有18の2，3
作業主任者の点検	局所排気装置，プッシュプル型換気装置，全体換気装置を1月以内ごとに点検すること	有19の2，鉛34，特28，石20

表11･2 続き

項目	規制内容	規則条文
上記以外の点検	①局所排気装置，プッシュプル型換気装置をはじめて使用するとき，または分解して改造・修理を行ったときは，点検を行うこと ②点検を行ったときは記録し，3年間保存すること	有22，鉛37，特33，粉19，石6，24 有22，特34の2，25，粉20，石25
定期自主検査	①局所排気装置を1年以内ごとに定期に自主検査すること ②プッシュプル型換気装置を1年以内ごとに1回，定期に自主検査すること ③除じん装置を1年以内ごとに定期に自主検査すること ④排ガス処理装置を1年以内ごとに定期に自主検査すること ⑤自主検査を行ったときは，記録し，3年間保存すること	有20，鉛35，特29，30，粉17，石21，22 有20の2，鉛35，特29，30，粉17，石21，22 鉛35，特29，30，石21，22 特29，30 有21，鉛36，特32，粉18，石23
補修	点検・検査を行った場合，異常を認めたときは直ちに補修すること	有23，鉛38，特35，粉21，石6，26
適用除外 設置の特例	①規則の一部適用除外 ②一定の条件下に局所排気装置，プッシュプル型換気装置，全体換気装置，除じん装置などの設備，装置の設置を設けないことができる	有2～4，鉛2～4，特2の2，粉2 有7～13の3，鉛23～23の3，27，特6～6の2，粉7～9，石12

注：規則条文欄中における“有”は有機溶剤中毒予防規則，“鉛”は鉛中毒予防規則，“特”は特定化学物質障害予防規則，“粉”は粉じん障害防止規則，“石”は石綿障害予防規則である．

とは規則第1条第1項第6号に列挙される業務，また，“屋内等”とは，屋内作業場のほか規則第1条第2項に列挙する場所を指す．

換気関係の規制内容は，**表11･2**を参照されたい．

(2) 鉛中毒予防規則(鉛則)

金属鉛および主として鉛の無機化合物を対象に，施行令別表第4およびこの規則第1条第5号に定義されている“鉛業務”について，所要の規制を行っている．

換気関係の規制内容は，**表11･2**を参照されたい．

(3) 特定化学物質障害予防規則(特化則)

主に施行令別表第3に掲げる物質(混合物を含む)を第1類物質，第2類物質および第3類物質に大別し，規制の対象としている．第1類物質は製造する場合に事前に厚生労働大臣の許可を受けるべき“許可物質”，第3類物質は漏洩の防止に重点を置く物質である．この規則は，次のような特徴を備えている．

ア いわゆる“がん原物質”を規制の対象に加えている．製造が禁止されている“禁止物質”の多くはがん原物質である．製造禁止物質は特定化学物質には分類されないが，例外的に製造する場合の製造許可要件などがこの規則の末尾に取り上げられている．

イ がん原性を有する有機溶剤は“特別有機溶剤”として，第2類物質の中に分類し規制の対象としているが，有機溶剤として用いられる性質上，換気に関する規定などは有機溶剤中毒予防規則の条文を準用するなど，運用に複雑な面がある．

ウ 特定化学物質として定義されたものの規制以外に，“特殊な作業等の管理”に関する規定が盛り込まれている．時代の経過とともに得られる新知見に基づき，この部分は年々追加改正される傾向にあるので，現行の規制状況を常に確認しておくことが重要である．

換気関係の規制内容は，**表11･2**を参照されたい．

(4) 粉じん障害防止規則(粉じん則)

粉じんの種類は問うていないが，事実上は

“鉱物性粉じん”によるじん肺症防止のための作業環境管理および作業管理に関する規則である(健康管理に関しては，別にじん肺法がある).

別表第1にこの規則の一般的適用作業を列挙したうえで，別表第2に特定粉じん発散源(第4条に別に定める対策を講ずべき粉じん発散源)である作業を列挙し，さらに別表第3では有効な呼吸用保護具を着用すべき作業を列挙している.

換気関係の規制内容は，**表11•2**を参照されたい.

(5)　石綿障害予防規則(石綿則)

旧来，特化則に規制されていた石綿の製造・使用禁止に伴い，規制の重点内容が石綿の除去作業に移行してきたことから，特化則から独立・成立した規則である.

換気関係の規制内容は，**表11•2**を参照されたい.

(6)　有機則，特化則，鉛則，粉じん則および石綿則の換気関係事項の異同

有機則，特化則，鉛則，粉じん則および石綿則には換気に関する共通的事項が多いが，細部について見ると微妙に異なるところがあり，詳細については各規則および関連通達を見る必要がある(**表11•2**参照).

(7)　その他の規則

ア　四アルキル鉛中毒予防規則(四鉛則)

ガソリンのオクタン価を高める鉛のアルキル化合物(アルキル基はメチル基とエチル基)に関する施行令別表第5の業務を中心に規制する規則である．近年は四アルキル鉛の使用が限定的であり，適用の場面は極端に少なくなっているといえる.

換気に関する条文として，次のようなものがある.

第2条(四アルキル鉛の製造に係る措置)，第4条(四アルキル鉛の混入に係る措置)

密閉式の構造とすることが困難な装置などの部分には局所排気装置を設け，稼働することを認めている.

第6条(タンク内業務に係る措置)，第11条(汚染除去に係る措置)

作業開始前にタンク内を換気し，稼働中も換気を続けることを求めている.

第12条(加鉛ガソリンの使用に係る措置)

作業場所に囲い式フードの局所排気装置を設け，作業中稼働させることを求めている.

第15条(四アルキル鉛等作業主任者の職務)

職務の1つに，その日の作業を開始する前に換気装置を点検すべきことを定めている.

イ　酸素欠乏症等防止規則(酸欠則)

まず，施行令別表第6に列挙する作業は一般的措置を講ずべき第1種酸素欠乏危険作業とし，そのうち硫化水素中毒に対する措置をも併せ講ずべき作業を第2種酸素欠乏危険作業と定義して規制している.

換気に関する条文として，次のようなものがある.

第5条(換気)

作業を行う場所の空気中の酸素濃度を18%以上(第2種酸素欠乏危険作業にあってはそれに加えて硫化水素濃度を10 ppm以下)に保つように換気しなければならないこととしている.

第11条(作業主任者)

換気装置の点検と，異常があった場合の酸素濃度等の測定を義務付けている.

第21条(溶接に係る措置)

通風が不十分な場所における換気について述べている.

第23条の2(ガス配管工事に係る措置)

通風が不十分な場所におけるガス配管工事中の換気について述べている.

表 11･3　事務所衛生基準（換気関係条文の内容）

項目			条文	内容
空気環境	窓その他の開口部		3 ①	最大開放部分の面積を床面積の 1/20 以上とすること．それ以下の場合は，換気設備を設けること
	室内空気環境基準	一酸化炭素	3 ②	50 ppm 以下とすること
		二酸化炭素		0.5% 以下とすること
	空気調和設備または機械換気設備	浮遊粉じん	5 ①	約 10 μm 以下の粉じんを 0.15 mg/m^3 以下とすること
		一酸化炭素		10 ppm 以下とすること
		二酸化炭素		0.1% 以下とすること
		ホルムアルデヒド		0.1 mg/m^3 以下とすること
		気流	5 ②	0.5 m/s 以下とすること
	空気調和設備	気温	5 ③	17℃以上，25℃以下になるように努めること
		相対湿度		40% 以上，70% 以下となるように努めること
燃焼器具		室等の換気	6 ①	排気筒，換気扇その他の換気設備を設けること
		室内空気環境基準	6 ③	50 ppm 以下とすること
				0.5% 以下とすること
機械による換気設備			9	はじめて使用するとき，分解して改造・修理したときおよび 2 月以内ごとに 1 回定期的に点検すること

第 25 条の 2（設備の改造等の作業）

腐敗・分解しやすい物質にかかる設備の改造・修理・清掃等を行う場合の換気について述べている．

ウ　事務所衛生基準規則（事務所則）

事務所の衛生基準についての規則である．事務所の換気関連事項を**表 11･3** に抜粋した．

事務所則については，令和 3 年 12 月 1 日付けで一部の改正が行われた．これにより，事務所の一酸化炭素，二酸化炭素濃度の測定機器は，検知管に限らず，これと同等以上の電子機器なども可とされた．

エ　高気圧作業安全衛生規則（高圧則）

高気圧室内業務の設備として，作業室の気積，気こう室の気積，送気管の配管，空気清浄装置などについての規定があるほか，作業者の酸素ばく露量の制限，作業室における有害ガスの抑制，設備の点検および修理などの規定がある．

11.6　その他の関連法令

安衛法のほかに，換気や有害化学物質などに関係する法令として次のようなものが挙げられる．

ア　環境基本法
イ　大気汚染防止法
ウ　建築基準法
エ　化学物質管理促進法（PRTR 法）
オ　ダイオキシン類対策特別措置法
カ　放射線障害防止法

さらに，自治体においては公害防止に係る条例を制定しており，換気設備の設置，運用に関してはこれらの内容にも適合したものとなっているか，確認しておく必要がある．

11.7　今後の職場における化学物質等の管理の動向について

令和 3 年 7 月 19 日，厚生労働省の“職場における化学物質等の管理のあり方に関する検討会”は，化学物質管理に関する規制の見直しについて報告書“職場における化学物質等のあり方に関する検討会報告書～化学物質への理解を高め自律的な管理を基本とする仕組みへ～”を取りまとめ公表した．報告書には，職場における化学物質管理をめぐる現状認識のほか，職場における化学物質の管理のあり方に関する検討結果として，化学物質の自律的な管理のための実施体制の確立，危険有害情報の伝達強化，特定化学物質障害予防規則等に基づく個別の規制の柔軟化，がんなどの遅発性疾病に関する対策の強化などについての記述が盛り込まれている．厚生労働省は，この報告書を受け，安衛法に基づく関係法令の改正の検討を進めるとしており，今後，この方面の動向について注目が欠かせない（https://www.mhlw.go.jp/stf/newpage.19931. html, 2021 参照）．

第12章　設置届の書き方

12.1　設　置　届

局所排気装置，プッシュプル型換気装置，場合によっては全体換気装置(有機溶剤中毒予防規則，石綿障害予防規則)を設置，移転，または主要部分を変更するときは，設置・移転・変更届を工事開始の30日前までに(事業場の所在地を管轄する)所轄労働基準監督署に提出しなければならない．変更届が必要な“主要構造部分の変更”に関しては，第10章**10.4**で触れたので参考にされたい．

届出事項は，

1) 対象有害業務の概要
2) 発散源となる機械・設備の概要
3) 発散抑制の方法
4) 装置の主要部分の構造の概要

である．

設置届の際に提出すべき書類は，原則的には次のようなものである．

1) 機械等設置・移転・変更届(労働安全衛生規則(安衛則)様式第20号)
2) 周囲の状況および四隣との関係を示す図面(具体的には，工場周辺の地図に工場の位置を示したもの，工場の四周の状況(道路，工場・設備，住宅，公園などと隔離距離)を示したもの)，さらに，最寄り駅から工場までの案内図を添えることが望ましい．
3) 作業場所の全体を示す図面(具体的には，工場全体の図面に，設置した建物と設置箇所を示したもの，設置箇所周辺の詳細図)
4) 発散源となる機械・設備の図面
5) 局所排気装置摘要書またはプッシュプル型換気装置摘要書(安衛則様式第25号，第26号)
6) フード図面(形状，寸法記載のもの)
7) 局所排気装置等系統図(全体図に，各部分ごとの形状，寸法，風量，搬送速度を記入し，次の設計計算書に対応したもの)
8) 局所排気装置等設計計算書(上記系統図に対応して，各部分ごとに静圧などを算出する過程が明確にされた計算書)
9) ファンの性能曲線(動作点が記入されたもの)
10) ファンの図面またはカタログの写し
11) 空気清浄装置の図面またはカタログの写し

安衛則に定められた様式第20号，第25号および第26号を**表12･1**～**12･3**に示す．

このうち，様式第20号の記載例を**表12･4**に示す．

12.2　局所排気装置の摘要書

摘要書は，設備の概要を示すものである．

局所排気装置の場合の記入例および記入の要点などを**表12･5**に示す．

12.3　局所排気装置の設計計算書

設計計算書は，設備の容量，性能，それらを確保するための計算根拠などの詳細を示すものである．

局所排気装置の場合について，その記入例および記入の要点などを**図12･1**～**12･3**および**表12･6**に示す．

各部の圧力損失係数は，第4節**表4･2**または第9章**図9･10**～**9･12**を参考にする．本例では，労働基準監督署への届書によく引用されている**図9･10**～**9･12**の値を採用している．

表12･1 様式第20号

様式第20号(第86条関係)

機　械　等　設置･移転･変更届

<table>
<tr><td>事業の種類</td><td></td><td>事業場の名称</td><td colspan="3"></td><td>常時使用する労働者数</td><td></td></tr>
<tr><td>設置地</td><td colspan="3"></td><td colspan="2">主たる事務所の所在地</td><td colspan="2">電話　(　)</td></tr>
<tr><td>計画の概要</td><td colspan="7"></td></tr>
<tr><td rowspan="3">製造し、又は取り扱う物質等及び当該業務に従事する労働者数</td><td colspan="2">種類等</td><td colspan="2">取扱量</td><td colspan="3">従事労働者数</td></tr>
<tr><td colspan="2" rowspan="2"></td><td colspan="2" rowspan="2"></td><td>男</td><td>女</td><td>計</td></tr>
<tr><td></td><td></td><td></td></tr>
<tr><td>参画者の氏名</td><td colspan="3"></td><td colspan="2">参画者の経歴の概要</td><td colspan="2"></td></tr>
<tr><td>工事着手予定年月日</td><td colspan="3"></td><td colspan="2">工事落成予定年月日</td><td colspan="2"></td></tr>
</table>

令和　　年　　月　　日

事業者　職　　　氏　　　名

労働基準監督署長　殿

備考

1 表題の「設置」、「移転」及び「変更」のうち、該当しない文字を抹消すること。
2 「事業の種類」の欄は、日本標準産業分類の中分類により記入すること。
3 「設置地」の欄は、「主たる事務所の所在地」と同一の場合は記入を要しないこと。
4 「計画の概要」の欄は、機械等の設置、移転又は変更の概要を簡潔に記入すること。
5 「製造し、又は取り扱う物質等及び当該業務に従事する労働者数」の欄は、別表第7の13の項から25の項まで(22の項を除く。)の上欄に掲げる機械等の設置等の場合に記入すること。
　この場合において、以下の事項に注意すること。
　イ 別表第7の21の項の上欄に掲げる機械等の設置等の場合は、「種類等」及び「取扱量」の記入は要しないこと。
　ロ 「種類等」の欄は、有機溶剤等にあってはその名称及び有機溶剤中毒予防規則第1条第1項第3号から第5号までに掲げる区分を、鉛等にあってはその名称を、焼結鉱等にあっては焼結鉱、煙灰又は電解スライムの別を、四アルキル鉛等にあっては四アルキル鉛又は加鉛ガソリンの別を、粉じんにあっては粉じんとなる物質の種類を記入すること。
　ハ 「取扱量」の欄には、日、週、月等一定の期間に通常取り扱う量を記入し、別表第7の14の項の上欄に掲げる機械等の設置等の場合は、鉛等又は焼結鉱の種類ごとに記入すること。
　ニ 「従事労働者数」の欄は、別表第7の14の項、15の項、23の項及び24の項の上欄に掲げる機械等の設置等の場合は、合計数の記入で足りること。
6 「参画者の氏名」及び「参画者の経歴の概要」の欄は、型枠支保工又は足場に係る工事の場合に記入すること。
7 「参画者の経歴の概要」の欄には、参画者の資格に関する職歴、勤務年数等を記入すること。
8 別表第7の22の項の上欄に掲げる機械等の設置等の場合は、「事業場の名称」の欄には建築物の名称を、「常時使用する労働者」の欄には利用事業場数及び利用労働者数を、「設置地」の欄には建築物の住所を、「計画の概要」の欄には建築物の用途、建築物の大きさ(延床面積及び階数)、設備の種類(空気調和設備、機械換気設備の別)及び換気の方式を記入し、その他の事項については記入を要しないこと。
9 この届出に記載しきれない事項は、別紙に記載して添付すること。

表 12･2　様式第 25 号

様式第25号（別表第７関係）

局所排気装置摘要書

<table>
<tr><td colspan="3">別表7の区分</td><td colspan="6"></td></tr>
<tr><td colspan="3">対象作業工程名</td><td colspan="6"></td></tr>
<tr><td colspan="3">局所排気を行うべき物質の名称</td><td colspan="6"></td></tr>
<tr><td colspan="3">局所排気装置の配置図
及び排気系統を示す線図</td><td colspan="6"></td></tr>
<tr><td colspan="2" rowspan="5">フード</td><td>番号</td><td></td><td></td><td colspan="2"></td><td></td><td></td></tr>
<tr><td>型式</td><td>囲い式
外付け式
（側方・下方・上方）
レシーバ式</td><td>囲い式
外付け式
（側方・下方・上方）
レシーバ式</td><td colspan="2">囲い式
外付け式
（側方・下方・上方）
レシーバ式</td><td>囲い式
外付け式
（側方・下方・上方）
レシーバ式</td><td>囲い式
外付け式
（側方・下方・上方）
レシーバ式</td></tr>
<tr><td>制御風速（m/s）</td><td></td><td></td><td colspan="2"></td><td></td><td></td></tr>
<tr><td>排風量（m^3/min）</td><td></td><td></td><td colspan="2"></td><td></td><td></td></tr>
<tr><td>フードの形状・寸法、発散源との位置関係を示す図面</td><td></td><td></td><td colspan="2"></td><td></td><td></td></tr>
<tr><td rowspan="2">設計値</td><td rowspan="2">局所排気装置の</td><td>装置全体の圧力損失（hPa）及び計算方法</td><td colspan="6"></td></tr>
<tr><td>ファン前後の速度圧差（hPa）</td><td colspan="2"></td><td colspan="2">ファン前後の静圧差（hPa）</td><td colspan="2"></td></tr>
<tr><td rowspan="8">設置ファン等の仕様</td><td rowspan="6">排風機</td><td>最大静圧（hPa）</td><td colspan="2"></td><td colspan="2" rowspan="6">ファン型式</td><td colspan="2" rowspan="6">ターボ
ラジアル
リミットロード
エアホイル
シロッコ
遠心軸流
斜流
アキシャル(ガイドベーン(有，無))
その他（　　　　　　　　）</td></tr>
<tr><td>ファン静圧（hPa）</td><td colspan="2"></td></tr>
<tr><td>排風量（m^3/min）</td><td colspan="2"></td></tr>
<tr><td>回転数（rpm）</td><td colspan="2"></td></tr>
<tr><td>静圧効率（%）</td><td colspan="2"></td></tr>
<tr><td>軸動力（kW）</td><td colspan="2"></td></tr>
<tr><td colspan="2" rowspan="2">ファンを駆動する電動機</td><td rowspan="2">型式</td><td rowspan="2"></td><td>定格出力（kW）</td><td>相</td><td>電圧（V）</td><td>定格周波数（H_Z）</td><td>回転数（rpm）</td></tr>
<tr><td></td><td></td><td></td><td></td><td></td></tr>
<tr><td rowspan="6">空気清浄装置</td><td colspan="2">定格処理風量（m^3/min）</td><td colspan="2"></td><td>圧力損失の大きさ（hPa）</td><td colspan="3">（定格値）　　　　（設計値）</td></tr>
<tr><td rowspan="4">除じん装置</td><td>前置き除じん装置の有無及び型式</td><td colspan="6">有（型式　　　　　　　　）　　無</td></tr>
<tr><td>主方式</td><td colspan="2"></td><td rowspan="2">除じん取出方法</td><td colspan="3" rowspan="2"></td></tr>
<tr><td>形状および寸法</td><td colspan="2"></td></tr>
<tr><td>集じん容量（g/h）</td><td colspan="2"></td><td>粉じん落とし機構</td><td colspan="3">有（自動式・手動式）　無</td></tr>
<tr><td>排ガス処理装置</td><td colspan="2">ガス中に液を分散させる方式
ガス・液ともに分散させる方式
液中にガスを分散させる方式
吸着方式
その他（　　　　　　）</td><td>吸収液又は吸着剤</td><td>水
水酸化ナトリウム
消石灰
アンモニア水
硫酸
活性炭
その他</td><td>処理後の措置</td><td colspan="2">再生・回収
焼却
埋没
廃棄物処理業者への委託処理
その他</td></tr>
</table>

備考

1　「別表第７の区分」欄には、当該局所排気装置に該当する別表第７の項の番号を記入すること。

2　別表第７の24の項の局所排気装置にあっては、「対象作業工程名」の欄に粉じん障害防止規則別表第２の号別区分を記入すること。

3　「フード」の欄には、各フードごとに番号を記入し、型式については該当するもの（外付け式のフードにあっては、吸引方向）に○を付するとともに、所要事項を記入すること。

4　「設置ファン等の仕様」の欄の排風機のうち、「最大静圧」以外は、ファンの動作点の数値を記入すること。「ファン型式」の欄は、該当するものに○を付すること。

5　別表第７の13の項の局所排気装置にあっては、「空気清浄装置」の欄は記入を要しないこと。また、同表の14の項又は24の項の局所排気装置にあっては、「空気清浄装置」の欄のうち除じん装置の欄のみ記入すること。

6　「空気清浄装置」の欄のうち「排ガス処理装置」、「吸収液又は吸着剤」及び「処理後の措置」の欄は、該当するものに○を付すること。

7　「空気清浄装置」の欄のうち排ガス処理装置については、その図面を添付すること。

8　この摘要書に記載しきれない事項は、別紙に記載して添付すること。

表 12·3　様式第 26 号

様式第26号（別表第７関係）

プッシュプル型換気装置摘要書

<table>
<tr><td colspan="3">対象作業工程名</td><td colspan="4"></td></tr>
<tr><td colspan="3">換気を行うべき物質の名称</td><td colspan="4"></td></tr>
<tr><td colspan="3" rowspan="2">プッシュプル型換気装置の型式等</td><td>型式</td><td colspan="3">密閉式（送風機（有・無））・開放式</td></tr>
<tr><td>気流の向き</td><td colspan="3">下降流・斜降流・水平流・その他（　　　）</td></tr>
<tr><td colspan="3">プッシュプル型換気装置の配置図及び給排気系統を示す線図</td><td colspan="4"></td></tr>
<tr><td rowspan="4">フード等</td><td colspan="2">吹出し開口面面積（m^2）</td><td></td><td>吸込み開口面面積（m^2）</td><td colspan="2"></td></tr>
<tr><td colspan="2">吹出し開口面風速（m/s）</td><td></td><td>吸込み開口面風速（m/s）</td><td colspan="2"></td></tr>
<tr><td colspan="2">吹出し風量（m^3/min）</td><td></td><td>吸込み風量（m^3/min）</td><td colspan="2"></td></tr>
<tr><td colspan="2">吹出し側フード、吸込み側フード及びブースの構造を示す図面</td><td colspan="4"></td></tr>
<tr><td colspan="4"></td><td>給気側</td><td colspan="2">排気側</td></tr>
<tr><td rowspan="3">プッシュプル型換気装置の設計値</td><td colspan="3">装置全体の圧力損失（hPa）及び計算方法</td><td></td><td colspan="2"></td></tr>
<tr><td colspan="3">ファン前後の速度圧差（hPa）</td><td></td><td colspan="2"></td></tr>
<tr><td colspan="3">ファン前後の静圧差（hPa）</td><td></td><td colspan="2"></td></tr>
<tr><td rowspan="13">設置ファン等の仕様</td><td rowspan="7">送風機等</td><td colspan="2">ファン型式</td><td>ターボ、ラジアル、リミットロード、エアホイル、シロッコ、遠心軸流、斜流、アキシャル、（ガイドベーン（有・無））その他（　）</td><td colspan="2">ターボ、ラジアル、リミットロード、エアホイル、シロッコ、遠心軸流、斜流、アキシャル、（ガイドベーン（有・無））その他（　）</td></tr>
<tr><td colspan="2">最大静圧（hPa）</td><td></td><td colspan="2"></td></tr>
<tr><td colspan="2">ファン静圧（hPa）</td><td></td><td colspan="2"></td></tr>
<tr><td colspan="2">送風量及び排風量（m^3/min）</td><td></td><td colspan="2"></td></tr>
<tr><td colspan="2">回転数（rpm）</td><td></td><td colspan="2"></td></tr>
<tr><td colspan="2">静圧効率（%）</td><td></td><td colspan="2"></td></tr>
<tr><td colspan="2">軸動力（kW）</td><td></td><td colspan="2"></td></tr>
<tr><td rowspan="6">ファンを駆動する電動機</td><td colspan="2">型式</td><td></td><td colspan="2"></td></tr>
<tr><td colspan="2">定格出力（kW）</td><td></td><td colspan="2"></td></tr>
<tr><td colspan="2">相</td><td></td><td colspan="2"></td></tr>
<tr><td colspan="2">電圧（V）</td><td></td><td colspan="2"></td></tr>
<tr><td colspan="2">定格度周波数（Hz）</td><td></td><td colspan="2"></td></tr>
<tr><td colspan="2">回転数（rpm）</td><td></td><td colspan="2"></td></tr>
<tr><td rowspan="4">除じん装置</td><td colspan="3">前置き除じん装置の有無及び型式</td><td colspan="3">有（型式　　　　　　　）　無</td></tr>
<tr><td colspan="3">主方式</td><td></td><td rowspan="2">粉じん取出方法</td><td rowspan="2"></td></tr>
<tr><td colspan="3">形状および寸法</td><td></td></tr>
<tr><td colspan="3">集じん容量（g/h）</td><td></td><td>粉じん落とし機構</td><td>有（自動式・手動式）
無</td></tr>
</table>

備考

1　「プッシュプル型換気装置の型式等」の欄は、該当するものに○を付すこと。
2　送風機を設けないプッシュプル型換気装置については、「給気側」の欄の記入を要しないこと。
3　吹出し側フード、吸込み側フード及びブースの構造を示す図面には、寸法を記入すること。
4　吹出し側フードの開口部の任意の点と吸込み側フードの開口部の任意の点を結ぶ線分が通ることのある区域以外の区域を換気区域とするときは、当該換気区域を明示すること。
5　「ファン型式」の欄は、該当するものに○を付すこと。「最大静圧」の欄以外は、ファンの動作点の数値を記入すること。
6　別表第７の13の項のプッシュプル型換気装置にあっては、「除じん装置」の欄は記入を要しないこと。
7　この摘要書に記載しきれない事項は、別紙に記載して添付すること。

表 12・4　様式第 20 号の記入例

様式第 20 号(第 86 条関係)

機　械　等　設置・~~移転・変更~~届

<table>
<tr><td>事業の種類</td><td>化学工業</td><td>事業場の
名称</td><td colspan="2">○○株式会社
△△研究所</td><td colspan="2">常時使用す
る労働者数</td><td colspan="2">52 人</td></tr>
<tr><td>設置地</td><td colspan="3">○○県 ○市 ○○町 3 丁目 13-6</td><td>主たる事務所
の所在地</td><td colspan="4">同　　左
電話○○(○○○)○○○○</td></tr>
<tr><td>計画の概要</td><td colspan="8">有機溶剤を取り扱う実験室に局所排気装置を設置する</td></tr>
<tr><td rowspan="3">製造し、又は取り扱う物質等及び当該業務に従事する労働者数</td><td colspan="2">種類等</td><td colspan="3">取扱量</td><td colspan="3">従事労働者数</td></tr>
<tr><td colspan="2" rowspan="2">トルエン
キシレン
(第二種有機溶剤等)</td><td colspan="3" rowspan="2">30 kg／月
15 kg／月</td><td>男</td><td>女</td><td>計</td></tr>
<tr><td>4</td><td>2</td><td>6</td></tr>
<tr><td>参画者の氏名</td><td colspan="3"></td><td>参画者の
経歴の概要</td><td colspan="4"></td></tr>
<tr><td>工事着手
予定年月日</td><td colspan="3">令和○○年○月○日</td><td>工事落成予定
年月日</td><td colspan="4">令和○○年△月△日</td></tr>
</table>

令和○○年□月□日

○○化学株式会社　代表取締役社長　○○　○○

○○労働基準監督署長　殿

備考

1　表題の「設置」、「移転」及び「変更」のうち、該当しない文字を抹消すること。

2　「事業の種類」の欄は、日本標準産業分類の中分類により記入すること。

3　「設置地」の欄は、「主たる事務所の所在地」と同一の場合は記入を要しないこと。

4　「計画の概要」の欄は、機械等の設置、移転又は変更の概要を簡潔に記入すること。

5　「製造し、又は取り扱う物質等及び当該業務に従事する労働者数」の欄は、別表第 7 の 13 の項から 25 の項まで(22 の項を除く。)の上欄に掲げる機械等の設置等の場合に記入すること。

　この場合において、以下の事項に注意すること。

イ　別表第 7 の 21 の項の上欄に掲げる機械等の設置等の場合は、「種類等」及び「取扱量」の記入は要しないこと。

ロ　「種類等」の欄は、有機溶剤等にあってはその名称及び有機溶剤中毒予防規則第 1 条第 1 項第 3 号から第 5 号までに掲げる区分を、鉛等にあってはその名称を、焼結鉱等にあっては焼結鉱、煙灰又は電解スライムの別を、四アルキル鉛等にあっては四アルキル鉛又は加鉛ガソリンの別を、粉じんにあっては粉じんとなる物質の種類を記入すること。

ハ　「取扱量」の欄には、日、週、月等一定の期間に通常取り扱う量を記入し、別表第 7 の 14 の項の上欄に掲げる機械等の設置等の場合は、鉛等又は焼結鉱の種類ごとに記入すること。

ニ　「従事労働者数」の欄は、別表第 7 の 14 の項、15 の項、23 の項及び 24 の項の上欄に掲げる機械等の設置等の場合は、合計数の記入で足りること。

6　「参画者の氏名」及び「参画者の経歴の概要」の欄は、型枠支保工又は足場に係る工事の場合に記入すること。

7　「参画者の経歴の概要」の欄には、参画者の資格に関する職歴、勤務年数等を記入すること。

8　別表第 7 の 22 の項の上欄に掲げる機械等の設置等の場合は、「事業場の名称」の欄には建築物の名称を、「常時使用する労働者」の欄には利用事業場数及び利用労働者数を、「設置地」の欄には建築物の住所を、「計画の概要」の欄には建築物の用途、建築物の大きさ(延床面積及び階数)、設備の種類(空気調和設備、機械換気設備の別)及び換気の方式を記入し、その他の事項については記入を要しないこと。

9　この届出に記載しきれない事項は、別紙に記載して添付すること。

表12·5 様式第25号の記入例

様式第25号（別表第７関係）

局所排気装置摘要書

別表7の区分		13有機溶剤中毒予防規則第5条に基づくもの						1)
対象作業工程名		有機溶剤中毒予防規則第１条第１項第６号ル　試験の業務						2)
局所排気を行うべき物質の名称		第二種有機溶剤等（トルエン、キシレン）						3)
局所排気装置の配置図 及び排気系統を示す線図		別添配置図及び排気系統図の通り						4)
フード	番号	A	B					5)
フード	型式	囲い式 外付け式 （側方・下方・上方） レシーバ式	囲い式 外付け式 （側方・下方・上方） レシーバ式	囲い式 外付け式 （側方・下方・上方） レシーバ式	囲い式 外付け式 （側方・下方・上方） レシーバ式	囲い式 外付け式 （側方・下方・上方） レシーバ式		6)
フード	制御風速（m/s）	0.55	0.45					7)
フード	排風量（m^3/min）	41.7	20.5					8)
フード	フードの形状・寸法、発散源との位置関係を示す図面	別添フードA 図面のとおり	別添フードB 図面のとおり					9)
局所排気装置の設計値	装置全体の圧力損失（hPa）及び計算方法	7.65hPa　別添局所排気装置設計計算書のとおり						10)
局所排気装置の設計値	ファン前後の速度圧差（hPa）	0hPa		ファン前後の静圧差（hPa）	7.65hPa			11)
設置ファン等の仕様 排風機	最大静圧（hPa）	11.2hpa		ファン型式	ターボ ラジアル リミットロード エアホイル シロッコ 遠心軸流 斜流 アキシャル(ガイドベーン(有，無)) その他（　プレートファン　）			12)
設置ファン等の仕様 排風機	ファン静圧（hPa）	8.8hPa						
設置ファン等の仕様 排風機	排風量（m^3/min）	67.0（m^3/min）						
設置ファン等の仕様 排風機	回転数（rpm）	2240rpm						
設置ファン等の仕様 排風機	静圧効率（%）	45%						
設置ファン等の仕様 排風機	軸動力（kW）	2.2						
設置ファン等の仕様	ファンを駆動する電動機	型式：全閉外扇形	定格出力（kW）：3.7kW	相：3	電圧（V）：200	定格周波数（H_Z）：50	回転数（rpm）：1500	13)
空気清浄装置	定格処理風量（m^3/min）	$70m^3$/min		圧力損失の大きさ（hPa）	（定格値）　5.0hPa　　（設計値）　5.0hPa			14)
空気清浄装置 除じん装置	前置き除じん装置の有無及び型式	有（型式　　　）　無						
空気清浄装置 除じん装置	主方式			除じん取出方法				
空気清浄装置 除じん装置	形状及び寸法							
空気清浄装置 除じん装置	集じん容量（g/h）			粉じん落とし機構	有（自動式・手動式）　無			
空気清浄装置 排ガス処理装置		ガス中に液を分散させる方式 ガス・液ともに分散させる方式 液中にガスを分散させる方式 吸着方式 その他（　　　）		吸収液又は吸着剤	水 水酸化ナトリウム 消石灰 アンモニア水 硫酸 活性炭 その他	処理後の措置	再生・回収 焼却 埋没 廃棄物処理業者への委託処理 その他	15) 16)

備考

1　「別表第７の区分」欄には、当該局所排気装置に該当する別表第７の項の番号を記入すること。

2　別表第７の24の項の局所排気装置にあっては、「対象作業工程名」の欄に粉じん障害防止規則別表第２の号別区分を記入すること。

3　「フード」の欄には、各フードごとに番号を記入し、型式については該当するもの（外付け式のフードにあっては、吸引方向）に○を付するとともに、所要事項を記入すること。

4　「設置ファン等の仕様」の欄の排風機のうち、「最大静圧」以外は、ファンの動作点の数値を記入すること。「ファン型式」の欄は、該当するものに○を付すること。

5　別表第７の13の項の局所排気装置にあっては、「空気清浄装置」の欄は記入を要しないこと。また、同表の14の項又は24の項の局所排気装置にあっては、「空気清浄装置」の欄のうち除じん装置の欄のみ記入すること。

6　「空気清浄装置」の欄のうち「排ガス処理装置」、「吸収液又は吸着剤」及び「処理後の措置」の欄は、該当するものに○を付すること。

7　「空気清浄装置」の欄のうち排ガス処理装置については、その図面を添付すること。

8　この摘要書に記載しきれない事項は、別紙に記載して添付すること。

表 12・5 “局所排気装置摘要書”の右端“留意事項”

1) 労働安全衛生規則に付随している“別表第 7”に列挙されている区分を記入する．
2) 有機則や鉛則また，粉じん則には作業が列挙されているので，その区分を記入する．特化則や石綿則は作業が列挙されていないので，工程内容がわかるように記入する．
3) 取扱い物質によって法規の規制内容が異なるので，法規上の区分(有機溶剤の場合は，第 1 種，第 2 種，第 3 種の区分，特化物の場合は，第 1 類，第 2 類，第 3 類の別)と物質名を記入する．
4) この欄には記入しきれないので，別図として添付する．
5) フードに番号を付けて記入する．別図と合致させること．
6) 1 面開口のブースは囲い式に含める．外付け式の場合は吸込み方向も記入する．レシーバ式は発散源から一定の方向に発散する有害物を受け取る形のフードである．
7) 囲い式の場合は開口面における最小流入風速(設計値に用いた平均風速を明記して記入してもよい)，外付け式の場合は，フードから最も離れた作業位置(＝作業点＝発散源の端より少し先)において設計値に採用した値である．
8) フードの型式に応じた計算式を用いて算出した風量．
9) この欄には記入しきれないので，別図として添付する．
10) 詳細な計算書を別に作成し，これにより求めた装置全体の圧力損失[Pa]を hPa 単位(1 hPa＝100 Pa)に換算して記入する．
11) ファン前後の速度圧(動圧)および静圧を hPa 単位で記入する．ここにおいて，圧力損失合計＝ファン前後の速度圧差＋ファン前後の静圧差となっているはずである．
12) 最大静圧は，使用するファンのメーカーや購入先から手に入れたカタログなどのデータから記入する．
ファン静圧，回転数，静圧効率，軸動力および排風量は，ファンの動作点の値を記入．
動力＝(静圧×風量)/(600×効率)の関係にある．
13) 相，電圧，周波数，回転数は，それぞれモータのことである．使用時の値を記入する．
14) 除じん装置を付設する場合はこの欄も記入する．前置き除じん装置は粒径の大きい粉じんを除去するなどの目的で，主除じん装置の前に置く場合があるものである．主除じん方式は，粉じん則，特化則，石綿則，鉛則などで定められている．
15) 排ガス処置装置を付設する場合はこの欄も記入する．特化則では処理方式が定められている．
16) 処理後の措置は，除じん，排ガス，排液処理の如何にかかわらず記入する．

フード	A フランジ付きテーブル上外付けフード	B 1 面開口囲い式フード
作 業	溶解，洗浄，払拭	調合
取扱い物質	第二種有機溶剤等(トルエン，キシレン)	第二種有機溶剤等(トルエン，キシレン)
形状寸法	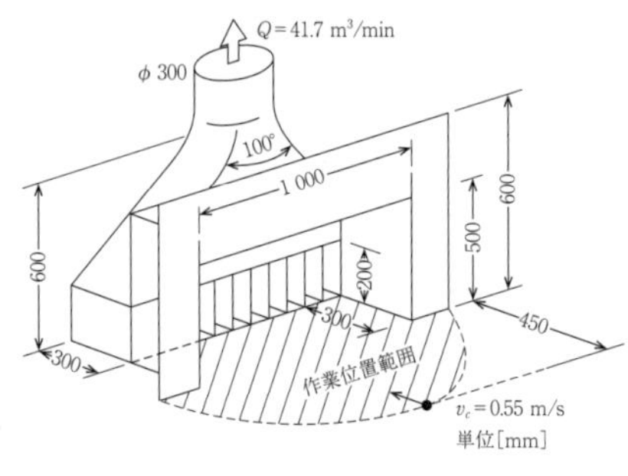	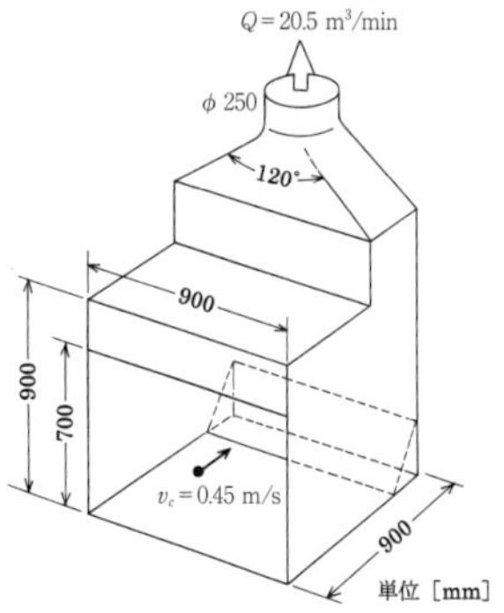
排風量計算	$Q=60\times0.5\,v_c(10\,X^2+A)$ $=60\times0.5\times0.55\times(10\times0.45^2+0.5)$ $=41.7\ \mathrm{m^3/min}$	$Q=60\,v_c\,Ak$ $=60\times0.45\times0.63\times1.2$ $=20.5\ \mathrm{m^3/min}$
圧力損失係数	$\zeta=0.5$	$\zeta=0.64$

図 12・1 フード詳細図

ダクト直管部の圧力損失などの計算については，風量，ダクト径，搬送速度，圧力損失の関係をまとめた**図4･2**を用いてもよい．この図は，搬送速度とダクト径の割出しの際や枝ダクトの圧力損失調整などにも便利に応用できる．

なお，本記載例は，第9章の計算例9.1，9.2および9.8をもとにしているので，相互に参照されたい．

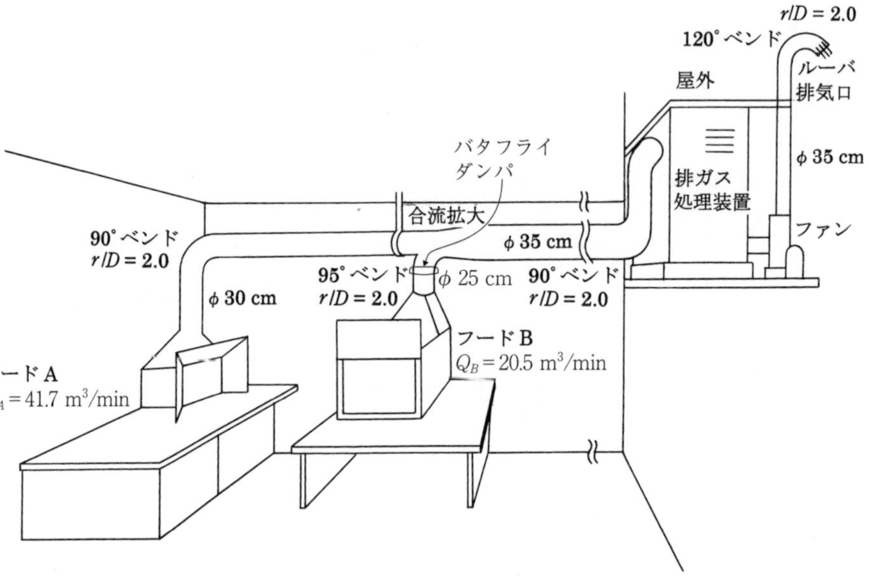

図12･2 装置配置図

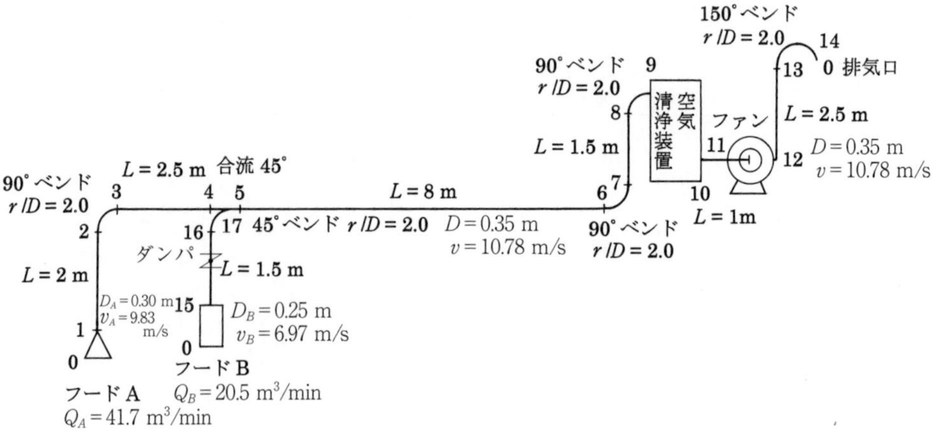

図12･3 局所排気装置配管図

表 12·6　局所排気装置設計計算書

主ダクトの圧力損失，静圧計算

1		2	3	4	5	6	7	8	9	10		11	記入・計算上の留意事項
ダクト系		ダクト直径	ダクト断面積	排風量	搬送速度	速度圧（動圧）	各部の寸法など	圧力損失係数	圧力損失			静圧	
								根拠	係数	部分	累計		
		D	A	Q	V	PV			ζ	P_R	P_R		
番地	名称	[m]	[m^2]	[m^3/min]	[m/s]	[Pa]			無次元	[Pa]	[Pa]	[Pa]	
0~1	フードA	0.3	0.0707	41.7	9.83	58.0		テーパダクト連結	0.5	29.0	29.0	−87.0	1), 2)
1~2	直管	〃	〃	〃	〃	〃	$L=2$ m	0.02×(2/0.3)	0.13	7.5	36.5	−94.5	3)
2~3	曲がり	〃	〃	〃	〃	〃	$r/D=2$	90°	0.27	15.7	52.2	−110.2	4)
3~4	直管	〃	〃	〃	〃	〃	$L=2.5$ m	0.02×(2.5/0.3)	0.17	9.7	61.9	−119.9	
4~5	合流	〃	〃	〃	〃	〃	$\theta=45°$	主ダクト側の値	0.2	11.6	73.5	−131.5	5)
5~6	直管	0.35	0.0962	62.2	10.78	69.7	$L=8$ m	0.02×(8/0.35)	0.46	32.1	105.6	−175.3	6)
6~7	曲がり	〃	〃	〃	〃	〃	$r/D=2$	90°	0.27	18.8	124.4	−194.1	
7~8	直管	〃	〃	〃	〃	〃	$L=1.5$ m	0.02×(1.5/0.35)	0.09	6.3	130.7	−200.4	
8~9	曲がり	〃	〃	〃	〃	〃	$r/D=2$	90°	0.27	18.8	149.5	−219.2	
9~10	清浄装置	〃	〃	〃	〃	〃		メーカーカタログ		500	649.5	−719.2	7)
10~11	直管	〃	〃	〃	〃	〃	$L=1$ m	0.02×(1/0.35)	0.06	4.2	653.7	−723.4	8)
11~12	（ファン）												
0~14	排気口	0.35	0.0962	62.2	10.78	69.7		単管出口	1.0	69.7	69.7	0.0	
14~13	曲がり	〃	〃	〃	〃	〃	$r/D=2$	0.27×(150/90)	0.45	31.4	101.1	31.4	
13~12	直管	〃	〃	〃	〃	〃	$L=2.5$ m	0.02×(2.5/0.35)	0.14	9.8	110.9	41.2	8)
装置全体の圧力損失＝653.7＋110.9＝764.6 Pa ファン直前の静圧＝−723.4 Pa，ファン直後の静圧＝41.2 Pa，よって，ファン前後の静圧差＝41.2−(−723.4)＝764.6 Pa													

枝ダクトの圧力損失

0~15	フードB	0.25	0.049	20.5	6.97	29.1	$\theta=120°$の組み合わせフード		0.64	18.6	18.6	−47.7	9)
15~16	直管	〃	〃	〃	〃	〃	$L=1.5$ m	0.02×(1.5/0.25)	0.12	3.5	22.1	−51.2	
15~16	ダンパ	〃	〃	〃	〃	〃		円形バタフライダンパ	0.2	5.8	27.9	−57.0	10)
16~17	曲がり	〃	〃	〃	〃	〃	$r/D=2$	0.27×(45/90)	0.14	4.1	32.0	−61.1	11)
17~5	合流	〃	〃	〃	〃	〃	$\theta=45°$	枝ダクト側の値	0.28	8.1	40.1	−69.2	12)
主ダクト側の合流部までの圧力損失 73.5 Pa と枝ダクト側の合流部までの圧力損失 40.1 Pa の差は主ダクト側の 45% にもなる． そこで，枝ダクト側のダンパを絞って，主ダクト側に合わせることになる．													12)

記入・計算上の留意事項

1)　フードAの圧力損失係数は，フード形状から0.5とした．複雑な形状の場合は，各部に分解して，部分ごとの圧力損失係数を合算して求めることもできる．

2)　気流を吸い込むためには，圧力損失に打ち勝つだけの大気圧との圧力差（全圧）が必要であり，吸込みダクトの各点における全圧はそこまでの圧力損失合計値にマイナスを付した値となる．静圧は，全圧＝静圧＋動圧の関係から求められる．

3)　直管部の圧力損失係数ζに相当する値は，$\lambda(L/D)$である．圧力損失は，**図 4·2** から1 mあたりの圧力損失を求め，長さをかけても得られる．

4)　曲がりなどの圧力損失係数は，いろいろなデータが報告されているが，ここでは，旧労働省環境改善室編“局所排気装置・空気清浄装置の標準設計と保守管理”（現在，中央労働災害防止協会発行“局所排気・プッシュプル型換気装置及び空気清浄装置の標準設計と保守管理”に引き継がれている）など[1)~4)]，従来から労働基準行政関係で用いられてきているデータを使用した．

5)　合流部の圧力損失は，主ダクト側の0.2を採用した．一方，枝ダクト側は0.28である．

6)　合流後の排風量は，フードBの風量を加算．これに伴いダクト径，搬送速度も変更．ここにおける全圧は圧力損失合計のマイナス値であるが，静圧は5における静圧(−131.5)を引き継ぐ数値でなく，全圧から動圧を引いた値として求める．
7)　空気清浄装置の圧力損失はメーカーのカタログなどから求める．一般に充てん層などの通過風速が小さい場合は，圧力損失は層通過風速に比例する．
8)　ファン直前，直後の静圧は，それぞれ全圧−動圧で求められる．
9)　フードBの圧力損失係数は，テーパ付きダクトと流入口を勘案し，0.64とした．
10)　枝ダクトが主ダクトに合流する点において，それぞれの圧力損失合計が等しければ，各フードには必要な風量が確保されるが，等しくなければ圧力損失の大きいほうでは風量が減少し，他方は風量が増加する．両フード系の圧力損失の差が5%程度であればほぼ問題ないが，それ以上の差になるといずれかのダクト径を変えるか，ダクトにダンパを挿入して調節する必要が生じる．ダンパの圧力損失係数は**表4･2F**を参照する．
11)　45°曲がりの圧力損失係数は，90°曲がりの半分である．
12)　本例では枝ダクト内部にダンパを仕組んでいる．ダンパで調節するということは，圧力損失を(減少させることはできず)増加させることになるので，ダクト径は太めに修正することが望ましい．
　ダクト径を修正する場合は，次の手順でダクト径を求める．
　(フードA〜合流部までの圧力損失合計)＝(フードBの圧力損失係数の合計)×動圧
から動圧を求め，動圧から速度を逆算し，風量と速度からダクト断面積，さらにダクト径を求める．
　参考までに，本例においてダンパを用いず枝ダクト径の修正により調整するとした場合のダクト径を試算すると，径は0.21 mとなる．

12.4　プッシュプル型換気装置の設置届

プッシュプル型換気装置の設置届事項および関連提出書類は，基本的には局所排気装置の場合に同じである．ただ，吹出し側の送風機，ダクト，フードなどに関する事項が加わる．吹出し側の配管系の大部分はプラス圧になろう．また，気流の均一性を確保するため，フードの形状は一般的に局所排気装置に比べて複雑なものとなる．

プッシュプル型換気装置摘要書の記載例を**表12･7**に示す．

12.5　全体換気装置の設置届

有機則及び石綿則において設置が義務づけられている全体換気装置については，設置届が義務づけられている．

全体換気装置についての届出事項は，対象有害業務の概要，発散源となる機械・設備の概要，発散源の抑制の方法に加え，全体換気装置の型式，主要構造部分の構造の概要およびその機能である．

全体換気装置摘要書およびその添付図の一部の例を**表12･8**および**図12･4**に示す．

12.6　設置届提出時およびその後の措置

1)　設置届を提出の際，労働基準監督署の窓口で届の内容に関し担当官から質問がある場合があるから，提出に際しては計画届を作成した者が同道することが望ましい．
2)　設置届を受けた署では，その内容について審査し，その結果必要な設備上，書類上の変更指示などがなされる場合がある．このような場合は，指示に従って必要な措置を講ずることになる．
3)　設置届提出後30日経過しても署から何らの指示などがなければ，設備の工事に着手してよい．
4)　工事終了後，署から確認のため現地調査が行われることが多い．このときも届書作成者，現場責任者が応対に加わることが望ましい．また，現地調査の結果，改善指示，性能測定指示，それらの報告指示などがなされることもある．
5)　上記の経過を過ぎれば稼働に移すことになるが，最初の稼働にあたって，点検を実施し，記録保存することが必要である．

表 12･7　様式第 26 号の記入例

様式第26号（別表第７関係）

プッシュプル型換気装置摘要書

（注：第13章実施例13.13 参照）

対象作業工程名		鋳物のせき折り工程（粉じん障害防止規則別表第１の第15号）		
換気を行うべき物質の名称		鋳物粉じん		
プッシュプル型換気装置の型式等	型式	密閉式（送風機（有・無））・開放式		
	気流の向き	下降流・斜降流・水平流・その他（　　　）		
プッシュプル型換気装置の配置図及び給排気系統を示す線図		別添配置図及び排気系統図のとおり		
フード等	吹出し開口面面積（m^2）	4.5	吸込み開口面麺積（m^2）	3.0
	吹出し開口面風速（m/s）	0.8	吸込み開口面風速（m/s）	2.7
	吹出し風量（m^3/min）	216	吸込み風量（m^3/min）	480
	吹出し側フード、吸込み側フード及びブースの構造を示す図面	別添フード図のとおり		

			給気側	排気側
プッシュプル型換気装置の設計値		装置全体の圧力損失（h Pa）及び計算方法	6.37	31.36
		ファン前後の速度圧差（h Pa）	0	1.34
		ファン前後の静圧差（h Pa）	6.37	30.02
設置ファン等の仕様	送風機等	ファン型式	ターボ、ラジアル、リミットロード、エアホイル、シロッコ、遠心軸流、斜流、アキシャル、（ガイドベーン（有・無））その他（　）	ターボ、ラジアル、リミットロード、エアホイル、シロッコ、遠心軸流、斜流、アキシャル、（ガイドベーン（有・無））その他（　）
		最大静圧（h Pa）	10.0	37.0
		ファン静圧（h Pa）	6.37	31.4
		送風量及び排風量（m^3/min）	216.0	480.0
		回転数（rpm）	960	1250
		静圧効率（%）	62	56
		軸動力（k W）	3.7	45.0
	ファンを駆動する電動機	型式	全閉外扇形	全閉外扇形
		定格出力（k W）	4.4	54
		相	3	3
		電圧（V）	200	200
		定格度周波数（H_Z）	60	60
		回転数（rpm）	960	1000

除じん装置	前置き除じん装置の有無及び型式	有（型式　　　　）		無
	主方式	ろ過除じん（バグフィルター）	粉じん取出方法	下部ホッパー排出
	形状および寸法	4 m× 3 m×高さ 3 m		
	集じん容量（g /h）	200	粉じん落とし機構	有（自動式・手動式）無し

備考

1　「プッシュプル型換気装置の型式等」の欄は、該当するものに○を付すこと。
2　送風機を設けないプッシュプル型換気装置については、「給気側」の欄の記入を要しないこと。
3　吹出し側フード、吸込み側フード及びブースの構造を示す図面には、寸法を記入すること。
4　吹出し側フードの開口部の任意の点と吸込み側フードの開口部の任意の点を結ぶ線分が通ることのある区域以外の区域を換気区域とするときは、当該換気区域を明示すること。
5　「ファン型式」の欄は、該当するものに○を付すこと。「最大静圧」の欄以外は、ファンの動作点の数値を記入すること。
6　別表第７の13の項のプッシュプル型換気装置にあっては、「除じん装置」の欄は記入を要しないこと。
7　この摘要書に記載しきれない事項は、別紙に記載して添付すること。

表 12·8 全体換気装置摘要書記入例

<table>
<tr><td>別表第7の区分</td><td colspan="5">13(有機則に基づくもの)</td></tr>
<tr><td>対象作業工程</td><td colspan="5">有機則第1条第1項第6号チ
(製品の仕上げ，検反工程において，製品についたシミ，汚れを溶剤で払しょくする.)</td></tr>
<tr><td>作業場及び全体換気装置の配置図等</td><td colspan="5">別添図のとおり</td></tr>
<tr><td>全体換気を行うべき物質の名称</td><td colspan="5">石油ベンジン(第3種有機溶剤等)</td></tr>
<tr><td rowspan="2">必要換気量</td><td colspan="5">溶剤消費量 W[g/h] 60</td></tr>
<tr><td colspan="5">必要換気量 Q[m^3/min]
$Q=0.01W=0.01\times60=0.6$ m^3/min</td></tr>
<tr><td rowspan="6">設置ファンの仕様概要及び機能</td><td>最大静圧[kPa]</td><td>0.03</td><td rowspan="4" colspan="2">ファンの型式</td><td rowspan="4">軸流式圧力扇</td></tr>
<tr><td>排風量[m^3/min]</td><td>7</td></tr>
<tr><td>回転数[rpm]</td><td>1 450</td></tr>
<tr><td>動力[kW]</td><td>0.02</td></tr>
<tr><td rowspan="2">主要部分の構造</td><td colspan="3">直径[cm]</td><td>25</td></tr>
<tr><td colspan="3">羽根枚数</td><td>3</td></tr>
</table>

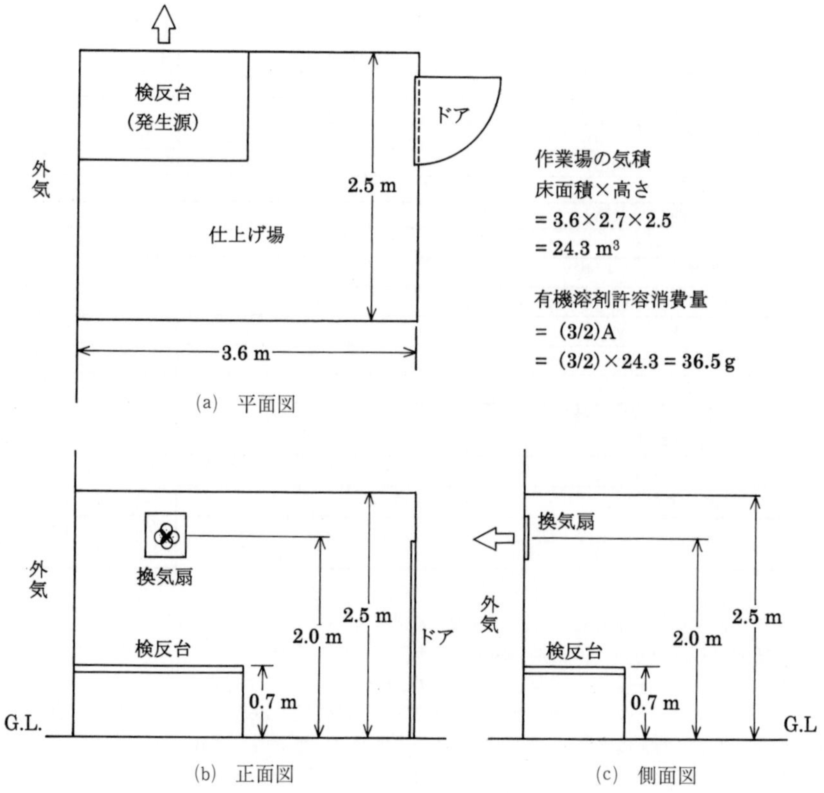

図 12·4 全体換気装置摘要書別添図

参　考　文　献

1)　労働省環境改善室編：局所排気・空気清浄装置の標準設計と保守管理(上)，局所排気装置編(1998)，pp. 56〜89，中央労働災害防止協会

2)　沼野雄志：新・やさしい局排設計教室(2015)，pp. 147〜185，224〜335，中央労働災害防止協会

3)　空気調和・衛生工学会編：空気調和設備の実務の知識，改訂第3版(1988)，p. 139，オーム社

4)　中央労働災害防止協会編：局所排気・プッシュプル型換気装置及び空気清浄装置の標準設計と保守管理(2019)，pp. 35〜123，中央労働災害防止協会

第13章　工場換気の設計例

以下は，工場換気設備を設置した事業場や設置メーカーなどから提供された設計例である．各例は，異なる時期および個別の周辺条件などに応じて設計されたものであり，必ずしも普遍的に性能が保障されるものでないことに留意され，参考として活用いただきたい．

13.1　印刷工場における有機溶剤蒸気排出のための局所排気

13.1.1　業種・工程

印刷工場・グラビア印刷作業．

13.1.2　作 業 内 容

グラビア印刷機を用いて壁紙を印刷する業務において，版ロールを用いて有機溶剤を含有したインクを製品に印刷する作業．

13.1.3　汚染物発生源の状況

版ロールに付着したトルエン，キシレンなどの第二種有機溶剤を含有するインクを製品に印刷する箇所において，インクパンおよび版ロールから発散する有機溶剤蒸気が作業環境を汚染していた．

13.1.4　設計・実施した局所排気装置の内容

〔1〕 装置設置にあたっての問題点と考慮したこと

インクパンの下に直接，フードを設けることにより，排風量の節減およびインクパンの取外しなどの作業性の低下を軽減した．

〔2〕 フードの種類，形状，寸法など

図 13･1･1 に局所排気装置の形状，寸法などを示す．

〔3〕 排風量の決定

下方吸引型外付け式フードの排風量 Q の算出式 $Q=60\,v_c(10\,X^2+A_0)$ に，制御風速 $v_c=0.5$ m/s，$X=0$ m，$A_0=1.85\times0.25=0.4625$ を代入して計算し，$Q=13.875$ m^3/min を得たが，余裕を見て $Q=20$ m^3/min とした．

〔4〕 ダクト，排風機について

ダクト内速度を 10 m/s 前後にとった．

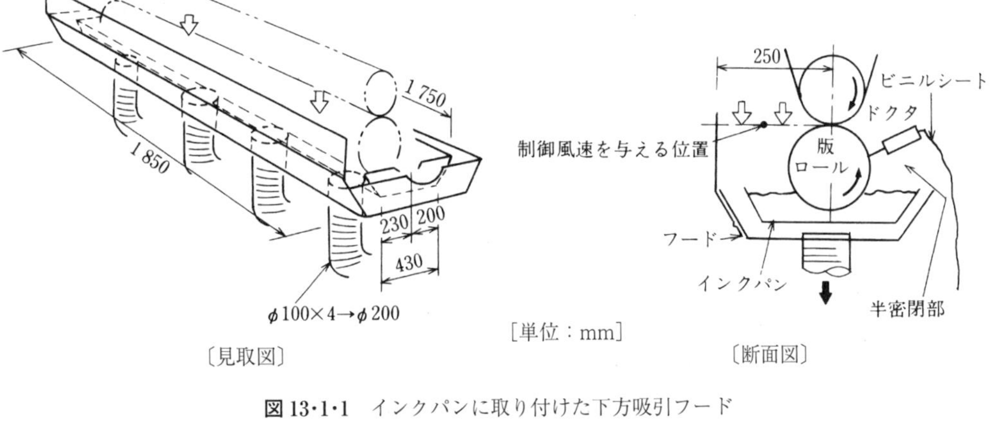

図 13･1･1　インクパンに取り付けた下方吸引フード

〔5〕 排　　気

汚染吸引空気はダクトを経て屋根上1.5 m以上立ち上げ後，大気開放とした．

（興研株式会社）

13.2 □型の有機溶剤の蒸発源に適用した局所排気

13.2.1 業種・工程

輸送用機械器具製造業・樹脂製品接着工程．

13.2.2 作 業 内 容

手作業で樹脂製品を積層成形する工程において，有機溶剤を含有した接着剤を使用して樹脂シートを張り合わせる作業．

13.2.3 汚染物発生源の状況

樹脂シートに塗布したトルエン，ノルマルヘキサンなどの第二種有機溶剤を含有する接着剤で積層接着する作業において，接着面から蒸発し拡散する有機溶剤が作業環境を汚染していた．また，この工程は手作業によるため作業者が有機溶剤に暴露する危険性の高い作業場であった．

13.2.4 設計・実施した局所排気装置の内容

〔1〕 装置設置にあたっての問題点と考慮したこと

安全面と処理風量の低減を両立させるために囲い式フードを計画した．しかしワーク形状が□型であり，内外両側から作業を行うため，□型の四辺にフード開口（吸込み口）を設けた形状（**図13·2·1**および**13·2·2**参照）とし，かつ視認性を必要とする壁面は強化ガラスを採用した．

また，積層作業において積層数が増えると接着面がシートの枚数分上昇していき，接着に要する加圧がかけづらくなる．これを解消するために作業面を昇降できる構造とした．

〔2〕 フードの種類，形状，寸法など

図13·2·3に局所排気装置の形状，寸法などを示す．

〔3〕 排風量の決定

“囲い式”フードの必要排風量である次式において，$v_c = 0.4$ m/s，$A = 2.12$ m^2，補正係数$K = 1.2$とした．

$$Q = 60\, v_c\, AK$$

計算式から必要排風量は$Q = 61$ m^3/minとなる．

〔4〕 ダクト，排風機について

排風機は騒音などを考慮し，機械室に設置し

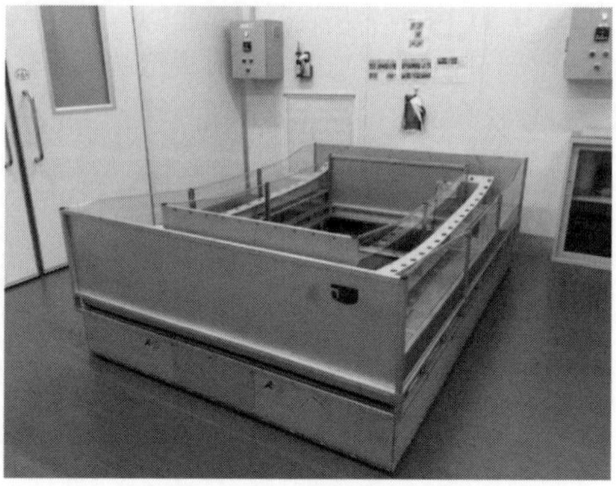

図13·2·2　装置外観写真

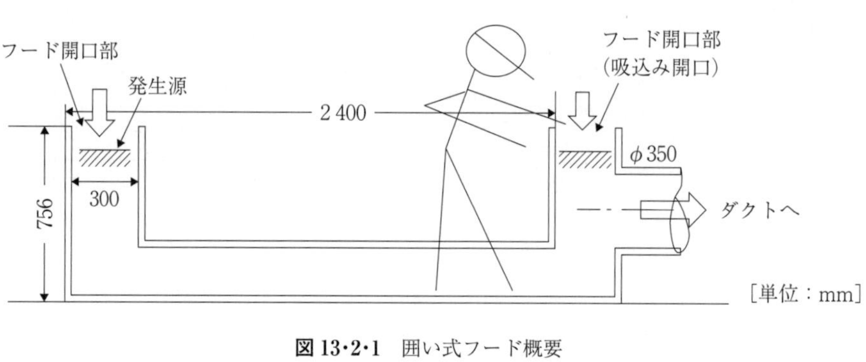

図13·2·1　囲い式フード概要

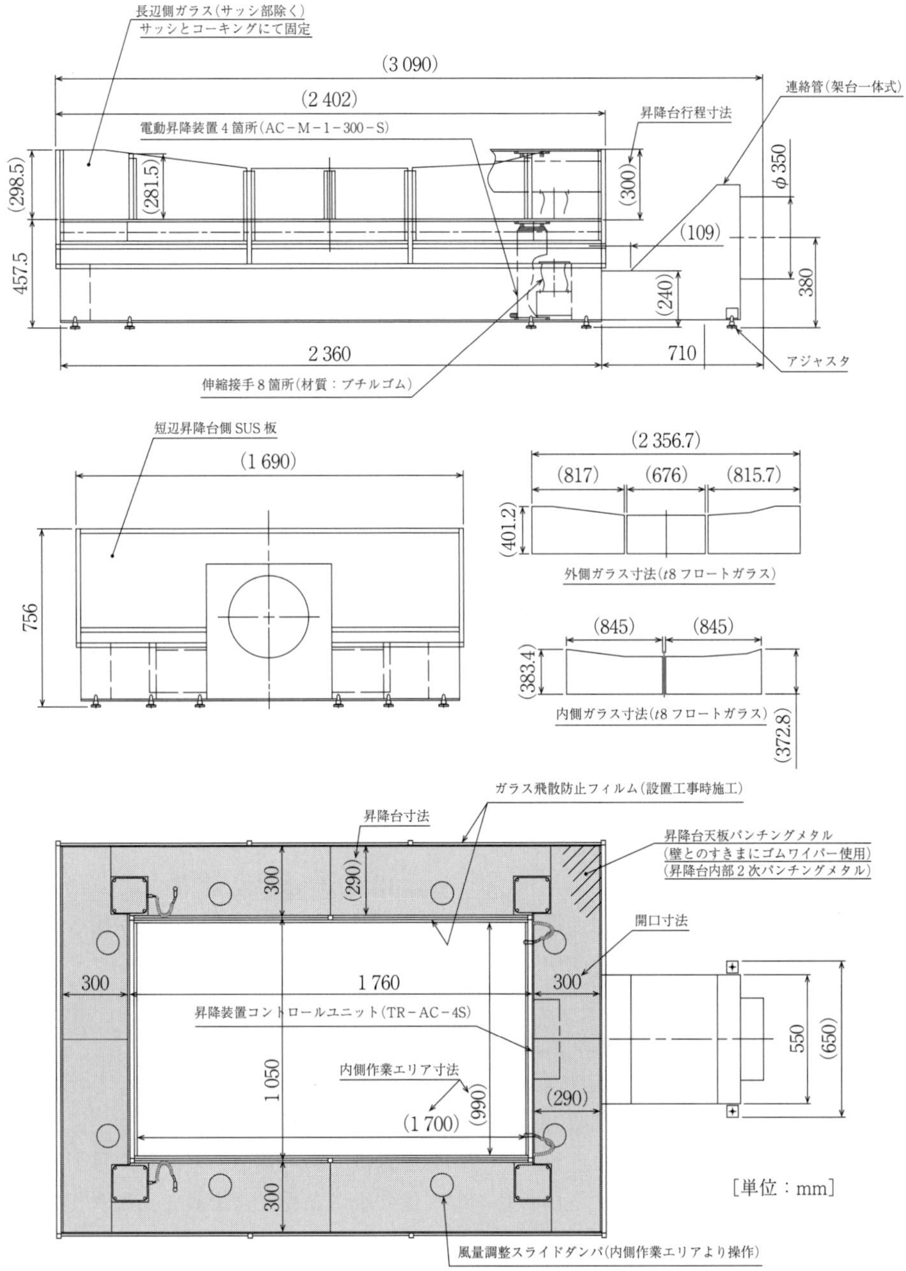

図 13･2･3 装置寸法図

た．

また，振動対策のため送風機の吸込み口および送風口はたわみ継手で接続した．

ダクトの排気口は屋根上 1.5 m 以上の高さにし，ワイヤロープで暴風対策を行った．

13.2.5 設 置 効 果

この工事では乾燥庫と接着剤の保管庫を同時に設置した．

作業台以外の発散源も囲い式フードによる局所排気装置を設置することにより，作業場は第1管理区分となった．

接着作業は厳重に温湿度管理されているが，

今回設置した局所排気装置の排気風量が少量であるため空調負荷も低く抑えることができた.

（昭和電機株式会社）

13.3 バフ研磨機からの有害粉じん排出のための局所排気

13.3.1 業種・工程

研磨工場・両頭バフ研磨機を用いた仕上げバフ研磨作業.

13.3.2 作業内容

自動車のバンパをバフ研磨機を用いて仕上げる研磨工程.

13.3.3 汚染物発生源の状況

バフ研磨機のバフ研磨材と製品の接触面から飛散するアルミナ系バフ研磨材粒子，および研磨されるバンパから飛散する鉄粉.

13.3.4 設計・実施した局所排気装置の内容

〔1〕 装置設置にあたっての問題点と考慮したこと

1） バフ研磨機の研磨材とバンパとの接触角度が変わると有害粉じんの飛散方向が変化し，広い範囲に粉じんが飛散してしまい，それをカバーするフードの開口面が大きくなって大風量を必要とし，設備が大きくなるので，作業方法を見直して，飛散方向が一定になるようにした.

2） 既存の集じん装置を有効活用するため必要排風量，ダクト系の静圧の設計にかなりの制約を受けた.

〔2〕 フードの種類，形状，寸法など

図 13・3・1 に局所排気装置の形状，寸法などを示す.

〔3〕 排風量の決定

粉じん障害防止規則に基づいて形は外付け式レシーバ型であるが，制御風速は囲い式と同様，開口面上の最小風速であるため囲い式フードの算出式を用いる.

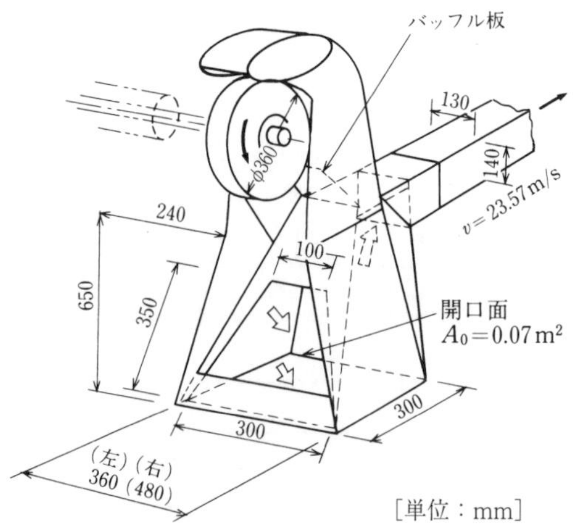

図 13・3・1 バフ研磨機に取り付けた外付け式レシーバ型フード

$$Q=60\,v_c A_0 K$$

に制御風速 $v_c=5.0$ m/s，$A_0=0.07$ m^2，補正係数 $K=1.1$ を代入して排風量 $Q\fallingdotseq 24$ m^3/min を得た.

〔4〕 排気の処理装置

排気は，チャンバ，粗じん用フィルタ，既存水洗式集じん装置を通過後，大気に開放した.

13.3.5 設置効果

作業環境測定結果の評価が第3管理区分から第1管理区分へ向上した.

13.3.6 その他の特徴

集じん装置の負担を軽減するため，比較的大きな粒径の粉じんはテイクオフ直後にチャンバを設けて搬送速度を遅くして重力沈降させ，質量の小さな粉じんを集じん装置で処理した.

（興研株式会社）

13.4 クロムめっき槽に設置した局所排気

13.4.1 業種・工程

鉄鋼業・鉄板の冷間圧延に使用する圧延用ロールの表面にクロムめっきを施す作業.

13.4.2 作業内容

自動車用鉄板の冷間圧延作業で，圧延用ロールには耐磨耗性が要求される．このため4槽からなるめっき設備を用い，脱脂・洗浄・エッチング・めっきの処理を行い，圧延用ロールの表面にクロムめっきを施す．

13.4.3　汚染物発生源の状況

円筒縦型のめっき槽(寸法ϕ1 700×高さ3 700)で，昇降装置に取り付けられた圧延用ロール(直径ϕ600～850)をクロム酸溶液中に浸漬させる．めっき作業中，溶液中から発生する気泡が液面ではじけ，クロム酸のミストが飛散する．

13.4.4　設計・実施した局所排気装置の内容

〔1〕 装置設置にあたっての問題点と配慮したこと

1)　開口面積の縮小

めっき槽への圧延用ロールの装入姿勢を横型とすると大きな開口部幅1 700×長さ5 000が生じてしまうことから，ロール倒立装置を設置して縦型とし開口部をϕ1 200に縮小した．

2)　リングフードの採用

開口部に均等な制御風速を与えるためリングフードを採用し4箇所から吸引する．

3)　めっき槽液面の一定化

めっき槽に圧延用ロールを浸漬したとき，液面が変動し一様な気流が得にくい．このため，オーバフロー水戻り系統を設けて，開口面と液面の間隔を一定に保った．

〔2〕 フードの種類，形状，寸法など

図13･4･1に囲い式リングフードの形状，寸法などを示す．

〔3〕 排風量の決定

算出式

排風量 $Q=60\,v_c A_0$

$=67.8\ \mathrm{m^3/min}$(1槽分)

なお制御風速v_cは，特定化学物質など障害予防規則に基づき粒子状のものに対する1.0 m/sを採用した．

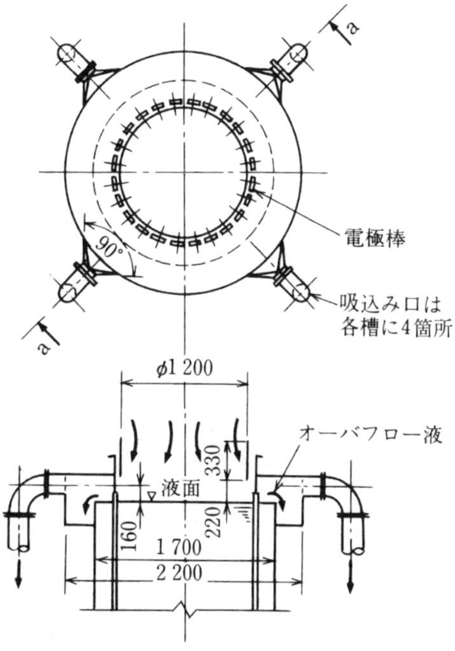

図13･4･1　フードの形状

〔4〕 ダクト・排風量

めっき槽およびエッチング槽の2槽分の排気についてのダクト系統図を**図13･4･2**に示す．ダクト系の圧力損失と排風量から選定した排風機は次のとおりである．

ターボ型　140 m^3/min, 2 744 Pa{280 mmAq}, 15 kW

〔5〕 排気の処理装置

1)　ミストセパレート

粒径の大きいものを捕集するため，前置き集じん装置として設置して回収する．

2)　洗浄塔

粒径の小さいものを捕集するため，排気ガスおよび洗浄液ともに分散させ捕集する方式の洗浄塔を設置して排気の清浄化を図った．

13.4.5　設 置 効 果

作業環境

定期的に作業環境測定を実施しているが，クロム酸は検出せず．

(住友金属工業株式会社)

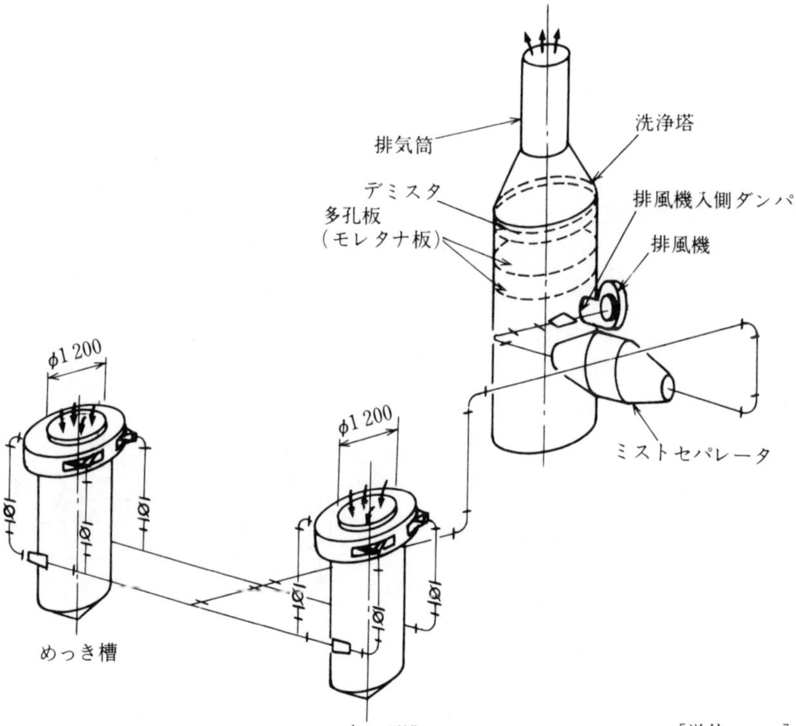

図13･4･2　ダクト系統図

13.5　金属熱処理炉からのオイルミスト排出のための局所排気

13.5.1　業種・工程

機械部品熱処理工場・連続式焼戻炉および乾燥炉．

13.5.2　作業内容

〔1〕焼戻炉

焼入れ後の材質調整のため，金属ベルト上に材料を載せ電熱によって加熱された炉内を通過させる．炉に入る直前に材料洗浄のため，水をスプレーしている．

〔2〕乾燥炉

熱処理油除去のため，ガス燃焼過熱炉内で乾燥する．

なお，上記焼戻炉と乾燥炉は別工程である．

13.5.3　汚染物発生源の状況

熱処理油が付着したまま材料が炉へ入るため，オイルミストが多量に発生する．また，洗浄水の水分もミストとなって発生する．

発生源

1）焼戻炉において，ベルトコンベア上で発生した汚染物が幅1 000×高さ800（出口）および幅1 000×高さ1 000（入口）の開口部から溢出する．

2）乾燥炉において，燃焼ガス排気ならびに炉排気を行うが，材料出入口の垂直開口（幅800×高さ300）が間欠開閉する際に開口部から炉内のガスが溢出する．

13.5.4　設計・実施した局所排気装置の内容

〔1〕装置設置にあたっての問題点と配慮したこと

1）熱処理の温度などの状況によっては，ダ

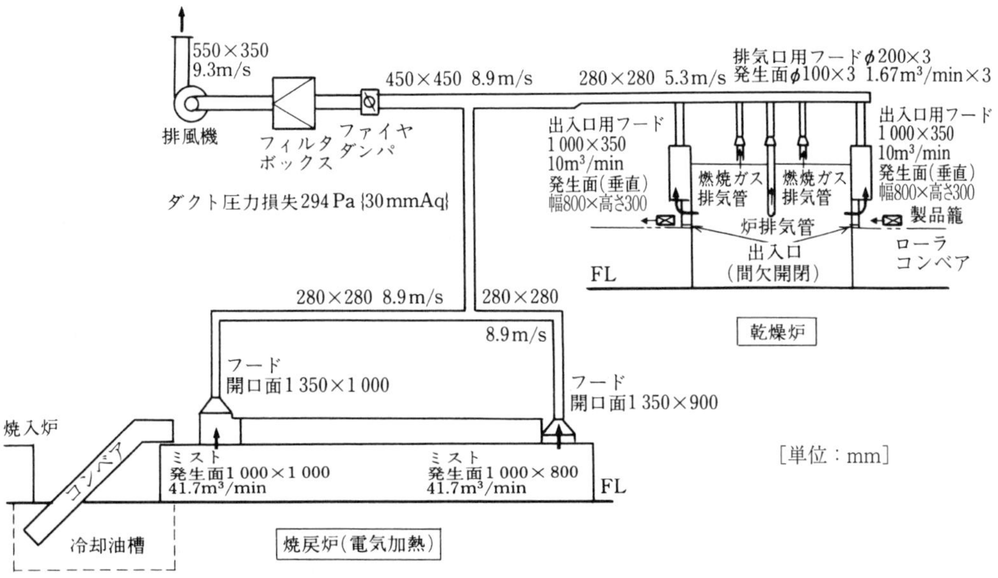

図 13・5・1　金属熱処理炉からのオイルミスト排出のための局所排気

クト内面に付着している熱処理油分が発火しダクト内火災を起こす可能性があるので，CO_2 自動消火装置を付加することにした．

2)　排風機などの設置場所がないので，熱処理炉の上に架台を設置することにした．

〔2〕　フードの種類，形状，寸法など

図 13・5・1 にフードの設置方法，寸法などを示す．各フードはキャノピ型である．

〔3〕　排風量の決定

1)　焼戻炉

300℃の熱発生面の上昇気流速度を 0.5 m/s とし，上昇気流量を計算した．また，キャノピフード開口面における吸込み速度は 0.5 m/s とした．

フード関係寸法により流量比法によって漏れ限界流量比 K_L を計算することにより，排風量を求めた．

2)　乾燥炉

発生量は不明であるが，各フードとも妨害気流は少なく，また，発生気流の浮力も強くレシーバ式となるので，開口面速度は 0.5 m/s として排風量を求めた．

〔4〕　ダクト・排風機

図 13・5・1 に給排気の系統図を示す．ダクト圧力損失と風量から選定した排風機は次のとおりである．

排風機　#2½　片吸込み多翼型　108 m³/min，392 Pa {40 mmAq}，2.2 kW

〔5〕　排気の処理装置

オイルミスト除去のためフィルタボックスを設置し，バッフル形フィルタを内蔵した．

13.5.5　設置効果

対象炉の周辺では粉じん濃度で最大 0.3 mg/m³，平均で 0.11 mg/m³，CO_2 濃度では最大で 250 ppm，平均で 100 ppm 程度減少し作業環境が改善された．

13.5.6　その他の特徴

ダクト内温度により CO_2 を放出する自動消火装置を設置し，防火ダンパとあわせて用いた．

（山陽株式会社）

13.6 燃焼廃ガス排出のための自然通風式局所排気

13.6.1 業種・工程

金属熱処理工場・連続式焼入炉.

13.6.2 作業内容

金属製ベルトコンベア上に連続的に投入された焼入れの対象物を，都市ガスによって加熱されたトンネル状の炉内を通過させることにより加熱し，直後に急冷する．炉内は対象物保護などのため雰囲気保護ガスが充満している.

13.6.3 汚染物発生源の状況

1） 加熱用都市ガスの燃焼廃ガス：450℃，直径40 mmのガス管9本

2） 雰囲気保護ガスの燃焼廃ガス：700℃，750×250

工場建物内に高温の燃焼廃ガスをそのまま放出しているので，温度など作業環境が悪化している.

13.6.4 設計・実施した局所排気装置の内容

〔1〕 装置設置にあたっての問題点と配慮したこと

1） 高温による自然通気力を利用する.

2） 高温のため排気ダクトの材質を考慮する.

3） 排気ダクトを完全に断熱し，温度降下を少なくすることにより通気力を大きくとる.

4） 廃ガスは浮力により上昇するのでキャノピフードとする.

5） 発生面を囲い込むことは作業性から不可能であるが，妨害気流も多少あるため，発生面にフードを接するようにしてフード設置高さを0 mにする.

〔2〕 フードの種類，形状，寸法など

図13･6･1にフードの種類，形状，寸法などを示す.

〔3〕 排風量の決定

1） 熱量の使用量より燃焼ガス発生量を求めた.

2） フード関係寸法から流量比法によって排風量を求めた.

〔4〕 ダ ク ト

自然通気式のため排風機は使用しない．ダクト内平均温度の推定，ダクト寸法の仮定により通気力・圧力損失を計算し，圧力損失が通気力より小さくなるように再計算してダクト系を決定した．**図13･6･2**に系統図を示す.

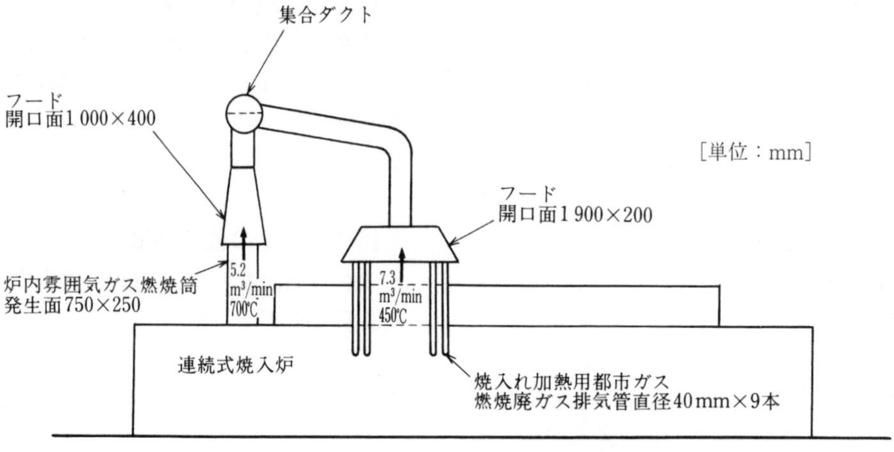

図13･6･1 燃焼廃ガス排出のための自然通風式局所排気

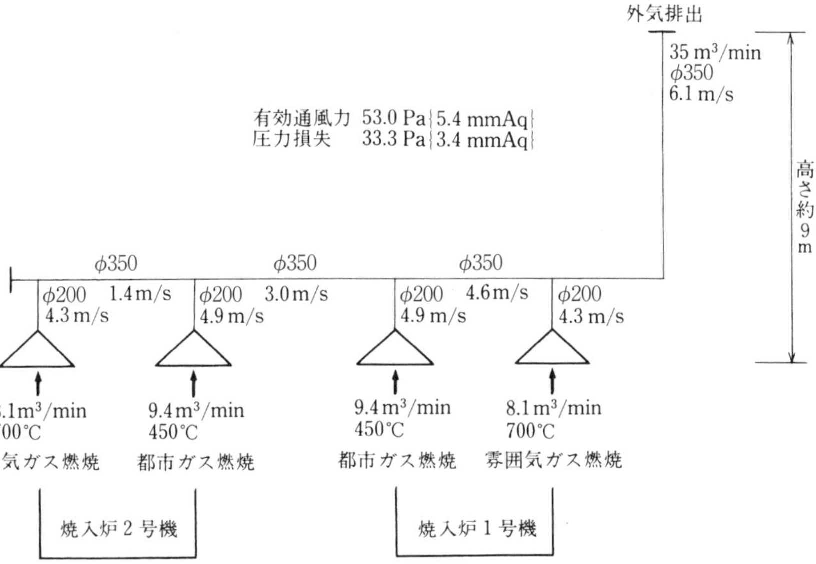

図 13･6･2 燃焼廃ガス排出のための自然通風式局所排気ダクト系統図

13.6.5 設置効果

従来，建屋内に放出していた燃焼ガス中の H_2O によると思われる製品のさび発生がなくなった．

（山陽株式会社）

13.7 クリーンルーム内の有機溶剤蒸気排出のための局所排気

13.7.1 業種・工程

医薬品工場・調合作業．

13.7.2 作業内容

原薬製造過程において，原料の調合時に溶媒として各種の有機溶剤を半密閉槽で使用する．

13.7.3 汚染物発生源の状況

半密閉の槽に有機溶剤を投入し調合する過程で，槽の開口部から有機溶剤の蒸気が流出し，空調用の気流によって室内下部に拡散して室を汚染する．汚染物はクロロホルム(特別有機溶剤)，メチルアルコールおよびエチルアルコール(第二種有機溶剤)であり，半密閉槽は幅 350×奥行 400×高さ 350 が 3 台あり，流出した蒸気は重いため床上をはうように拡散する．

13.7.4 設計・実施した局所排気装置の内容

〔1〕 装置設置にあたっての問題点と配慮したこと

1) 汚染物発生源が小さいため囲い式フードとした．作業者と汚染源はガラス窓により隔離することが可能である．制御風速(排気量)を小さくすることは，クリーンルームに必要な正圧維持のための取入れ外気量が少なくなり，コスト低減が図れる．
2) 作業性確保のため半密閉槽の設置高さは床面より 750 mm とし，設置面には多孔板を用いて下方に一様な速度で吸い込むようにした．
3) 作業者の安全性確保は不可欠であり，囲い式フードの内部はもとより，フードを設置している室も防爆対策を行っている．

〔2〕 フードの種類，形状，寸法など

図 13･7･1 に囲い式フードの形状，寸法および作業者と汚染源の位置関係などを示す．温湿度の調整ならびに清浄度の維持を目的として，吹出しは天井面から行っている．

〔3〕 排風量の決定

算出式

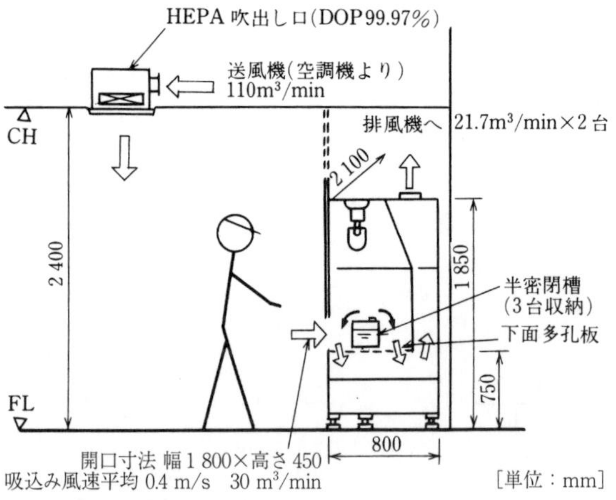

図 13·7·1 囲い式フード断面図

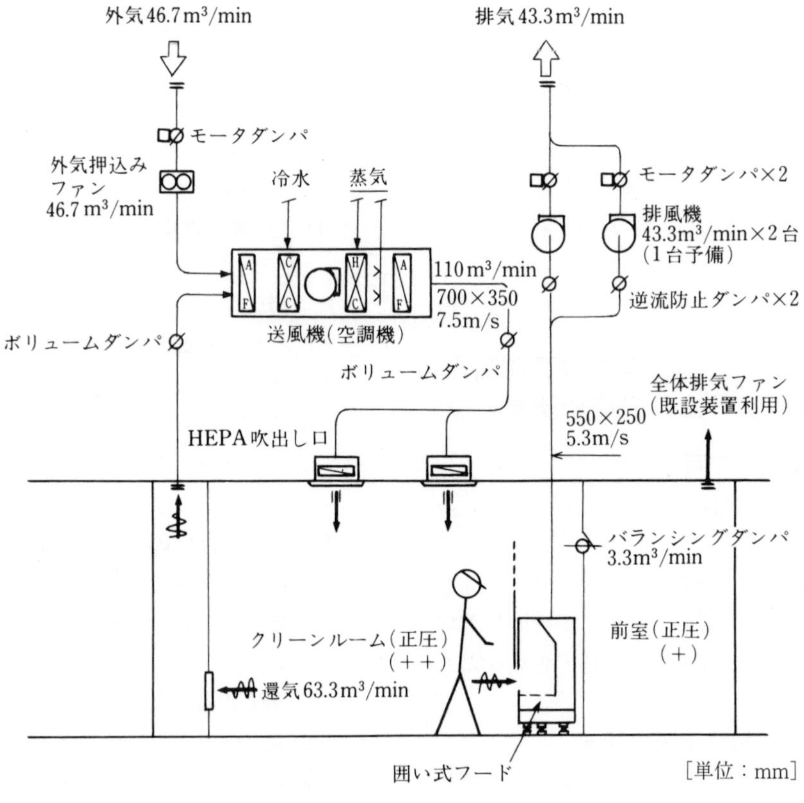

図 13·7·2 ダクト系統図

排風量 $Q=60\,A_0\,v_c$

$=60\times1.8\,\mathrm{m}\times0.45\,\mathrm{m}\times0.4\,\mathrm{m/s}$

$\fallingdotseq 19.5\,\mathrm{m^3/min}$

制御風速は有機則第16条により囲い式における0.4 m/s以上，開口寸法は幅1 800 mm×高さ450 mmとした．排風量はフードが2台あり，余裕をみて43.3 m³/minとした．

〔4〕 ダクト・排風機

図 13·7·2 に排気ならびに給気の系統図を示す．汚染源のある囲い式フード内は負圧，フー

ドを設置している室はクリーンルームのため正圧とし，排風機は故障時のバックアップ対策として2台設置した．

ダクトの圧力損失と風量から選定した送排風機は次のとおりである．

排風機　#2多翼型　43.3 m^3/min，392 Pa{40 mmAq}，1.5 kW，2基(安全増防爆型，うち1基は予備)

送風機(空調機)　110 m^3/min，1 176 Pa{120 mmAq}，7.5 kW(取入れ外気 46.7 m^3/min)

13.7.5　設置効果

作業域内において，有機溶剤の許容濃度を超えるようなことはまったくなく，安全な作業が可能であり，また洗浄度も必要条件を十分に満足している．

13.7.6　その他の特徴

〔1〕 防爆対策

1) 囲い式フード内の照明および室内のコンセントは耐圧防爆構造．
2) 室内の照明器具，排風機，送風機は安全増防爆構造．
3) 施設は2種場所に該当する．

〔2〕 室内条件

1) 温湿度：年間を通じて23±1℃，45～50%
2) 洗浄度：クラス1 000

(三機工業株式会社)

13.8　クリーンルーム内の有機溶剤作業用プッシュプルブース

13.8.1　業種・工程

半導体製造．

13.8.2　作業内容

クリーンルーム(フローコータ室)の室隅部に印刷機が設置してある．プリント後に印刷機より取り出した半導体プリント基板ネガフィルムを乾燥ラックに1枚1枚順に，手で挿入して立てかける作業．

13.8.3　汚染物発生源の状況

印刷基盤に付着する有機溶剤が大量に発生し，ラック部を覆っているが，そのすきまから漏れ出てくる．

作業室は約30 m^2 の実験目的で使用する室であって，天井吹出し・床吸込みのクリーンルームになっている．ここでは温湿度調整空気を循環しており，また，換気回数も多くしているが，かえって各箇所の気流の渦部が強まり，ラックから発生する汚染空気を制御できず，乱気流によって舞い上がった上記の臭いが室いっぱいに混合拡散していた．したがって，床に吸い込まれた有機溶剤は活性炭を通して循環しているものの，濃度が高まっていた．

13.8.4　設計・実施したプッシュプル換気装置の内容

装置の構造，吹出し風速，風量などについては，**図13･8･1**に示すとおりである．

1) 有害蒸気を発生する局部で捕捉し排出するため，天井吹出し・壁下吸込みのプッシュプル方式の囲い式ブースを設置し，発生源をブース内に封じ込めるものである．
2) プッシュエアには外気処理空調空気を用い，作業者の呼吸域を積極的に保護する．
3) プッシュエアは有害物質をプル開口まで搬送し排出するが，同時にブース内から有害物質がクリーンルーム内へ漏れるのを防ぐエアシャッタの役割を兼ねる．
4) プッシュエアの全吹出し量で作業者を大きく包み込み汚染物を遮断した上，全吹出し量の大部分はプル開口への搬送後排出し，後の一部は汚染されない空気としてブースに接するクリーンルーム床開口部から吸い込まれ，クリーンルーム循環空気に混入される(クリーンルーム内であり，吹出し・吸込み量はほぼ同量としてある)．

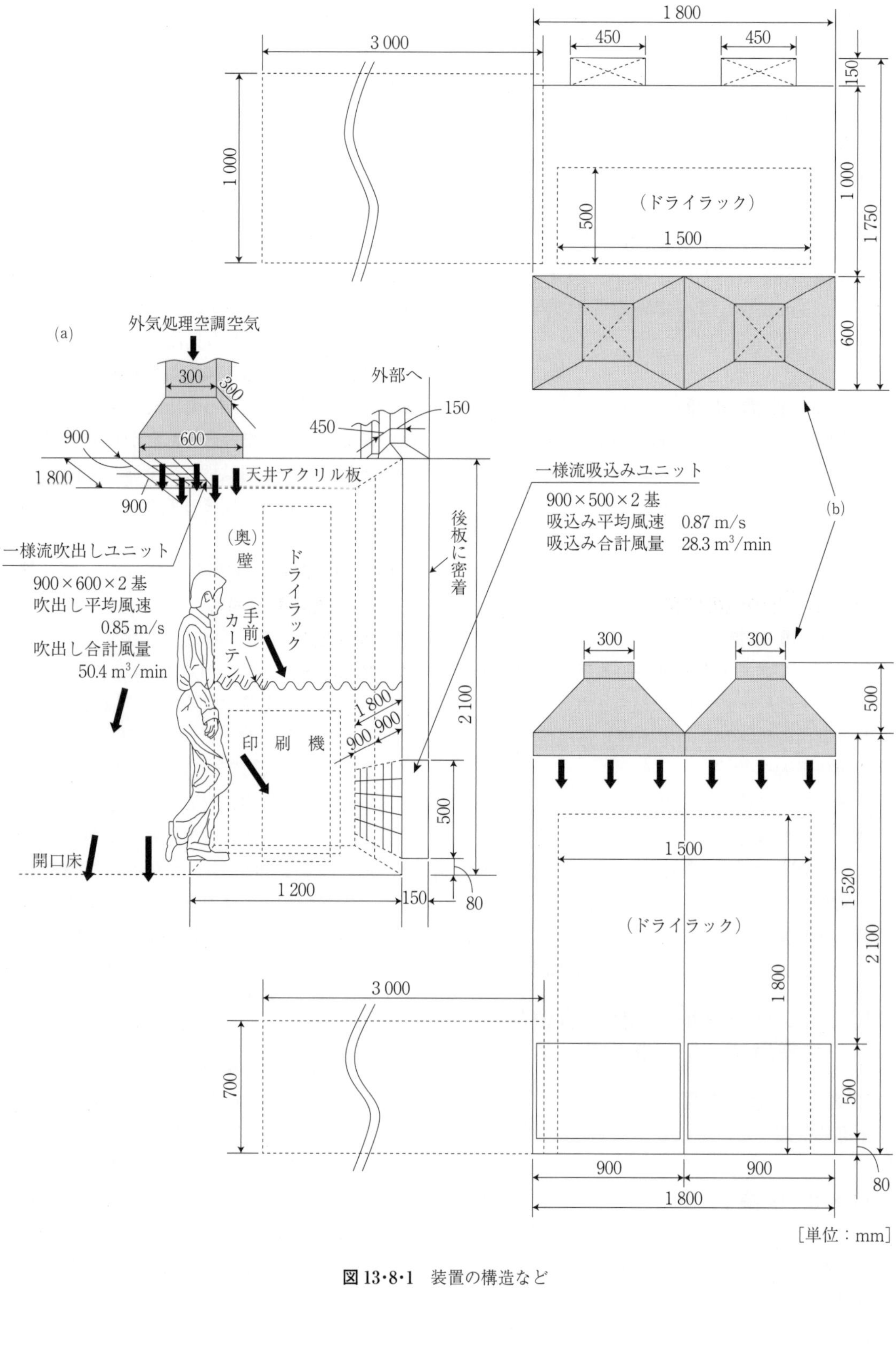

［単位：mm］

図 13·8·1 装置の構造など

13.8.5 設 置 効 果

1) クリーンルーム循環気流の新鮮度を確保するとともに，他の場所におけるクリーンルーム本来の目的にかなう作業をすることができた．
2) プッシュエア量の分割により，外部排出空気量の減少すなわち処理装置への負担減，ランニングコスト節減が図られた．

（株式会社クリーン・エアー・システム）

13.9 自動車組立ラインにおける車両排ガス用局所排気

13.9.1 業種・工程

自動車製造工場・組立工程．

13.9.2 作 業 内 容

組立終了後の車検ラインにおいて，機能検査のためにドラムテスタ，シャシーローラを用いて定置高速走行試験を行う．

13.9.3 汚染物発生源の状況

定置高速走行時，車両は最大 6 000 rpm で定置走行するため，排気ガスが車両のテールパイプ（ϕ 60×2）より最大 50 m/s の速度でライン内に放出される．排気ガスの温度は約 160℃ で排気ガス中には CO が 1〜4% 含まれる．従来は側方吸込み，または下方吸込みのプッシュプル換気にて排気を行っていたが，排気ガスの速度が速いため捕集効率が悪く作業環境を汚染していた．

13.9.4 設計・実施した局所排気装置の内容

〔1〕 **装置設置にあたっての問題点と配慮したこと**

1) 車両の排気ガス量および速度は車種および検査内容により異なるため，どの条件においても排気ガスを効率よく捕集できること．
2) 車両通行の支障とならないように吸込みフードをアップダウン式とし，車両の定位置信号と連動させる．
3) 車両のテールパイプは車種により右，左または両方のケースがあるため，いずれにも対応できるフード形状とする．
4) 吹出しと吸込みの距離，吸込み風速は各種パターンについて模型実験を行い，最適吸込み風速を決定した．

〔2〕 **フードの種類，形状，寸法など**

図 13･9･1 にアップダウンフードの形状，寸法および発生源の位置関係を示す．

〔3〕 **排風量の決定**

高速回転時には排気ガスの吐出し速度が大きいためフード面に当たったときの動圧による拡散を防ぎ，また，アイドリング時は吐出し速度が小さいため，ある距離をおいても排気ガスの捕集効率が落ちないように計画した．

吸込み口と排気ガス吐出し側の位置，吸込みの形状，吸込み速度の関係を模型実験により求め，フード開口面吸込み風速は 3.5〜4.0 m/s，吸込み風量は 200 m^3/min とした．

〔4〕 **ダクト・排風機**

図 13･9･2 に排気系統図を示す．

アップダウンフード以外の系統も同一の排風機系統で排気しており，各系統の排気風量は図に示すとおりである．ダクト内圧力損失は，1.47 Pa/m {0.15 mmAq/m} としての排風機全圧を決定．

排風機　軸流型　#900　670 m^3/min，784 Pa {80 mmAq}，2.2 kW

なお，軸流送風機は電動機外置きベルト掛け方式とした．

13.9.5 設 置 効 果

1) ライン周囲の作業環境として CO 濃度を 10 ppm 以下とすることができた．
2) 従来方式と比べて排風量は 30% 程度低減できた．
3) コンパクト，軽量化が可能となった．

13.9.6 その他の特徴

1) 排気ガスの吐出し動圧をうまく利用でき

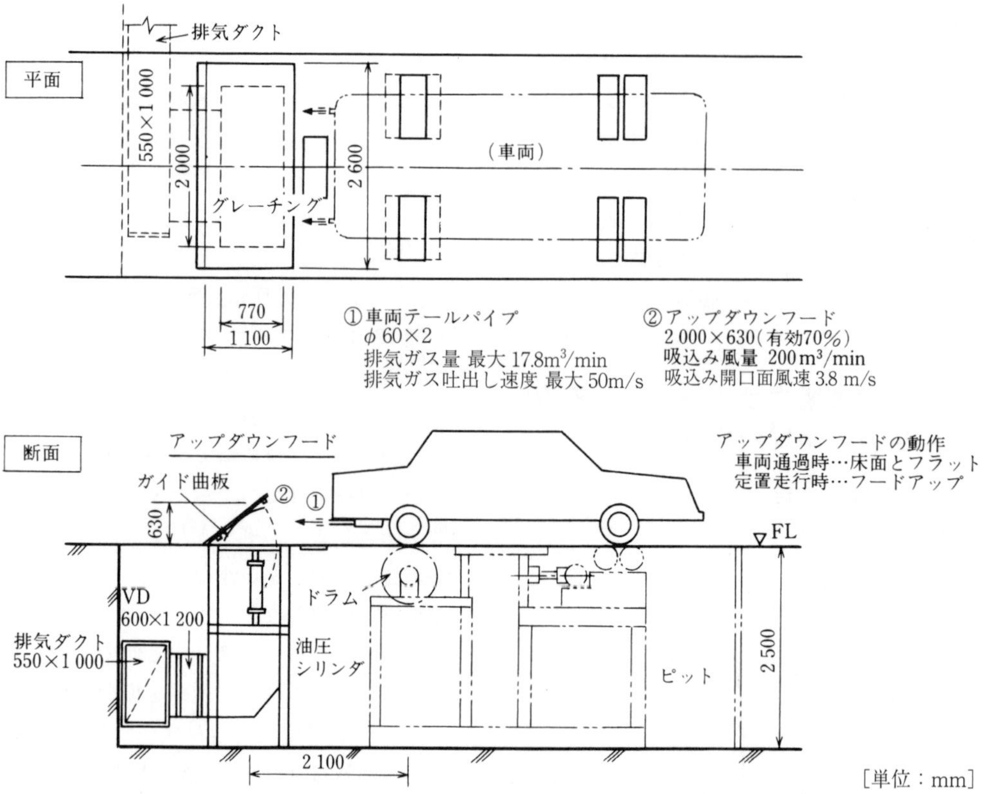

図 13・9・1 アップダウンフードの形状，寸法および発生源の位置関係

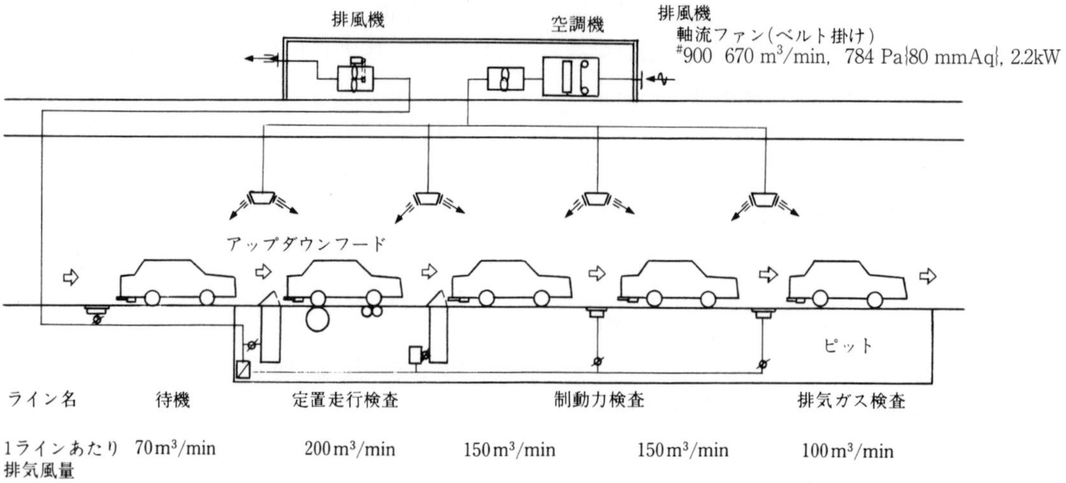

図 13・9・2 機能検査ライン排気系統図

るようなガイド曲板を入れた.

2) 吸込みチャンバ部に点検口を設け，カーボンなどの堆積を点検できるようにした.

3) 安全上の配慮としてアップダウンは進入車両とインタロックをとった.

(三機工業株式会社)

13.10　粉体秤（ひょう）量作業場の局所排気

13.10.1　業種・工程

製薬工場・粉薬の秤量作業.

13.10.2　作 業 内 容

錠剤製造過程において，粉末状薬剤の秤量を行う.

13.10.3　汚染物発生源の状況

袋詰めになっている粉末状薬剤を秤量器の上に設置した容器に入れる際，粉体が周囲に飛散・浮遊する.

13.10.4　設計・実施した局所排気装置の内容

〔1〕　装置設置にあたっての問題点と配慮したこと

1）　工場内作業室は基準天井高さが4mあるので，飛散・浮遊した粉体を効率的に捕捉するため，秤量作業域に限り天井高さを2mとした.

2）　フードによる上方吸込み気流では経済的に捕捉し得ないことより，壁面吸込みによる水平気流側方吸込み方式とした.

3）　他の作業エリアに飛散しないように，一方向気流とした.

4）　吸込み口寸法は幅5m×高さ2mの大きさがあり，吸込み風速を一様にするため，吸込み面にはパンチングメタルならびにフィルタを設置した.

〔2〕　フードの形状，寸法など

図13･10･1に吹出し・吸込みの形式，寸法および作業者と汚染源の位置関係などを示す．秤量作業場の寸法から壁面吸込み開口の寸法を幅5m×高さ2mとした.

〔3〕　排風量の決定

吸込み風速は経験より0.1 m/sと決定し，排風量は，5 m×2 m×0.1 m/s×60＝60 m^3/minとした.

〔4〕　排気の処理

吸い込まれた空気はすべて再循環方式とし，空調機内のNBS 90%のユニットフィルタにより粉体を除去する.

13.10.5　設 置 効 果

以前は天井吸込みフードを設置し処理していたが，吸引されるまでは秤量作業中に粉体が飛散・浮遊し，約30分間は浮遊していた．今回

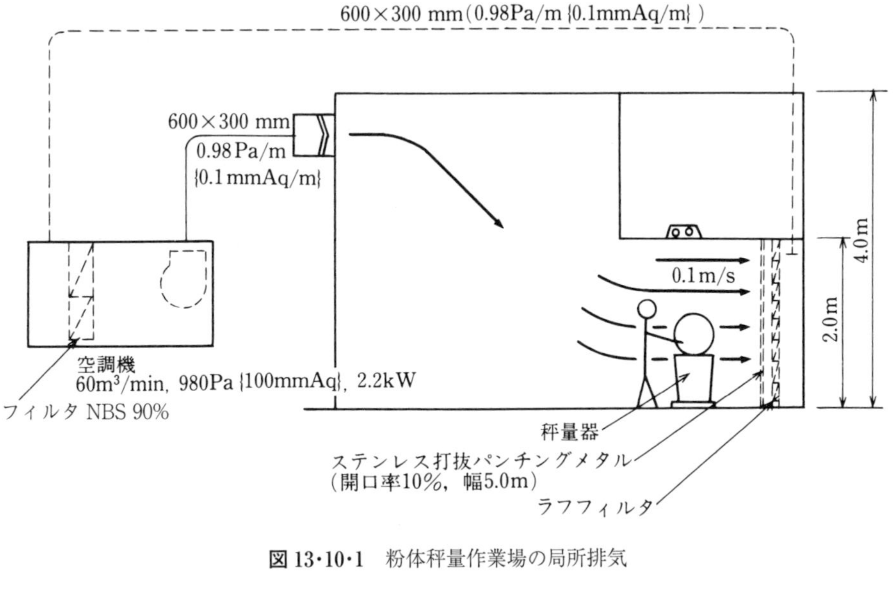

図13･10･1　粉体秤量作業場の局所排気

の方式に改善後は，約2～3分間で速やかに清浄度が回復し，他の作業域にまで飛散することもなくなった．

（ダイダン株式会社）

13.11 有機溶剤洗浄作業のためのプッシュプルブース

13.11.1 業種・工程

鉄鋼業・鋼管製造工場・ステンシル型板洗浄作業．

13.11.2 作業内容

1） 鋼管外面にハンドスプレーガンを用いて商品ロットなどのマーキング作業を行っている(以下，ステンシル作業という)．

2） このステンシル作業に用いるマーキング用型板(長さ2 000 mm×幅150 mm程度の薄板鋼板に数字・アルファベットなどをくり抜いたもの)に付着した塗料をシンナー(第二種有機溶剤)により洗浄する．

13.11.3 汚染物発生源の状況

1） ステンシル型板洗浄槽(幅2 360 mm×奥行560 mm×深さ400 mmのステンレス槽，使用溶剤はトルエン他混合溶剤，常温で使用)

2） 型板を洗浄槽に浸漬しておき，その後ブラシで洗浄する．

3） 実作業時間はシフトあたり30分と短く，ブラシ洗浄時以外は槽に蓋をするため発生量は少ない．

13.11.4 設計・実施したプッシュプル換気装置の内容

〔1〕 装置設置にあたっての問題点と配慮したこと

従来，吸込みブース内で作業をしていたが，洗浄面が見にくく作業姿勢に無理があった．また，一般に吸込み気流のみを用いて汚染物の排出を図ると，作業者後方のブース開口部から流入する工場内空気が，作業者周りで流れがはく離し，汚染気流が呼吸域に巻き上がるおそれが生じる．これを防ぐための装置として，

1） 工場内空気をフィルタを通して作業者の上方天井面全面から供給し，呼吸域を保護するとともに，汚染空気の巻上げを防ぎ，ブース前方壁下部の開口から吸い込んで排出するプッシュプル換気装置を用いることにした．

2） プッシュプル流れを一様流(いわゆるピストン流れ)にするため，吹出し・吸込みユニットの内部に調整板を設け，吹出し・吸込みの速度分布の一様性を図った．

〔2〕 プッシュプル換気装置の形式，形状，寸法など

図13･11･1にプッシュプルブースの形状，寸法および作業者・汚染源の位置関係などを示す．ブースの天井全面から吹出し，下部側方吸込みとし，呼吸域の保護を第一の目的としている．

〔3〕 吹出し速度(風量)・吸込み速度(風量)の決定

1） 作業者の呼吸域保護を図りつつ，強い風速が作業者に悪影響を与えないよう，ならびに汚染空気の制御に必要な最低風速として吹出し風速を0.8 m/sに計画した．また吹出し幅は電灯設置箇所を避け，ブース開口端から900 mmにとり，吹出し風量を定めた．

2） 流量比法によるプッシュプル流れの計算式から排風量を求めた．

〔4〕 ダクト・送排風機

ダクトの圧力損失と風量から選定した送排風機は次のとおりである．

送風機　軸流型　45 m^3/min，117.6 Pa{12 mmAq}，0.22 kW，2基

排風機　#3多翼型　120 m^3/min，490 Pa{50 kPa}，8基

〔5〕 排　　気

実作業時間は30 min/シフトと少なく，浸漬時には洗浄槽に蓋をするために全体の有機溶剤蒸気の濃度は低く，処理装置は設置せず屋根上

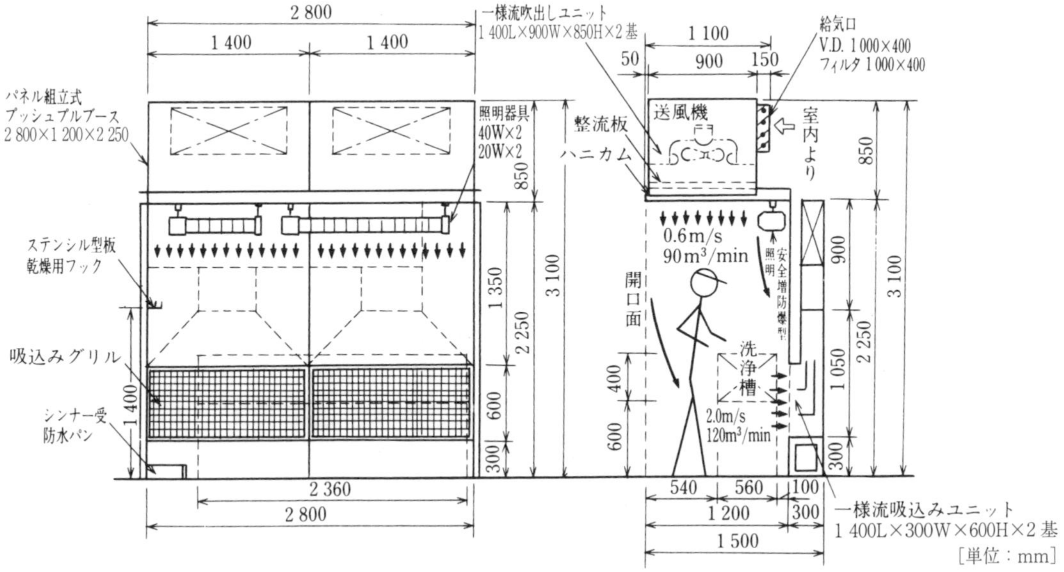

図 13･11･1　有機溶剤洗浄作業プッシュプルブース

図 13･11･2　一様流のプッシュプル気流

より屋外に排気した．

13.11.5　設 置 効 果

図 13･11･2 のとおり，一様流のプッシュプル気流が得られて呼吸域は保護され，濃度測定結果はこん跡値であった．また，作業スペースも広く使用できるようになり，無理な姿勢が解消され作業性が向上した．

13.11.6　その他の特徴や配慮したこと

1)　有機溶剤取扱い職場であるため，火災爆発防止に留意して電動機・電灯などは安全増防爆型とした．

2)　洗浄した後の型板から有機溶剤蒸気が発生することを抑えるため，ブース内部の横壁に型板の引っ掛け部を設け，下降気流によって汚染空気ならびにしずくを下方へ流して排出するようにし，同時に乾燥効果も図った．

（住友金属工業株式会社）

13.12　大規模塗装場におけるプッシュプル一様流換気

13.12.1　業種・工程

鉄鋼業・鋼管塗装作業．

13.12.2　作 業 内 容

水平に並べた鋼管(長さ最大 12 m)の上に作業者が乗り，エアレススプレーガンを用いて鋼管外面の吹付け塗装を移動しながら行う．

13.12.3　汚染物発生源の状況

1)　塗料はトルエンなどの有機溶剤を含有したもの(第二種有機溶剤等)を常温で用いる．

2)　発生源の面積は，鋼管表面に付着した塗料の乾燥過程における有機溶剤の蒸発発生も含めると 200 m² を超える（最大 12 m×18 m 程度）.

3）塗装作業中は作業位置における吹付け塗料の飛散があるが，他の塗装面からの有機溶剤蒸発が発生源となる.

13.12.4　設計・実施したプッシュプル換気装置の内容

〔1〕装置設置にあたっての問題点と配慮したこと

1）発生源が広範囲に及ぶ，主発生源が作業者とともに移動する，天井クレーンが走行する，塗装鋼管サイズが一定しない，塗装ロットが小さい，などの制約条件から自動塗装と局所排気による対応が困難であり，作業自由度の大きい横型のプッシュプル一様流換気を採用した.

2）気流内で作業者が作業を行うため渦が形成され，吹付け塗料の巻込みが予想されるため気流方向と作業方向を直角にした.

3）建屋の開口を最小とすることにより周囲の妨害気流を小さくした.

4）吹出し気流の清浄化を図るため吹出しユニットにフィルタを設置するとともに，一様な気流をつくるため吹出しユニットにプレナムを設け，さらにハニカム状の整流調整板を組み込んだ.

〔2〕装置の形状・寸法など

図 13・12・1 に装置の断面形状を，**図 13・12・2** に作業者と汚染源の位置関係を示した.

〔3〕吹出し速度（風量）・吸込み速度（風量）の決定

1）吹出し気流中で作業者に過度の寒冷感をきたすことがないようにすること，吹付け塗料の鋼管への均等な付着を妨げないようにすることなどを考慮し，かつ，作業者の呼吸域への清浄空気の供給を目的として設計値を 0.45 m/s とした.

2）流量比法によるプッシュプル流れの計算式から排風量を求めた．なお，吹出し気流はダンパ調整可とした.

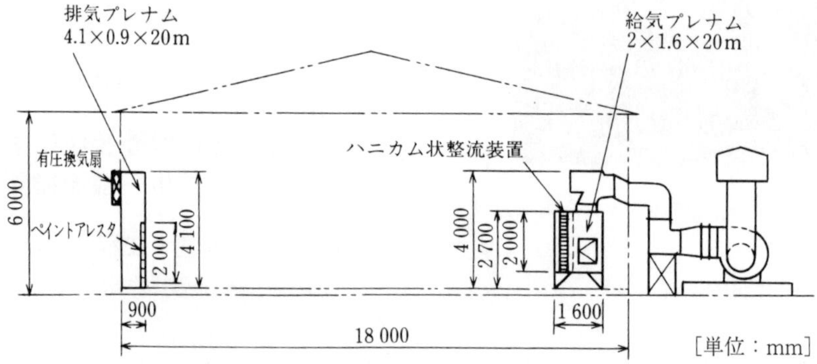

図 13・12・1　プッシュプル換気装置の断面形状

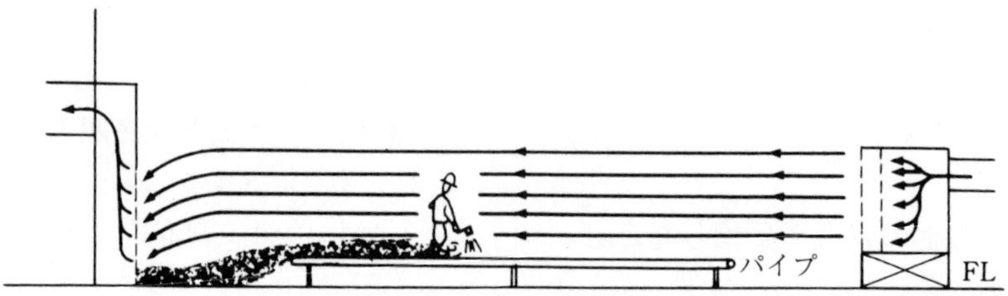

図 13・12・2　作業者と汚染源の位置関係

〔4〕 ダクト・送排風機

ダクトなどの圧力損失と風量から選定した送排風機は次に示すとおりである.

送風機　多翼型　700 m^3/min, 343 Pa{35 mmAq}, 2基

排風機　有圧換気扇　450 m^3/min, 98 Pa{10 mmAq}, 8基

13.12.5 設置効果

吸込み開口近くの一部を除き, ほとんどの測定箇所, 作業者の呼吸域とも許容濃度を大幅に下回る濃度測定値が得られた. なお, 従来は作業終了後も有機溶剤蒸気の作業場内における滞留が見られたが, 滞留もなくなり塗装作業終了後速やかな清浄化が図れた. また, 付帯効果とした鋼管付着塗料の乾燥速度を早める効果も見られた.

(住友金属工業株式会社)

13.13 鋳物堰(せき)折り工程におけるプッシュプル換気

13.13.1 業種・工程

金属製品製造業・鋳物堰折り作業.

13.13.2 作業内容

鋳物型ばらし工程において, ハンマまたは油圧式のくさび型堰折り機を用いて鋳物の堰折りをする.

13.13.3 汚染物発生源の状況

エプロンコンベア上を流れてくる長さ, 幅, 高さなどが約30 cm程度の鋳物製品の堰折り作業を4～5人の作業者が行うが, 約400℃前後の製品から粉じんを含む高温の熱気流が発生し, 作業者の呼吸域を汚染していた.

13.13.4 設計・実施したプッシュプル換気装置の内容

〔1〕 装置設置にあたっての問題点と配慮したこと

1) 従来換気装置の設置がなく, 作業者はマスクのほかにタオルを顔に巻き付けていたが, 振動により発生する粉じんが熱気流により舞い上がり, 顔や首筋など真黒になって作業をしていた. 製品が高温のため熱気流の発生量が大きく, 吸込みフードだけではフード開口面を近接させても, 汚染源幅が大きいため必要排風量が大きくなるとともに, フードの寸法も大きくなるためプッシュプル換気によることとした.

2) 特に夏期は厳しい高温作業となるため, 空調機(冷房)を通した清浄な空気を吹き出して, 呼吸域を保護しつつ, 作業者周辺環境の快適化を図った.

3) 一様流によるプッシュプル流れの安定供給を図るため, 吹出し・吸込み各ユニット内には調整板を設けて吹出し・吸込みの速度分布の一様性を図った.

〔2〕 プッシュプル換気装置の形式, 形状, 寸法など

図13・13・1にプッシュプル換気装置の形状, 寸法および作業者・汚染源の位置関係などを示す. なお, 吸込み開口の上部にはフランジの働きをするバッフル板を設けている.

〔3〕 吹出し速度(風量)・吸込み速度(風量)の決定

1) 熱上昇気流の抑制と, 作業者に送る空気の速度を考慮して, 吹出し風速を0.8 m/sにとるとともに, 幅の広い一様流を形成するために吹出し幅を750 mmと大きくして吹出し風量を定めた.

2) 流量比法によるプッシュプルフードの計算式から排風量を求め, 現場合わせで調整使用することとした. 図中に吹出し風速, 風量および吸込み風速, 風量を示す.

〔4〕 ダクト・送排風機

ダクトの圧力損失と風量とから選定した送排風機は次のとおりである.

送風機　#4½片吸込みエアホイール型　216 m^3/min, 637 Pa{65 mmAq}, 3.7 kW

排風機　#6ターボ型　480 m^3/min, 3 136 Pa

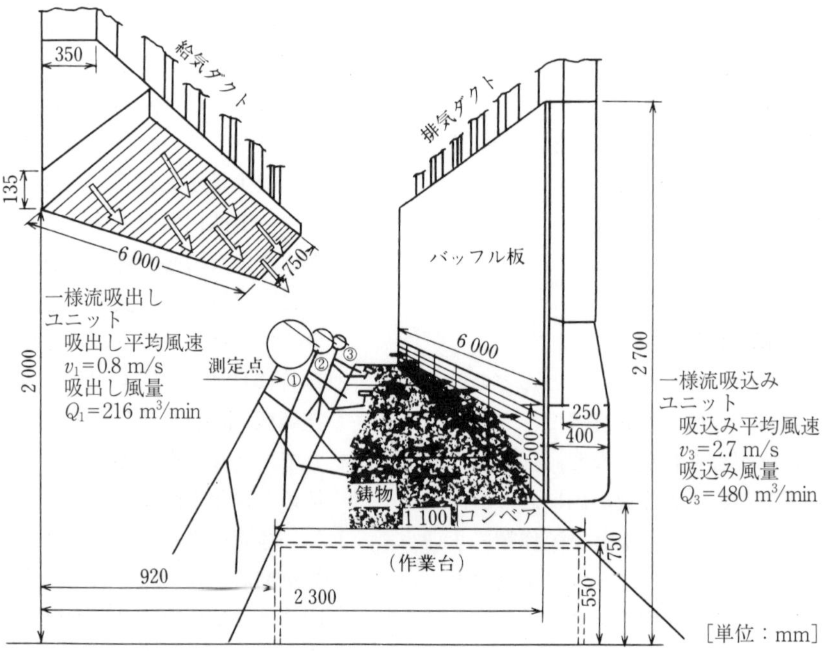

図13･13･1　鋳物堰折り作業プッシュプル換気装置

{320 mmAq}，45 kW

〔5〕 **排気の処理装置**

粉じん除去を目的としてバグフィルタ集じん機(処理風量 480 m³/min，ろ布面積 240 m²)を用いて排気の清浄化を図った．

13.13.5　設置効果

作業者呼吸域の粉じん濃度を測定した結果は吸込みのみを稼働した場合に比べ，プッシュプル稼働の場合は1/5～1/2の低濃度となり，室内周辺の粉じん濃度と変わらない数値を得た．作業者は顔などの汚れもなくなりマスク着用も不要となったうえ，冷風吹出しにより温熱条件を適切な状態に保つことができ，快適な作業環境に改善された．

13.13.6　その他の特徴や配慮したこと

1)　吹出し空気は外気を導入しているため，室内が排気のみの装置に比べて負圧化が軽減できた．

2)　吹出し・吸込み開口面ならびに吹出し・吸込みユニット内に組み込まれている調整板などに付着する粉じんを容易に取り除けるよう，各ユニットは簡単に取外し・取付けができるようにした．

3)　吸込みのみの排風量に比べて排風量が少なくなるため集じん装置の容量が小さくなり，また動力費も削減できた．

(株式会社クリーン・エアー・システム)

13.14　溶接工程におけるプッシュプル換気

13.14.1　業種・工程

自動車製造工場・溶接作業．

13.14.2　作業内容

車体製造過程において，ジグ台に設置された製品を電気溶接する．

13.14.3　汚染物発生源の状況

最大幅約5.7 mの製品の数箇所を作業者が横へ移動しながら溶接する際に，ヒュームを含む熱気流が発生する．作業箇所上方にキャノピフードが設けられていたが，ほとんど吸引せず上方，側方の空間にヒュームが広く拡散し工場内環境を悪化させていた．

13.14.4　設計・実施したプッシュプル換気装置の内容

〔1〕 装置設置にあたっての問題点と配慮したこと

1）溶接箇所の移動とともに吸込みフードを作業につれて移動式にした場合，高頻度にフード開口部を移動しなければならない支障が生じる．そこで，作業箇所の上方から清浄な空気を吹き出し，作業者の呼吸域を保護するとともに，発生したヒュームを含む溶接プルームの上昇を抑え，下方排出ピットから排出するプッシュプル換気を採用した．

2）床上5mの高さから下向きに吹き出す流れに大きな渦や偏流が生じないよう，吹出し・吸込みの各ユニットの内部に調整板を設けた．

〔2〕 プッシュプル換気装置の形式，形状，寸法など

作業場の上方を走行するクレーンの運転に支障がないよう，クレーンより高い位置に各吹出しユニットを設け，作業者の足元に排出ピットを設けるプッシュプル換気装置とした．**図13•14•1** にその形状，寸法および作業者と汚染源の位置関係などを示す．

〔3〕 吹出し速度（風量）・吸込み速度（風量）の決定

1）吹出し速度を大きくして作業者に不快感を与えないよう，溶接点を冷却させないよう，室内気流の（最大風速0.3 m/s程度）に妨害されないようなどを配慮して，吹出し速度を0.7 m/sに選び，作業者・溶接箇所付近で0.5～0.6 m/s程度の風速になるよ

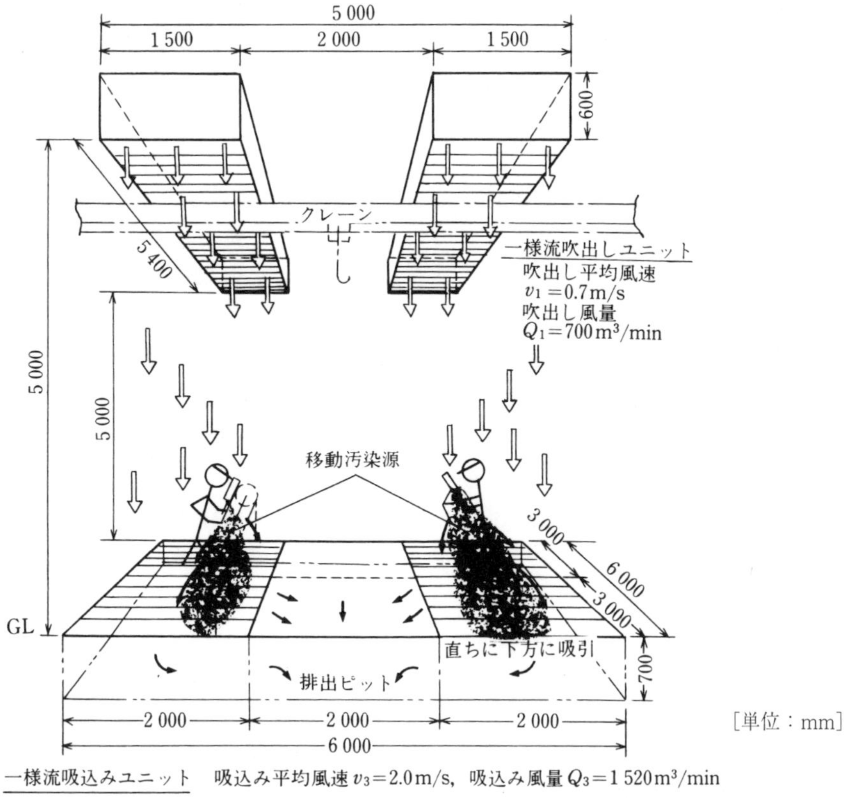

図 13•14•1　移動溶接作業プッシュプル換気装置

うにした．また，一様速度分布の吹出し流れが周囲空気と混合することなく床面まで到達するよう，吹出し幅各ユニットとも1.5 mと相対的に大きくした．

2)　吸込み風量は，流量比法に基づくプッシュプル流れの計算式で算出し，1 520 m^3/minを得たが，現場合わせでその80～90%でよいことがわかり調節のうえ使用している．図中に吹出し風速・風量および吸込み風量の設計値を示す．

〔4〕 ダクト・送排風機

ダクトの圧力損失と風量から選定した送排風機は次のとおりである．

送風機　#4 多翼型　350 m^3/min，490 Pa{50 mmAq}，11 kW，2基

排風機　Ⓐ　1側系統

#4½ 多翼型　400 m^3/min，490 Pa{50 mmAq}，11 kW(既設)

#5 多翼型　500 m^3/min，490 Pa{50 mmAq}，11 kW(既設)

Ⓑ　2側系統

#4 多翼型　350 m^3/min，490 Pa{50 mmAq}，11 kW，2基

〔5〕 排気処理装置

排気ダクト内に溶接火花が入るおそれがあるため，ダクト途中に防火ダンパとスプレーシャワーを設置した．

13.14.5　設 置 効 果

1)　吹出し気流が溶接部に悪影響を及ぼすのではないかとのおそれがあったが，実際の流れでほとんど影響がないことを確認した．

2)　溶接ヒュームをプッシュプル気流で包み込んで排出するため，周囲に拡散することがなくなり，プッシュプル換気装置設置後は作業環境測定の結果，第1管理区分へと改善された．

13.14.6　その他の特徴や配慮したこと

1)　周囲が開放された状態で，床上高さ5 mの位置から吹き出された空気流が下方床ピットまで一様な速度分布で垂直に流れ到達する状態を確認した．

2)　天井空間が広くとれず，吹出しユニットのプレナムが高さ方向に60 cmしかとれない制約があったが，一様流調整装置を使用して吹出しユニット長さ5.4 mの幅から均一な速度分布で，かつ，正しく垂直方向に流れることを確認した．

（株式会社クリーン・エアー・システム）

13.15　釉薬(ゆうやく)吹付け塗装工程におけるプッシュプルブース

13.15.1　業種・工程

衛生陶器製造工場・釉薬吹付け作業．

13.15.2　作 業 内 容

陶器製造過程において，成形後釉薬をスプレーガンを用いて吹付け塗装する．

13.15.3　汚染物発生源の状況

吸込みフードの一種であるブース内で，製品スプレーガンで釉薬の吹付け塗装を行っていたが，スプレーガンの空気圧が4～5 kg/cm^2と高いことからはね返る釉薬の飛散速度が大きく，これが浮遊粉じんとなって作業者の呼吸域を汚染している(**図13･15･1**(a))．

13.15.4　設計・実施したプッシュプル換気装置の内容

〔1〕 装置設置にあたっての問題点と配慮したこと

1)　ブース内に作業者が入ることにより，背後からの流れが作業者のまわりではく離し，呼吸域に渦が形成されることからはね返る釉薬を巻き込むことになる．このため，作業者の呼吸域を保護するための清浄空気の吹出しが必要となる．

2)　製品側の温湿度は乾燥を防ぐため高温・高湿の条件となることから，吹出し・吸込みの流れを2系統とし，作業者用・製品用

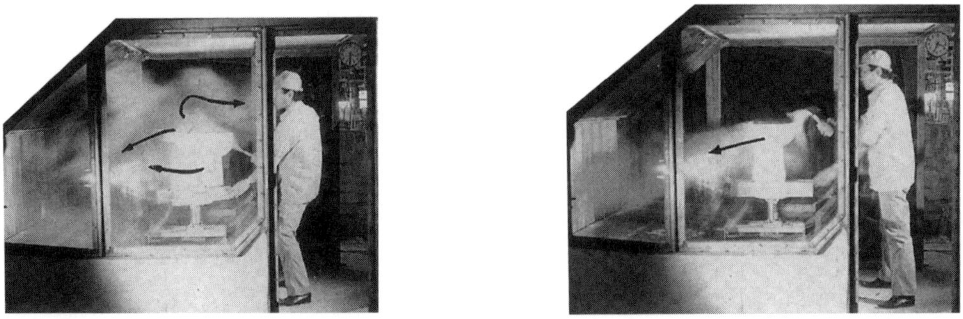

(a)　吸込みのみの場合には，発生煙が作業者の呼吸域を侵している．

(b)　プッシュプルの場合には，清浄域は確保されている．

図 13・15・1　プル流れとプッシュプル流れ

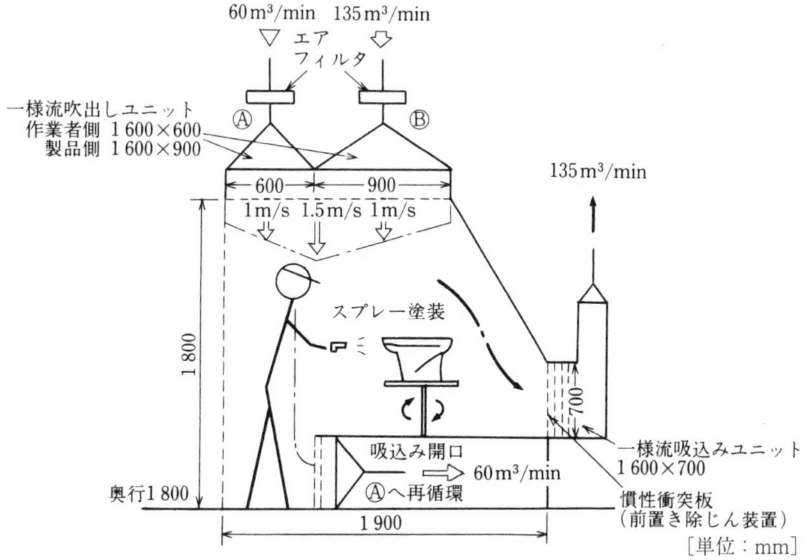

図 13・15・2　衛生陶器釉薬吹付け作業プッシュプル装置

に分けることとした．

3)　作業者の呼吸域を保護し，釉薬のはね返りを制御するために必要な吹出し気流の速度は実験により 1 m/s 以下で十分であることを確かめた．

4)　吹出し側の 2 系統にはフィルタを 2 段に設置し清浄な空気を供給するとともに，吹出しユニット内には調整板を設け，吹出し速度の一様性を図った．

〔2〕　プッシュプル換気装置の形式，形状，寸法など

図 13・15・2 にプッシュプルブースの形状，寸法および作業者・汚染源の位置関係などを示す．吹出しは作業者の頭上からとして，呼吸域の保護を第一の目的としている．

〔3〕　吹出し速度（風量）・吸込み速度（風量）の決定

作業者側，製造側それぞれ別系統の流れを形成するが，大きな速度こう配ができないような吹出し風速の分布とした．図中に吹出し風速・風量および吸込み風量を示す．

〔4〕　ダクト・送排風機

ダクトの圧力損失と風量から選定した送排風機は次に示すとおりである．

送風機 Ⓐ 作業者側
#1½ 多翼型 60 m^3/min，294 Pa {30 mmAq}，1.5 kW
Ⓑ 製品側
#3 多翼型 135 m^3/min，637 Pa {65 mmAq}，3.7 kW
排風機 #3½ 多翼型 165 m^3/min，490 Pa {50 mmAq}，3.7 kW

〔5〕 排気の処理装置

釉薬の回収を目的として，ブース吸込み部に慣性衝突式のルーバ形集じん装置を設置，粒径の大きなものを捕集するための前置き集じん装置とした．粒径の小さなものに対しては，既設の洗浄式集じん装置を用いて排気の清浄化を図った．

13.15.5 設置効果

プッシュプルブースの効果を調べるため，吸込み流れのみの場合とプッシュプルにしたそれぞれの場合について，個人暴露粉じん濃度とブースからの漏れ粉じん濃度をパーティクルカウンタを用いて測定した．その結果，プッシュプル流れにすることにより，作業者呼吸域の粉じん濃度を極めて低い値に維持することが可能となった．また**図 13･15･1**(b)に示すように，釉薬のはね返りを防ぎ，これまで防じんマスクを必要とした作業から防じんマスクを着用しないで作業できる状態となった．

13.15.6 その他の特徴や配慮したこと

給気は工場内の空気を取り入れる形となっているが，工場内の空気中における粉じん濃度がかなり高いため，給気側には高性能エアフィルタを設置している．

（株式会社クリーン・エアー・システム）

13.16 自動車塗装ラインにおけるプッシュプル換気

13.16.1 業種・工程

自動車製造工場・塗装工程．

13.16.2 作業内容

自動車車体の内外面板の上塗り塗装．

ロボットおよび自動塗装機による塗装と手動による塗装．

13.16.3 汚染物発生源の状況

コンベア上を車体寸法幅 1 700×高さ 1 300×長さ 4 700 の乗用車が 6 m ピッチで 35 台/h の速度で流れる．これを 51 m の長さを持つブース内で塗装を行い，この後 31 m の長さのブース内で自然乾燥する．塗料使用量は 2～3 kg/台で，そのうち 40～50% が粉じんとして空気中に飛散する．70% 程度をロボットおよび自動塗装機で塗装し，30% 程度を手動で塗装する．

13.16.4 設計・実施したプッシュプル換気装置の内容

〔1〕 装置設置にあたっての問題点と配慮したこと

1) ブース内の気流に大きな渦が生じないような室形状にするとともに，天井面全面からの一様速度の吹出しを図った．

2) ブースの長さ方向に気流が生じると，前後の車体に色かぶりが生じる．これを防ぐために垂直な気流を形成する必要があり，このため給気側を 2 段とする．1 段目と 2 段目の間には整流板を設け，気流を垂直に一様に分配し，2 段目の給気室からフィルタを通してブース内に吹き出す．

3) 吸込み口の車体下部付近の風速が速くなると，車体下部の塗着効率が低下するため，床面に設置する吸込み口の一様速度吸込みを図る目的で吸込みプレナムの高さを 1.5 m 程度にとった．

〔2〕 プッシュプル換気装置の形式，形状，寸法など

天井全面吹出し，床面全面吸込みのプッシュプル一様流換気装置で，その断面形状を**図 13･16･1** に示す．

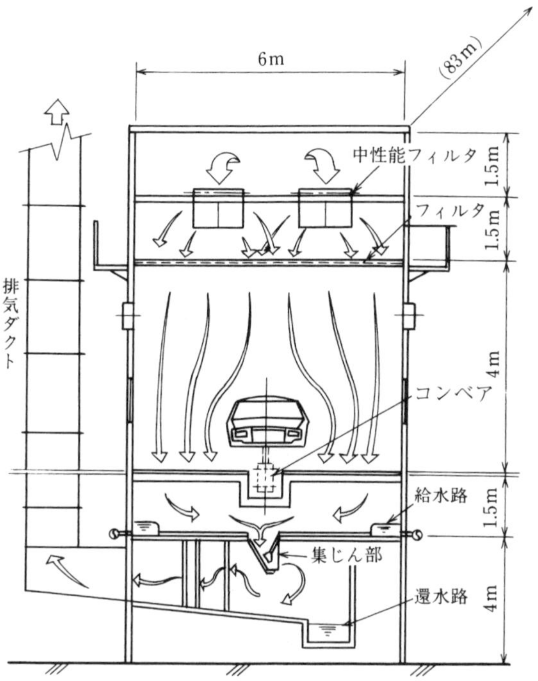

図 13･16･1　ブース断面図

〔3〕 吹出し速度(風量)・吸込み速度(風量)の決定

閉鎖空間での一様流換気であるため，吹出し風量と吸込み風量は等しくなる．垂直流れの断面風速はゾーンごとに異なり，経験上次のような値としている．なお，人の作業するゾーンは空気中の有機溶剤濃度と塗着効率を考慮して決定されている．

1)　手動塗装ゾーン：0.3〜0.5 m/s
2)　回転式霧化静電塗装機ゾーン：0.1〜0.3 m/s
3)　自動ガン式塗装機ゾーン：0.3〜0.5 m/s

給・排気量はブース1系統(長さ 51 m＋31 m)あたり約 10 000 m^3/min である．

〔4〕 ダクト，送排風機

ダクト系統図を**図 13･16･2** に示す．なお，使用した送排風機は，給気側は軸流送風機，排気側はリミットロード送風機で，以下に示すとおりである．

給気側(軸流送風機)

1 800 m^3/min，1 254 Pa{128 mmAq}，75 kW，3基

1 670 m^3/min，1 303 Pa{133 mmAq}，75 kW，3基

循環用(リミットロード送風機)

1 300 m^3/min，637 Pa{65 mmAq}，30 kW，1基

排気側(リミットロード送風機)

1 300 m^3/min，1 274 Pa{130 mmAq}，55 kW，4基

1 150 m^3/min，1 274 Pa{130 mmAq}，45 kW，4基

410 m^3/min，784 Pa{80 mmAq}，15 kW，1基

200 m^3/min，784 Pa{80 mmAq}，7.5 kW，1基

〔5〕 排気の処理装置

1)　粉じん対策：ベンチュリタイプの湿式集じん機を塗装ブースの下部に設置した．
2)　有機溶剤蒸気対策：排気量が多く低濃度であるため，全排気量を処理することが経済的に困難である．このため比較的濃度の

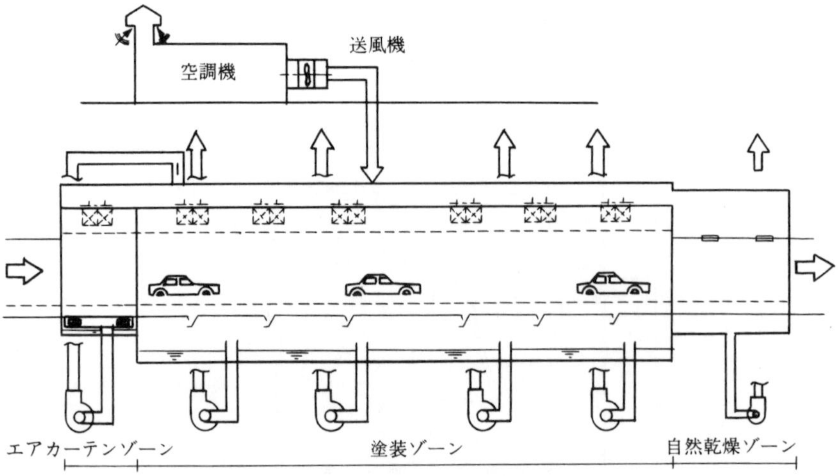

図13･16･2　ダクト系統図

高い自動塗装機ゾーンのみの処理を行った．排気(100～200 ppm)は活性炭を用いて5～10 ppmまで浄化し，活性炭の脱着時の排気(1 000～1 500 ppm)は触媒燃焼処理を行うシステムとした．

13.16.5　設置効果

ブース内の気流は完全に整流され，ブース長さ方向の流れのない垂直流れを形成することができた．このため，塗装時の色かぶりを防止でき，大量生産が可能になった．

（株式会社大氣社）

13.17　FRP成形作業工程におけるプッシュプル換気

13.17.1　業種・工程

化学工業，FRP管製造．

13.17.2　作業内容

ロープ状の繊維を管に接着する作業時にスチレン蒸気が発散する．

13.17.3　汚染物発生源の状況

製造物が長く，10 mになるものもある．接着繊維とともに移動するパイプワインダーからの汚染物発生源も移動する．プル気流のみの局所排気装置では排出効果はあまり期待できず，作業性からも安全を期待できない．

床上1.5 mの呼吸位置におけるスチレン濃度を測定した結果，管理濃度20 ppmに対し幾何平均値43.7 ppm，標準偏差3.07で，第3管理区分であった．

13.17.4　設計・実施したプッシュプル換気装置の内容

1)　概　要

クレーン上方に，プロペラファン内蔵ユニット9基からなる一様吹出し装置を設けて気流を吹き下ろし，作業者の呼吸域を保護するとともに，有害蒸気を床面に設けた一様流吸込み装置の開口部から一様速度で吸引し，吸引空気は両サイドに設けた排気ダクトから2分して排出する(**図13･17･1**参照)．

2)　特　徴

ア　旋回流を持つプロペラファンを使用しているが，開口部から垂直に吹き下ろす気流速度分布は一様となるように施工している．装置の抵抗係数も小さい．

イ　空気の流れは自由空間に流れる開放タイプであって，いわゆる密閉型ではない．

吹出し装置はクレーンを避けて床上4

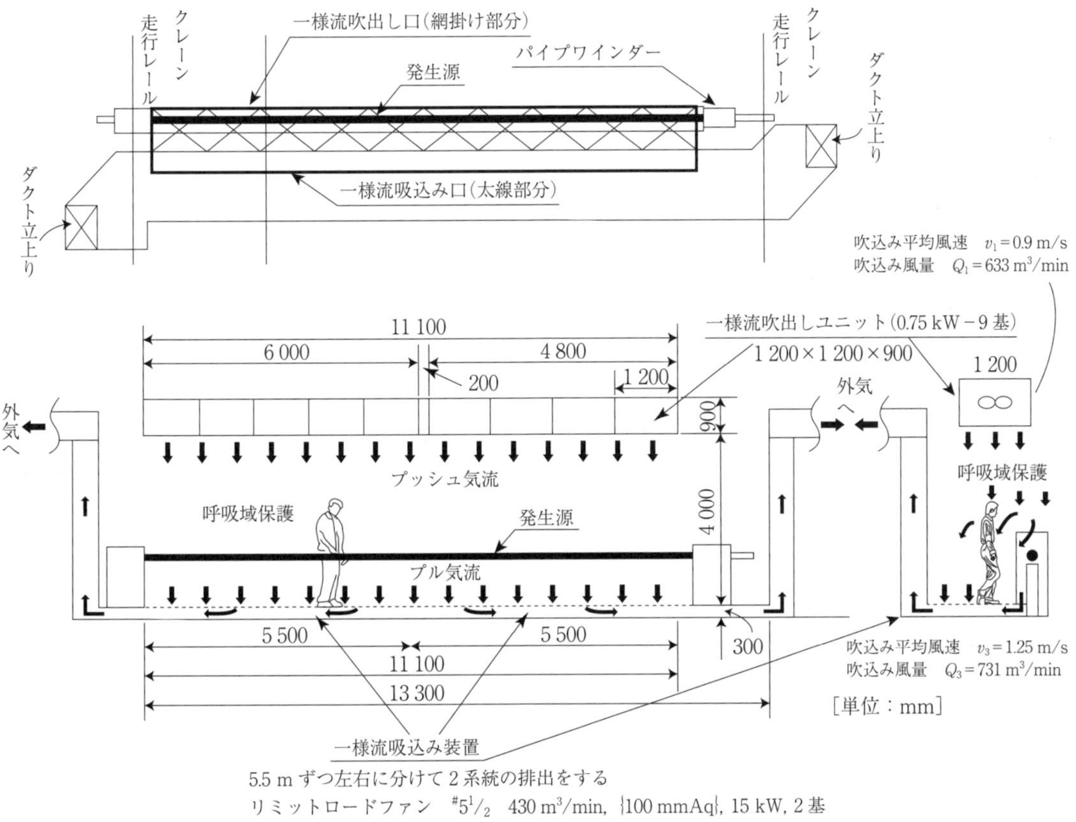

図 13･17･1　FRP 管製造工程におけるプッシュプル換気

mと高い位置に設置しているが，吹出し気流は周囲の側風などに妨害されることなく床上まで一様な速度分布で垂直流れを形成している．吹出し空気量に対する吸込み空気量は 1.15 倍と，途中の空気の巻き込み量は少ない．

ウ　二分された排気方法において，1つの排気系が受け持つ吸込み口の長さは 5.5 mと長いが，どの箇所においても一様速度が得られ，抵抗係数も小さい．

エ　作業者の呼吸域には新鮮空気が確保される．気流は上から下へ流れるので，気流妨害物(作業者)による後流(逆流，ウェーク)の発生はなく，作業者は安全である．

(株式会社クリーン・エアー・システム)

13.18　スチレン蒸気発生工程におけるプッシュプル換気

13.18.1　業種・工程

産業機械器具製造業・トランスファーモールド成形工程．

13.18.2　作業内容

幅 7 m×奥行 5 m の平面上に複数のバッチ型専用機が配置されている場所で，作業者がワークの出入れを手動で行う作業．

13.18.3　汚染物発生源の状況

作業エリアに配置された専用機や出入れを行うワーク自体からスチレン(特定化学物質第 2 類)が蒸発して拡散するエリア内で，作業者は防毒マスクを着用して作業を行っていた．

13.18.4 設計・実施したプッシュプル換気装置の内容

〔1〕 装置設置にあたっての問題と考慮したこと

範囲が広く，かつ，発生源が限定できず，局所排気装置での対応が難しい作業場であるため，プッシュプル型換気装置を計画した．換気区域は，専用機の存在を考慮し，作業エリア全体と捉えた．必要換気量が大きく，フードおよびダクトサイズも大きくなるので，当計画では

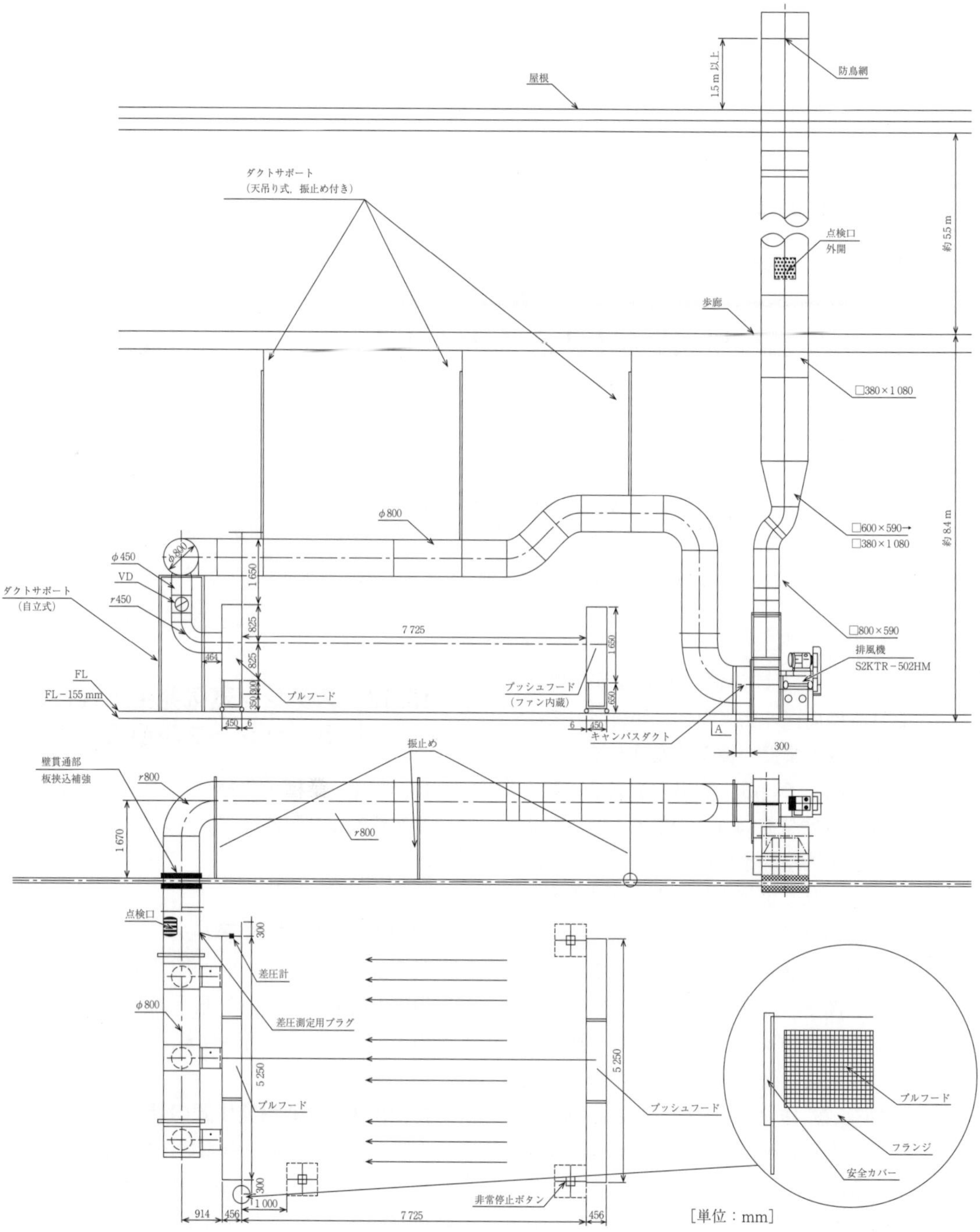

図 13·18·1 構造図

図 13・18・2　設置プッシュプル換気装置

プッシュフードに送風機を組み込み，ダクトスペースの削減を図った．

〔2〕 フードの種類，形状，寸法など

開放式プッシュプルフード(水平流)とした．**図 13・18・1** に形状寸法，**図 13・18・2** に設置写真を示す．

〔3〕 排風量の決定

吹出しフード寸法は，発生源の最大寸法の1.3倍をみて，高さ $D_1=1.65$ m，幅 $L_1=5.2$ m とした．吸込みフードの開口は，吹出しフードと同じとし，吸込み開口には上部に 1.65 m のフランジを設けたほか，0.3 m のフランジを側方および下方に設けた．

吹出し・吸込みフード間 H は作業域全体をカバーするよう，7.725 m とした．吹出し風速 $v_1=0.3$ m/s とした．作業場における妨害気流はほとんど観察されない．

以上の諸元から，吹出し風量 $Q_1=156$ m^3/min，吸込み風量 $Q_3=265$ m^3/min とした．

13.18.5 設 置 効 果

設置後の作業環境測定の結果，スチレンの管理濃度 20 ppm に対し，A 測定結果 0.2 ppm，B 測定結果 0.2 ppm で，第 1 管理区分となった．

また，作業域内にフードやダクトがないため，作業性が良好に保たれている．

(昭和電機株式会社)

13.19 鋼管研磨工場の全体換気

13.19.1 業種・工程

軸受製造工場・研磨作業．

13.19.2 作 業 内 容

軸受の内輪みぞ，内径・外径みぞの研磨をする．

13.19.3 汚染物発生源の状況

と(砥)石にて研磨する際，水溶性の冷却水を回転と石にかける．このとき冷却水が高温度の霧状ミスト(粒径 0.4～6 μm)となって飛散，拡散する．

13.19.4 設計・実施した全体換気装置の内容

〔1〕 装置設置にあたっての問題点と配慮したこと

1) 民家が隣接しているため工場の窓を開放することができない．また 2 階建の 1 階に位置するため自然換気は望めない．よって機械換気とした．

2) 室内作業環境の改善を主目的とした．快適な作業環境を確保するため，温度調整された空気(全外気)を作業通路に送風し，すきま風の流入による室内への悪影響をなくすよう給排気量をバランスさせた．

3) 作業通路を清浄域とするため，排気口は製造機械背面(高さ 0.6 m)に設けた．また上部に滞留する汚染空気の排出用として床面から 4.4 m の高さにも排気口を設けた．

〔2〕 全体換気の方法

作業通路上部(高さ 2.6 m)より吹き出し，製造機械背面と上部(高さ 4.4 m)より排気する(**図 13・19・1**)．

〔3〕 給・排気量の決定

換気量は既工場の環境と風量を測定し，設備費，運転費などを検討した結果，換気回数を 13 回/h とした．

換気風量 = 13 回/h×(1 688 m^2×高さ 5.4 m)

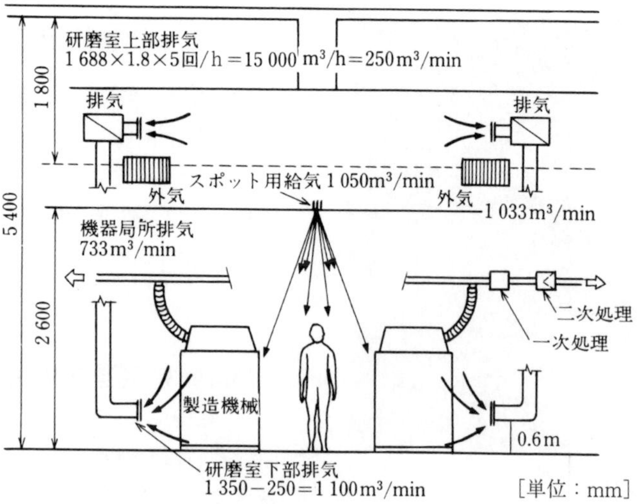

図 13·19·1 研磨室スポット空調および換気フロー図

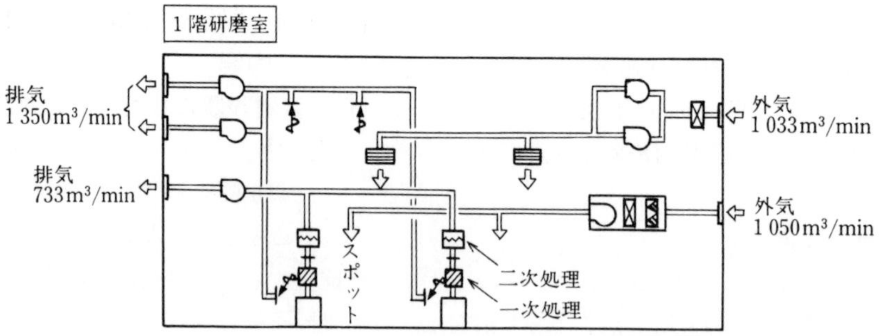

図 13·19·2 ダクトフロー図

$\fallingdotseq 125\,000\ m^3/h = 2\,083\ m^3/min$

給気量と排気量は，

作業通路への給気量

$= 1\,050\ m^3/min$（空調空気）

給気はライン状の吹出し口にて送風する．

部屋上部への給気量

$= 2\,083 - 1\,050$

$= 1\,033\ m^3/min$（外気）

製造機本体からの排気量

$= 733\ m^3/min$（合計）

部屋上部からの排気量

$= 5$ 回$/h \times 1\,688\ m^2 \times 1.8\ m$（上部滞留域）

$= 250\ m^3/min$

製造機械背面からの排気量

$= 2\,083 - (733 + 250)$

$= 1\,100\ m^3/min$

〔4〕 ダクトと給・排風機

ダクト系統図を**図 13·19·2** に示す．

使用した送排風機は次のとおりである．

排風機 #5 片吸込多翼型 675 m^3/min，588 Pa{60 mmAq}，30 kW，2 基
#5½ 片吸込多翼型 733 m^3/min，686 Pa{70 mmAq}，30 kW，1 基

送風機 #4½ 片吸込多翼型 517 m^3/min，490 Pa{50 mmAq}，22 kW，2 基

空調機 両吸込多翼型 1 050 m^3/min，490 Pa{50 mmAq}，30 kW，1 基

〔5〕 排気の処理装置

排気風量が多く全風量を処理することは経済的に困難であるため，比較的濃度の高い製造機

械本体からの排気のみを処理した．排気量 733 m^3/min を複数台のオイルミスト除去装置で一次処理した後，オイルミスト除去フィルタで二次処理をして排気した．

13.19.5　設置効果

作業通路における粉じん濃度(主にオイルミスト)．

改善前　1.11 mg/m^3(換気回数 6.5 回/h)

改善後　0.52 mg/m^3(換気回数 13 回/h)

(三機工業株式会社)

13.20　旋盤塗装工場の熱回収を伴う全体換気

13.20.1　業種・工程

工作機械製造工場・塗装作業．

13.20.2　作業内容

製品部品のシンナーによる洗浄とスプレーガンによる下塗り塗装および本塗装．

13.20.3　汚染物発生源の状況

汚染物質としては，シンナー洗浄時に蒸発する有機溶剤の蒸気と，下塗り・本塗装時に発生する粒径数～数十 μm の余剰塗料粉じんであり，発生量としては次のとおりである．

余剰塗料粉じん発生量：0.075 kg/min

有機溶剤蒸発(発生)量

シンナー洗浄時：0.765 kg/min

塗装作業時　　：0.23 kg/min

また，塗料およびシンナーは常温の状態で使用している．

13.20.4　設計・実施した全体換気装置の内容

〔1〕 **装置設置にあたっての問題点と配慮したこと**

1) 塗装作業中に塗装場所の周辺へ有機溶剤蒸気や余剰塗料粉じんが広範囲に広がらないような吹出し口および吸込み口の配置とした．

2) 冬場の暖房費を下げるため単なる空調時は再循環方式とし，塗装作業時のみ自動ダンパの切替えによる全量排気とした．

3) 塗装作業時に発生する余剰粉じんを低性能および中性能のフィルタを通した後，ロータリ式熱交換器で熱回収を行い，その後屋外へ排気することとした．

〔2〕 **全体換気の方法**

上部ダクトから給気し，床面に吸込み口を設けた擬似プッシュプル方式の工場換気設備(**図 13･20･1**)による．

〔3〕 **換気量の決定**

塗装作業が行われる場所の床面基準風速値を 0.2 m/s とした．また，発生する汚染物の周囲への流出防止および周囲の粉じんが流入するこ

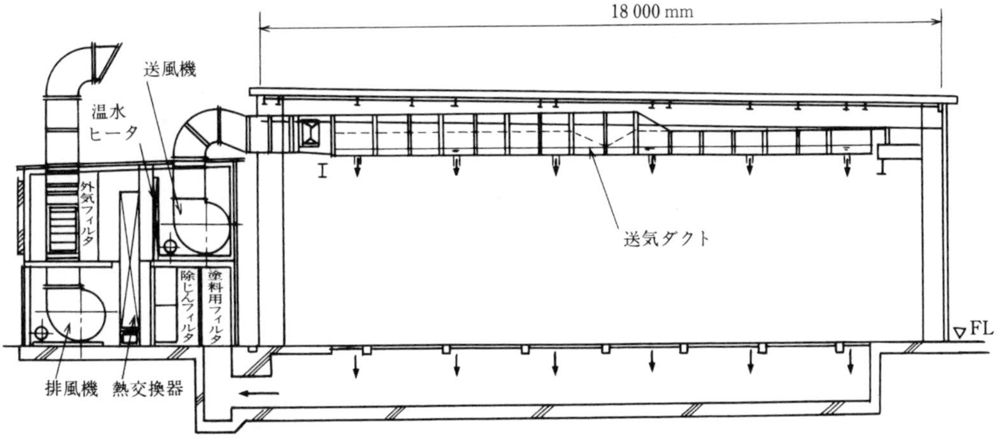

図 13･20･1　塗装工場全体換気断面図

とを防止する観点から，給気風量と排気風量を同じ値として計画した．

〔4〕 **ダクトと送・排風機**

送風機　多翼型　1 080 m^3/min，392 Pa {40 mmAq}，19 kW，4基

排風機　多翼型　1 080 m^3/min，490 Pa {50 mmAq}，22 kW，4基

ロータリ熱交換器　1 080 m^3/min，4基

〔5〕 **排気の処理**

塗料用フィルタ

幅500×高さ500×厚さ50，4組

4段，8列，32枚1組

防じんフィルタ

固定式幅4 m×高さ2 m，4組

13.20.5　設置効果

空調時は換気装置として，また塗装時には排気装置として運転できる設備としたため，余分な設置スペースがなくなる．

13.20.6　その他の特徴や配慮したこと

寒冷地のため，冬場の省エネルギー対策としてロータリ熱交換器を採用するとともに，空調時の外気取入れ量を必要最小限に抑えた．

（株式会社大氣社）

13.21　溶接工場におけるダクトレス搬送システムによる全体換気

13.21.1　業種・工程

クレーン車など建設関連車両の製造工場・溶接作業．

13.21.2　作業内容

クレーン車のブームやくい(杭)打ち機の組立．部材の加工や溶接による組立．

13.21.3　汚染物発生源の状況

作業は溶接作業が主となり，クレーン車のブームの場合には作業範囲が広くなることから，発生する溶接ヒュームの局所排気が難しい．しかし，全体に広がった溶接ヒュームは除去しにくいだけでなく，1個の粒径が0.05～0.3 μmと極めて細かな粒子，あるいはその集合体として空気中に浮遊するため，人体の肺の中に付着しやすい大きさの粒子として害を及ぼす．

13.21.4　設計・実施した全体換気装置の内容

〔1〕 **装置設置にあたっての問題点と配慮したこと**

1) 発生した溶接ヒュームを効率よく排出することに加え，作業者に対する環境改善に重点を置いた考えから，第1種換気法とした．

2) 新鮮空気(外気)を居住域に有効に送り込むことと，発生した溶接ヒュームを効率よく上昇させるために，下層部に給気し上層部から排気することとした．

3) 上層部に滞留した溶接ヒュームが排出されやすいように，高速噴流発生ファンによって排気口(有圧扇)へ導く気流をつくった．

4) 溶接ヒュームが集中的に発生する場所は，高速噴流発生ファンによって気流の上昇を促進させた．

〔2〕 **全体換気の方法**

図13・21・1に送風機，排風機，高速噴流発生ファンの配置および空気の流れを示す．

〔3〕 **換気量の決定**

換気回数を5回/hとして計画した．

〔4〕 **送・排風機**

送風機　有圧扇 ϕ450，83.3 m^3/min，58.8 Pa {6 mmAq}，400 W，21基

排風機　有圧扇 ϕ450，83.3 m^3/min，58.8 Pa {6 mmAq}，400 W，21基

高速噴流発生用送風機(小型軸流，ノズル径 ϕ140) 11.7 m^3/min，63 W，20基

13.21.5　設置効果

作業環境測定結果は，設備設置後は設置前に比べて，粉じん濃度の幾何平均値を1/3以下に

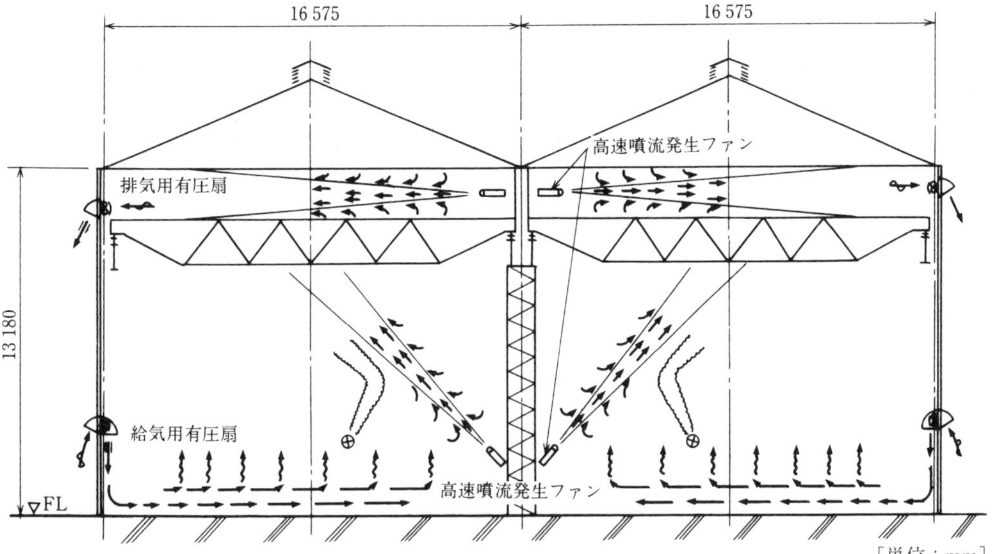

図 13･21･1　溶接工場全体換気断面図

抑えることができた．また視覚的にも，作業域が溶接ヒュームで煙ることがなくなり，良好な状態を保っている．

13.21.6　その他の特徴や配慮したこと

新鮮空気(外気)を居住域に有効に送り込むために次の点に配慮した．

1)　居住域全域にできるだけ均等に送気できるよう，給気口をライン状に配置した．
2)　居住域は工場全体の空間に対して下層部だけなので，給気される新鮮空気(外気)は下層部全体に広がるよう，給気口を下向きに配置した．

（株式会社大氣社）

13.22　工場クリーン化および温熱対策のための全体換気

13.22.1　業種・工程

製鉄工場・ステンレス冷延ライン．

13.22.2　作 業 内 容

圧延済みステンレスを焼きなまし，製品検査のうえコイル状に巻き取るライン．

13.22.3　汚染物発生源の状況

当該工場の生産ラインは，内部発じんよりも外部から侵入するけい(珪)砂・酸化鉄・カーボン粉などの粉じんによる汚染を防ぐことが目的である．したがって，汚染物発生源は工場内に侵入する外気である．

13.22.4　設計・実施した全体換気装置の内容

〔1〕　装置設置にあたっての問題点と配慮したこと

工場建て屋の密閉には十分注意し，外気導入にあたっては高性能フィルタでろ過された清浄空気とした．

熱源が少なく建て屋が低いため自然通気力が期待できない．したがって換気方法としては，壁面に取り付けたファン付きフィルタユニットより強制給気を行い，屋根面に取り付けた屋上換気扇による強制排気と一部モニタによる自然排気を併用した．

〔2〕　全体換気の方法

図 13･22･1 に送排風機の配置図を示す．

〔3〕　換気量の決定

工場内の清浄度向上と，夏場における作業者

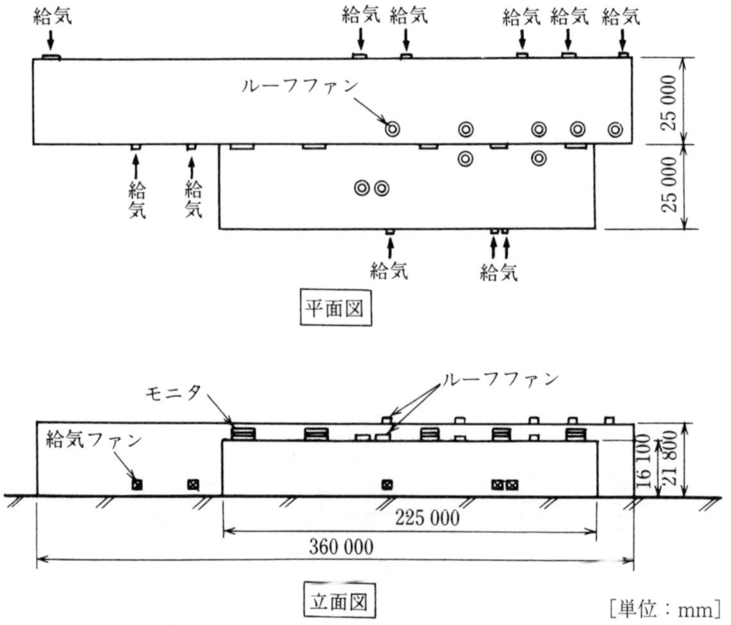

図 13・22・1　ステンレス冷延工場給排気装置配置図

の作業性の改善を行うことを主目的とし，作業床での温度を外気温度＋1℃程度とするために換気回数を約3回/hとした．

給気量　12 000 m^3/min（強制）

排気量　2 750 m^3/min（強制），8 640 m^3/min（自然）

〔4〕 送排風機

給気　軸流送風機　100〜250 m^3/min，58.8〜88.2 Pa｛6〜9 mmAq｝（**図 13・22・2**）

排気　ルーフファン　250〜350 m^3/min，49〜58.8 Pa｛5〜6 mmAq｝

〔5〕 給気処理装置

本工場では排気の処理よりも給気側に含まれる粉じんの捕集が課題であって，給気側に高性能フィルタを取り付けている．

このフィルタは，送風機の性能およびドラフト力の制約により低圧力損失であることと，製品の品質上10 μm以上の粉じんはできる限り少ないのが望ましく，捕集効率では比色法30%程度（重量法90%）を，また，メンテナンスの面から長寿命で取替えが容易な構造とした．

13.22.5　設置効果

1)　除じん効果は，個数濃度において約1/10，重量濃度において約1/4となった．
2)　工場内温熱対策の効果は，外気との温度差（℃）において，換気回数0.6回/hのときの排気温度15.9℃，換気回数2.4回/hのときの排気温度12.6℃と低下し，換気回数0.6回/hのときの作業面温度2.3℃，換気回数2.4回/hのときの作業面温度1.2℃の低下であった．

13.22.6　その他の特徴や配慮したこと

1)　工場の出入口は二重扉構造とし，外気が直接流入しない構造とした．
2)　経済性を考慮し換気回数を少なくするため，給気場所を作業床や必要な機器の近辺に配置した．
3)　温熱対策では体感温度を下げるために，送風機による気流を作業床近くに発生させた．
4)　給排気量のバランスに注意し，ほぼ同量とした．

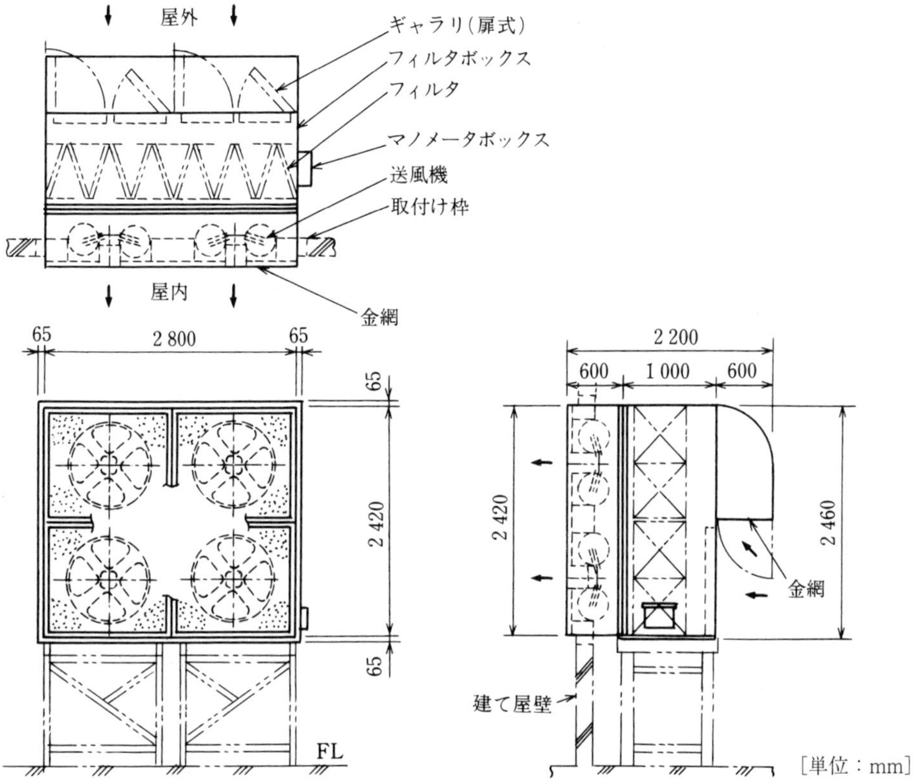

図 13・22・2　ファン付きフィルタユニット

排気量が少ない場合は室内圧が上がって換気量に相当する給気装置を設置してもその能力を出すことができず，排気量が多すぎると給気装置以外のすきまから外気が入ってクリーン化の意味がなくなるためである．

（日本スピンドル製造株式会社）

付　表

I　許容濃度等の勧告（2021 年度）

2021 年 5 月 18 日　日本産業衛生学会

ここに述べる有害物質の許容濃度，生物学的許容値，騒音，衝撃騒音，高温，寒冷，全身振動，手腕振動，電場・磁場および電磁場，紫外放射の各許容基準は，職場におけるこれらの環境要因による労働者の健康障害を予防するための手引きに用いられることを目的として，日本産業衛生学会が勧告するものである．

許容濃度等の性格および利用上の注意

1. 許容濃度等は，労働衛生についての十分な知識と経験をもった人々が利用すべきものである．
2. 許容濃度等は，許容濃度等を設定するに当たって考慮された曝露時間，労働強度を越えている場合には適用できない．
3. 許容濃度等は，産業における経験，人および動物についての実験的研究から得られた多様な知見に基礎をおいており，許容濃度等の設定に用いられた情報の量と質は必ずしも同等のものではない．
4. 許容濃度等を決定する場合に考慮された生体影響の種類は物質等によって異なり，ある種のものでは，明瞭な健康障害に，また他のものでは，不快，刺激，中枢神経抑制などの生体影響に根拠が求められている．従って，許容濃度等の数値は，単純に，毒性の強さの相対的比較の尺度として用いてはならない．
5. 人の有害物質等への感受性は個人毎に異なるので，許容濃度等以下の曝露であっても，不快，既存の健康異常の悪化，あるいは職業病の発生を防止できない場合がありうる．
6. 許容濃度等は，安全と危険の明らかな境界を示したものと考えてはならない．従って，労働者に何らかの健康異常がみられた場合に，許容濃度等を越えたことのみを理由として，その物質等による健康障害と判断してはならない．また逆に，許容濃度等を越えていないことのみを理由として，その物質等による健康障害ではないと判断してはならない．
7. 許容濃度等の数値を，労働の場以外での環境要因の許容限界値として用いてはならない．
8. 許容濃度等は，有害物質等および労働条件の健康影響に関する知識の増加，情報の蓄積，新しい物質の使用などに応じて改訂・追加されるべきである．
9. 許容濃度等の勧告をより良いものにするために，個々の許容濃度等に対する科学的根拠に基づいた意見が，各方面から提案されることが望ましい．
10. 許容濃度等の勧告を転載・引用する場合には，誤解・誤用を避けるために，「許容濃度等の性格および使用上の注意」および「化学物質の許容濃度」や「生物学的許容値」等に記述してある定義等も，同時に転載・引用することを求める．

化学物質の許容濃度

1. 定　　義

許容濃度とは，労働者が1日8時間，週間40時間程度，肉体的に激しくない労働強度で有害物質に曝露される場合に，当該有害物質の平均曝露濃度がこの数値以下であれば，ほとんどすべての労働者に健康上の悪い影響が見られないと判断される濃度である．曝露時間が短い，あるいは労働強度が弱い場合でも，許容濃度を越える曝露は避けるべきである．なお，曝露濃度とは，呼吸保護具を装着していない状態で，労働者が作業中に吸入するであろう空気中の当該物質の濃度である．労働時間が，作業内容，作業場所，あるいは曝露の程度に従って，いくつかの部分に分割され，それぞれの部分における平均曝露濃度あるいはその推定値がわかっている場合には，それらに時間の重みをかけた平均値をもって，全体の平均曝露濃度あるいはその推定値とすることができる．

最大許容濃度とは，作業中のどの時間をとっても曝露濃度がこの数値以下であれば，ほとんどすべての労働者に健康上の悪い影響が見られないと判断される濃度である．一部の物質の許容濃度を最大許容濃度として勧告する理由は，その物質の毒性が，短時間で発現する刺激，中枢神経抑制等の生体影響を主とするためである．最大許容濃度を超える瞬間的な曝露があるかどうかを判断するための測定は，厳密には非常に困難である．実際には最大曝露濃度を含むと考えられる5分程度までの短時間の測定によって得られる最大の値を考えればよい．

2. 濃度変動の評価

曝露濃度は，平均値の上下に変動するが，許容濃度は変動の幅があまり大きくない場合に利用されるべきものである．どの程度の幅の変動が許容されるかは物質によって異なる．特に注記のない限り，曝露濃度が最大になると予想される時間を含む15分間の平均曝露濃度が，許容濃度の数値の1.5倍を越えないことが望ましい．

3. 経 皮 吸 収

表 I-1，**I-2** で経皮吸収欄に「皮」をつけてある物質は，皮膚と接触することにより，経皮的に吸収される量が全身への健康影響または吸収量からみて無視できない程度に達することがあると考えられる物質である．許容濃度は，経皮吸収がないことを前提として提案されている数値であることに注意する．

4. 有害物質以外の労働条件との関連

許容濃度を利用するにあたっては，労働強度，温熱条件，放射線，気圧などを考慮する必要がある．これらの条件が負荷される場合には，有害物質の健康への影響が増強されることがあることに留意する必要がある．

5. 混合物質の許容濃度

表 I-1，**I-2** に表示された許容濃度の数値は，当該物質が単独で空気中に存在する場合のものである．2種またはそれ以上の物質に曝露される場合には，個々の物質の許容濃度のみによって判断してはならない．現実的には，相加が成り立たないことを示す証拠がない場合には，2種またはそれ以上の物質の毒性は相加されると想定し，次式によって計算されるIの値が1を越える場合に，許容濃度を越える曝露と判断するのが適当である．

$$I=\frac{C_1}{T_1}+\frac{C_2}{T_2}+\cdots\cdots+\frac{C_i}{T_i}+\cdots+\frac{C_n}{T_n}$$

C_i＝各成分の平均曝露濃度

T_{i}＝各成分の許容濃度

表 I-1　許容濃度

物質名[CAS No.]	許容濃度		経皮吸収	発がん性分類	感作性分類		生殖毒性分類	提案年度
	ppm	mg/m^3			気道	皮膚		
アクリルアミド[79-06-1]	—	0.1	皮	2A		2	2	'04
アクリルアルデヒド[107-02-8]	0.1	0.23						'73
アクリル酸メチル[96-33-3]	2	7		2B		2		'04
アクリロニトリル[107-13-1]	2	4.3	皮	2A$^{\Psi}$				'88
アセトアルデヒド[75-07-0]	(**表 I-2**)			2B				'21
アセトン[67-64-1]	200	475						'72
アトラジン[1912-24-9]		2					3	'15
o-アニシジン[90-04-0]	0.1	0.5	皮	2B				'96
p-アニシジン[104-94-9]	0.1	0.5	皮					'96
アニリン[62-53-3]	1	3.8	皮			1		'88
2-アミノエタノール[141-43-5]	3	7.5						'65
アリルアルコール[107-18-6]	1	2.4	皮					'78
アルシン[7784-42-1]	0.01	0.032						'92
アンチモンおよびアンチモン化合物(Sb として,	0.1*	0.32*						
スチビンを除く)[7440-36-0]	—	0.1						('13)
アンモニア[7664-41-7]	25	17						'79
イソブチルアルコール[78-83-1]	50	150						'87
イソプレン[78-79-5]	3	8.4		2B				'17
イソプロチオラン[50512-35-1]	—	5						'93
イソプロピルアルコール[67-63-0]	400*	980*						'87
イソペンチルアルコール[123-51-3]	100	360						'66
一酸化炭素[630-08-0]	50	57					1$^{\#}$	'71
インジウムおよびインジウム化合物[7440-74-6]	(**表 II-1**)			2A				'07
エチリデンノルボルネン[16219-75-3]	2	10					3	'18
エチルアミン[75-04-7]	10	18						'79
エチルエーテル[60-29-7]	400	1 200						('97)
2-エチル-1-ヘキサノール[104-76-7]	1	5.3					3†	'16
エチルベンゼン[100-41-4]	20	87	皮	2B			2	'20
エチレンイミン[151-56-4]	0.05	0.09	皮	2B			3	'18
エチレンオキシド[75-21-8]	1	1.8		1$^{\Psi}$		2	1	'90
エチレングリコールモノエチルエーテル[110-80-5]	5	18	皮				2	'85
エチレングリコールモノエチルエーテルアセテート[111-15-9]	5	27	皮				2	'85
エチレングリコールモノブチルエーテル[111-76-2]	20*	97*	皮				2	'17
エチレングリコールモノメチルエーテル[109-86-4]	0.1	0.31	皮				1	'09
エチレングリコールモノメチルエーテルアセテート[110-49-6]	0.1	0.48	皮				1	'09
エチレンジアミン[107-15-3]	10	25	皮		2	2		'91
エトフェンプロックス[80844-07-1]	—	3						'95
塩化水素[7647-01-0]	2*	3.0*						'14
塩化ビニル[75-01-4]	(**表 III-2**)			1$^{\Psi}$				'17
塩素[7782-50-5]	0.5*	1.5*						'99
黄リン[7723-14-0]	—	0.1						('88)
オクタン[111-65-9]	300	1 400						'89
オゾン[10028-15-6]	0.1	0.2						'63
ガソリン[8006-61-9]	100^{b}	300^{b}		2B				'85
カドミウムおよびカドミウム化合物(Cd として)[7440-43-9]	—	0.05		1$^{\Psi}$			1	'76

表 I-1　続き

物質名[CAS No.]	許容濃度		経皮吸収	発がん性分類	感作性分類		生殖毒性分類	提案年度
	ppm	mg/m³			気道	皮膚		
カルバリル[63-25-2]	—	5	皮					'89
ギ酸[64-18-6]	5	9.4						'78
キシレン(全異性体およびその混合物)	50	217						'01
工業用キシレン							2	
o-, *m*-, *p*-キシレンおよびその混合物							3	
銀および銀化合物(Agとして)[7440-22-4]	—	0.01						'91
クメン[98-82-8]	10	50	皮	2B				'19
グリホサート[1071-83-6]	(**表 I-2**)			2B†			3†	'21
グルタルアルデヒド[111-30-8]	0.03*				1	1		'06
クレゾール(全異性体)	5	22	皮					'86
クロムおよびクロム化合物(Crとして)[7440-47-3]					2	1	3	'89
金属クロム	—	0.5						
3価クロム化合物	—	0.5						
6価クロム化合物	—	0.05						
ある種の6価クロム化合物	—	0.01		1Ψ				
クロロエタン[75-00-3]	100	260						'93
クロロジフルオロメタン[75-45-6]	1 000	3 500					2	'87
p-クロロニトロベンゼン[100-00-5]	0.1	0.64	皮					'89
クロロピクリン[76-06-2]	0.1	0.67						'68
クロロベンゼン[108-90-7]	10	46						'93
クロロホルム[67-66-3]	3	14.7	皮	2B				'05
クロロメタン[74-87-3]	50	100					2	'84
クロロメチルメチルエーテル(工業用)[107-30-2]	—	—		2A				'92
鉱油ミスト	—	3		1Ψ				'77
五塩化リン[10026-13-8]	0.1	0.85						'89
コバルトおよびコバルト化合物(タングステンカーバイドを除く)[7440-48-4]	—	0.05		2B	1	1		'92
酢酸[64-19-7]	10	25						'78
酢酸イソプロピル[108-21-4]	100							'17
酢酸エチル[141-78-6]	200	720						'95
酢酸ブチル[123-86-4]	100	475						'94
酢酸プロピル[109-60-4]	200	830						'70
酢酸ペンチル類[628-63-7；123-92-2；626-38-0；620-11-1；625-16-1；624-41-9；926-41-0]	100*	532.5*						'70
酢酸メチル[79-20-9]	200	610						'63
三塩化リン[7719-12-2]	0.2	1.1						'89
酸化亜鉛ナノ粒子[1314-13-2]	(**表 I-2**)							'21
三フッ化ホウ素[7637-07-2]	0.3	0.83						'79
シアン化カリウム(CNとして)[151-50-8]	—	5*	皮					'01
シアン化カルシウム(CNとして)[592-01-8]	—	5*	皮					'01
シアン化水素[74-90-8]	5	5.5	皮					'90
シアン化ナトリウム(CNとして)[143-33-9]	—	5*	皮					'01
ジエチルアミン[109-89-7]	10	30						'89
四塩化炭素[56-23-5]	5	31	皮	2B				'91
1,4-ジオキサン[123-91-1]	1	3.6	皮	2B				'15
シクロヘキサノール[108-93-0]	25	102						'70
シクロヘキサノン[108-94-1]	25	100						'70
シクロヘキサン[110-82-7]	150	520						'70
1,1-ジクロロエタン[75-34-3]	100	400						'93

表 I-1　続き

物質名[CAS No.]	許容濃度		経皮吸収	発がん性分類	感作性分類		生殖毒性分類	提案年度
	ppm	mg/m^3			気道	皮膚		
1,2-ジクロロエタン[107-06-2]	10	40		2B				'84
2,2'-ジクロロエチルエーテル[111-44-4]	15	88	皮					'67
1,2-ジクロロエチレン[540-59-0]	150	590						'70
3,3'-ジクロロ-4,4'-ジアミノジフェニルメタン (MBOCA)[101-14-4]	—	0.005	皮	2A$^{\Psi}$				'12
ジクロロジフルオロメタン[75-71-8]	500	2 500						'87
2,2-ジクロロ-1,1,1-トリフルオロエタン[306-83-2]	10	62						'00
1,4-ジクロロ-2-ブテン[764-41-0]	0.002			2B				'15
1,2-ジクロロプロパン[78-87-5]	1	4.6		1		2		'13
2,4-ジクロロフェノキシ酢酸(2,4-D)[94-75-7]	—	2	皮				2	'19
o-ジクロロベンゼン[95-50-1]	25	150						'94
p-ジクロロベンゼン[106-46-7]	10	60		2B			3	'98
ジクロロメタン[75-09-2]	50 100*	173 347*	皮	2A				'99
1,2-ジニトロベンゼン[528-29-0]	0.15	1	皮					'94
1,3-ジニトロベンゼン[99-65-0]	0.15	1	皮					'94
1,4-ジニトロベンゼン[100-25-4]	0.15	1	皮					'94
ジフェニルメタン-4,4'-ジイソシアネート(MDI) [101-68-8]	—	0.05			1			'93
ジボラン[19287-45-7]	0.01	0.012						'96
N,N-ジメチルアセトアミド[127-19-5]	10	36	皮	2B			2	'90
N,N-ジメチルアニリン[121-69-7]	5	25	皮					'93
ジメチルアミン[124-40-3]	2	3.7				3		'16
N,N-ジメチルホルムアミド(DMF)[68-12-2]	10	30	皮	2A			2	'74
臭化メチル[74-83-9]	1	3.89	皮					'03
臭素[7726-95-6]	0.1	0.65						'64
硝酸[7697-37-2]	2	5.2						'82
シラン[7803-62-5]	100*	130*						'93
人造鉱物繊維**								'03
ガラス長繊維，グラスウール，ロックウール，スラグウール，セラミック繊維，ガラス微細		1 (繊維/mL)						
繊維	—	—		2B				
水銀蒸気[7439-97-6]	—	0.025					2	'98
水酸化カリウム[1310-58-3]	—	2*						'78
水酸化ナトリウム[1310-73-2]	—	2*						'78
水酸化リチウム[1310-65-2]	—	1						'95
スチレン[100-42-5]	20	85	皮	2B			2	'99
セレンおよびセレン化合物(Se として，セレン化水素，六フッ素化セレンを除く)[7782-49-2]	—	0.1						'00
セレン化水素[7783-07-5]	0.05	0.17						'63
ダイアジノン[333-41-5]	—	0.1	皮	2B				'89
炭化ケイ素ウィスカー[409-21-2；308076-74-6]	—	0.1 (繊維/mL)		2A				'19
チウラム[137-26-8]		0.1				1		'08
テトラエチル鉛(Pb として)[78-00-2]	—	0.075	皮					'65
テトラエトキシシラン[78-10-4]	10	85						'91
1,1,2,2-テトラクロロエタン[79-34-5]	1	6.9	皮	2B				'84
テトラクロロエチレン[127-18-4]	(検討中)		皮	2B			3	'72
テトラヒドロフラン[109-99-9]	50	148	皮	2B				'15

表 I-1　続き

物質名[CAS No.]	許容濃度		経皮吸収	発がん性分類	感作性分類		生殖毒性分類	提案年度
	ppm	mg/m^3			気道	皮膚		
テトラメトキシシラン[681-84-5]	1	6						'91
テレビン油	50	280				1		'91
テレフタル酸ジメチル[120-61-6]		8						'20
トリクロルホン[52-68-6]		0.2	皮					'10
1,1,1-トリクロロエタン[71-55-6]	200	1 090						'74
1,1,2-トリクロロエタン[79-00-5]	10	55	皮					('78)
トリクロロエチレン[79-01-6]	25	135		1$^{\Psi}$		1	3	'15
1,1,2-トリクロロ-1,2,2-トリフルオロエタン[76-13-1]	500	3 800						'87
トリクロロフルオロメタン[75-69-4]	1 000*	5 600*						'87
トリシクラゾール[41814-78-2]	—	3						'90
トリニトロトルエン(全異性体)	—	0.1	皮					'93
1,2,3-トリメチルベンゼン[526-73-8]	25	120						'84
1,2,4-トリメチルベンゼン[95-63-6]	25	120						'84
1,3,5-トリメチルベンゼン[108-67-8]	25	120						'84
o-トルイジン[95-53-4]	1	4.4	皮	1$^{\Psi}$				'91
トルエン[108-88-3]	50	188	皮				1	('13)
トルエンジイソシアネート類(TDI)[26471-62-5]	0.005 0.02*	0.035 0.14*		2B	1	2		'92
鉛および鉛化合物(Pbとして，アルキル鉛化合物を除く)[7439-92-1]	—	0.03		2B			1$^{\#}$	'16
二塩化二硫黄[10025-67-9]	1*	5.5*						'76
二酸化硫黄[7446-09-5]	(検討中)							'61
二酸化炭素[124-38-9]	5 000	9 000						'74
二酸化チタンナノ粒子[13463-67-7]	—	0.3		2B				'13
二酸化窒素[10102-44-0]	(検討中)							'61
ニッケル[7440-02-0]	—	1			2	1	3	'67
ニッケルカルボニル[13463-39-3]	0.001	0.007						'66
ニッケル化合物(総粉塵)(Niとして)[7440-02-0]				2B			3	'11
ニッケル化合物，水溶性		0.01						'11
ニッケル化合物，水溶性でないもの		0.1						'11
ニッケル製錬粉塵[7440-02-0]	(**表 III-2**)			1				'11
p-ニトロアニリン[100-01-6]	—	3	皮					'95
ニトログリコール[628-96-6]	0.05	0.31	皮					'86
ニトログリセリン[55-63-0]	0.05*	0.46*	皮					'86
ニトロベンゼン[98-95-3]	1	5	皮	2B				('88)
二硫化炭素[75-15-0]	1	3.13	皮				1	'15
ノナン[111-84-2]	200	1 050						'89
n-ブチル-2,3-エポキシプロピルエーテル[2426-08-6]	0.25	1.33		2B		2	3	'16
パーフルオロオクタン酸[335-67-1]		0.005^{c}		2B			1$^{\#}$	'08
白金(水溶性白金塩，Ptとして)[7440-06-4]	—	0.001			1	1		'00
バナジウム化合物							2	
五酸化バナジウム[1314-62-1]	—	0.05		2B				'03
フェロバナジウム粉塵[12604-58-9]	—	1						'68
パラチオン[56-38-2]	—	0.1	皮					('80)
ピクリン酸[88-89-1]	—	—				2		'14
ヒ素およびヒ素化合物(Asとして)[7440-38-2]	(**表 III-2**)			1			1	'00
ピリダフェンチオン[119-12-0]	—	0.2	皮					'89
フェニトロチオン[122-14-5]	—	1	皮					'81

表 I-1　続き

物質名[CAS No.]	許容濃度		経皮吸収	発がん性分類	感作性分類		生殖毒性分類	提案年度
	ppm	mg/m³			気道	皮膚		
m-フェニレンジアミン[108-45-2]	—	0.1				3		'99
o-フェニレンジアミン[95-54-5]	—	0.1		2B		3		'99
p-フェニレンジアミン[106-50-3]	—	0.1				1		'97
フェノール[108-95-2]	5	19	皮				3	'78
フェノブカルブ[3766-81-2]	—	5	皮					'89
フェンチオン[55-38-9]	—	0.2	皮					'89
フサライド[27355-22-2]	—	10						'90
1-ブタノール[71-36-3]	50*	150*	皮					'87
2-ブタノール[78-92-2]	100	300						'87
フタル酸ジエチル[84-66-2]	—	5						'95
フタル酸ジ-2-エチルヘキシル[117-81-7]	—	5		2B			$1^{\#}$	'95
フタル酸ジブチル[84-74-2]	—	5				2		'96
o-フタロジニトリル[91-15-6]		0.01	皮					'09
ブタン(全異性体)[106-97-8]	500	1 200						'88
ブチルアミン[109-73-9]	5*	15*	皮					('94)
t-ブチルアルコール[75-65-0]	50	150						'87
フッ化水素[7664-39-3]	3*	2.5*	皮					('20)
ブプロフェジン[69327-76-0]	—	2						'90
フルトラニル[66332-96-5]	—	10						'90
フルフラール[98-01-1]	2.5	9.8	皮					('89)
フルフリルアルコール[98-00-0]	5	20		2B				'78
プロピレンイミン(2-メチルアジリジン)[75-55-8]	0.2	0.45	皮	2B				'17
1-ブロモプロパン[106-94-5]	0.5	2.5		2B			2	'12
2-ブロモプロパン[75-26-3]	(**表 I-2**)		皮	$2B^{\dagger}$			1	'21
ブロモホルム[75-25-2]	1	10.3						'97
粉塵	(**表 I-3**)							'80
ヘキサクロロブタジエン[87-68-3]	0.01	0.12	皮					'13
ヘキサン[110-54-3]	40	140	皮					'85
ヘキサン-1,6-ジイソシアネート[822-06-0]	0.005	0.034			1			'95
ベノミル[17804-35-2]	—	1				2	$2^{\#}$	'18
ヘプタン[142-82-5]	200	820						'88
ベリリウムおよびベリリウム化合物(Be として)[7440-41-7]	—	0.002		1^{Ψ}	1	2		'63
ベンジルアルコール[100-51-6]	—	25*				2		'19
ベンゼン[71-43-2]	(**表 III-2**)		皮	1				'97
ペンタクロロフェノール[87-86-5]	—	0.5	皮				2	('89)
ペンタン[109-66-0]	300	880						'87
ホスゲン[75-44-5]	0.1	0.4						'69
ホスフィン[7803-51-2]	0.3*	0.42*						'98
ポリ塩化ビフェニル類	—	0.01	皮	1^{Ψ}			1	'06
ホルムアルデヒド[50-00-0]	0.1 0.2*	0.12 0.24*		2A	2	1		'07
マラチオン[121-75-5]	—	10	皮	2B				'89
マンガンおよびマンガン化合物(Mn として，有機マンガン化合物を除く)[7439-96-5]	(**表 I-2**)						2	'21
無水酢酸[108-24-7]	5*	21*						'90
無水トリメリット酸[552-30-7]		0.000 5 0.004*	皮		1			'15

表 I-1 続き

物質名[CAS No.]	許容濃度		経皮吸収	発がん性分類	感作性分類		生殖毒性分類	提案年度
	ppm	mg/m³			気道	皮膚		
無水ヒドラジンおよびヒドラジン一水和物[302-01-2, 7803-57-8]	0.1	0.13 および 0.21	皮	2A		1		'98
無水フタル酸[85-44-9]	0.33*	2*			1			'98
無水マレイン酸[108-31-6]	0.1 0.2*	0.4 0.8			2	2		('15)
メタクリル酸[79-41-4]	2	7.0						'12
メタクリル酸-2,3-エポキシプロピル(メタクリル酸グリシジル)[106-91-2]	0.01	0.06	皮	2A		2	3	'18
メタクリル酸メチル[80-62-6]	2	8.3			2	2		'12
メタノール[67-56-1]	200	260	皮				2	'63
メチルアミン[74-89-5]	5	6.5						'19
メチルイソブチルケトン[108-10-1]	50	205		2B				'84
メチルエチルケトン[78-93-3]	200	590						'64
メチルシクロヘキサノール[25639-42-3]	50	230						'80
メチルシクロヘキサノン[1331-22-2]	50	230	皮					'87
メチルシクロヘキサン[108-87-2]	400	1 600						'86
メチルテトラヒドロ無水フタル酸[11070-44-3]	0.007 0.015*	0.05 0.1*			1			'02
N-メチル-2-ピロリドン[872-50-4]	1	4	皮					'02
メチル-*n*-ブチルケトン[591-78-6]	5	20	皮					'84
4,4'-メチレンジアニリン[101-77-9]	—	0.4	皮	2B		1		'95
メプロニル[55814-41-0]	—	5						'90
ヨウ素[7553-56-2]	0.1	1				2		'68
硫化水素[7783-06-4]	5	7						'01
硫酸[7664-93-9]	—	1*						'00
硫酸ジメチル[77-78-1]	0.1	0.52	皮	2A^Ψ				'80
リン酸[7664-38-2]	—	1						('90)
ロジウム(可溶性化合物, Rh として)[7440-16-6]	—	0.001				2		'07

[注] 1. ppm の単位表示における気体容積は，25℃，1 気圧におけるものとする．ppm から mg/m³ への換算は，3 桁を計算し四捨五入した．

2. 提案年度欄の( )内は，結果として数値は変更しなかったが，再検討を行った年度を示す．

3. 記号の説明

* …最大許容濃度．常時この濃度以下に保つこと．

** …メンブレンフィルター法で補集し，400 倍の位相差顕微鏡で，長さ 5 μm 以上，太さ 3 μm 未満，長さと太さの比(アスペクト比)3：1 以上の繊維．

Ψ …発がん以外の健康影響を指標として許容濃度が示されている物質．

a …暫定的に 2.5 ppm とするが，できる限り検出可能限界以下に保つよう努めるべきこと．

b …ガソリンについては，300 mg/m³ を許容濃度とし，mg/m³ から ppm への換算はガソリンの平均分子量を 72.5 と仮定して行った．

c …妊娠可能な女性には適用しない．

\# …生殖毒性では，妊娠期など高感受性を示す時期があり，本物質については現行の許容濃度設定の根拠となったものよりも低い曝露レベルで影響が認められていることから，現行の許容濃度や生物学的許容値以下の曝露レベルでも注意が必要と考えられるもの．

† …暫定

表 I-2　許容濃度(暫定)

物質名[CAS No.]	許容濃度		経皮吸収	発がん性分類	感作性分類		生殖毒性分類	提案年度
	ppm	mg/m³			気道	皮膚		
アセトアルデヒド[75-07-0]	10*	18*		2B‡				'21
グリホサート[1071-83-6]		1.5		2B			3	'21
酸化亜鉛ナノ粒子[1314-13-2]		0.5						'21
2-ブロモプロパン[75-26-3]	0.5	2.5	皮‡	2B			1‡	'21
マンガンおよびマンガン化合物(Mn として,有機マンガン化合物を除く)[7439-96-5]		0.02(吸入性粉塵) 0.1(総粉塵)					2‡	'21

[注]　**表 I-1** の注に同じ.
‡　…2020 年度より前に,すでに決定したものである.

表 I-3　粉塵の許容濃度[a]

I. 吸入性結晶質シリカ[Ψ, *]
許容濃度 0.03 mg/m³

II. 各種粉塵

	粉塵の種類	許容濃度 mg/m³	
		吸入性粉塵*	総粉塵**
第 1 種粉塵	タルク,ろう石,アルミニウム,アルミナ,珪藻土,硫化鉱,硫化焼鉱,ベントナイト,カオリナイト,活性炭,黒鉛	0.5	2
第 2 種粉塵	結晶質シリカ含有率 3% 未満の鉱物性粉塵,酸化鉄,カーボンブラック,石炭,酸化亜鉛,二酸化チタン,ポートランドセメント,大理石,線香材料粉塵,穀粉,綿塵,革粉,コルク粉,ベークライト	1	4
第 3 種粉塵	石灰石‡,その他の無機および有機粉塵[b]	2	8
石綿粉塵***		(**表 III-2**)	

[注]　1. a, 粉塵の許容濃度は,第 2 型以上の塵肺予防の観点のみに基づいて設定されている.
b, 水に不溶または難溶で,かつ他に明らかな毒性の報告がなく適用される許容濃度値がない物質に対して,多量の粉塵の吸入による塵肺を予防する観点から,この値以下とすることが望ましいとされる濃度.そのため,たとえこの濃度以下であっても,未知の毒性による障害発生の可能性があることに留意すること.
2. *吸入性結晶質シリカおよび吸入性粉塵は以下の捕集率 $R(d_{ae})$ で捕集された粒子の質量濃度である.

$$R(d_{ae}) = 0.5[1 + \exp(-0.06\, d_{ae})][1 - F(x)]$$

d_{ae}:空気動力学的粒子径(μm), $F(x)$:標準正規変数の累積分布関数
$x = \ln(d_{ae}/\Gamma)/\ln(\Sigma)$, ln = 自然対数, $\Gamma = 4.25\,\mu$m, $\Sigma = 1.5$
**総粉塵:捕集器の入口における流速を 50〜80 cm/sec として捕集した粉塵を総粉塵とする.
***メンブレンフィルターで捕集し,400 倍(対物 4 mm)の位相差顕微鏡で,長さ 5μm 以上,長さと幅の比 3:1 以上の繊維.
3. ‡石綿繊維および 1% 以上の結晶質シリカを含まないこと.
4. ψ 発がん以外の健康影響を指標として許容濃度が示されている物質.
5. 木材粉塵の許容濃度については,発がん性分類第 1 群物質のため,検討中.

Ⅱ 管理濃度及び抑制濃度

番号	物の種類	管理濃度	抑制濃度
1	土石，岩石，鉱物，金属又は炭素の粉じん	次の式により算定される値 $E=3.0/(1.19Q+1)$ E 管理濃度(単位 mg/m^3) Q 当該粉じんの遊離けい酸含有率(単位 パーセント)	
2	アクリルアミド	0.1 mg/m^3	○
3	アクリロニトリル	2 ppm	○
4	アルキル水銀化合物(アルキル基がメチル基又はエチル基である物に限る)	水銀として 0.01 mg/m^3	○
4の2	エチルベンゼン	20 ppm	
5	エチレンイミン	0.05 ppm	○
6	エチレンオキシド	1 ppm	又は 1.8 mg/m^3
7	塩化ビニル	2 ppm	○
8	塩素	0.5 ppm	○
9	塩素化ビフェニル(別名 PCB)	0.01 mg/m^3	○
9の2	オルト-トルイジン	1 ppm	○
9の3	オルト-フタロジニトリル	0.01 mg/m^3	○
10	カドミウム及びその化合物	カドミウムとして 0.05 mg/m^3	○
11	クロム酸及びその塩	クロムとして 0.05 mg/m^3	○
11の2	クロロホルム	3 ppm	
12	五酸化バナジウム	バナジウムとして 0.03 mg/m^3	○
12の2	コバルト及びその無機化合物	コバルトとして 0.02 mg/m^3	○
13	コールタール	ベンゼン可溶性成分として 0.2 mg/m^3	○
13の2	酸化プロピレン	2 ppm	○
13の3	三酸化二アンチモン	アンチモンとして 0.1 mg/m^3	○
14	シアン化カリウム	シアンとして 3 mg/m^3	○
15	シアン化水素	3 ppm	○
16	シアン化ナトリウム	シアンとして 3 mg/m^3	○
16の2	四塩化炭素	5 ppm	
16の3	1･4-ジオキサン	10 ppm	
16の4	1･2-ジクロロエタン(別名二塩化エチレン)	10 ppm	
17	3･3′-ジクロロ-4･4′-ジアミノジフェニルメタン	0.005 mg/m^3	○
17の2	1･2-ジクロロプロパン	1 ppm	
17の3	ジクロロメタン(別名二塩化メチレン)	50 ppm	
17の4	ジメチル-2･2-ジクロロビニルホスフェイト(別名 DDVP)	0.1 mg/m^3	○
17の5	1･1-ジメチルヒドラジン	0.01 ppm	○
18	臭化メチル	1 ppm	○
19	重クロム酸及びその塩	クロムとして 0.05 mg/m^3	○
20	水銀及びその無機化合物(硫化水銀を除く)	水銀として 0.025 mg/m^3	○
20の2	スチレン	20 ppm	
20の3	1･1･2･2-テトラクロロエタン(別名四塩化アセチレン)	1 ppm	

番号	物の種類	管理濃度	抑制濃度
20の4	テトラクロロエチレン （別名パークロルエチレン）	25 ppm	
20の5	トリクロロエチレン	10 ppm	
21	トリレンジイソシアネート	0.005 ppm	○
21の2	ナフタレン	10 ppm	○
21の3	ニッケル化合物（ニッケルカルボニルを除き，粉状の物に限る）	ニッケルとして 0.1 mg/m^3	○
22	ニッケルカルボニル	0.001 ppm	又は 0.007 mg/m^3
23	ニトログリコール	0.05 ppm	○
24	パラ-ニトロクロルベンゼン	0.6 mg/m^3	○
24の2	砒素及びその化合物（アルシン及び砒化ガリウムを除く）	砒素として 0.003 mg/m^3	○
25	弗化水素	0.5 ppm	○
26	ベータ-プロピオラクトン	0.5 ppm	○
27	ベリリウム及びその化合物	ベリリウムとして 0.001 mg/m^3	○
28	ベンゼン	1 ppm	○
28の2	ベンゾトリクロリド	0.05 ppm	○
29	ペンタクロルフェノール （別名 PCP）及びそのナトリウム塩	ペンタクロルフェノールとして 0.5 mg/m^3	○
29の2	ホルムアルデヒド	0.1 ppm	○
30	マンガン及びその化合物	マンガンとして 0.05 mg/m^3	○
30の2	メチルイソブチルケトン	20 ppm	
31	沃化メチル	2 ppm	○
31の2	リフラクトリーセラミックファイバー	5 マイクロメートル以上の繊維として 0.3 本毎立方センチメートル	○
32	硫化水素	1 ppm	○
33	硫酸ジメチル	0.1 ppm	○
33の2	石綿	5 マイクロメートル以上の繊維として 0.15 本毎立方センチメートル	○
34	鉛及びその化合物	鉛として 0.05 mg/m^3	○
35	アセトン	500 ppm	
36	イソブチルアルコール	50 ppm	
37	イソプロピルアルコール	200 ppm	
38	イソペンチルアルコール （別名イソアミルアルコール）	100 ppm	
39	エチルエーテル	400 ppm	
40	エチレングリコールモノエチルエーテル （別名セロソルブ）	5 ppm	
41	エチレングリコールモノエチルエーテルアセテート （別名セロソルブアセテート）	5 ppm	
42	エチレングリコールモノ-ノルマル-ブチルエーテル （別名ブチルセロソルブ）	25 ppm	
43	エチレングリコールモノメチルエーテル （別名メチルセロソルブ）	0.1 ppm	
44	オルトジクロルベンゼン	25 ppm	
45	キシレン	50 ppm	
46	クレゾール	5 ppm	
47	クロルベンゼン	10 ppm	
48	酢酸イソブチル	150 ppm	
49	酢酸イソプロピル	100 ppm	

番号	物の種類	管理濃度	抑制濃度
50	酢酸イソペンチル （別名酢酸イソアミル）	50 ppm	
51	酢酸エチル	200 ppm	
52	酢酸ノルマル-ブチル	150 ppm	
53	酢酸ノルマル-プロピル	200 ppm	
54	酢酸ノルマル-ペンチル （別名酢酸ノルマルアミル）	50 ppm	
55	酢酸メチル	200 ppm	
56	シクロヘキサノール	25 ppm	
57	シクロヘキサノン	20 ppm	
58	1･2 ジクロルエチレン （別名二塩化アセチレン）	150 ppm	
59	*N*･*N*-ジメチルホルムアミド	10 ppm	
60	テトラヒドロフラン	50 ppm	
61	1･1･1 トリクロルエタン	200 ppm	
62	トルエン	20 ppm	
63	二硫化炭素	1 ppm	
64	ノルマルヘキサン	40 ppm	
65	1-ブタノール	25 ppm	
66	2-ブタノール	100 ppm	
67	メタノール	200 ppm	
68	メチルエチルケトン	200 ppm	
69	メチルシクロヘキサノール	50 ppm	
70	メチルシクロヘキサノン	50 ppm	
71	メチル-ノルマル-ブチルケトン	5 ppm	
	1,4 ジクロロ-2-ブテン	（管理濃度は示されていない）	0.005 ppm

備考　この表の値は，温度 25℃，1 気圧の空気中における濃度を示す.

著者注　1）抑制濃度の○印は，管理濃度と同じ値を示す.

2）管理濃度は，作業環境測定結果に基づく作業環境の評価に際し用いられる指標である.
抑制濃度は，局所排気装置の性能の可否を判定するときに用いられる値である.（抑制濃度が示されていないものの性能は，制御風速によって判断する.）

Ⅲ　労働衛生関係規則に定められた局排フードの制御風速

表Ⅲ-1　有機溶剤中毒予防規則

フードの型式		制御風速[m/s]
囲い式フード		0.4
外付け式フード	側方吸引型	0.5
	下方吸引型	0.5
	上方吸引型	1.0

表Ⅲ-2　粉じん障害防止規則

フードの型式等			制御風速[m/s]
一般的な特定粉じん発散源に係るもの	囲い式フード		0.7
	外付け式フード	側方吸引型	1.0
		下方吸引型	1.0
		上方吸引型	1.2
回転体を有する機械に係るもの	回転体を有する機械全体を囲う方法		0.5
	回転体の回転により生ずる粉じんの飛散方向をフードの開口面で覆う方法		5.0
	回転体のみを囲う方法		5.0

注 1：粉じん発散源によって外付け式フードの型に制限があること.
　2：砂型をこわし，または砂落としする箇所の側方および下方吸引型は，1.3 である.

表Ⅲ-3　特定化学物質障害予防規則

物の状態	制御風速[m/s]
ガス状	0.5
粒子状	1.0

注 1：この規則において，局所排気装置の能力は，制御風速で規定する物質と，抑制濃度で規制する物質があり，上記は，制御風速で規制する物質に係るフードの制御風速である.

Ⅳ 特定化学物質に係るプッシュプル型換気装置の要件(告示)

特定化学物質障害予防規則第7条第2項第4号及び第50条第1項第8号ホの厚生労働大臣が定める要件

(平成15年12月10日厚生労働省告示第377号)
(最終改正 平成18年2月16日厚生労働省告示第58号)

特定化学物質障害予防規則第7条第2項第4号及び第50条第1項第8号ホの厚生労働大臣が定める要件は，次のとおりとする．

1 密閉式プッシュプル型換気装置(ブースを有するプッシュプル型換気装置であって，送風機により空気をブース内へ供給し，かつ，ブースについて，フードの開口部を除き，天井，壁及び床が密閉されているもの並びにブース内へ空気を供給する開口部を有し，かつ，ブースについて，当該開口部及び吸込み側フードの開口部を除き，天井，壁及び床が密閉されているものをいう．以下同じ.)は，次に定めるところに適合するものであること．

イ 排風機によりブース内の空気を吸引し，当該空気をダクトを通して排気口から排出するものであること．

ロ ブース内に下向きの気流(以下「下降気流」という.)を発生させること，第1類物質又は第2類物質のガス，蒸気又は粉じんの発散源にできるだけ近い位置に吸込み側フードを設けること等により，第1類物質又は第2類物質のガス，蒸気又は粉じんの発散源から吸込み側フードへ流れる空気を第1類物質又は第2類物質に係る作業に従事する労働者が吸入するおそれがない構造のものであること．

ハ 捕捉面(吸込み側フードから最も離れた位置の第1類物質又は第2類物質のガス，蒸気又は粉じんの発散源を通り，かつ，気流の方向に垂直な平面(ブース内に発生させる気流が下降気流であって，ブース内に第1類物質又は第2類物質に係る作業に従事する労働者が立ち入る構造の密閉式プッシュプル型換気装置にあっては，ブースの床上1.5メートルの高さの水平な平面)をいう．以下ハにおいて同じ.)における気流が次に定めるところに適合するものであること．

$$\sum_{i=1}^{n}\frac{V_i}{n} \geqq 0.2$$

$$\frac{3}{2}\sum_{i=1}^{n}\frac{V_i}{n} \geqq V_1 \geqq \frac{1}{2}\sum_{i=1}^{n}\frac{V_i}{n}$$

$$\frac{3}{2}\sum_{i=1}^{n}\frac{V_i}{n} \geqq V_2 \geqq \frac{1}{2}\sum_{i=1}^{n}\frac{V_i}{n}$$

・・・・・・・・・・

$$\frac{3}{2}\sum_{i=1}^{n}\frac{V_i}{n} \geqq V_n \geqq \frac{1}{2}\sum_{i=1}^{n}\frac{V_i}{n}$$

(これらの式において，n 及び V_1，V_2，…，V_n は，それぞれ次の値を表すものとする．

n 捕捉面を16以上の等面積の四辺形(一辺の長さが2メートル以下であるものに限る.)に分けた場合における当該四辺形(当該四辺形の面積が0.25平方メートル以下の場合は，捕捉面を6以上の等面積の四辺形に分けた場合における当該四辺形．以下ハにおいて「四辺形」という.)の総数

V_1，V_2，…，V_n ブース内に作業の対象物が存在しない状態での，各々の四辺形の中心点における捕捉面に垂直な方向の風速(単位 メートル毎秒))

2 開放式プッシュプル型換気装置(密閉式

プッシュプル型換気装置以外のプッシュプル型換気装置をいう．以下同じ．)は，次のいずれかに適合するものであること．

イ　次に掲げる要件を満たすものであること．

(1)　送風機により空気を供給し，かつ，排風機により当該空気を吸引し，当該空気をダクトを通して排気口から排出するものであること．

(2)　第1類物質又は第2類物質のガス，蒸気又は粉じんの発散源が換気区域(吹出し側フードの開口部の任意の点と吸込み側フードの開口部の任意の点を結ぶ線分が通ることのある区域をいう．以下イにおいて同じ．)の内部に位置するものであること．

(3)　換気区域内に下降気流を発生させること，第1類物質又は第2類物質のガス，蒸気又は粉じんの発散源にできるだけ近い位置に吸込み側フードを設けること等により，第1類物質又は第2類物質のガス，蒸気又は粉じんの発散源から吸込み側フードへ流れる空気を第1類物質又は第2類物質に係る作業に従事する労働者が吸入するおそれがない構造のものであること．

(4)　捕捉面(吸込み側フードから最も離れた位置の第1類物質又は第2類物質のガス，蒸気又は粉じんの発散源を通り，かつ，気流の方向に垂直な平面(換気区域内に発生させる気流が下降気流であって，換気区域内に第1類物質又は第2類物質に係る作業に従事する労働者が立ち入る構造の開放式プッシュプル型換気装置にあっては，換気区域の床上1.5メートルの高さの水平な平面)をいう．以下同じ．)における気流が，次に定めるところに適合するものであること．

$$\sum_{i=1}^{n}\frac{V_i}{n} \geqq 0.2$$

$$\frac{3}{2}\sum_{i=1}^{n}\frac{V_i}{n} \geqq V_1 \geqq \frac{1}{2}\sum_{i=1}^{n}\frac{V_i}{n}$$

$$\frac{3}{2}\sum_{i=1}^{n}\frac{V_i}{n} \geqq V_2 \geqq \frac{1}{2}\sum_{i=1}^{n}\frac{V_i}{n}$$

・・・・・・・・・・

$$\frac{3}{2}\sum_{i=1}^{n}\frac{V_i}{n} \geqq V_n \geqq \frac{1}{2}\sum_{i=1}^{n}\frac{V_i}{n}$$

(これらの式において，n及びV_1，V_2，…，V_nは，それぞれ次の値を表すものとする．

n　捕捉面を16以上の等面積の四辺形(一辺の長さが2メートル以下であるものに限る．)に分けた場合における当該四辺形(当該四辺形の面積が0.25平方メートル以下の場合は，捕捉面を6以上の等面積の四辺形に分けた場合における当該四辺形．以下(4)において「四辺形」という．)の総数

V_1，V_2，…，V_n　換気区域内に作業の対象物が存在しない状態での，各々の四辺形の中心点における捕捉面に垂直な方向の風速(単位　メートル毎秒))

(5)　換気区域と換気区域以外の区域との境界におけるすべての気流が，吸込み側フードの開口部に向かうものであること．

ロ　次に掲げる要件を満たすものであること．

(1)　イ(1)に掲げる要件

(2)　第1類物質又は第2類物質のガス，蒸気又は粉じんの発散源が換気区域(吹出し側フードの開口部から吸込み側フードの開口部に向かう気流が発生する区域をいう．以下ロにおいて同じ．)の内部に位置するものであること．

(3)　イ(3)に掲げる要件

(4)　イ(4)に掲げる要件

索　引

ア　行

カ　行

サ 行

タ 行

ナ　行

ハ　行

マ　行

ヤ 行

ラ 行

改訂版 工場換気

令和4年(2022年) 6月23日　初版第1刷発行

編集・著作権者　公益社団法人 空気調和・衛生工学会

発　行　所　公益社団法人 空気調和・衛生工学会
〒162-0825　東京都新宿区神楽坂四丁目8番
電　話　(03)5206-3600
F A X　(03)5206-3603
郵便振替口座　00190-1-37842

発　売　所　丸善出版株式会社
〒101-0051　東京都千代田区神田神保町二丁目17番
電　話　(03)3512-3256

製作協力　有限会社アーヴル
印刷・製本　三美印刷株式会社

ISBN 978-4-87418-072-3